航空运输管理系列教材

机场运营管理

任新惠　江　红　编著

科学出版社

北　京

内 容 简 介

本书结合多年机场运营课程建设,围绕运营管理核心概念及目标构建,具体围绕机场运营中五大流程,分析流程、优化流程是管理的重点,并通过对生产资源的优化配置、人员的优化配置、总体运行控制、机场绩效评估,达到机场运营管理的安全、效益、柔性、效率目标。内容具体包括:基础理论及机场运营管理内容、机场发展概况及管理模式、机场流程管理、机场设施资源配置、机场运行控制、机场组织及人力资源优化配置、机场运营效率评价。将运营管理、运筹学等相关理论应用在机场实践中,将科研项目转化为案例,引入行业发展现状及相关领域研究成果。

本书可以作为民航高等学校工商管理(民航运输)、交通运输管理专业本科生、研究生相关课程的参考教材,也可供民航相关领域的研究人员学习、参考。

图书在版编目(CIP)数据

机场运营管理 / 任新惠,江红编著. —北京:科学出版社,2025.2
航空运输管理系列教材
ISBN 978-7-03-077678-5

Ⅰ.①机… Ⅱ.①任… ②江… Ⅲ.①机场-运营管理-高等学校-教材 Ⅳ.①F560.81

中国国家版本馆 CIP 数据核字(2024)第 020122 号

责任编辑:方小丽 / 责任校对:贾娜娜
责任印制:张 伟 / 封面设计:有道设计

科 学 出 版 社 出版
北京东黄城根北街 16 号
邮政编码:100717
http://www.sciencep.com
三河市骏杰印刷有限公司印刷
科学出版社发行 各地新华书店经销
*
2025 年 2 月第 一 版 开本:787×1092 1/16
2025 年 2 月第一次印刷 印张:19
字数:450 000
定价:58.00 元
(如有印装质量问题,我社负责调换)

前　言

党的二十大报告指出："我们要坚持教育优先发展、科技自立自强、人才引领驱动，加快建设教育强国、科技强国、人才强国，坚持为党育人、为国育才，全面提高人才自主培养质量，着力造就拔尖创新人才，聚天下英才而用之。"教材是教学内容的主要载体，是教学的重要依据、培养人才的重要保障。在优秀教材的编写道路上，我们一直在努力。

本书的撰写是伴随着专业改革不断完善的。工商管理（航空运输方向）专业在 2012 年修订教学计划后，其课程内容发生了很大的变化，因此虽然本书曾作为中国民航大学校级教材建设项目被编写出来，但只是最初的讲义版本，未正式出版。之后我们在这些年的课程改革、教材内容不断完善的基础上，以行业特色对复合型人才培养的专业课教材需求为出发点，将本书编写完善。

航空运输多系统协作、网络化运行的特点要求进行系统化的资源配置，统计、预测、决策等定量方法及软件工具在民航管理中起到不可替代的作用。机场管理是一个多学科交织、综合性强的专业，需要既懂专业知识又懂管理知识的复合型人才。因此本书密切跟踪世界机场、我国机场发展现状，将更全面、更专业的内容整理出来，一方面，帮助学生夯实机场运营管理的基础性理论体系，加强理论的应用，将生产运作管理、运筹学、管理学中的相关理论和方法在机场管理实践中应用与体现；另一方面，将理论发展和行业发展的成果引入教材，以理论和案例相结合丰富教材内容。

本书围绕运营管理核心概念及目标构建，具体围绕机场运营中五大流程，分析流程、优化流程是管理的重点，并通过对生产资源的优化配置，达到机场运营管理的安全、效益、柔性、效率目标。内容具体包括：基础理论及机场运营管理内容、机场发展概况及管理模式、机场流程管理、机场设施资源配置、机场运行控制、机场组织及人力资源优化配置、机场运营效率评价。

本书适合管理专业、航空运输相关专业的院校学生使用，也可以满足业内专业人士学习、阅读的需求。

本书的第 1 章、第 2 章由江红编写；第 3 章至第 7 章由任新惠编写，全书由任新惠全面修订并统稿。研究生周夕钰、唐诗琦、徐小冰、尹晓丽、岳一笛在写作中辅助材料查找、编写及画图工作，对他们表示衷心感谢。

本书在编写过程中，参考了很多业内外人士的观点、书籍和文章，在此向他们表示真诚的感谢。

任新惠

2024 年 12 月

目　　录

第1章 基础理论及机场运营管理内容

1.1 公共基础设施管理理论概述

1.1.1 公共基础设施的概念

保罗·罗森斯坦·罗丹和阿尔伯特·赫希曼等发展经济学家最早对基础设施的概念进行了解释，认为它"包括电力、运输、通信等所有基础工业，这些基础工业的发展必须先行于那些收益来得快的直接生产投资，为其他产业创造投资机会"。1994 年世界银行发展报告《为发展提供基础设施》中对基础设施的定义是永久性的工程构筑、设备、设施和它们所提供的为居民所用和用于经济生产的服务，主要包括公共设施（电力、电信、自来水、卫生设施以及排污、固体废物的收集与处理、管道煤气）、公共工程（道路、大坝、灌溉及排水渠道工程）、交通设施（城市与城市间铁路、城市公共交通、港口、航道和机场）等。基础设施与人们的日常生活密切相关，是人民生活不可缺少的基本条件，也是直接决定居民生活福利的基本要素，是国民经济的命脉。

基础设施具有显著的准公共产品特性。与私人产品不同，基础设施类公共产品具有非排他性和非竞争性。非排他性是强调一种产品一旦被生产出来，可以同时被一个以上的个人联合消费；无论一个人对这种产品是否支付了价格，要排除他人消费这种公共产品是不可能的，或者其费用很高。非竞争性则是一个人对公共产品的消费不减少或不影响其他人对其的消费。从公共经济学的角度看，公共产品包括了两种类型：纯公共产品和准公共产品。纯公共产品强调了产品同时具有非排他性和非竞争性特征，如国防、基础教育等。准公共产品则表明某些产品仅仅具备纯公共产品的某一种特征。准公共产品性质的基础设施产品又可细分为混合性产品、俱乐部产品和拥挤性产品三个单类及其复合类型。如果一种产品既具有非竞争性又具有排他性，或其费用很低，那么这种公共产品称为俱乐部产品。机场港口设施接近于俱乐部产品，航空航班运营的位置大体在私人产品与公共产品之间，如图 1-1 所示。

由图 1-1 可以看出，运输基础设施有很强的社会公益性，载运工具则具有明显的竞争性。一般而言，运输业的固定资产由两部分构成，一部分是不可移动的固定资产，另一部分是可移动的固定资产。它们的数量与质量标志着一国的交通运输业乃至国民经济的发展水平。在国民经济各产业部门中，运输业的固定资本总值数量大，特别是构成运输体系的公路、铁路线路、航道和各种枢纽等基础性设施，投资额巨大，一旦投入便形成巨大的沉淀成本，而且在建设与使用上呈现出明显的不可分割性。不但运输基础设施具有不可分割性，线路和枢纽的地面及以上的设施与其所占土地之间也是不能分割的。运输设施的这种不可分割性导致了运输基础设施在一般情况下所具有的规模效益递增性。

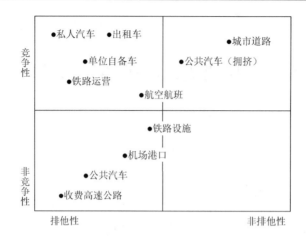

图 1-1　交通运输的公共产品性质示意图

对运输基础设施的公益性进行考察，运输业中既有公共产品性质的公益性项目，也有基础性和竞争性项目。其中，入港航道、引航设施、防波堤等就是典型的公益性项目，这些设施公共性强，社会效益高，而且投资回收困难，在使用上不具有排他性，因而在世界各国都是由国家和地方政府出资建造；而除此之外的其他运输基础性设施同样具有较高的社会效益，在使用上也具有排他性（在超过运输设施设计承载能力时除外），但是这些设施投资往往可以通过一定的方式来收回，因而其建设既可以是政府行为，也可以是企业行为，但由于其投资巨大及具有一定的沉淀性，在大多数情况下，是以政府投资为主，其资金主要来自政府的税收或预算外收入。载运工具则不同，在绝大多数情况下，载运工具投资是企业或运输业主的行为，这类固定资产在生产中的价值转移必须由企业或运输业主负责进行补偿。显而易见，交通运输作为混合性公共产品既可以是公共产品，也可以是私人产品；既可以由政府提供，也可以由其他社会成员提供。

关于公共产品资源配置的理论主要有三种，即政府配置论、市场配置论以及多中心公共经济论。这三种不同的理论，是设计公共产品资源配置制度、履行公共产品供给职能的主要理论依据。多中心公共经济论认为，既然公共经济及其每一个公共产业部门内部是有层次、多属性的，那么，以生产和提供公共产品为基本职责的公共经济的制度安排，也就存在多种可能的选择与组合，而并非只是在政府与市场之间非此即彼的单一选择。如果再对这些制度安排视具体情况进行组合，公共产品供给制度的选择就更为丰富了。这一理论不只是解决了公共产品生产环节的横向制度安排问题，更重要的是它冲破了政府与市场相互替代的思维定式，为公共产品理论研究和政策设计打开了新的想象空间。

1.1.2　公共基础设施管理相关理论

1. 公共基础设施的网络经济性

网络这一概念目前应用很广，从其内涵与外延的角度可分为三类：第一类是实体网络，即有物质网络作为实体的社会基础设施，包括交通运输、电力、邮电、供水、供气等；第二类是虚拟网络，包括信息、管理、组织、关系、营销资金网等；第三类是因特网，与完全实体网络和完全虚拟网络都不一样，形成了依靠实体但又超越实体的特定信息网络。基础设施主要是交通运输产业，属于实体网络型产业。

基础设施作为实体网络型产业的根本点在于其网络经济性，即网络可以通过允许供给者享受密度经济和幅员经济产生成本的节约，从使用者的角度看，较大的网络通常提供较多的选择。铁路的网络经济性是指当铁路线路成网及路网密度增加时，扩大运输需求范围、调剂各线路负荷从而提高整个路网的能力利用程度和效率的现象。这种网络经济性在交通运输产业中非常普遍。如表 1-1 所示，根据荣朝和（2001）的研究，运输业的网络经济性是指由于其规模经济与范围经济的共同作用，运输总产出扩大引起平均运输成本不断下降的现象。由于运输业规模经济和范围经济的特殊关系，这种网络经济又由运输密度经济和幅员经济共同构成。运输密度经济是指当运输网络在幅员上保持不变（以线路长度及服务节点数等衡量）的条件下，运输产出扩大引起平均成本不断下降的现象；幅员经济是指在网络上的运输密度保持不变的条件下，与运输网络幅员同比例扩大的运输总产出引起平均成本不断下降的现象。例如，当两条互不相连的线路端线连成一体时，两线路之间的过境运量将大大增加，整个路网的利用效率提高。

表 1-1　运输业各种网络经济特性之间的关系

规模经济与范围经济的划分	运输密度经济与幅员经济的划分	网络经济的具体表现		幅员变化与运量密度的关系	
规模经济	运输密度经济	线路通过密度经济	特定产品的线路密度经济	运量在增加，但幅员不变	幅员扩大，同时线路上的运量密度也变化
			多产品的线路通过密度经济		
		载运工具载运能力经济			
		车（船、机）队规模经济			
	幅员经济	港站（枢纽）处理能力经济		幅员扩大，但线路上运量密度不变	
		线路延长	运输距离经济		
		服务节点增多	由于幅员扩大带来的多产品经济		

网络通常是固定的基础设施（如铁轨）和移动设备（如机车车辆）的结合。因此，在运营中一个关键的问题是人们能否将网络基础设施的管制和所有权与利用这些基础设施的移动设备进行分离。在一些网络型产业如道路交通，基础设施和移动设备的分离是非常容易的。但由于技术性原因，在基础设施与运营之间有密切联系的一些产业中这种分离却难以做到。例如，对于铁路，轮轨的分离是不容易做到的。不管能否进行有效分离，运输基础设施网络的网络经济性要求其必须达到一定的幅员与密度，其最佳的幅员与密度边界就使得一定范围内的自然垄断有其合理性。

2. 公共基础设施的分类投资和管理

基础设施的可分性、可营利性是基础设施分类管理及引入竞争的前提。基础设施的可分性表现为：一个国家的基础设施由若干个产业组成，每个产业又由若干类业务构成，如从可分性的角度说，可以把自然垄断性基础设施和非自然垄断性基础设施区分开来；对于自然垄断性基础设施来说，可以把强自然垄断产业和弱自然垄断产业区分开来；对于强自然垄断产业来说，可以把强自然垄断业务和弱自然垄断业务区分开来。

基础设施的存在既服务于社会公众的共同消费，也服务于直接的个人消费，从而决定了基础设施的投资效应是公共投资与私人投资的交叉点与结合部，公共基础设施投资项目的可营利性由以下几个因素决定：①公共服务义务。公共基础设施为市场和公众提供公共服务，其消费是集体进行、共同消费的，其效用在不同消费者之间较难分割。公共服务义务很多，项目的可营利性程度低；公共服务义务很少，项目的可营利性程度高。②消费对象。基础设施具有公益性，又往往服务于个人，公益性寓于个人之中将有助于基础设施的可经营性，公共服务义务一般，项目的可营利性程度中等。服务对象面向公众，项目的可营利性程度低；服务对象直接针对个人，项目的可营利性程度高；服务对象面向会员，项目的可营利性程度中等。③成本补偿的潜力。基础设施可以向具体的服务对象直接收取一定的费用。不过，这类设施的公益性又决定了个人受惠者不应承担全部的成本，政府必须既要介入和干预其建设与投资，又要以市场方式补偿其部分成本。这是由市场的成本效益对称准则所决定的。补偿成本的最佳方式是直接向受惠者收费。成本补偿的潜力低，项目的可营利性程度低；以使用费弥补成本的潜力高，项目的可营利性程度高；以使用费弥补成本略有盈余，项目的可营利性程度中等。④外部效应。外部效应指的是产品和服务对生产者以及消费对象以外的他人产生的利益或成本影响，也就是利益或成本外溢。外部效应高，项目的可营利性程度低；外部效应低，项目的可营利性程度高；外部效应一般，项目的可营利性程度中等。

公共基础设施的分类投资和管理将基础设施领域中的项目按照其可营利性程度和可竞争性程度进行分类，根据类别决定项目的投资主体、运作管理模式、资金渠道及权益归属等。可营利性程度低、可竞争性程度弱的项目由政府作为投资主体，按政府投资运作模式进行，资金来源应以政府财政投入为主，并配以费税保障，其权益归政府所有；在投资的运作过程中，也要引入竞争机制，按照投标制度进行操作，并需要提高投资决策的科学性、规范性，促进投资效益的进一步提高。可营利性程度高、可竞争性程度强的项目则属于民间资本投资的范畴，其前提是项目必须符合城市发展规划和产业导向政策；投资主体可以是国营企业，也可以是民私营企业、外资企业等。在投资的运作过程中，要引入竞争机制，通过招投标选择项目法人。一旦中标，项目融资、建设、管理及运营均由投资方自行决定，收益归投资方所有。经营性项目的收费价格制定，应兼顾投资方的利益和公众的承受能力，采取"企业报价、公众议价、政府核价"的定价方式，尽可能做到公众和投资方都满意。

基础设施的分类投资与管理具有重要的意义。首先，能够规范和完善政府在基础设施投资领域的行为。基础设施的分类投资明确了政府作为投资主体的投资范围，促使政府的主要职能转到提供公平和秩序上。其次，有助于政企分离，使国有企业成为真正的投资决策主体，推进基础设施领域国有企业的改革。最后，有利于民间资本进入基础设施投资领域。资金问题是发展基础设施的关键，将基础设施进行分类投资和管理不但有利于减轻政府财政负担，而且有助于基础设施领域引入竞争机制，提高服务质量，提高管理和运营效率。

3. 公共基础设施服务的市场化

公共基础设施引入民间资本的可行性和公共基础设施的可竞争性是基础设施服务市场化的基础。长期以来，基础部门被认为具有完全的、不可动摇的自然垄断性，不可能也不应该引入竞争。实际上，不同的基础设施服务的垄断性程度是不同的。随着技术条件的变化，市场容量的扩大，各种创新手段的出现，某些基础部门自然垄断特性已经开始趋于弱化，在一定程度上导致"自然垄断性变异"，从而使引入竞争成为可能。

1）技术条件的变化使自然垄断特性趋于弱化

首先，技术进步使企业生产成本，特别是固定资本投入大幅度降低。以电信业为例，随着远程通信技术的发展，特别是光纤、计算机等大容量传送途径的开发，电信网络建设的投资规模已大大降低。其次，技术进步使生产与传输的规模经济效应趋于弱化。基础设施所具有的不可分割性的生产活动的规模受到技术进步的影响。例如，在电力行业，使用天然气的复合循环式汽轮发电机能在较低的产出水平上高效运行，从而削弱了电力行业的规模经济效应，大幅度降低了电力生产的最适度规模，使发电成为竞争性业务。1992 年美国的能源政策法案就利用了这种技术进步，将竞争引入电力生产中，促使全国几十个独立的电力生产者利用现有的输送线路向销售公司卖出大量电力。最后，替代技术的发展和网络融合的趋势使异质竞争成为可能。自然垄断的抽象分析一般没有把产品和服务品种的多样性考虑进来，实际上是否有相互具有一定替代性的品种的出现会对自然垄断是否成立产生很大影响。通信网络技术（包括交换技术、无线技术、光纤通信、数据通信、计算机网络等技术）的巨大进步，降低了新进入企业的技术门槛。技术创新升级降低了市场壁垒，电信产业的自然垄断特性弱化，为全面引入竞争创造了可能。

2）市场规模的扩大使引入竞争成为可能

当市场规模迅速扩大，需求量增长到独家垄断的供应不能满足时，多家企业的进入就成为可能，从而使公共基础设施行业增加竞争性。例如，近年来中国居民对各类电信服务的需求不断增长，用户数量在各类电信业务中不断扩大。相应的，电信部门竞争者的数量也迅速增加，由最初的仅仅 2 家增加到了 7 家。可以预见，基础部门未来市场规模扩展的潜力仍然是巨大的，这无疑将有利于引入更多的竞争主体，基础部门的自然垄断特性将会趋于弱化。由此可知，随着进入壁垒和退出壁垒逐渐被克服，公共基础设施部门中某些原来被认为具有自然垄断性的业务或环节，已成为可以竞争的非自然垄断性的业务或环节，公共基础设施的商业化和竞争的程度要比人们通常想象的更加广泛。因此，基础设施服务市场化改革的一个重要方向就是把垄断性业务与竞争性业务分开，垄断性业务仍实行垄断性经营，竞争性业务则实行竞争性经营，以提高基础设施领域的经济效率。

此外，自 20 世纪 60 年代后期以来，理论界重新审视了"市场失灵"理论与政府干预的理由，并试图重新界定政府与市场之间的边界。这些政府干预理论为国家采取"缩减政府边界"政策提供了基本理论。政府应尽量不直接干预微观经济活动，更多地让市场发挥作用，以提高资源的配置效率。政府的职能应该放在建立社会的发展目标和政策上，而不是直接提供基础设施服务或产品。或者说，政府的角色应该是"掌舵"者，而非"划桨"者。他们提出，政府应只掌舵、不划桨。掌舵就是制定政策，扮演催化剂和促进者的角色，把资金和各种资源手段结合起来，让其他人去解决问题。划桨就是直接服务，而政府并不擅长此道；在具体的管理过程中，政府可以授权，但不必躬亲，把控制权从官僚机构手中转移到社区，从而授权给公民，由公民自己管理自己。在这一潮流的影响下，公共基础设施的管理日益呈现出市场化、民营化的趋势，即政府不直接提供基础设施服务或产品，而是在政府的监督管理下，充分发挥市场机制的作用。

4. 公共基础设施资源的管理

1）公共基础设施的经营与管理特点

公共基础设施的部门和单位与一般企业在经营管理上的区别，以及它们经营管理的难点是：由于公共基础设施具有公益性，它的部门和单位不能像一般的企业那样，以营利为主要目标，而只能以社会效益为首要的目标，在此前提下，兼顾经济效益；虽然它们有生产性，受投入产出的经济规律制约，但其中多数的部门和单位通过市场与财政的复合补偿，来实现投入产出的资金循环。

因此，公共基础设施的经营与管理具有不同于一般企业经营与管理的特点。

（1）根据公共基础设施部门和单位在公益性方面同市场化程度上的区别，实行不同类型的经营管理模式。少数完全靠市场补偿实现投入产出循环的部门和单位，如集体所有制、个体所有制和私人所有制的出租汽车单位，实行与一般企业一样的企业化经营管理。少数完全靠财政补偿实现投入产出循环的部门和单位，如路灯养护部门，实行全额拨款的事业单位管理。一部分主要靠市场补偿、次要靠财政补偿实现投入产出循环的部门和单位，如供电、电信、公共交通等，基本上实行企业化的经营管理，同时财政给予适当的补贴。一部分主要靠财政补偿、次要靠市场补偿实现投入产出循环的部门和单位，如公园、消防站和广播电视台等，实行差额拨款的事业单位管理。

（2）根据公共基础设施经营管理模式的不同，实行不同的定价制度。实行完全的企业化经营管理的部门和单位，所提供的产品和服务的价格，在市场竞争中形成，但受城市政府的物价管理部门的监督。全额拨款的事业单位所提供的产品和服务的价格，由上级部门确定，并经物价部门批准。实行不完全的企业化经营管理的部门和单位，所提供的产品和服务的价格，主要在市场竞争中形成，但受物价部门的指导。差额拨款的事业单位所提供的产品和服务的价格，主要由上级部门在参考市场竞争行情后确定，并经物价部门批准。

（3）无论实行哪一种经营管理的模式，公共基础设施的部门和单位都要努力提高经济效益。首先，适应社会主义市场经济体制、参与市场竞争的需要；其次，减轻财政负担的需要；最后，增加公共基础设施的部门和单位员工收入的需要。公共基础设施的部门和单位员工提高收入水平，不能靠涨价，只能靠提高产品和服务的质量，增加产品和服务的数量，以及降低产品和服务的成本来实现。实行企业化经营管理的部门和单位，可以运用一般企业的管理制度；实行事业性管理的部门和单位，也必须运用各种形式的经济责任制，把员工的收入与提高质量、增加数量和降低成本挂钩。

2）交通运输基础设施的管理模式

交通运输基础设施是在一个国家或地区为经济发展和社会生活保障而提供的承载交通运输功能的基础设施，是支撑国家或地区经济活力水平的前提，是重要的公共基础设施之一。

（1）交通运输基础设施的分类。交通运输基础设施包括公路、桥梁、铁路、机场、城市道路、港口等，是国家公共基础设施的重要组成部分，主要为人们的生活提供出行服务，同时，交通运输基础设施也是国民经济发展的必备设施。

从交通运输基础设施的特征和所对应的载运工具类别来看，可分为轨道运输设施、道路运输设施、水路运输设施、航空运输设施和管道运输设施，分别对应轨道运输系统、道路运输系统、水路运输系统、航空运输系统和管道运输系统，共同组成综合运输系统。五大运输系统各有优势，在一定的地理环境和经济条件下有其各自的合理使用范围，发挥着重要作用。

（2）港口、铁路、公路的管理模式。根据以上交通运输基础设施的分类，经查阅大量相关资料，归纳了世界上主要国家交通运输基础设施中具有代表性的港口、铁路、公路的管理模式，总结如表 1-2 所示。

表 1-2　世界主要国家港口、铁路、公路的管理模式

	国家	港口	铁路	公路
北美	美国	联邦政府所有，交由州政府发展港口，州政府设立港务局或港务管理公司代表政府行使管理职权，但港口设施经营则出租给专业公司管理	"干支分离"模式——组建跨地区大公司和地方性小公司进行运输活动	以州及地方政府为主，联邦政府资助、地方政府所有的管理模式
	加拿大	13 个外贸港口设有直属联邦政府运输部的港务局，其他港口由省港口管理局管理	多个机构（运输部、交通署和交通委员会）共同管理铁路运营活动	联邦直接投资建设的特殊性公路由联邦政府管理，其余公路由各省政府负责管理
亚太	中国	港口公用基础设施明确由各级政府筹资建设	铁路仍被国家实施着较为严格的管制，大多实行铁路的国有或国有控股。除国有独资铁路外，合资铁路也较为常见	高速公路管理体制有两种基本形式：企业性质的高速公路公司，事业性质的各类高速公路管理机构
	日本	由政府、私人共同参与管理港口——国家所有，地方政府管理，私人经营模式	按地理差别划分，实施区域性公司管理	三级垂直管理体制——交通省宏观管理，公路局规划开发，道路工团建设运营
	新加坡	实行港口股份制		一体化管理
欧洲	英国	港口分为两类：不属国家控制的私有化港口和属国家公共产业的托拉斯港口	"网运分离"模式——把具有自然垄断性的铁路基础设施与具有竞争性的铁路客货运输业务区分开	干线公路的管理由联邦公路署直接负责。把全国分成 24 个地区，每个区内都有联邦公路署的公路管理机构。公路管理机构通过招投标确定一个本地区公路管理代理人经营

	国家	港口	铁路	公路
欧洲	德国	港口内凡属于公共设施部分都由政府负责,凡属于经营性的部分由私人投资	德国联邦铁路管理局负责管理,德铁股公司负责运输	联邦远程公路由联邦运输部负责;州级公路由各州自建自养自管;县、乡、镇公路建设由相应地方政府负责
	法国	以国有形式管理的非自治港和拥有自主权的自治港	"网运分离"模式	特许经营制度——由政府授权,特许经营企业负责建设、管理和养护

综上各国对交通运输基础设施相似却又差异化的管理模式,总结三种基础设施各自的管理模式如表 1-3 所示。

表 1-3　港口、铁路、公路管理模式综述

	主要管理模式	代表国家	实施方法
港口	A.政府主导型	中国	港口公用基础设施明确由各级政府筹资建设
	B."地主港"模式 (特许经营——政府、私人共同参与管理港口。属于国家所有,地方政府管理,私人经营模式) 又分两种模式: ①政府管理部门进行管理的地主型港口 ②公司制形式管理的地主型港口	①日本、美国、加拿大 ②新加坡、波兰	"地主港"模式——由政府委托特许经营机构代表国家拥有港区及后方一定范围土地、岸线及基础设施的产权,对该范围内的土地、岸线、航道等进行统一开发,并以租赁方式把港口码头租给国内外港口经营企业经营,实行产权和经营权分开,特许经营机构收取一定租金,用于港口建设的滚动发展。码头如库场、机械、设备等经营性设施则由经营人自己建设、维护、管理和使用。此种方法承认港口的公共性,同时又重视港口的企业性质
	C.私有化经营	英国	把港口作为企业看待,港口设施投资原则上由港口解决,国家和地方政府不给予补助
铁路	A.统一由国家管制	中国	铁路仍被国家实施着较为严格的管制,大多实行铁路的国有或国有控股
	B."网运分离"模式	英国 德国 法国	"网运分离"就是把具有自然垄断性的铁路基础设施与具有竞争性的铁路客货运业务区分开,分别组建成统一的铁路网公司及若干个运输公司。 基础设施的领域一般无法进行竞争性生产,由专门的铁路网公司负责其管理、维护和建设等。客货运输经营在使用铁路基础设施时,需向铁路线路所有人支付线路使用费
	C.铁路干支分离模式	美国	组建跨地区大公司和地方性小公司进行运输活动
	D.区域性公司模式	日本	按地理差别划分,实施区域性公司管理体制
公路	A.国家统一建设,建成后委托代理人管理	英国	全国各区公路管理机构通过招投标确定本地区公路管理代理人进行管理、维护
	B.以州及地方政府建设和管理为主,国家适当给予补贴	美国 德国	公路由联邦政府提供资金,经交通部委托各州实施建设、养护和管理
	C.国家规划、建设、管理	新加坡	新加坡陆路交通管理局全权负责综合管理国内所有陆路交通,实施一体化管理
	D.特许公司化管理	法国 意大利	高速公路建设和管理由国家委托成立特许公司实施,政府交通部门负责指导监督
	E.国家规划,委托建设	日本	政府委托道路公团全权负责道路的具体建设和管理

3）小结

由上述分析可得，无论港口、铁路还是公路，各国对本国内基础设施都有各自的管理方法，但是，交通运输基础设施管理模式又有很多相似之处，主要表现为以下几点：①国家或地方政府负责建造、运营管理、维护交通运输基础设施，所有权归国家或地方政府。②国家建造并拥有所有权，地方政府实施行业监督管理，采用特许经营的方式由私人机构运营具体业务。③地方政府建造并拥有所有权，同时实施行业监督管理，采用特许经营的方式由私人机构运营具体业务。④交通运输基础设施私有化正逐渐成为一种趋势。如英国和我国香港的港口建设，其私有化程度已经达到了较高水平。

总体来讲，交通运输基础设施是国家的基础性行业，通常由国家或地方政府建造并拥有所有权。具体的运营方式有多种，一般而言，特许经营模式已被世界上多数国家采纳。

1.2　机场作为基础设施的属性分析

机场属于基础设施，从总体上说具有准公共产品的特征，既要提供公共服务，满足公共利益，又要取得一定的经济效益。由于机场具有多重属性，下面从机场的公共产品属性、自然垄断属性和基础产业属性等几个方面，对机场的本质特征进行论述。

1.2.1　机场基本概念及系统构成

1. 机场的概念

国际民用航空组织（International Civil Aviation Organization，ICAO）对机场的定义是：在陆地上或水面上一块划定的区域（包括各种建筑物、装备和设备）其全部或部分意图供飞机着陆、起飞和地面活动之用。简言之，机场是指可供飞机起飞、降落、滑行、停放的场地和有关的建筑物及设施的总称。

2. 机场的功能

机场的功能体现在：保证飞机安全、及时起飞和降落；安排旅客和货物准时、舒适地上下飞机；提供方便和迅速的地面交通连接市区。

3. 机场的基本服务

（1）基本的营运服务。保障飞机和机场用户的安全，包括：空中交通管制，飞机进近和着陆，气象服务，通信，警察和保安，消防和急救（包括搜寻和援救），跑道和设施的维护。这些服务通常是由机场管理当局或当地政府部门提供的，有些是由相关国家政府部门来管理的，后两者大多是因为政府直接拥有机场。

（2）交通流量的服务。与飞机有关的活动，如清洁，动力的提供，装载和卸载的行李/货物，即机坪操作。有的活动直接和交通量有关，包含旅客、行李、货物运输即从航站区到飞机上的每个步骤。在欧洲一半以上的大机场，机场当局不参与这些活动，是由航空公司或地面服务代理商来做的。我国大多数由机场当局提供这样的地面服务。

（3）商业活动。通常包括经营商店、饭店、酒吧、报摊、停车场以及候机楼和机场的土地。还有一些机场从事额外的商业活动，包括电影院、保龄球馆、理发店、超市、会议中心和宾馆等。在大多数欧洲机场，商业活动是由特许经营者来经营的。机场当局收取特许经营的费用和租金。有些机场当局也经营一些商业活动，如免税商店。

4. 机场系统构成

为实现地面交通和空中交通的转接，机场系统包括空域和地域两部分。空域即为航站区空域，供进出机场的飞机起飞和降落，地域由飞行区、航站区和进出机场的地面交通三部分组成，见图1-2。

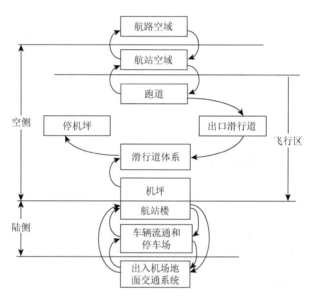

图 1-2　机场系统的构成

在飞机进入后，到停靠门位置之前，飞机要使用跑道、滑行道和停机坪，在门的位置，飞机的载荷通过候机楼到通道/离港系统，离港旅客通过非控制区办理手续到离港门。

1）飞行区

飞行区为飞机活动的地域，主要包括跑道、滑行道和停机坪等。机场的飞行区按飞机的飞行特性和尺寸分别划分为若干个等级。分级的标准见表1-4。

表 1-4　机场飞行区等级指标

指标 I		指标 II		
数码	基准场地长度/m	字码	翼展/m	主起落架外轮缘之间的距离/m
1	<800	A	<15	<4.5
2	800~<1200	B	15~<24	4.5~<6

续表

指标 I		指标 II		
数码	基准场地长度/m	字码	翼展/m	主起落架外轮缘之间的距离/m
3	1200～<1800	C	24～<36	6～<9
4	≥1800	D	36～<52	9～<14
		E	52～<60	9～<14
		F	65～<80	14～<16

注：飞机基准场地长度是在相应飞机的飞行手册中所载的，由发证当局规定的或由飞机制造厂提供的等量数据，该机型的最大批准的起飞重量，在海平面、无风和跑道无坡条件下起飞所需的最小飞行场地长度，在使用情况下，飞行场地长度意指飞机的平衡飞行场地长度，或在其他情况下为起飞距离。

采用数码和字码作为机场的基准代码，其用意是提供一个简单的方法，把有关机场特性的各项规定相互联系起来，以便提供与使用该机场的飞机相适应的各项机场设施。数码按基准场地长度划分为 4 级；字码按飞机的翼展和主起落架外轮缘之间的距离划分为 6 级。

2）航站区

航站区为飞行区同出入机场的地面交通的交接部。因而，它由三个主要部分组成。

（1）飞机交接面：航站楼与停放飞机的连接部分，供旅客和行李上下飞机。

（2）航站楼：用于办理旅客和行李从地面交通出入航站楼交接面到飞机交接面之间的各项事务。

（3）地面交通出入航站楼的交接面：包括公共交通的站台、停车场、供车辆和行人流通的道路等设施。

机场客货候机楼具有下列功能。

（1）方式变换：在航空运输工具和地面运输工具之间提供有形的联系，这是为适应机场控制区和非控制区的各种运输工具的各自操作特点而设计的。

（2）办理手续：为售票、办理各种票据和控制旅客和货物提供必需的设施。

（3）交通类型的改变：让源源不断到达的货物、乘公共交通工具来机场准备离港的旅客，按事先安排好的流程进入飞机离港；在进港飞机到达后，这个过程则倒过来进行。

3）出入机场的地面交通

由市区进出机场的地面交通，可以采用各种公共交通（如公共汽车、轻轨、单轨、地铁等）和小汽车（私人汽车和出租车）。

5. 主要设施布局

1）飞行区布局

飞行区布局主要指跑道、平行滑行道、快速出口滑行道、联络滑行道、升降带、停机坪及飞行区排水系统的布置。其中，跑道是最主要的部分，它的布置取决于跑道的数量和方位。平行滑行道的位置及尺寸取决于跑道的类别及使用的机型，通常只布置一条平行滑行道，在飞行量非常大的机场则要求规划布置两条平行滑行道，以保证飞机在地面上运行的安全与畅通。在业务量繁忙的情况下，需要设置快速出口滑行道。跑道、平行滑行道、停机坪间设联络滑行道。

2）航站区布局

航站区的设施主要有旅客航站、货物航站、客机坪、站前区道路及停车场。航站区的布置主要是确定航站区的位置和选择合适的客机坪和旅客航站构型。

旅客航站的布置根据业务性质、旅客流程、机位数、登机方式及建筑面积、形式和风格，结合客机坪类型而定。有四种基本构型：①线形构型，有直线形、折线形、弧线形等，采用前列式机坪和旅客登机桥登机；②指廊构型，采用指廊式机坪；③卫星构型，采用卫星式机坪；④"运输车式"构型、单元航站构型，"运输车式"构型适用于旅客航站与停机坪距离较远时，单元航站构型适用于多家航空公司同时在机场营业时，每个航空公司沿着连接道路建造自己的单元旅客航站，旅客需要坐摆渡车到相应的航站楼。

货物航站的布置，主要包括货物航站、货机坪、道路及停车场等的布置，其位置取决于年货运量及货运方式。在货运量小、客货混装运输的机场可不单设货机坪，但必须布置货运区。在货运量大、以货机运输为主的机场，单独布置包括货机坪在内的货运区。其位置与旅客航站保持一定距离，在客、货运站间布置连接道路。

3）工作区布局

工作区包括航空公司、机场管理当局和武装警察、海关、检疫等部门在机场工作的人员办公和生活的地区，应相对集中地布置在与航站区相隔一定距离的地方，以不影响和干扰旅客及各种车辆的通行为原则；生活用房除必不可少者外其他均应在机场外建造。

4）道路布局

应结合城市规划的道路网布置进场道路，尽量把通往旅客航站的车辆和其他服务车辆分开；通往各功能区的道路和各区段间的连接道路应综合布置；结合机场围界布置巡逻道路。

另外还有塔台、气象设施、供油设施、机务维修区等布局。此外，机场总体规划还必须制定机场的环境设计及绿化布置；飞机噪声的隔离，水、空气污染的控制，鸟害的防治等措施；机场内的土地使用规划。并根据飞机运行产生的噪声影响情况，向当地城市规划部门提供机场附近土地使用规划的建议。

1.2.2　机场利益相关者及运行特点

1. 机场利益相关者

在机场运营管理实践中，机场作为民用航空运输和城市的重要基础设施，是国家及区域综合交通运输体系的重要组成部分，具有广泛的社会和经济效应，对国家、区域社会经济和一些相关产业的发展有着重要的意义。

机场利益相关者涉及与机场相关的多个主体，主要包括：乘客，空中承运人，通用航空使用者，机场组织，投资者和股票持有者，特许经营者，服务提供者，雇员，中央政府，地方政府，受机场经营影响的社区，非政府组织，贸易、商业、旅游、表演、运动和教育组织，停车场经营者和陆上运输供给者，机场供给者。总体可以概括为以下三类：行业管理的政府组织及地方政府，服务提供者，机场经营所影响的社区、企业等。机场利益相关者模型如图 1-3 所示。

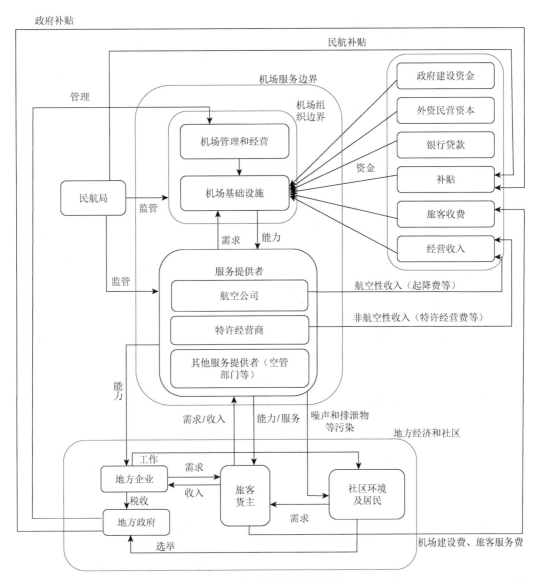

图 1-3　机场利益相关者模型

　　机场利益相关者模型图中，机场周围存在两种不同的界限，其中"机场管理和经营"与"机场基础设施"组成了机场的组织边界，加上"服务提供者"组成了机场的服务边界。其中，机场组织边界是机场管理控制的界限，这表明，机场管理者只能控制机场基础设施和管理组织自身相关的部分，通过基础设施的建设和改善、改进组织自身的管理运作效率进而改善机场经营运作。相比较而言，机场对航空公司及特许经营商提供的航空运输服务及地面服务、商业服务的类型和服务质量等控制权限很有限。但是机场可以通过其在航空运输中基础设施的特殊地位对其他服务提供者的活动产生一定的影响，如可以对特许经营商收取和利润相联系的特许经营费来改善其经营，或者淘汰效益不佳的特许经营者。

如图 1-3 所示，涉及的机场利益相关者主要有：行业管理的政府组织及地方政府、服务提供者、机场经营所影响的社区、企业等，这里将从政府层面、航空服务层面以及机场所在的地方社区层面具体分析他们与机场的关系，如表 1-5 所示。

表 1-5　机场利益相关者以及对机场的目标

机场利益相关者	利益相关者对机场的目标
民航局	• 确保机场满足航空需求的增长； • 保持机场符合飞机运行标准； • 确保航空乘客及产品的安全运输
服务提供者	• 旅客吞吐量最大化； • 机场费用最小化； • 提供可利用的高水平设施作为进入国家机场系统的连接点
航空旅客和航空货物运输的货主	• 提供低的航空费用； • 方便快捷地实现运输方式转换
地方政府和社区	• 服务目的地数量和服务频率最大化； • 噪声和排放物最小化

从机场利益相关者模型的循环回路可以看出，机场利益相关者之间存在一定的相互作用机制，既有相互促进的积极影响也有相互制约的消极影响。作为机场管理者，要识别机场利益相关主体，针对不同利益主体的不同目标进行权衡，改善机场与利益相关者之间的关系，最终使机场为利益相关者提供更好的服务。

2. 机场运行特点

机场作为航空运输的节点，与其他的交通设施不同，具有一些特殊的运行特点。

（1）经营状况与宏观经济环境的相关性较强。机场经营状况与宏观经济走势呈正相关关系，一般情况下，航空客货运的增长速度高于国民经济的增长速度。

（2）机场与航空公司关系紧密。机场和航空公司是民航运输市场体系的两个组成部分，两者相互依存，相互促进。航空公司对机场的选择决定了机场业务量的多少，大型航空公司对基地机场的选择也决定了机场在业务竞争中的长期地位，航空公司是机场的主要服务对象和收入来源；机场的地理垄断优势吸引航空公司选择其作为中转枢纽。

（3）不同程度地受到政府的管制。由于机场具有同其他公用事业类似的垄断性，各国政府对机场的收费价格等进行不同程度的管制，以避免其赚取过高的垄断利润，损害公众利益。此外，一些国家还对机场的业务范畴、财务规划等进行直接管制。例如，美国联邦航空局（Federal Aviation Administration，FAA）明确规定，机场的利润收入只能用于机场的建设投入；机场不得直接进行客货运输的经营活动（以便机场能公正地对待航空运输经营竞争）等。

（4）机场发展具有显著的不均衡特征。世界各国机场的发展表明，地区经济发展水平及航空资源的特点往往决定了该区域航空运输服务的市场容量，从而决定了机场的客货吞吐量和运营业绩。一些效益好的大型机场往往位于重要的政治文化中心、经济金融中心、制造贸易中心、旅游名胜地区及交通网络中枢城市，经济落后的偏僻地区的小型机场则经营惨淡，需政府补贴。

1.2.3　机场公共基础设施的属性

1. 机场的公共产品属性

机场是民航运输不可缺少的组成部分，机场为飞机的起降提供场所和相应的设施、设备和服务。机场是一个地区或区域对外空中交通运输的桥梁，特别是在枢纽机场发展的过程中，机场对区域经济的发展发挥着重要作用。所以，机场具有明显的公共性，机场的投资和建设往往体现了政府行为。另外，由于机场处于航空运输中的特殊位置，汇集了大量的人流、物流、信息流和资金流，潜藏着巨大的商业价值，所以在机场企业化运作下，需要追求经济效益最大化，因此机场又具有商业性。

民用机场具有公共性和收益性两种经济特征。

1）公共性

机场作为一种公共基础设施，一旦建成，就不能排除其他用户的使用，具有非排他性；在一定的吞吐量水平内，增加客流量并不会带来额外的机场基础设施成本，具有一定的非竞争性；但是，当客流量突破一定的范围造成机场设施拥挤时，可能造成其他用户时间的延误和服务水平的降低，每个消费者效用的降低意味着机场运营成本的增加，从而导致机场资源和基础设施的提供又具有一定的竞争性。因此机场的服务和设施是一种准公共产品。

从整个社会经济来看，机场作为经济活动的基础设施，通过地区辐射效应支撑了机场本身和附近地区的就业，而且间接支撑了提供产品和服务供应链中的就业，带动了地区经济的发展；同时机场是许多行业赖以生存的重要环节，通过快捷便利的运输服务，四通八达的运输网络，降低了商业活动的交易成本，提高了经济效率，也吸引航空密集型行业在机场附近落户，在形成完整的产业供应链条的同时，繁荣机场经济圈。

机场的正外部性包括：促进当地经济增长，带动周边公路运输等相关产业的发展，提高工作效率，加速客货运交流等。此外，机场的正外部性还体现在它具有提供"航空普遍服务"的功能。为了保证国家机场体系的连通性，必要时需要为那些地处偏远，商业上不能够自负盈亏，经济上对民营资本缺乏吸引力，但承担航空普遍服务义务的机场给予融资支持。

2）收益性

就机场的收益性而言，机场所提供的飞机起降服务、客货过港服务以及巨大的客流、物流所带来的潜在资源将提供一定程度的补偿和报酬。从机场功能角度看，机场由飞行区、航站区和延伸区构成，各功能区域的性质不尽相同。机场飞行区具有明显的公共性，起降服务收入往往不能弥补初始投资的折旧、运行维护费用等成本，航站区和延伸区都是营利性很强的优质资产，特殊的地理位置和稳定的客货流往往可以使其获得良好的投资收益。

机场的公共性和收益性在发展过程中会有不同的侧重。不同的机场由于所处的地理位置不同、航空运输市场在地区交通运输网络中的地位不同以及地区经济的发展水平不同，两种属性何者居主导存在差异；同一机场的两种特征在机场的不同发展阶段也是不同的。当机场业务量较小，如机场餐饮、住宿、停车场、旅客接送班车、广告、商贸等非航空业务不发达，航空主营业务收入不能维持机场的正常运营时，机场就基本以公共性为主。当机场业务量达到一定规模，机场主营业务收入较大，同时非航空业务收入更以较快的速度增长，比重逐步提高时，机场逐渐步入自我发展的良性循环，其收益性特征不断强化。

2. 机场的自然垄断属性

机场的自然垄断属性主要体现在三个方面。

（1）机场项目投资资金的集聚性。机场项目具有大量的沉淀资本，建设和维护费用巨大。从资本规模和工程技术的角度看，机场必须一次性进行大规模投资，这种投资具有不可分性。大部分机场资产具有耐用性、专用性和非流动性，资产不易出售或转作他用，因而投资一旦实施，就会形成大量的沉淀资本，在短期内无法迅速回收。而且变动成本的比重相对较小，从而在客观上形成了市场进入障碍，即使没有管制，竞争者也不容易进入，由此加强了机场设施服务的自然垄断性。

（2）服务的区域性。机场提供的几乎全部产品或服务都具有就地生产、就地消费的显著特点，其产品或服务的提供依赖于一定的地区，不同地区的机场提供的同一服务是不同质的，一般不具有显著的替代性。即使在同一地区，机场对周边环境有特定要求（如净空要求、大面积土地需求等），其所在地也缺乏新建或扩建机场的地点，因此机场具有不可替代性。

（3）规模经济性。基础设施在提供产品或服务时，使用同一网络向不同的使用者提供产品与服务比对不同用户分设不同的网络更为经济节省。基础网络成本的增加大致与网络的服务半径成正比，但其服务能力的增加则与服务半径的平方成正比。这表明，在现有的需求水平上，随着服务提供量的增加，基础设施提供服务的边际成本递减，提供服务的平均成本也会随提供服务量的增加而下降。

长期以来，机场作为基础设施被认为具有完全的自然垄断性。但是，随着技术条件的变化，市场容量扩大，各种创新方式和手段不断出现，自然垄断属性开始趋于弱化，在一定程度上导致了"自然垄断性变异"。所以，可以根据产业不同环节、不同层次的技术经济特征，形成相应的市场结构，特别是在可竞争的非自然垄断层中逐渐引入竞争。

3. 机场的基础产业属性

机场服务产业结构可分为三个部分：一是机场基础设施和服务项目；二是与飞机航运直接配套的服务项目；三是机场经营性资源开发项目。

（1）机场基础设施和服务项目，主要包括：提供飞机跑道、停机坪，投资设置机场航空安全设施，如围界、监控系统、安全检查系统等，并进行管理；航站区内登机桥、候机厅、问询设施，以及贵宾接送和参观服务；提供交通连接设施，如机场停车场，连接陆桥、海上交通设施、铁路设施等；提供通用服务功能，如水电供应、信息通信、环境卫生等；提供货运仓库和航空加油设施；提供海关、边检等口岸服务设施。

（2）与飞机航运直接配套的服务项目，主要包括：地勤服务项目，为飞机提供动力供应、清扫、行李处理、机务维护和飞机维修；配餐服务；航油供应；货物收发及装卸等处理服务。这些服务项目的提供，需要机场当局与航空公司密切合作，必须充分考虑航空公司政策和意向，从有利于航空运输协调、效率的要求出发。

（3）机场经营性资源开发项目，主要包括：机场空间广告；商铺、办公室租赁及商铺经营；餐饮；加油站；机场专线运营项目；航站楼内的机场邻接城市功能的配套服务项目，如酒店等休息设施、餐饮、银行服务等。这些经营项目主要以机场的旅客、货主及与其相关联的个人或企业为对象，是机场重要的经营资源。

当航班密度、客货流量较小时，与飞机航运直接配套的服务项目、机场经营性资源开发项目收益较低，甚至亏损。当航班密度、客货流量较大时，市场资源稳定增长，与飞机航运直接配套的服务项目、机场经营性资源开发项目收益较高，远高于社会平均利润，则很多专业公司希望能够获取经营权。

机场是航空运输的基础，航空运输又是运输业的重要组成部分，运输业则是整个国民经济的基础。所以，机场在整个社会经济中，发挥着基础设施的作用，带有明显的基础产业特征。从机场在航空运输业中的地位和作用来看，机场作为民航运输市场体系的重要组成部分，是衔接民航运输市场供给和需求的纽带。机场的社会价值体现在以优质的服务为民航运输市场的供求双方提供更多的汇合点。从产业环节上看，机场处于航空公司的上游，航空公司的收入则是整个民航运输业生存发展的血脉。机场服务的好坏、收费标准的高低直接关系到下游航空公司的业绩，从而关系到整个民航运输业的兴衰。

1.3　服务运营管理理论概述

1.3.1　生产运营管理

1. 生产/运营管理概念

生产管理（production management）的主体一般是指产业革命以来的工业企业，制造业是其中的典型代表；运营管理（operation management）则主要面对的是服务性企业或行业。production：含有生产有形物质产品的意思；operation：含义较广泛，既包含制造有形产品的制造活动，又包含提供无形产品的劳务活动。

生产运营管理实质上就是创造投入到产出产品或服务的转换过程，并且在这个转换过程中实现价值增值。如图 1-4 所示。

（1）投入的是生产要素。运营生产过程中投入的要素有：人（人力、智力资本）、财（资本运营）、物（物料、设备、能源、土地）、信息（计划、图纸、流程等），这些生产要素在质量、数量以及时间上必须符合生产与运作活动的需要，按照一定比例结合成有机的体系，才能发挥其重要作用。投入过程的生产要素是活动开展的前提条件，也是实现最终目标的保证。

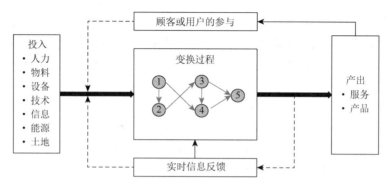

图 1-4　运营生产过程

（2）变换过程也就是生产制造过程。运营生产过程的变换过程就是把资源要素（投入）变换为有形产品和无形服务（产出）的过程，这一过程的要求是采用最经济的形式进行，也就是要进行成本、质量控制。

（3）产出的是产品、服务与信息。生产要素经过变换过程，以产品和服务的形式输出给顾客，这一过程有顾客的参与。

（4）信息反馈过程。在产品和服务产出的过程中要求有实时信息反馈，对一些不符合要求的产品和服务重新加工变换，在这一过程中反馈信息明确，反馈过程迅速。

2. 生产运营管理目标及任务

生产运营管理的目标是：高效、低耗、灵活、准时地生产合格产品和（或）提供满意服务。概括来说包括四个方面：质量（quality，Q）、成本（cost，C）、时间（time，T）、柔性（flexibility，F），见图 1-5。

（1）质量指满足顾客对产品和服务在质量方面的要求。

（2）成本指满足顾客对产品和服务在价格与使用成本方面的要求，即不仅产品形成过程中的成本要低，在用户使用过程中的成本也要低。

（3）时间指满足顾客对产品和服务在时间方面的要求，即交货期要短而准。

（4）柔性是指能很快地适应市场的变化，生产不同的品种和开发新品种或提供不同的服务和开发新的服务。

1.3.2　服务及服务运营管理

1. 服务及服务的特点

1）服务的含义

服务是顾客通过相关设施和服务载体所得到的显性和隐性收益的完整组合。其中，相关设施是指在提供服务前必须到位的资源；显性收益是消费者可以用感官明确察觉到的收益；隐性收益是消费者只能模糊感知的精神上的收获。

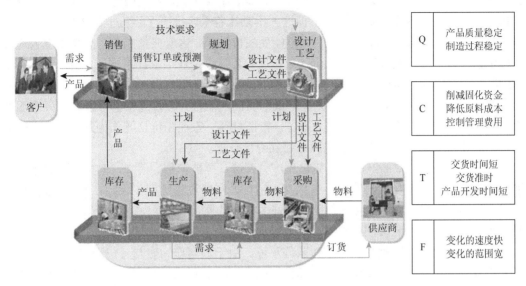

图 1-5　生产运作系统流程及目标

服务是具有无形特征却可给人带来某种利益或满足感的可供有偿转让的一种或一系列活动。服务在任何社会中都处于经济活动的中心。如通信、运输等基础服务是连接所有经济部门包括最终消费者的纽带。在一个复杂的经济系统中，基础服务和贸易服务是联系采掘业和制造业的媒介，也是通向消费者的分销渠道。基础服务是经济工业化的前提，因此，社会发展离不开服务业。

2）服务的特点

与制造业所生产出的有形产品相比较，服务的本质特点如表 1-6 所示。

表 1-6　服务的本质特点

产品属性（有形产品）	服务属性（无形产品）
有形实体	服务的无形性、不可触性
生产与消费的可分性	生产与消费的不可分性
可储存性	不可储存性
顾客无法参与产品生产过程	顾客参与服务过程
产品可以再次售卖	一项服务通常不可以再次售卖
质量的某些方面可以测量	质量的某些方面无法测量
产品可以运输	可以运输的是服务的提供者，而非产品
设施布局对成本很重要	设施布局对联系顾客很重要
分工细化与标准化操作	很多情况下是专业人员的智力活动
易于实现机械化和自动化	难以实现机械化和自动化
收入通过销售有形产品获得	收入依靠无形服务获得

3）服务的特性及带来的管理问题

（1）无形性。服务是由一系列活动所组成的过程，而不是实物，这个过程不能像感觉有形商品那样看到、感觉或者触摸到。对于大多数服务来说，购买服务并不等于拥有其所有权，如航空公司为乘客提供服务，但这并不意味着乘客拥有了飞机上的座位。

管理挑战：①服务创新没有专利，不能受法律保护，这就促使企业以品牌塑造为途径开展连锁经营，培养顾客对服务品牌的忠诚度。②服务企业声誉非常重要。由于服务不易向顾客展示，顾客在购买服务前无法像有形产品那样观察到，服务的质量和价值信息很难向顾客传递。③无形服务有形化。为了降低购买的风险性，顾客通常会寻求能够标志服务质量的有形证据，如将人员、建筑、设备、传播材料、象征和价格等作为判断标准。因此服务企业通常要求在他们的抽象供应上增加有形证据。

（2）同步性。多数的产品都是先被生产、存储，再被销售、消费，但大多数服务在被生产出来的同时被销售和消费，具有生产、销售、消费过程的同步性。在服务的过程中，顾客在现场作为参与者。并且有些服务是许多顾客共同消费的，如一场音乐会。在服务生产过程中，其服务质量被同步决定，不能提前检测也不能过后筛选。

管理挑战：①顾客参与要求关注服务环境。由于顾客作为参与者出现在服务过程中，这要求服务经理必须重视设施的设计和良好服务环境的营造。②服务流程设计要考虑顾客的参与。由于服务生产与消费的同步性，服务质量与顾客满意度都与顾客参与的效果有很大关系，因此服务提供者应该努力让旅客参与到服务过程中。③顾客与员工的交互作用。同步性要求顾客和服务人员都必须了解服务的整个传递过程，在服务传递过程中顾客和员工需要不断沟通，相互作用彼此影响。④服务能力直接随需求而变化。顾客的知识、经验、动机乃至诚实都会直接影响服务系统的效率。首先，顾客的参与使得需要管理的人员减少；其次，由于顾客在参与时付出了劳动，因此，服务能力直接随需求而变化，而不是完全受制于员工的人数。⑤服务质量控制困难。服务生产与消费同时进行也使得产品的预先检测成为不可能，所以必须依靠其他的指标来保证服务质量。⑥服务管理的重要问题是等候或排队问题。服务过程中的排队现象十分常见，服务人员要采取积极的措施以缩短排队长度和顾客等待时间，以免降低顾客的感知价值。

（3）异质性。服务是由人表现出来的一系列行动，员工所提供的服务通常是顾客眼中的服务，由于没有两个完全一样的员工，也没有两个完全一样的顾客，因此没有两种完全一样的服务。有些服务具有层次上的异质性，服务提供者会对不同的顾客提供不同层级的服务，如在机场服务中，VIP（very important person，贵宾）旅客会被提供更高端的服务。服务过程中高端技术的应用也会带来更高的异质性，如自助服务和人工服务有很高的异质性。服务的异质性使得顾客每次的服务体验都不相同，能够让顾客保持新鲜感；通过提供不同层级的服务，能够增加服务提供者的收益。

管理挑战：①没有满意的员工就没有满意的顾客。由于顾客与员工在服务过程中有很强的交互作用，员工的异质性导致了服务的异质性，因此只有员工满意才能提供更好的服务以达到顾客满意。②考虑顾客的体验感官和心理。服务的异质性要求服务提供者在服务产品设计时要充分考虑不同顾客的服务体验感官和心理，设计出能满足不同类型顾客需要的服务。③个性化服务与标准化服务。顾客的异质性意味着不同类型的顾客有不同的服务需求，但是为了追求效率企业都有一套规范的服务标准，标准化的服务能够满足低端顾客的需要，而个性化的服务才能满足高端顾客的需求体验。④人的作用与信息技术。服务过程中信息技术的应用会使顾客有更多的自主性，如机场自助值机、自助服务能够提高效率，人工服务能让顾客获得更多的满意感，因此服务提供者需要在人工服务和自助服务之间寻找平衡。

（4）易逝性。服务的易逝性是指服务不能被储存、转授或者退回的特性。例如，有一个 120 个座位的航班，如果某天只有 80 个乘客，剩下的 40 个座位不可能储存起来留待下个航班销售。

管理挑战：①服务无法储存。服务生产、销售、消费的同步性意味着服务提供者无法在生产后储存，顾客也无法在购买后储存。②服务是开放的系统。因此服务要受到传递系统中的需求变化的全面影响。③服务需求预测困难。由于服务无法储存和运输，服务分销渠道的结构和性质与有形产品差异很大，为了充分利用生产能力，对需求进行预测并制订有创造性的计划成为服务提供者具有挑战性的决策问题。④制定服务补救措施。由于服务无法像有形产品一样被退回，服务提供者必须制定强有力的补救措施，以弥补服务失误。

2. 服务运营及特点

1）服务运营管理及核心问题

服务运营管理（service operations management）是指对服务型企业所提供的服务产品的开发设计，对服务运营过程及其运营系统的设计、计划、组织和控制的一系列管理活动。服务运营是将各种资源转化为服务的活动的过程。

服务运营管理的目的是追求服务效率，使输入能够更加高效地转化为服务输出。与生产运作管理类似，服务运营管理的根本命题可以概括为：运营成本（C）、服务质量（Q）、服务柔性（F）、时间响应（T）。服务运营管理过程及主要问题如图 1-6 所示。

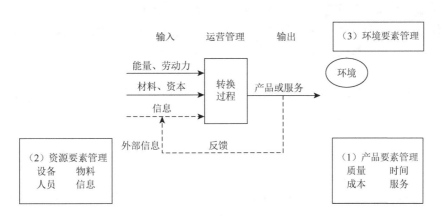

图 1-6　服务运营管理过程及主要问题

服务运营管理过程是一个输入—转换—输出的过程。输入过程中的要素包括能量、劳动力、材料、资本、信息等，这是服务运营管理的前提。在这一过程中，主要涉及资源要素的管理问题，即如何实现合理的资源配置，设备、物料、人员和信息按照怎样的比例作为输入才能达到最佳的输出效果。转换过程是生产制作的过程，涉及的主要问题是业务流程管理，业务流程是以为顾客提供产品或服务为最终目标的组织活动的集合，如何实现高效的流程管理是这一过程的重要内容。输出的最终产物是产品或服务，这一过程中涉及信息的反馈，输出过程中的信息将作为输入再次进入运营管理过程。最终的产品和服务需要在质量、成本、时间和柔性上最大限度地满足顾客的需求。特别强调的是，输出服务的过程要求关注服务环境，即提供服务的支持性设施和设备。

2）服务运营管理的决策领域

服务运营管理的决策领域主要有运营策略制定与系统设计、系统运营和系统改进，涉及的主要问题如图 1-7 所示。

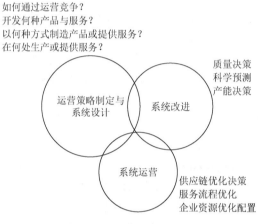

图 1-7　服务运营管理的决策领域

运营策略制定与系统设计：服务系统作为企业运作的基础组成部分之一，对服务运营效率以及运营效果有着至关重要的影响，服务设计的内容主要包括服务系统中的流程设计、工作设计、人员安排以及服务系统规划、设施选址与布置、设备的选用与规划等。

系统运营：服务系统运营内容包括供应链优化决策、服务流程优化、企业资源优化配置等，是服务运营管理的核心内容。

系统改进：为了解决服务系统中可能存在的服务质量及服务效率等问题，需要进行服务系统改进，主要内容包括质量决策、科学预测和产能决策。

3）服务运营管理的内容

研究服务运营管理中的具体管理问题和方法，包括服务设施规划、服务流程管理、服务质量管理、服务收益管理、服务应急管理、服务外包管理。

（1）服务设施规划。服务设施规划指服务设施在较大空间范围内的安排，主要包括服务企业的地址选择以及企业内部各服务单位的空间布置，而且服务设施的布置与服务流程有较强的关联。

（2）服务流程管理。服务是提供方所完成的一系列行为的持续过程，流程是程序的组合，服务流程管理就是把服务的渐进过程分解成若干环节或者阶段并有机地结合起来，在每一个环节都有明确要求和可视性的规范，对所提供的服务做完整而精确的阐述。

（3）服务质量管理。对服务企业而言，质量评估是在服务传递过程中进行的。在服务过程中，顾客与服务人员要发生接触。顾客对服务质量的满意可以定义为：将对接受的服务的感知与对服务的期望相比较。当感知超出期望时，服务被认为具有特别质量，顾客表示出高兴和惊讶。当没有达到期望时，服务注定是不可接受的。当期望与感知一致时，质量是满意的。服务期望受到口碑、个人需要和过去经历的影响。

（4）服务收益管理。收益管理是一种谋求收入最大化的新经营管理技术。它诞生于20世纪80年代，最早由民航开发。它主要通过建立实时预测模型和分析以市场细分为基础的需求行为，确定最佳的销售或服务价格。其核心是价格细分亦称价格歧视，就是根据顾客不同的需求特征和价格弹性向顾客执行不同的价格标准。这种价格细分采用了一种顾客划分标准，这些标准是一些合理的原则和限制性条件。

（5）服务应急管理。对于服务企业，服务失误是不可避免的。服务失误一般会给企业带来严重的负面影响，可能会引起顾客的消极情绪和反应，导致顾客的离开而转向企业的竞争者，给企业造成经济损失。另外，在社会环境下，突发公共事件也是难以预料的，具有不可预见性、社会性和危害性，并且能够迅速传播，会给社会系统以及处在其中的社会成员造成危害和损失。

服务应急不仅包括在危害服务系统的突发事件发生后，服务者采取的即时性和主动性的反应，还包括服务提供者能够针对潜在的服务失误和突发事件进行甄别，采取主动性和预见性的服务应急行动。例如，机场航班大面积延误事件的应急处置。

（6）服务外包管理。外包是将企业的部分职能转移给外部服务商，从而获得经济、技术和战略优势的过程。服务外包是将企业内部的服务职能转移给外部服务商，由后者对其进行管理和控制。服务外包主要包括信息技术外包、业务流程外包和知识流程外包三大类。

4）服务运营管理的特点

与制造业相比，服务运营管理有以下几个方面的特点。

（1）运营的基本组织方式不同。从运营的基本组织方式上说，制造业是以产品为中心组织运营，主要控制对象是生产进度、产品质量和生产成本。服务业是以人为中心组织运营，需求有很大的不确定性，难以预先制订周密的计划；在服务过程中，即使是预先规范好的服务程序，仍然会由于服务人员的随机性和顾客的随机性而产生不同的结果。

（2）产品和运营系统的设计方式不同。在制造业企业，产品和生产系统可分别设计；因为对于制造业来说，同一种产品可采用不同的生产系统来制造，例如，采用自动化程度截然不同的设备，其设计是可以分别进行的。在服务业，服务提供系统是服务本身的一个组成部分，不同的服务提供系统会形成不同的服务特色，即不同的服务产品，因此这二者的设计是不可分离的。

（3）库存在调节供需矛盾中的作用不同。制造业企业可以用库存来调节供需矛盾，制造业企业对应这种需求波动的方法主要是利用库存，预先把产品制造出来，以满足高峰时的需求或无法预期的需求。服务业企业往往无法用库存来调节供需矛盾。市场需求往往是波动的，对于很多服务企业来说，却无法预先把服务"生产"出来供应给其后的顾客。例如，航空公司某航班的空座位无法存起来出售给第二天的顾客，因此，对于服务业企业来说，其所拥有的服务能力只能在需求发生的同时加以利用，因此服务能力的规划具有很大的特殊性。

（4）顾客在运营过程中的作用不同。制造业企业的生产系统是封闭式的，顾客在生产过程中不起作用，服务业企业的运营系统是非封闭式的，顾客在服务过程中会起一定作用。因此，服务运营管理的任务之一，是尽量使顾客的参与能够对服务质量的提高、效率的提高等起到正面作用。

（5）需求的地点相关特性不同。由于服务中生产与消费同时发生，所以对大多数服务类型来说，提供者与顾客必须处在同一地点，不是顾客去服务的提供地（如去餐馆就餐），就是提供者来找顾客（如上门服务）。因此，制造业中的传统分销渠道并不适用于服务业。为了方便顾客，服务设施必须分散化，并尽量靠近顾客，这样就限制了每一座设施规模的扩大，也使管理者对分散设施的管理和控制难度进一步加大。

（6）人力密集特性不同。与制造业组织相比，服务业组织中员工的地位更重要。首先，服务基本上是一个以"人"为中心的运营过程，员工的表现对其运营效率影响极大；其次，员工本身的技能和知识，对服务结果有着重要的影响；再次，在服务业中，没有愉快的员工，就没有愉快的顾客，对员工的激励以及员工的态度，是决定服务水平和服务效果的重要因素。因此，人员的长期培训对服务业企业更为重要。

（7）衡量与评价产出的复杂性不同。衡量服务业组织的产出比制造业复杂得多。数量标准对很多服务业组织来说，并不能成为很重要的标准，因为质量与效果更为重要，服务质量本身就比制造业中的质量更难定义和描述，也更难以精确评价。另外，许多服务业组织具有多元化的目标，着眼于长期利益和社会利益（如公共管理、教育和医疗）。对服务业组织来说，即便在投入相同的情况下，也不能简单地通过收入、成本等数据来评价其绩效，其以"人"为中心的运营性质使服务过程所造成的结果隐性化、复杂化。所有这些，都使得对服务业组织的评价更加困难。

1.4　机场运营管理的主要内容

服务运营管理过程是一个输入—转换—输出的过程。机场运营管理过程也是一个投入产出过程。投入各种要素就会涉及对这些资源要素的管理问题，即如何实现合理的资源配置，才能达到最佳的输出效果。转换过程是生产制作的过程，涉及的主要问题是业务流程管理，机场运营中五大流程，如何实现高效的流程管理是这一过程的重要内容。输出的最终产物是服务，如何在质量、成本、时间和柔性上最大限度地满足顾客的需求，提升机场运营管理生产率，达到产出/投入最大化。机场运营管理过程及管理内容见图1-8。

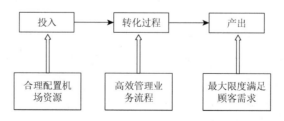

图 1-8　机场运营管理过程及管理内容

围绕运营管理核心概念及目标构建内容，基于机场运营中五大流程，分析流程、优化流程是管理的重点，并通过对生产资源的优化配置，达到机场运营管理的安全、效益、柔性、效率目标。内容具体包括：机场管理概论、机场流程管理、机场资源设施配置及优化、机场运行控制、机场人力资源配置及优化、机场运营效率评价。机场运营管理核心内容框架如图 1-9 所示。

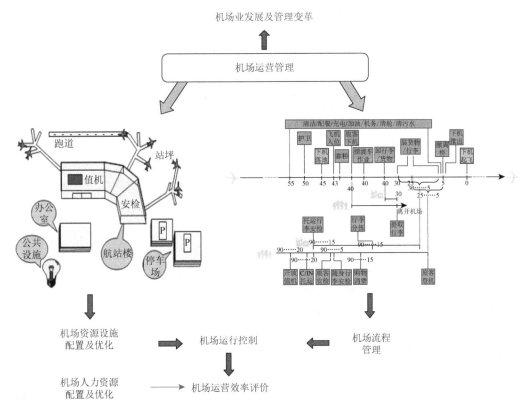

图 1-9　机场运营管理核心内容框架

思考题

1. 参看文章《从世界级规模迈向世界级竞争力——服务是中国机场的未来战略之匙》中提到的机场的交通属性与延伸属性，发表自己的看法。

2. 参考 ACI（Airports Council International，国际机场协会）的报告 2018 *Economic Impact Study*，讨论机场与地区经济的关系。

3. 查找某一机场构型图，标识出机场的主要设施。再找一下这个机场的组织机构图，指出你对哪个部门感兴趣，并重点介绍即描述这个部门的主要职责；并说明你现在的专业如何适应部门（或岗位）职责的要求。

第 2 章　机场发展概况及管理模式

机场是公共基础设施,既要提供公共服务,满足公共利益,又要取得一定的经济效益。因此机场的管理有其特殊性。随着技术不断进步,机场的运营呈现智能化的趋势,机场管理模式也呈现多样化。我国机场面临新的环境,要探寻适合国情的发展之路。

2.1　机场发展概述

2.1.1　机场发展阶段

机场作为飞机起降的场所,经历了从无到有、从小到大、从简单到复杂、从单一功能到多种功能的历程,其发展可以概括为三个阶段:飞行人员的机场、飞机的机场、社会的机场。

第一阶段:只是简易存放飞机的场地,没有用于与飞行员通话的无线电设备,也没有导航系统帮助飞行员在恶劣天气情况下起降。由于这个时候的飞机在安全性和技术方面尚不稳定,而且作为新生事物,还未被社会所广泛接受,使用十分有限。多是用于航空爱好者的试验飞行或军事目的飞行,并不搭载乘客,所以机场也只是为飞机和飞行人员服务,基本上不为当地社会服务,只是"飞行人员的机场"。

第二阶段:1919 年后,随着第一次世界大战的结束,飞行技术得到迅速应用,欧洲一些国家率先开始对机场设计进行初步改进,开始建立起最初的民用航线;随着航空运输的发展,机场大量建设起来,特别是在欧洲和美国,机场建设得到了稳步而快速的发展。欧美国家的航线、跨洲的国际航线逐步开通,与之相伴随的是机场在全世界各地大量出现。同时,随着航空技术的进步,飞机对机场的要求也提高了,机场建设中出现了各种新兴的需求,如航管和通信的要求、跑道强度的要求、一定数量乘客进出机场的要求等。为了满足这些要求,出现了塔台、混凝土跑道和候机楼,现代机场的雏形已经基本出现。这时的机场主要是为飞机服务的,是"飞机的机场"。第二次世界大战以后,出现了更成熟的航空技术及飞行技术,加上全世界经济复苏的推动,航空客货运输量快速增长,开始出现了大型中心机场,也称航空港。1944 年国际民用航空组织成立,标志着对世界航空运输进行统一管理的机构的出现,国际民用航空组织为全世界的机场和空港制定了统一标准和推荐要求,使全世界的机场建设有了大体统一的标准,新的机场建设已经有章可循。

第三阶段:20 世纪 50 年代末,大型喷气运输飞机投入使用,使飞机变成真正的大众交通运输工具,航空运输成为地方经济的一个重要的不可或缺的组成部分。一方面,先进的飞机性能要求各个机场的飞行区必须有很大改进;另一方面,随着客货运输的发展,对原有的候机厅又提出重新设计和改扩建满足旅客新的需求。20 世纪 60 年代后，机场的建设随着喷气式飞机的增加蓬勃发展，跑道、登机桥、电梯、轻轨车辆、行李提取系统、摆渡车、新货物处理设施等不断出现。得到了技术改进提升的机场的发展，不仅保证了航空运输行业日益发展的需求，还带动了机场所在地的商业、交通、旅游、就业等，它为所在地区的经济发展提供了巨大的动力。同时也带来了许多矛盾和问题，跑道、候机楼、停车场等都需要改扩建；噪声扰民的问题也很突出。但无论如何，机场还是成了整个社会的一个部分，因而这个时期的机场是"社会的机场"。

2.1.2　机场发展现状

国际机场协会 2019 年公布的运输报告见图 2-1、图 2-2 和图 2-3，数据显示，2018 年全球机场旅客吞吐量达到 88 亿人次，增长 6.4%，货物吞吐量 1.227 亿吨，增长 3.4%。全球六大区域客流量均出现增长。根据排名顺序，亚太地区客流量为 33 亿人次，是全球机场客流量最繁忙的地区；欧洲客流量达到 24 亿人次；北美客流量达到 20 亿人次；阿根廷-加勒比地区客流量达到 6.51 亿人次；中东客流量仅增 0.7%，达到 3.96 亿人次；非洲客流量增速最快，为 9.4%，达到 2.14 亿人次。货运方面，全球六大区域中，中东的货运量出现下降，其他均为增长。非洲地区依然是增速最快的地方，增长 9.6%。

从全球范围来看，世界上增长最快的机场大多数位于新兴市场，其中很大一部分位于亚太地区，中国是 2008~2018 年全球客运量增长的主要贡献者，占全球客运总量增长的 18.1%。印度向更自由化的航空市场迈进，成为增长最快的市场之一，其交通量在相对较短的时间内迅速增长。根据国际机场协会的预测，2017~2040 年，全球客运量增速为 4.5%，货邮量增速为 2.5%，起降架次增速为 1.9%。

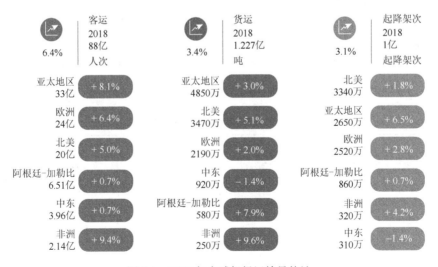

图 2-1　2018 年全球机场运输量统计

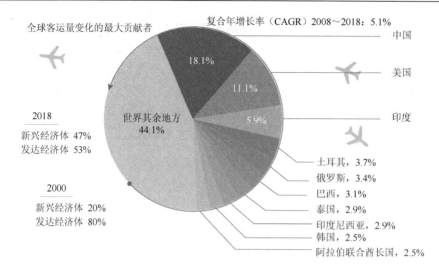

图 2-2　2008～2018 年全球客运量最大贡献者

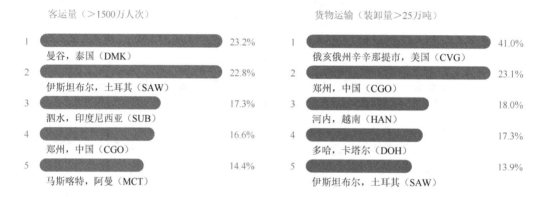

图 2-3　2008～2018 年增长最快的机场

根据国际机场协会的统计数据，2019 年全球机场客运量排名前 20 的机场如表 2-1 所示。

表 2-1　2019 年全球机场客运量排名前 20 的机场

排名	机场	所在国家	IATA 代码	客运/人次
1	哈兹菲尔德-杰克逊亚特兰大国际机场	美国	ATL	110 531 300
2	北京首都国际机场	中国	PEK	100 011 438
3	洛杉矶国际机场	美国	LAX	88 068 013
4	迪拜国际机场	阿拉伯联合酋长国	DXB	86 396 757
5	东京羽田机场	日本	HND	85 505 054
6	奥海尔国际机场	美国	ORD	84 372 618
7	伦敦希斯罗机场	英国	LHR	80 888 305
8	上海浦东国际机场	中国	PVG	76 153 455

排名	机场	所在国家	IATA 代码	客运/人次
9	巴黎戴高乐机场	法国	CDG	76 150 009
10	达拉斯/福特沃斯堡国际机场	美国	DFW	75 066 956
11	广州白云国际机场	中国	CAN	73 378 475
12	阿姆斯特丹机场	荷兰	AMS	71 706 999
13	香港国际机场	中国	HKG	71 415 245
14	首尔仁川国际机场	韩国	ICN	71 204 153
15	法兰克福机场	德国	FRA	70 556 072
16	丹佛国际机场	美国	DEN	69 015 703
17	英迪拉·甘地国际机场	印度	DEL	68 490 731
18	新加坡樟宜机场	新加坡	SIN	68 283 000
19	素万那普机场	泰国	BKK	65 421 844
20	约翰·菲茨杰拉德·肯尼迪国际机场	美国	JFK	62 551 072

注：IATA 为国际航空运输协会（International Air Transport Association）

全球范围内，2020 年初新冠疫情暴发。根据国际机场协会的统计，受疫情影响，2020 年全球十大最繁忙机场的客运量下降了 45.7%。总体而言，全球机场的客运量下降了 64.6%。2020 年客运量排名前 10 的机场中有 7 个在中国，3 个在美国。疫情对全球客运的影响使航空业在 2020 年几乎陷入停滞，航空货运量受新冠疫情影响较小，仅下降了 8.9%。2020 年，全球十大繁忙机场的航空货运量增长了 3%，这一增长可归因于对在线消费品、药品和个人防护设备的需求增加。中国有三座机场上榜，分别为香港国际机场、上海浦东国际机场和台北桃园国际机场。

2021 年全球总客运量接近 45 亿人次，比 2020 年增加了近 25%，但比 2019 年下降了 50% 以上。2021 年客运量、货运量、起降架次排名前十的机场，见表 2-2、表 2-3 和表 2-4。客运量排名前十的机场中有 8 个在美国，2 个在中国。受疫情影响较小的航空货运量同比增长近 15%（较 2019 年增长 3.5%），2021 年预计达到创纪录的 1.24 亿吨。这一增长可以归因于在线消费品和医药产品需求的持续增长。2021 年，航空业开始复苏。一些繁忙的机场已经重新恢复到头部行列，其他地区也都在努力恢复中。

表 2-2　2021 年全球机场客运量排名前十的机场

2021 年	2020 年	2019 年	机场	2021 年	相比 2020 年的变化率/%	相比 2019 年的变化率/%
1	2	1	哈兹菲尔德-杰克逊亚特兰大国际机场	75 704 760	76.4	−31.5
2	4	10	达拉斯/福特沃斯堡国际机场	62 465 756	58.7	−16.8
3	8	16	丹佛国际机场	58 828 552	74.4	−14.8
4	13	6	奥海尔国际机场	54 020 399	75.1	−36.2
5	15	3	洛杉矶国际机场	48 007 284	66.8	−45.5

续表

2021 年	2020 年	2019 年	机场	2021 年	相比 2020 年的变化率/%	相比 2019 年的变化率/%
6	18	34	夏洛特国际机场	43 302 230	59.2	−13.4
7	27	31	奥兰多国际机场	40 351 068	86.7	−20.3
8	1	11	广州白云国际机场	40 259 401	−8.0	−45.1
9	3	24	成都双流国际机场	40 117 496	−1.5	−28.2
10	22	30	拉斯维加斯麦卡伦国际机场	39 754 366	78.6	−23.1

注：登机和下机的旅客总数，过境旅客计算一次

表 2-3　2021 年全球机场货运量排名前十的机场

2021 年	2020 年	2019 年	机场	2021 年	相比 2020 年的变化率/%	相比 2019 年的变化率/%
1	2	1	香港国际机场	5 025 495	12.5	4.5
2	1	2	孟菲斯国际机场	4 480 465	−2.9	3.6
3	3	3	上海浦东国际机场	3 982 616	8.0	9.6
4	4	6	泰德·史蒂文斯安克雷奇国际机场	3 555 160	12.6	29.5
5	6	5	首尔仁川国际机场	3 329 292	18.0	20.4
6	5	4	路易维尔国际机场	3 052 269	4.6	9.4
7	7	9	台北桃园国际机场	2 812 065	20.0	28.9
8	8	13	洛杉矶国际机场	2 691 830	20.7	28.7
9	11	10	日本东京成田国际机场	2 644 074	31.1	25.7
10	9	8	多哈哈马德国际机场	2 620 095	20.5	18.2

注：货物指以公吨为单位的装卸货物和邮件，包含中转货物

表 2-4　2021 年全球机场起降架次排名前十的机场

2021 年	2020 年	2019 年	机场	2021 年	相比 2020 年的变化率/%	相比 2019 年的变化率/%
1	1	2	哈兹菲尔德-杰克逊亚特兰大国际机场	707 661	29.1	−21.7
2	2	1	奥海尔国际机场	684 201	27.1	−25.6
3	3	3	达拉斯/福特沃斯堡国际机场	651 895	26.7	−9.5
4	4	5	丹佛国际机场	580 866	32.9	−8.1
5	6	7	夏洛特国际机场	519 895	30.6	−10.1
6	7	4	洛杉矶国际机场	506 769	33.6	−26.7
7	10	8	拉斯维加斯麦卡伦国际机场	486 540	50.4	−12.0
8	13	25	菲尼克斯天港国际机场	408 285	31.6	−7.0
9	24	30	迈阿密国际机场	387 973	54.4	−6.9
10	21	14	休斯敦乔治布什国际机场	378 562	41.4	−20.8

注：起降架次包括降落和起飞

航空运输的发展离不开城市的发展，城市群的概念由法国地理学家戈特曼于 1961 年首次提出，是指达到一定人口规模与密度的特大城市"集合体"，由众多联系紧密的都市区、都市圈构成。世界上有五大世界级城市群：美国东北部大西洋沿岸城市群、北美五大湖城市群、日本太平洋沿岸城市群、欧洲西北部城市群、英国以伦敦为中心的城市群。

世界级机场群总是与世界级城市群相伴而生，因为世界级城市群往往发挥着全球及国家中枢的重要功能。民航运输较其他运输方式具有快速、高效、便捷的优势，因此与世界级城市群相适应的机场群建设，对提高区域的对外开放程度、促进产业结构调整与优化都具有非常重要的作用。目前，全球发展成熟的世界级机场群主要有：纽约机场群、芝加哥机场群、东京机场群、伦敦机场群和巴黎机场群。国内粤港澳大湾区、长三角地区、京津冀、成渝地区随着经济的快速发展，也规划打造成世界级机场群。

2.2　机场管理模式及转变

2.2.1　机场所有权及管理模式

自 20 世纪 40 年代以来航空运输经历了从点对点运行、网络运行到优化的网络运行、随机的容量受限的网络运行等阶段，这一系列复杂的变化对机场的运行和需求产生了深刻的影响。80 年代以来，私有化浪潮逐步席卷全球，各国机场都在探寻适合的管理模式。

机场管理模式依据国情不同会有改进和创新，但都体现了良好的适应性，因此将国外机场管理模式予以总结，以便对比分析。一般机场管理模式都是从机场所有者和机场经营者两个角度进行描述，机场所有者一般包括国家政府、地方和（或）州、地区政府、公司实体、私人投资者；机场经营者则包括国家政府的一个部门、地方或州（地区）政府的一个部门、机场管理当局或其他类似的企业实体、机场管理合同签订者（机场管理承包者）。从发展阶段和趋势来看，国外机场管理模式主要有：①联邦政府部门管理模式；②政府代理机构管理模式；③市政府或半市政府管理模式；④政府企业管理模式；⑤机场局管理模式；⑥政府和私人的合资企业管理模式；⑦私有企业管理模式。为更明确地体现七种管理模式的特点，从所有权和管理机构两个维度对其进行深入分析和初步归纳，如图 2-4 所示。

所有权等产权关系一直是机场管理模式变化围绕的核心。通过以上分析每种模式的特点都有所凸显，在所有权公有的情形下，机场管理机构多为政府机构，在所有权私有的情形下，机场管理机构多为公司制。尤其是私有化浪潮下，机场的发展趋势为私有企业管理。无论机场所有权归属如何，追求高效的运营效率是机场管理永恒的主题。

不同国家采取的机场管理模式不尽相同，下面列举世界上几种主要的机场经营管理模式。

1. 联邦政府或地方政府所有和直接管理

这种模式又分为联邦政府拥有和直接管理、市政府拥有和直接管理两种模式。联邦政

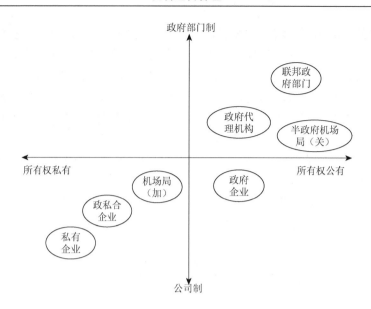

图 2-4　国外机场管理模式的归类

所有权公有和私有的界限是 50%，以所占比例作为确定所有权性质的依据

府拥有和直接管理机场是一个传统的模式，在很多国家对机场初期的管理中由交通运输部门负责监督管制、航空运量控制、空中导航，甚至在某些情况下负责国有航空公司的运行。机场的所有权公有，理论上机场应该直接对公众和使用者负责，但通常并非如此。联邦管理常被指控对地方的需求关心不够，决策过程不够透明。这一模式最大的弊端在于驱动管理的政策连贯性较差，投资依赖于政治决策或其他预算优先权。

市政府拥有和直接管理的模式只有美国实行。许多机场，无论规模大小都由市政府直接管理，也有一些由县政府管理。市政府管理机场会成立委员会（董事会）来提供咨询。但委员会（董事会）的权力是有限的，尤其是被排除在机场日常运行的决策之外。市议会和市长是最终的决策制定者。

2. 中央或地方政府所有并组织专门机构进行管理和组织运营

目前，世界上的大部分机场采用这种管理模式，约有三分之二的美国机场都采用这种管理模式，如图 2-5 所示。

这类机场的所有权（或股权）划分也不尽一致。有的归中央政府所有，有的归中央政府和地方政府共有，有的仅属地方政府所有，并由相应的所有者组建或共同组建行政色彩浓厚的机场管理局（委员会）负责机场日常管理和运营。在这种模式下，所有的航空事务都被分配给一个机构，而不是直接由交通部负责。交通部负责制定广泛的航空政策，代理机构负责日常的规制和运行。如德国的法兰克福机场，联邦政府（交通部代表）拥有 25.9% 的股权，黑森州政府拥有 45.2% 的股权，法兰克福市政府拥有 28.9% 的股权。美国的洛杉矶（Los Angeles）、亚特兰大（Atlanta）等机场属所在的市、郡政府所有，并由地方政府组建机场管理局（委员会）进行运营管理。在这种模式下机场融资需要政府有规律的财政预算支持。政府和纳税人会承受沉重的经济负担，可能造成机场设施投资的延迟。对机场的投资需依据其他政府优先权。如果机场的优先权低于其他投资优先权，或者政府迫于选民减少支出的压力，机场的投资就会受阻。

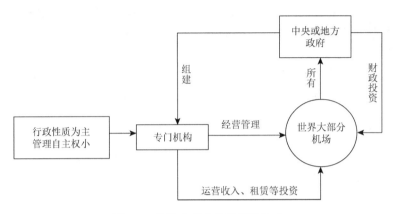

图 2-5　世界大部分机场管理模式

3. 组织半政府、半市场性质的机场管理局（或称空港委员会、空港公团、机场管理公司等）进行管理和组织经营

这种模式是 20 世纪 60 年代以后逐步发展起来的。迄今为止，实行这种管理模式的机场仅限于一些业务量大、收入多、能获得利润的国际和国内主干线机场。如美国的纽约新泽西地区的三个大型机场。根据这种模式组建的机场管理局是一个介于政府和营利性企业之间的组织，属于公共法人性质，拥有一定的经营自主权。其职责是通过企业和市场途径而非行政途径，管理和发展机场，与航空公司建立业务关系，确保机场安全运营等。采用这种管理模式的机场产权结构与第一种模式下的机场相类似。其股权主要为各级政府所有，即各级政府对机场实行控股，其中有极少数机场的部分股权为社会团体所有，如图 2-6 所示。

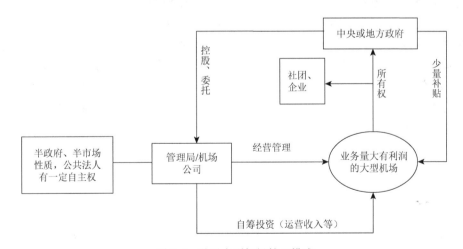

图 2-6　世界大型机场管理模式

在这种模式下，交通部仍保有制定和实施规章的权力，但是机场的管理却分配给政府所有的企业，忽略了利益冲突。企业的法人结构决定其有一定程度的独立性，表现在融资计划方面。政府企业有能力为主要工程提供资金支持，避免了联邦预算和政治决策等难以预测的风险。一些机场公司完全由国家政府所有，有的由联邦和地方政府联合拥有。法国巴黎的两个机场由巴黎机场集团（Aeroports de Paris，ADP）管理，澳大利亚的许多机场在私有化之前是由联邦机场公司管理的。在这种模式下，政府企业在基础设施建设时同样面临融资的限制，依赖于政府提供的基本或后续权益股本。然而政府企业的优势在于可以获得政府的债务担保，这一担保会使出资方愿意给予高额投资。

4. 政府和私人的合资企业进行管理和组织运营

部分私有权对企业管理机场产生了许多变化。首先，私有股东在企业董事会占据相当份额，在政府变化的情况下保持了董事会的稳定性。其次，私有权的存在，对机场企业的对外披露要求更加严格。再次，私有部门所有权给机场更多商业引导。私有投资者期望一定的投资回报率，就会在成本控制和效率方面进行更多的创新，追求新的收益机会。如哥本哈根和维也纳机场不断引入私有投资者，政府只保持微弱的多数股权。私有投资者必须有机会享有可观的投资回报，才能使机场可以在没有政府财政负担的情况下继续投资。混合企业的关键问题在于私有投资者能够承担政府机构追求的非商业目标的风险程度。

据 ACI EUROPE 2016 年 3 月发布的 Airport Ownership Report，过去 5 年来，欧洲主要 500 个机场的拥有者发生了比较大的变化：2010 年 78%的机场为公有，2016 年这个比例下降到 59%。公私合营模式（public-private-partnership，PPP）和私人拥有的机场分别占 25%和 16%。

5. 私有化后改组的机场公共控股公司对机场进行管理和运营

私有化的机场以早前的英国机场管理局（British Airports Authority，BAA）为代表，英国的希斯罗（Heathrow）、盖特威克（Gatwick）、斯坦斯塔德（Stansted）、普雷斯特威克（Prestwick）、爱丁堡（Edinburgh）、格拉斯哥（Glasgow）和亚伯丁（Aberdeen）等七大机场进行私有化运作，私有化后，机场公共控股公司通过营利性企业的途径，在每个机场各组建一个子公司，负责七个机场的经营管理。七大机场的再投资也由公共控股公司自己筹措，政府不给补贴，但可以向控股单位申请补贴。私有化机场管理模式如图 2-7 所示。运输部与垄断企业合并委员会对公共控股公司进行管控，防止出现垄断。BAA 目前已经退市，在垄断与企业合并委员会的监管下已被拆分。

2.2.2　机场私有化趋势

1986 年，英国政府通过了旨在进行机场民营化改革的"1986 机场法案"。根据这一法案，英国政府于 1987 年通过伦敦股票交易市场以原始公开发行的方式将 BAA 的所有产权公开出售，获得资金 12.25 亿英镑，成为历史上第一个有影响力的机场民营化案例。随后的 10 年间，英国政府又进行了一系列的机场民营化改革，相继出售了利物浦

（Liverpool）、贝尔法斯特（Belfast）等机场的部分或全部产权。如今，英国的绝大多数机场都已经通过类似的方式实现了民营化。

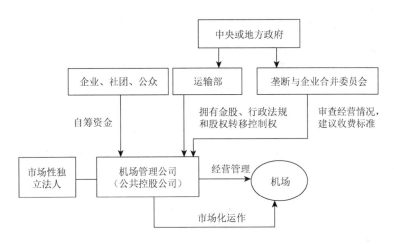

图 2-7　私有化机场管理模式

英国政府将英国机场管理局（BAA）私有化，第一次对机场进行了全面私有化。这次活动标志着一种趋势的开始，这种趋势已在全球范围内积蓄力量。BAA 私有化之后，欧洲、澳大利亚、新西兰、拉丁美洲和亚洲的机场销售浪潮一波三折。在世界许多地方，航空业放松管制之后，机场的运营方式发生了巨大变化。机场不再是公共事业的同质团体，而是所有权结构从政府所有到部分或完全私有化的异类团体。

私营部门对机场融资和管理的兴趣日益浓厚，由政府独资管理的政府所有的运营商或机场继续占全球机场的最大份额。估计有 4300 个定期航班的机场中的大多数（86%）是公共的，因为它们归政府所有。但全球 100 个最繁忙的机场（按旅客吞吐量）中几乎有一半是私营部门参与的，私人投资流向具有高吞吐量或高吞吐量潜力的机场。

ACI 私有化机场清单（2016 年）显示，有 614 个商业服务机场有私营部门参与。欧洲仍然是私有化机场数量最多的地区（266 个），其次是亚太地区（162 个）和拉丁美洲-加勒比地区（153 个）。尽管有私营部门参与的机场估计占全球机场的 14%，但这些机场处理了全球交通量的 40%以上。

ACI 对"机场私有化"的定义为私营部门参与机场基础设施的管理，融资和/或所有权。主要包括以下形式。

永久产权：无限期完全拥有私营部门的所有权和管理权。

上市公司：在证券交易所上市的公司拥有的机场，其活动包括管理机场。这些公司的股份可能完全由私人实体持有，并在公开市场上交易，或者可能由公共部门或政府担任大股东。这些公司可能拥有一个或几个机场。

特许权或租赁：公共部门授予私营公司权力在有限的时间内经营和管理机场或参与机场一项或多项活动的情况。该模型还包括所有形式的构建—运营—转移（build-operation-transfer，BOT）方案。

管理合同：私人部门收取全部或部分机场或某些关键航空活动的管理费用的情况。

国有公司：私人投资或有偿参与其他机场的行为。例如，100%的国有机场公司获得了管理另一个机场的特许权合同，无论在其国家或国外。

其中，特许合同（41%）是最常见的私营部门参与机场的模式，其次是永久业权（24%）、上市机场（23%）和管理合同（8%）。

在全球机场网络（即机场集团和网络）中管理和/或资助机场运营和基础设施发展的公司已经在全球机场行业中脱颖而出。管理多个机场的机场公司会从范围经济和规模经济中受益，特别是在间接费用方面。对于给定的投资者而言，机场集团在国家或跨国范围内对多个机场的投资可以使投资组合中的风险分散。从经济和社会的角度来看，这些机场集团在许多情况下都在实施国家战略中发挥关键作用。流入全球许多最繁忙机场的私募股权具有乘数效应，可在多个领域产生巨大的社会经济利益。这些机场是航空运输价值链中的纽带，是通往主要目的地和商业中心的门户。

2.2.3　机场管理模式经验

国外不同机场采取的管理模式也不尽相同，但是，无论机场的所有权归谁所有，采用何种管理模式，高效运行一直是机场的目标。亚特兰大机场、奥兰多（Orlando）机场、哥本哈根机场、奥斯陆（Oslo）机场、新加坡机场等世界知名机场的运营效率一直处于全球机场的前列，这些机场的成功管理经验对于我国选择机场管理模式、提高机场管理效率具有很大的借鉴意义。

1. 政府定位清晰，职能明确

无论公共所有权还是私有制，政府对机场的发展都会产生深刻的影响，调控对机场的投融资，处理机场相关利益主体的关系等。政府对于机场投融资体系的建立有义不容辞的责任，包括投融资主体的决策层次与结构、投资主体的活动范围、与其他经济实体的关系等。

政府在机场建设中的作用表现在：①投资。政府直接投资，可以掌握机场建设的时机，为当地经济发展创造条件，同时也会增加政府的财政负担。②划拨土地。无论政府直接投资还是私人修建机场，政府都在划拨土地使用权上起决定作用。比较典型的是巴黎戴高乐机场，政府将土地划拨给巴黎机场集团公司，由公司统一开发建设，然后再租给商家经营，收回的租金作为机场的运营经费或下一步扩建的资金。③环境控制。机场周边的环境，包括净空环境，处理与当地居民的关系，机场周边的规划都是政府的权责范围。④机场与城市间的交通配套工程。作为综合交通运输体系的一部分，对于加强本地区与外界的联系有重要意义，政府应将其作为市政规划的一部分。

在机场与区域和国家经济联系日益紧密的大环境下，政府从对机场被动履行监督、审批等职能转变成积极高效为机场服务，形成政府推动机场发展的趋势。对于机场的运行管理，政府可以在以下方面发挥作用：①帮助解决机场设施提升与有限资金的矛盾；②引导机场收入流向政府公益基金，如教育和公共健康事业等；③致力于机场营销和提升旅客满意度;④与股东协商和沟通,转变机场设施水平日益国际化、服务质量一般的境况;⑤调查和理解顾客需求;⑥与旅游部门开展联合营销,提升机场和区域的影响。

2. 机场所有者、管理者、经营者之间的权、责、利关系清晰

无论美国机场的管理模式还是英国机场集团私有化的管理模式,机场所有者、管理者与经营者之间的权、责、利关系清晰。在管理职能上,国家提供机场建设用地,航空及飞行区设施的投资和管理;机场管理当局主要对飞行区和运输服务区进行管理。机场当局对机场商业区、机务维修区等进行统一规划。经营方式则多种多样,有的自建自营,有的出租经营,有的合资合作经营。有些国家允许机场跨行经营,以弥补机场航空服务的亏损。

荷兰阿姆斯特丹史基浦(Schiphol)机场完全实现管理权与经营权分离,对飞行、航站、候机楼各区实行宏观管理,不直接参与经营活动。机场的整个经营管理活动面向市场,采取招标、出租、利润分成等多种方法,靠法规、合同实施管理。机场则主要从事机场规划、政策制定、监督执行等重要工作,实现了宏观管理、精干高效的管理目标。

3. 机场特许经营程度较高

无论在机场私有化程度较高的英国,还是在将机场定位为公共基础设施的美国,机场的特许经营程度都比较高。在英国机场集团公司,包括机场机坪内的地勤服务、候机楼内的航空性服务、货站内的服务,陆侧的如停车等各项服务,都是通过特许的方式交由第三方公司经营。在美国,机场当局只负责机场基础设施的建设和维护,并收取飞机起降费。具体运营项目,包括机场机坪内的地勤服务、候机楼内的所有服务、货站内的服务,陆侧的停车等各项服务,全部采取特许经营的方式,特许给航空公司或者第三者的私人公司来经营,机场当局除了直接收取飞机起降费,还向这些经营主体收取土地租金、特许专营权费,这些构成机场的主要收入来源。新加坡樟宜机场、巴黎机场集团等世界大型枢纽机场的特许化经营程度都比较高。实施特许经营有利于将机场当局从琐碎的经营活动中撤离出来,提高管理效率。也有利于各项经营业务引入竞争,提高运行效率。

4. 机场私有化程度较高

英国机场私有化的成功,极大地激励了欧洲其他国家。除此之外,亚洲、非洲和南美洲的许多国家也在积极进行机场私有化的尝试。

机场私有化对于机场的发展具有很重要的意义:①私营部门的创新性、灵活性和高效性能够为机场的建设和发展带来生机。私营部门介入机场的运营管理有助于提高机场的运营效率,降低运营成本,提高竞争能力。②私营资本的介入有利于吸引高素质管理人员,私营部门的介入有利于建立灵活的机制,提高机场的整体管理水平和国际竞争能力。③有效减轻国家及地方的财政负担。同时,政府可以获得巨大的资金收入,减少财政支出后节约的大量资金可以转为其他公益事业的投资。④有利于实现资源的优化配置。私有化消除了政府对企业经营的直接干预,企业可以根据市场的需求,灵活决定经营策略,合理配置资源。

机场私有化正成为世界上机场发展的重要方向，这一趋势也推动了机场经营管理模式的变革，推动了机场管理权和经营权的分离，提高了机场运行效率。机场对飞行、航站各区实行宏观管理，不直接参与经营活动。机场的整个管理活动面向市场，采取招标、出租、利润分成等多种办法，靠法规合同实施管理。机场由此成为真正的管理者，主要从事机场规划、政策制定、监督执行等重要工作，实现了精干高效的管理目标。世界机场的私有化趋势促使机场由经营型向管理型转变，促进了大型专业化机场管理公司的产生和发展。

2.3　世界机场发展趋势

2.3.1　机场集团化

机场集团由于强有力的产权或合约的纽带作用，能从全集团的利益出发制定统一的战略，实行资源的整体开发和统一调配综合利用，因此整体优势突出、效益明显。例如，英国机场集团具有市场细分和机场运营专业化、系统内部各机场实施灵活的收费政策、完善地面交通使各机场服务范围一体化的特点。欧洲的一些机场集团，不仅拥有本国的机场，还拥有海外的机场，以及委托管理海外的机场。如巴黎机场集团不仅拥有戴高乐、奥利（Orly）、勒布热（Le Bourget）机场，还拥有马达加斯加、圭亚那机场的 25%以上股权，另外还委托管理埃及、柬埔寨、马达加斯加、圭亚那、墨西哥等国的一些机场。

2.3.2　机场联盟化

机场联盟是机场必须有能力在更广域范围内对资源进行有效的重构、分配和整合。依据机场间不同的整合模式将机场联盟分为机场之间的战略联盟、机场与航空公司的战略联盟。

1. 机场之间的战略联盟

全球机场中出现过几个较为知名的机场间联盟。如国际货运机场联盟，是在 2000 年中期，以美国华盛顿杜勒斯机场和法国查特罗斯机场为首发起"银河"机场联盟，聚集了17 家机场（4 家北美机场、7 家欧洲机场、3 家非洲机场、3 家亚太机场），在全球共同拓展货运业务。由德国法兰克福机场集团与荷兰阿姆斯特丹史基浦机场 2000 年底合作成立的机场联盟，在旅客服务及配餐、航空地面处理、房地产开发、机场设施管理、信息及通信技术、国际活动等六个方面开展合作。东亚机场联盟是由韩国、日本及中国的主要机场合作建立的机场联盟组织，旨在通过对机场运营及管理相关的共同问题的讨论，提高东北亚地区机场的运输服务及旅客服务。真正涉及股权的则是法国巴黎机场集团与荷兰阿姆斯特丹史基浦机场联盟，于 2008 年成立，两个机场交叉持股 8%，共同组成管理委员会以增强机场竞争地位。

2. 机场与航空公司的战略联盟

当前航空公司战略联盟得到了广泛的发展，并已经被公认为是航空公司适应放松管制和日益激烈的市场竞争的主要应对措施。与航空公司之间的横向战略联盟快速发展相比，机场与航空公司之间的纵向联盟还远远没有引起重视。

世界上大多数航空公司在航空运输中提供类似的销售渠道和运输服务。航空公司之间的竞争主要体现在地面服务，在这个意义上，机场是航空公司的最重要的战略合作伙伴。机场与航空公司的关系是今后影响航空公司竞争力的主要因素，建立机场与航空公司之间纵向的战略联盟是今后航空运输市场发展的必然趋势。

2.3.3　多机场系统管理

从全球范围来看，20 世纪中叶，北美以及欧洲发达国家城市化进程基本完成，形成了自然条件优越、社会条件成熟、发达程度较高的区域。突出表现形式就是大、中、小不同规模的城市在这些区域集中发展，城市之间通过发达的地面交通（高速公路、高速铁路交通、城际轨道交通等）紧密相连，即出现了"城市集聚"现象，形成了若干个具有强大经济实力和辐射力的都市群或都市带。都市群的出现增强了区域经济的合作，催生了都市区域内交通运输业尤其是机场的整合，为了提高地区机场系统资源的整体利用率，对不同机场之间进行动态的调整和分配，从而形成了多机场系统。

1. 多机场系统概念及形成要素

根据麻省理工学院（Massachusetts Institute of Technology，MIT）的研究，区域多机场系统是指在一个区域内为旅客和航空公司提供商业服务的一系列相互关系的机场。在区域多机场系统中，机场拥有一个共同的市场，仅包含提供商业运输服务的机场，不局限于一个城市，且不考虑机场所有权的问题。

区域多机场形成要素主要有：社会经济的发展；航空运输需求的增长；区域开发或城市发展的需要；政治或技术的原因以及低成本航空公司的进入。

2. 国外主要区域多机场系统

世界不少地区出现一个地区多个机场，尤其一些大都会，一般都有两个或两个以上的机场，如表 2-5 所示。

3. 国外主要区域多机场系统管理特点

从全球范围来看，欧洲、北美地区多机场系统数量较多，发展较为成熟，多机场系统主要机场和二线机场数量较为均衡；亚太、拉美地区多机场发展正处于高速增长阶段，以主要机场为主。由于不同地区对多机场系统的管理理念、模式不同，机场功能定位也存在差异性，如伦敦大都会区中，按照通航区域划分机场功能，实现各机场的错位经营。几个多机场系统内不同机场的定位如表 2-6 所示。

表 2-5　全球 59 个多机场系统

序号	地区	大都市区	国家	序号	地区	大都市区	国家
1	亚太	曼谷	泰国	31	欧洲	斯图加特	德国
2		香港	中国	32		威尼斯	意大利
3		墨尔本	澳大利亚	33		维也纳	奥地利
4		大阪	日本	34	拉美	贝洛奥里藏特	巴西
5		首尔	韩国	35		布宜诺斯艾利斯	阿根廷
6		上海	中国	36		墨西哥	墨西哥
7		台湾	中国	37		里约热内卢	巴西
8		东京	日本	38		圣保罗	巴西
9	欧洲	阿姆斯特丹	荷兰	39	中东	迪拜	阿联酋
10		巴塞罗那	西班牙	40		德黑兰	伊朗
11		贝尔法斯特	英国	41		特拉维夫	以色列
12		柏林	德国	42	北美	洛杉矶	美国
13		博洛尼亚	意大利	43		纽约	美国
14		布鲁塞尔	比利时	44		华盛顿	美国
15		哥本哈根	丹麦	45		旧金山	美国
16		杜塞尔多夫	德国	46		波士顿	美国
17		法兰克福	德国	47		坦帕	美国
18		格拉斯哥	英国	48		迈阿密	美国
19		哥特堡	瑞典	49		诺福克	美国
20		汉堡	德国	50		芝加哥	美国
21		伊斯坦布尔	土耳其	51		克利夫兰	美国
22		伦敦	英国	52		达拉斯	美国
23		曼彻斯特	英国	53		底特律	美国
24		米兰	意大利	54		休斯敦	美国
25		莫斯科	俄罗斯	55		奥兰多	美国
26		奥斯陆	挪威	56		费城	美国
27		巴黎	法国	57		圣地亚哥	美国
28		比萨	意大利	58		多伦多	加拿大
29		罗马	意大利	59		温哥华	加拿大
30		斯德哥尔摩	瑞典				

表 2-6　区域多机场系统功能定位

类别	地区/代表性机场		功能定位
运输类型	伦敦地区多机场系统	希斯罗机场	北美、中东、亚洲等洲际航线覆盖较为全面
		盖特威克机场	主营北美和加勒比的国际航线

续表

类别	地区/代表性机场		功能定位
运输类型	伦敦地区多机场系统	斯坦斯特德机场	低成本航空基地、少量洲际航线
		卢顿机场	低成本航空基地
		伦敦城市机场	短途公务航线
航线类型	巴黎地区多机场系统	戴高乐机场	主营国际和洲际长航线
		奥利机场	法国国内以及西欧地区航线
		博韦机场	低成本航空服务
	日本东京多机场系统	羽田机场	国内航线
		成田机场	国际航线
基地航空公司	纽约多机场系统	肯尼迪机场	捷蓝航空、美国航空、达美航空的枢纽机场
		纽瓦克机场	主要由美联航运营
		拉瓜迪亚机场	不设置航程 400km 以上的航线
		艾斯利普机场	西南航空
客货运输业务	多伦多多机场系统	皮尔森国际机场	主营航空旅客运输
		汉密尔顿机场	主营航空货运或航空快递业务
	蒙特利尔多机场系统	多尔瓦机场	航空客运枢纽机场
		米拉贝尔机场	主营航空货运和旅游包机业务

政府为了协调区域内多个机场的运营效率，会对区域多个机场进行功能规划，完善机场治理，实现区域内机场协同发展。日本东京多机场系统即为一个实例，从最初被"一刀切"根据航线进行定位，随后由于旅客选择和航空公司以及航空联盟的进入发展，两个主要机场逐渐同时拥有国内、国际航线，政府起到了很大的推动促进作用。

4. 世界多机场系统发展的特点

世界多机场系统在发展中呈现如下特点：①世界大都会地区普遍采用多机场系统双枢纽策略；②城市多机场系统中的新建机场建设标准普遍较高；③区域航空运输需求是城市多机场系统发展的基础；④市场差异化导致城市多机场系统机场定位的多样性；⑤市场复杂性导致多机场系统中机场定位呈现混合特征；⑥政府政策导向是多机场系统中机场定位的关键影响因素。因此规划和开发多机场系统，要确保未来新建机场的可能性，如土地储备；与实际运输量一致，逐步开发新建的设施；设施具备一定的灵活性；以及谨慎的市场营销、细分市场、满足特殊旅客、面向特定目的地，提供专门服务（如集成货运）。

2.3.4　机场商业化

20 世纪 70 年代以后，机场业开始从政府的分支机构逐步转变为以商业为目的的企业。在世界范围内，先进机场的管理将绝大部分的商业资源交由其他专业化企业经营。机场的非航空性收入增长速度开始大于航空主业的增长速度，特别是大型国际机场。

民用机场的收入构成包括航空性收入和非航空性收入。航空性收入包括起降服务（跑道）、停场服务（停机坪）、旅客服务（航站楼设施）、安检服务等，非航空性收入包括航空地面服务（地服、设施及办公场地租赁）、航油及配餐、地面客运交通集散（停车场、码头、公交运输）、地面货物集散及处理（货站、物流设施及服务）、商业（零售、餐饮、娱乐、便利服务）、广告服务、贵宾服务、信息服务、其他服务等。航空业务为机场提供价值基石，机场在航空运输整个流程中参与各方提供场地与设施，因此，在航空业务领域主要是通过提高资源的利用效率，保证服务质量与服务安全来促进业务收入的增长。非航业务为机场提供更大的价值提升空间，是体现机场盈利能力的主要方面。与航空业务一样，机场是一个场地提供者，但不同的是，机场拥有非航业务的控制权，可以通过更好的商业规划和多种灵活的特许经营的方式来增加业务收入，较之航空业务受地缘和政策的限制，非航业务更具灵活性和可控性。

随着民航业的快速增长，旅客的需求越来越高，很多国际机场纷纷利用机场丰富的资源，发展非航空性业务。国际机场协会欧洲分会 ACI EUROPE 一项对欧洲 26 个主要机场的研究表明，航空性收入不足以弥补航空性成本。机场必须积极开拓商业（非航空性）收入才能获得财务上的成功。亚洲、欧洲和北美等的非航空性收入在总运营收入中占比如图 2-8 所示。

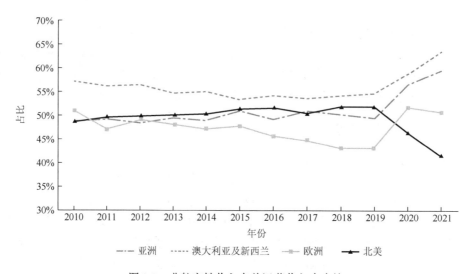

图 2-8　非航空性收入在总运营收入中占比

数据来源：2013 ATRS Global Airport Performance Benchmarking Project

很多经营业绩良好的国外机场普遍受益于合理的非航业务规划。例如，丹佛（Denver）机场非航业务收入已经远远超过航空业务收入，这得益于丹佛机场优秀的非航业务规划，尤其是其中的候机楼商业规划。大多数零售商店集中在各航站楼的中心位置，产生集聚效应吸引顾客，而且旅客在进入航站楼后会向航站楼的两侧进行分流，因此在分流之前促使旅客进行集中消费。在各个"中心位置"，机场对零售商业的品类进行合理搭配，形成"消费中心"，提高单店销售额，提升商家利益。

在机场管理模式的转变过程中，需要合理的商业规划以及有效的管理方法。在设计、机场候机楼布局以及流程中，考虑旅客的消费心理和消费特点，使机场成为一体化商业中心。合理的商业规划包括：商业场地的规划、从旅客出发的流程设计、专业特许经营商的引进、合理的定价。根据合理的商业计划，需要配套相应的管理方法，包括商业规划的调整、市场营销活动、机场商业品牌的构建、商品和服务的质量与价格的监管、合理租金或特许经营费的制定、商业收入途径开发。

2.3.5　机场智能化

当今世界呈现出智能化发展趋势，互联网技术、信息技术、智能设备已广泛应用于各个领域，在时代潮流下，电子商务、移动商务等新的商业模式出现，已经逐渐改变传统生活方式。机场利用先进的技术和设备设施，为旅客创建一个智能环境，实现旅客在机场的自助、移动和协同作业，最有效率地将旅客送达目的地，提升旅客体验和服务品质，提高机场运营效率。智能机场具有自助性、移动性和协同性的特征，本质上是新一代信息技术在机场领域的高度集成。荷兰阿姆斯特丹史基浦机场已经连续多年被评为"欧洲最佳机场"、世界最好的机场之一。该机场的自动化程度非常高，除了常规的自助值机设备、自助托运行李设备，还有先进的自助转机服务系统和自助过境服务系统。该机场是全球第一个使用虹膜辨识通关安检的机场，安保人员尝试佩戴 Google Glass，通过语音命令，更快地获得安检和航班信息。

机场的智能化，为旅客带来更出色的服务，同时，为机场带来多元化的收入来源。要建设智能机场，首先要建立强大的基础设施和综合信息处理系统，加强机场协同性，增强民航产业内部合作，使智能机场标准化，加强智能机场的安全保障，加强与机场相关的组织协调配合。如慕尼黑机场智慧系统，即多机场放行协同决策系统（用于整合商业情报、信息和工作流程，提高决策制定能力、提升运营效率）的试运行，并将其整合入机场常规运营系统。跑道等待时间、滑行时间、飞机流量管制延迟时间等对旅客体验影响最大的环节都有所提高，同时其帮助减少发动机运转时间、优化中断后重启操作、自动化实时数据分享，从而提高了各参与单位的总体工作效率。

国际航空电讯集团于 2016 年发布了《2016 年机场 IT 趋势调查报告》，对机场未来发展趋势进行洞察，主要有以下发现。

（1）机场自助服务。据统计，全球大多数机场（约 91%）提供自助服务，其中，50%以上的机场已经提供自助行李托运服务，旅客可以在自助值机亭自行打印行李标签或在工作人员的协助下办理行李托运服务。26%的机场开始了无人行李托运，约 20%的机场提供登机口自助服务。自助服务的新趋势已不仅限于值机、行李托运、登机，在科技手段的支持下，自助服务领域包括旅客可以自助下载关于数字服务内容，如电影、查询航班动态以及登机口信息，满足娱乐需求。

（2）机场移动端 APP（application，应用程序）。目前，已经有很多 APP 为旅客提供航班信息查询、航班状态提醒、航班信息统计等功能，84%的机场在 2019 年计划通过移动设备购买机场服务，并通过提供零售服务收回移动投资的成本。虽然机场已经意识到手机移动端 APP 可以为机场非航收入带来巨大的空间，但是只有 34%的机场计划在其移动端开通购买功能以及增加支付选项，如 Apple Pay，33%的机场没有计划增加非现金支付选项。移动支付给机场带来新的挑战，对于系统整合方面，73%的机场表示难度不大。

（3）无线公共网络。机场提供无线公共网络，一方面提高了旅客的满意度，另一方面也鼓励旅客使用移动服务，对推进移动端商业发展有一定作用。据统计，74%的机场表示将会向旅客提供不限时的免费无线公共网络，23%的机场表示提供限时的免费无线公共网络，超时部分另外计费，仅 3%的机场选择完全收费。到 2019 年，鼓励使用无线网络，支持移动商业发展策略，降低无线网络的成本，提供限时免费无线公共网络的机场增加至 27%。

2.4　我国机场发展及管理模式

2.4.1　我国机场发展与管理模式现状

1. 我国机场发展现状

1949 年中华人民共和国成立时，我国（含港、台地区）的民用航空机场仅 36 个。根据 2019 年民航机场生产统计公报，我国有已颁证的民用航空机场 238 个，境内机场主要生产指标均保持平稳较快增长。按照飞行区等级分，4F 级机场共有 13 个，4E 级机场共有 38 个，4D 级机场共有 38 个，4C 级机场共有 143 个，3C 级机场共有 5 个，3C 级以下机场有 1 个。2019 年，全国民航运输机场完成旅客吞吐量 13.52 亿人次，比 2018 年增长 6.9%。完成货邮吞吐量 1710.01 万吨，比 2018 年增长 2.1%。完成起降架次 1166.05 万架次，比 2018 年增长 5.2%。三个指标中国际航线增速比国内航线增速要快。

2019 年，年旅客吞吐量 1000 万人次以上的机场达到 39 个，完成旅客吞吐量占全部境内机场旅客吞吐量的 83.3%，较 2018 年降低 0.3 个百分点。北京首都国际机场（简称首都机场）旅客吞吐量超过 1 亿人次，北京、上海和广州三大城市机场旅客吞吐量占全部境内机场旅客吞吐量的 22.4%。年旅客吞吐量 200 万～1000 万人次机场有 35 个，完成旅客吞吐量占全部境内机场旅客吞吐量的 9.8%，年旅客吞吐量 200 万人次以下的机场有 164 个，完成旅客吞吐量占全部境内机场旅客吞吐量的 6.9%。

2019 年，年货邮吞吐量 10000 吨以上的机场有 59 个，完成货邮吞吐量占全部境内机场货邮吞吐量的 98.4%，其中北京、上海和广州三大城市机场货邮吞吐量占全部境内机场货邮吞吐量的 46.5%。年货邮吞吐量 10000 吨以下的机场有 179 个，完成货邮吞吐量占全部境内机场货邮吞吐量的 1.6%。

2019 年，京津冀机场群完成旅客吞吐量 14665.6 万人次，较 2018 年增长 1.1%。长三角机场群完成旅客吞吐量 26557.2 万人次，较 2018 年增长 7.0%。粤港澳大湾区机场群珠三角九市完成旅客吞吐量 14202.5 万人次，较 2018 年增长 7.4%。成渝机场群完成旅客吞吐量

11040.1 万人次，较 2018 年增长 8.2%。2019 年京津冀机场群完成货邮吞吐量 226.0 万吨，较 2018 年减少 6.1%。长三角机场群完成货邮吞吐量 569.3 万吨，与 2018 年同期持平。粤港澳大湾区机场群（珠三角九市）完成货邮吞吐量 326.4 万吨，较 2018 年增长 3.2%。成渝机场群完成货邮吞吐量 110.7 万吨，较 2018 年增长 3.9%。

2. 管理模式现状

2002 年机场实行属地化管理以后，机场的运营管理模式出现了多种类型，如表 2-7 所示。

表 2-7　我国机场管理模式现状

	机场管理模式	隶属关系
运营管理架构	跨省机场集团模式	首都机场集团收购、托管、参股的机场，分布于 10 个省、市、区，成员机场达到 35 个；西部机场集团管理了 4 个省（自治区）的 11 个机场
	省（区、市）机场集团模式	12 个省（自治区）机场集团，统一管理本省（自治区）内所有机场或部分机场，如上海、湖南、云南
	省会机场公司模式	3 个省会机场由省政府管理，省内其他机场则由所在地市政府管理
	市机场公司模式	共 31 个机场由所在地市政府管理，如无锡机场、威海机场等
	航空公司管理模式	14 个机场由航空公司直接或间接管理
	委托管理模式	内蒙古和黑龙江 2 省（区）机场委托首都机场集团管理，珠海机场由香港机管局和珠海市政府成立的合资公司管理
股权角度	中外合资机场	3 个，杭州、深圳、首都
	上市机场公司	6 个，上海、首都、广州、深圳、厦门、海口

前四种都是以集团公司的形式，有时可以把它们划分为一种管理模式：跨省（省内）机场集团管理。这种模式的机场在数量上和规模上均已占据绝对优势，首都机场集团拥有全国 10% 的民用机场，2016 年全集团实现旅客吞吐量 1.75 亿人次，占全国总量的 36%，大集团化已成为我国机场发展的主要趋势。

就目前机场运营状况而言，不同的管理模式对机场的发展起到了一定的促进作用，但是每种模式在发展的过程中也暴露出了一些不足的地方。如跨省机场集团模式一定程度上降低了部分成员机场所在省（区、市）各级政府，在投资机场建设和扶持机场发展等方面的积极性；增加了集团建设资金压力；专业化公司和成员机场在集团内处于同一层级，成员机场难以对机场实施统一管理。

在目前的这种划分方式下，有的机场的管理模式并不唯一，不能反映其管理特点和特色，同时说明有些机场的管理过程是复杂而模糊的。不同管理模式间的界限也不太清晰，如跨省机场集团和省（区、市）机场集团模式之间在管理方面的差异就很难区分。

3. 我国机场管理模式分类

机场作为一个复杂系统，管理涉及的范围十分广泛，对于机场管理模式并没有统一的定义。有研究曾将机场管理模式定义为：协调机场运行中不同利益主体之间利益关系和行为的理念、制度、程序、方法和规则的总称。机场运行涉及的利益主体系统包括：协调控制主体——政府，产权关系利益主体——所有者、管理者、经营者，其他利益主体——驻场单位。

因此，这里认为机场管理模式涉及机场所有者、管理者、经营者、政府在机场运营过程中所形成的产权关系，及明确权责利关系的管理制度和决策机制。所有者、管理者、经营者三者之间形成两层关系：所有者—管理者、管理者—经营者。随着机场管理机构定位的明确，管理者—经营者这一关系将重塑和清晰，属于纯粹的监督管理关系，可以采取资源外包或专业公司管理。

所有者—管理者之间的关系却相当复杂，一方面，机场的所有者和管理者形式多样。多数机场属于政府拥有，如中央政府或地方政府，还有一些上市机场属于混合所有。可以看出，政府对于有的机场既是所有者又是监管者，政府角色的扮演对机场的影响将十分灵敏。另一方面，所有者和管理者之间组合多样，授权方式不唯一。政府通常不直接参与机场的管理，因此政府通过什么样的方式将机场交由管理机构管理值得研究，它们之间的关系需要理顺。

管理机构的角色清晰性、自主程度和责任清晰度是管理模式的基本要素。因此，采取所有者和管理机构相结合的方式作为我国机场管理模式类型的划分依据，如图 2-9 所示。

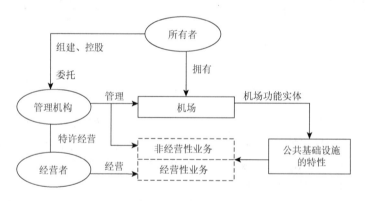

图 2-9　我国机场管理模式类型的划分依据

以所有者和管理机构相结合作为我国机场管理模式划分的依据确定以后，分析我国机场所有者与管理机构的形式和关系成了划分机场管理模式的基础。

我国 2002 年机场实行属地化以后，国家将机场下放地方政府管理。除了西藏自治区机场和首都机场由中央政府所有以外，其他机场都由省政府和市政府（统称地方政府）所有。鉴于我国有些机场采取上市扩宽资金来源，或吸引外资，这些机场的所有权已不再单纯由政府拥有，而是由多种所有者混合所有，但仍是国有控股，机场所有者仍是国家。

尽管机场的所有者为地方政府，但是并不是所有机场都由地方政府直接管理。为了实现机场的专业化和高效运营，一些机场实行了企业化经营，公司化管理。目前我国的机场管理机构有省机场集团公司、跨地区机场集团、机场管理公司、航空运输企业，其中跨地区机场集团（首都机场集团、西部机场集团）通过参股、收购、托管形式管理旗下机场，实际上还属于机场集团公司管理形式，因此按照所有者将这些机场重新归类。

对于所有者和机场管理机构之间的关系，主要有政府直接管理和政府授权管理机构直接管理两种方式。政府直接管理，即机场管理机构是政府的一个部门，管理人员部分来自政府官员，通常存在于小机场中，机场的规模较小，业务相对简单。政府授权管理机构直接管理，即政府将管理权授予专业化机场管理公司或集团，对于提高机场效率有益，但是由于利益主体较多，所有者和管理机构之间的关系比较复杂。这种委托代理方式权责利的明确，是十分复杂的问题。

基于以上分析，我国机场管理模式可以划分为四种：中央政府拥有直接管理、地方政府拥有直接管理、地方政府拥有委托管理、混合所有委托管理。这四种管理模式各有特点。

（1）中央政府拥有直接管理：属地化改革时，国家保留了首都机场、西藏自治区机场的所有权，由中国民用航空局、中国民用航空西藏自治区管理局管理。这种模式体现了机场对于国家政治稳定的重要意义，管理过程更多反映了国家意志。

（2）地方政府拥有直接管理：大多是中小城市机场，规模较小但是对服务地区经济发展和居民出行发挥着不可或缺的作用，地方政府承担起机场管理的责任，并成立专门的部门，有的隶属政府组织机构的一部分，有的是独立的机场管理局。

（3）地方政府拥有委托管理：不同地方政府对于机场的管理采取不同的方式，其中委托代理是普遍的方式。这种方式下政府将经营管理权交由三种委托对象：机场集团公司、机场管理公司、航空运输企业，以便实现机场管理的专业化、规模化。管理模式下机场数目较多，政府与委托对象的关系是这种管理模式的关键要素。

（4）混合所有委托管理：混合所有是我国机场伴随市场经济呈现的新特征，我国机场通过上市、引进民资、引进外资等方式实现了投资主体和股权多元化，拓展了机场的资金来源，拓宽了机场的发展空间。多元所有主体与委托对象的关系之间如何平衡是这一管理模式的关键要素。

2.4.2　我国机场管理模式转型

2004 年完成属地化之后，国内许多学者都在探讨我国民用航空机场的管理模式，鉴于国家的政策导向对机场发展的重要影响，在政策允许的前提下，综合考虑机场的公益性和营利性，设计出一套适合地方特色、定位的管理体系，对于机场来说，管理变化可以体现在以下几点。

1. 管理型机场转型

1）机场类型相关概念

经营型机场，主要是指采取自营方式为主的、以垄断性经营、"大而全"模式以及管理与经营一体化为特征的、经营机场范围从保障性的航空业务到经营性的非航空业务的一个相对完整独立的机场经营主体。

管理型机场，主要是指机场运营当局脱离机场经营者的角色，回归机场管理者的本位，在机场的特许经营权的法律环境具备的条件下，基于市场公平原则，不直接从事面对机场用户的经营性业务，而转变为主要为机场服务业务的供应者——航空公司提供正常运行的资源和环境，创造公平运营的平台。

2）推行管理型机场模式的意义

管理型机场实施专业化、商业化运作的主要方式是对其经营性业务实施特许经营，机场管理机构则依据法律法规收取特许经营权费，并通过合同协议对专业公司实施管理；机场可以获得最大收益。机场不再参与具体的经营业务，理顺了机场与航空公司的关系，适应枢纽机场的发展。管理型机场是全球大型机场发展的主流。

3）管理型机场的特征

机场管理机构不直接从事生产经营性业务，把业务重心放在机场的规划、管理、建设以及相应的增值业务或新业务上，引进专业服务提供商以提高运营效率；机场管理机构主要通过合同、契约管理的方法，规范各方行为，保障合同各方的合法权益，保证经营权让渡的经济效益；机场管理机构的管理性作用，主要通过机场规划、制定机场运营规则以及监控等来实现；机场管理机构承担机场安全运营的责任，与驻场单位共同建立有效的协调机制，搭建公平、顺畅、高效的机场运营平台。

4）管理型机场的五项核心管理

制度化和标准化的运营管理：主要包括机场使用手册、应急救援手册与预案、机场运营管理规定。一体化的安全管理：主要包括生产安全、空防安全等领域的安全一体化管理、安全管理体系和系统运行、安全审计、安全管理的长效机制。量化的服务管理：主要包括IATA的满意度指标、民航机场管理公司服务评价指标。商业管理：主要指实现可社会化经营业务的"专业化经营"与机场的"一体化运行"。运行资源管理：主要包括运行资源的分析、规划、运行资源的补充和机场建设、运行资源的配置和调整。

2. 运营管理模式变化

1）现代化运营

从运营方式来讲，目前机场运营管理已渐渐转变传统观念。一方面，现代化运营将服务对象内涵扩充，包括传统顾客与潜在顾客。传统顾客有航空公司、旅客、货主等，潜在顾客有航空公司员工、附近居民、机场观光者、企业等。另一方面，扩充机场的综合服务功能，以机场为航空运输和商业服务中心，开发商业购物、酒店、办公楼、会议中心、娱乐设施等。

改变运营模式后，收入模式也发生变化，体现为租金收入与特许权收入组成的非航空业务收入在机场总收入占有大部分的比例。机场成为管理者的身份。

2）模块化运营

从运营本质来讲，管理模式的变化是机场所有权与经营权博弈的变化。所有权与经营权相分离，有利于机场集团逐步放开生产经营事务，将精力用于制定专业规范和标准等，成为决策中心和调控中心。同时，所有权保障机场对核心资源的绝对控制，包括土地规划使用、关键设施的所有权、航空主管业务。

3）跨区域运营

跨区域运营包括委托管理模式、跨省管理模式等，把省内的机场集团交由其他机场代为管理。目前我国首都机场就代管了两个省份的多个机场。首都机场集团投资、收购的机场多达 35 家，分布在 10 多个省份和地区。西部机场集团则拥有 10 余家机场，遍布四个省份和地区。

2.4.3　我国机场发展趋势

我国已经进入"十四五"时期，是实现从民航大国向民航强国跨越的关键时期。全行业都聚焦民航强国战略目标，加快推进民航基础设施建设，建设平安机场、绿色机场、智慧机场、人文机场，高质量发展。

1. 机场群发展

1）机场群规划

2007 年发布的《全国民用运输机场布局规划》指出，"初步形成了以北京为主的北方（华北、东北）机场群、以上海为主的华东机场群、以广州为主的中南机场群三大区域机场群体，以成都、重庆和昆明为主的西南机场群和以西安、乌鲁木齐为主的西北机场群两大区域机场群体雏形正在形成，机场集群效应得以逐步体现，对带动地区经济社会发展、扩大对外开放，提高城市发展潜力和影响力发挥了重要作用"。布局方案中指出"构筑规模适当、结构合理、功能完善的北方（华北、东北）、华东、中南、西南、西北五大区域机场群"。

2011 年发布的《中国民用航空发展第十二个五年规划》提出，"加强珠三角、长三角、京津冀等区域机场的功能互补，促进多机场体系的形成"。针对五个机场群"北方机场群、华东机场群、中南机场群、西南机场群、西北机场群"提出各自发展定位、重点发展的机场。

2016 年发布的《关于进一步深化民航改革工作的意见》明确提出，我国将以北上广等大型国际枢纽为核心整合区域机场资源，实现区域机场群一体化发展，服务国家打造京津冀、长三角和珠三角等世界级城市群，建设三大世界级机场群。

2017 年初发布的《中国民用航空发展第十三个五年规划》进一步提出，到 2020 年之前，要完善华北、东北、华东、中南、西南、西北六大机场群。规划明确提出：着力提升北京、上海、广州国际枢纽竞争力，推动与周边机场优势互补、协同发展，建设与京津冀、长三角、珠三角三大城市群相适应的世界级机场群。

2017 年 8 月发布的《全国民用运输机场布局规划》，提出了 3＋10＋29 的枢纽建设目标，也就是到 2025 年，将形成三大世界级机场群，十个国际航空枢纽，29 个区域航空枢纽。布局方案中提出要完善华北、华东、东北、中南、西南、西北六大机场群，并对每个群内的机场功能进行了初步的定位。

（1）华北机场群。华北机场群由北京、天津、河北、山西、内蒙古 5 省（自治区、直辖市）内的机场构成。布局规划新增沧州、介休、正蓝旗等 16 个机场，总数达 48 个。

增强北京机场国际枢纽竞争力，与天津、石家庄共同打造京津冀世界级机场群；培育太原、呼和浩特等机场的区域枢纽功能，增强对周边的辐射能力；提升唐山、运城、包头等其他既有机场发展水平，稳步推进霍林郭勒等机场建设。

（2）东北机场群。发挥哈尔滨、沈阳、大连、天津机场分别在东北振兴和天津滨海新区发展中的重要作用。发挥石家庄、太原、呼和浩特、长春等机场的骨干作用。发展漠河、大庆、二连浩特等支线机场，新增抚远等支线机场。

（3）华东机场群。培育上海浦东国际机场成为具有较强竞争力的国际枢纽机场。加快发展上海虹桥、南京、杭州、厦门、青岛等区域枢纽机场，满足长三角、上海浦东新区、海西和山东半岛蓝色经济区等国家区域发展战略需要。培育青岛机场面向日韩地区的门户功能。发挥济南、福州、南昌、合肥等机场的骨干作用。

（4）中南机场群。培育广州机场成为具有较强竞争力的国际枢纽机场。完善深圳、武汉、郑州、长沙、南宁、海口等区域枢纽机场功能，满足珠三角地区、中部地区、北部湾地区、海南国际旅游岛等国家发展战略和国际区域合作战略需要。增强三亚、桂林等旅游机场功能。

（5）西南机场群。强化成都、重庆、昆明机场的区域枢纽功能，加快培育昆明机场面向东南亚、南亚地区的门户功能，服务于云南桥头堡发展需要。提升拉萨、贵阳等机场的骨干功能，满足国家加快发展藏区和偏远地区的发展需要。

（6）西北机场群。强化西安、乌鲁木齐机场区域枢纽功能，满足关中-天水经济区和新疆地区快速发展需要。培育乌鲁木齐机场面向西亚、中亚地区的门户功能。提升兰州、银川、西宁等机场的骨干功能。加快将库尔勒、喀什机场发展成为南疆主要机场。

2）打造世界级机场群

根据《中国民用航空发展第十三个五年规划》要求，"建设与京津冀城市群相适应的世界级机场群"。为打造京津冀世界级城市群，支撑京、津双城定位，要求提升首都机场、新机场、天津机场国际国内航空枢纽功能，协同构筑以京津为核心的特大城市地区三大门户机场格局。作为服务京津冀协同发展国家战略的重要支撑，京津冀世界级机场群建设步伐正在逐步加快。京津冀各机场正在通过发挥协同效应，逐步形成功能分工合理、市场定位清晰的发展格局，形成枢纽与区域、干线和支线机场有机衔接，客、货航空运输全面协调发展的机场群，以便更好地满足京津冀协同发展对航空运输的巨大需求。

2021年中国民航局发布的《中国民用航空发展第十四个五年规划》指出，要完善客运网络，扩容京津冀、长三角、粤港澳大湾区、成渝世界级机场群枢纽机场之间的主骨干通道，畅通四大世界级机场群、国际航空枢纽、区域航空枢纽之间的次骨干通道，推进快线公交化，打造高频率、高品质的骨干网，巩固航线网络基本盘。构建世界级机场群、国际航空枢纽、区域航空枢纽联动发展的航空枢纽格局。增强世界级机场群全球航线网络辐射能力，实现机场群内部协同发展，国际竞争力全面提升。

2. 机场联盟化

我国机场间联盟化发展趋势逐渐明显。多数联盟以地域为主要特征，有些机场甚至参与多个联盟组织，体现出了机场"抱团"发展的趋势。机场通过联盟拓展网络，带动支线机场发展，促进整个区域的航空市场发展。

　　国内机场联盟，从 2001 年的"珠江三角洲五大机场研讨会"就开启了区域机场合作的大幕。近两年相继成立了多个机场联盟，如 2009 年 3 月中部机场的发展论坛，达成合作协议；2009 年 5 月的"东北腹地及环渤海区域相关机场航空市场战略联盟"，更是聚集了 26 家机场；2010 年西部地区发表了《区域机场合作宣言》；东北四省四大机场集团签署《合作框架协议》；泛珠三角 11 个地区的近 60 家机场牵手打造了中国最大规模的机场联盟。联盟的发展如图 2-10 所示。直至 2011 年底，14 家大型机场组建了中国大型机场航空市场发展联盟。这些机场联盟的组建，都是本着优势互补、资源共享、合作共赢的原则，通过联盟化进程，加强航线网络对接、中转衔接服务、航空中转销售产品、航空市场的共同开发及与航空市场相关企业间的互动等方面的合作。

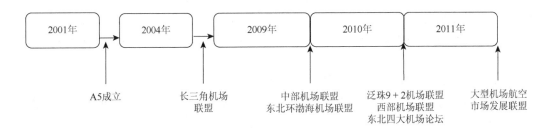

图 2-10　我国机场联盟发展

　　机场间的联盟与合作，如何发挥真正的合力作用，共同发展？首先，要有一个稳定的组织架构和合作交流机制。联盟组织架构决定了联盟成员之间合作沟通及问题解决的模式，合理的组织架构可以使成员机场间形成公平紧密合作氛围，可以突破行政区划的束缚，使得区域间的资源整合变为可能，联盟得以持续发展。阿姆斯特丹史基浦机场集团与巴黎机场集团的第二次联盟，就是吸取第一次与法兰克福机场联盟的经验，在各自董事会中安排了对方代表；建立一个专门的联盟管理组织——行业合作委员会，其下还成立了 8 个指导委员会，互派代表参与，每月会面一次，负责联盟的具体业务展开。此外，通过联盟会议、定期互访、联盟网站、市场推介等形式，建立联盟成员间的定期交流长效机制，及时互通航空市场信息。2010 年 6 月，东北腹地及环渤海区域相关机场战略联盟第四届航班航线洽谈会在长春召开，这是该联盟定期举办的会议，提供机场、航空公司的合作平台。

　　其次，机场联盟成员要选择适合的联盟方式及合作内容。目前的机场联盟多以签订合作协议的方式为主。要提高合作的真正开展，还需要各个成员机场明确各自的定位，充分利用航线网络对接，扩大可利用资源，形成真正合力。尤其是一些支线机场，通过联盟的方式，借助枢纽机场的网络优势，增强与这些机场的合作，为小机场的发展创造条件。为进一步巩固联盟，机场之间还可以进行相互持股、购买、投资等资本运作方式，互相制约，关系更加紧密。阿姆斯特丹史基浦机场集团与巴黎机场集团就是互持 8% 的股份。同时机场联盟还需增强合作的深入和细化。如首都机场 2011 年发起成立的"中国机场联合营销委员会"，合作的内容就非常具体，主要目的是加强和深化各成员机场之间的沟通交流与业务合作，形成整体营销合力，逐步提升各自营销水平，共同提高彼此乃至整个中国机场业在国际上的影响力和竞争力。

再次，机场联盟应拓展纵向联盟与合作。阿姆斯特丹史基浦机场集团与巴黎机场集团的联盟背景，还是基于两个机场的主要基地航空公司——荷兰航与法航的合并，这是其双枢纽运行成为可能的重要基础。对于国内机场联盟，同样要考虑航空公司的运营，其航线网络的连通性是机场联盟资源整合的基础。枢纽的建设也是机场和航空公司共同努力的结果，机场关注的重点是构建高效的运作平台，为航空公司提供优质的服务，航空公司则在拓展航线网络、构建航班波、提升中转服务方面发挥主导作用。2009 年首都机场与中国国际航空公司就建立了专业小组来沟通协调枢纽建设中有关政策、营销、运行等方面的重要问题，并推进落实。机场间的联盟与合作要持续发展，同时还需要国家有关部委、各级省市政府、航空服务商、国际航空组织或协会支持与配合，联盟要探索与他们的沟通渠道、对话机制，进一步争取地方政府的政策、资金支持和航空公司的航线运力配合，打造多赢新模式。

最后，机场联盟的建立是一个循序渐进的过程，逐步深化合作具体项目，在更大范围与更高层次上，提高营销和经营效率，发挥学习和经验曲线的作用，降低成本，才能实现联盟合作的真正目的，防止出现联盟表面化和形式化。

3. 机场商业化

1）我国机场商业化的现状

经过 20 世纪 90 年代中国民航的体制改革后，机场的管理体制逐步从航空公司与机场合一的运营体制中分离出来，按照自主经营、自我发展的原则，国内机场进入了企业化经营的时代。

在需求多样化和机场盈利增长要求的共同驱动下，机场逐渐从传统业务延伸发展成为集娱乐、餐饮、购物、航空运输等于一身的"航空城"，其中非航空收入占比也逐渐提高，成为机场收入的主要来源。机场非航空收入主要来源于机场商业服务，包括租金收入、特许经营收入等。租金收入主要是出租宾馆、餐饮店、零售店等场地给机场直接用户（如航空公司、地面代理公司）或间接用户。特许经营收入主要是由各种服务提供商为了获得在机场提供服务的权利而上缴的费用。

机场在经营过程中，努力发掘非航空性经济的经营资源，为旅客提供多元化的消费购物选择，全面提升旅客的服务满意程度。但仍然面临观念更新、规模经营、功能定位、经营理念的问题。

2）我国机场商业化的问题与建议

在日益增长的航空运输需求以及政策支持、经营理念的转变下，机场非航空业务得到发展，但是也遇到问题。国内大型民用机场非航空性业务商业化起步较晚，发展较为缓慢，重视不足，且商业设施机构分布过于分散；机场商业和相关业务大多由机场当局或关联企业经营，市场意识淡漠，专业管理经验相对缺乏；由于机场租金过高，餐饮、购物价格往往较高，增加了旅客的消费负担；国内大机场商业运营的模式千篇一律，管理简单化、同质化严重；机场的商业定位不明确，较少以旅客需求为出发点。非航空性业务无法依托航空性业务进行拓展；在机场设计建造的过程中，过分追求外观而忽视内在功能，忽略了商业规划的需要，致使流程整体布局存在先天不足。

国内机场商业规划对机场未来发展走向有重大影响，目前国内的大型机场正在逐步向管理经营型机场转型，重视非航空性业务的发展并取得一定的成功。机场一定要在设计之初进行商业规划，注意机场的整体设计形象与内部商业功能相融合；结合旅客在机场的业务流程和需求进行商业布局，使商业资源与机场的基础运行资源相平衡；对进驻的商铺应该实行特许经营模式，合理确定租金、特许经营经费、利润分红等的收取标准，通过特许经营等方式引进竞争、提高商业效率，增加机场商业收入，减少运行成本。

3）机场商业化的未来趋势

枢纽机场在商业开发上的先天优势还在于枢纽机场聚集了众多的国际航线。在枢纽机场，有来往于其他机场的大量航线和航班，旅客在这里可以方便地中转去其他机场。由于机场具有一定的免税待遇，旅客在机场购买的主要是奢侈品、其他免税商品和当地特产，其中尤以国际航线和国外游客为主。机场商业化的未来趋势有以下几个盈利点。

（1）零售租赁业。近年来中国机场旅客吞吐量增长迅猛，中国未来的机场零售业务非常值得期待，有明显的后发优势。中国机场管理者也逐渐意识到零售业务的重要性，增加机场商业零售面积。此外，将零售业务外包，或者将场地出租，由专业的零售商进行经营，可以获得更大收益。

（2）机场餐饮业。随着电子商务的兴起，网上购物成为潮流，实体店面的经营受到很大影响；而且，旅客普遍认为机场购物价格比较昂贵，因此机场的物品销售受到限制。餐饮成为机场商业收入的重要来源。国内机场引进不同的名牌连锁餐饮公司，依靠品牌降低经营成本、扩大市场，这样既能让旅客满意，又能确保机场餐饮业的合理利润。未来中国机场餐饮业仍然有利可图。

（3）机场广告业。广告业务由于毛利率较高，对机场类公司的利润贡献较大。国内大中型机场，大多采用媒体自行经营或媒体自行经营与媒体代理经营相结合的模式；国内小型机场，主要采取媒体承包经营的形式。随着机场规模的扩大，广告经营面积也在不断增加，为广告业务的发展奠定了基础。

4. 智慧机场

机场作为城市的一部分，相对智慧城市的应用来说，智慧交通是重要的内容，而机场属于智慧交通的范畴。习近平同志在党的十八届五中全会上提出的创新、协调、绿色、开放、共享新发展理念，把创新提到首要位置，指明了我国发展的方向和要求，代表了当今世界发展潮流。"建设新型智慧城市，是党中央、国务院立足我国城市发展实际，顺应信息化和城镇化发展趋势，落实网络强国战略和大数据发展战略，主动适应和引领新常态、打造经济发展新动能而做出的重大决策部署。"从党和国家的战略可以看出，机场作为城市的窗口，通过创新打造智慧机场是必需的。最重要的是行业管理部门应当依据自身职责，明确管理责任、统一认识，协调管理，使中国民航在打造智慧机场方面领跑世界。

智慧机场愿景是最终在技术上实现从电子化到数字化、网络化、集成化，再到虚拟化、物联化、智能化、智慧化，同时，呈现出生产、服务、管理、经营、安全、物流、低碳、交通、空港、基础设施的全域智慧，并实现旅客/公众、货主/货代、航司、工作人员、管理、驻场单位、周边居民的更好的体验。

运用信息技术，智慧机场为旅客提供更便捷的服务，随时随地获取实时信息。结合航班数据、旅客消费数据、旅客位置信息等进行大数据分析，有助于营销的精准定位。智能化不仅体现在机场商业中，还体现在旅客服务、行李运输以及货物运输等方面。建立顾客管理体系、流程以及顾客数据库，更好地了解顾客，提升顾客体验。机场候机楼的服务流程设计，是用户体验的重要部分。

更为广义的理解，智慧机场应包含以下内容。

（1）设施规划。首先是机场的选址环节。机场选址的一个重要影响因素就是气候条件，如果能够获取某个地域的历史气象数据，就完全可能运用仿真平台，来一场空管运行的模拟，从而确定该地域的气象条件对未来机场运行的影响，为决策者提供更为可信的决策依据。其次是机场的整体设计，包括航站楼、货站、飞行区等，使得我们在基础设施建设，以及对其运行保障能力预测方面更为精确。最后是航站楼内的布局与投入使用时的预演，这为完善新设施的启用方案奠定了基础。

（2）运行管理。智慧机场在运行管理方面的最直接应用就是如何利用物联网、互联网以及智能读取等技术，有效实现机场运行过程中人员身份识别、作业时间与地点数据自动采集、运行线路监测与规则监控等。当然，在机场运行管理中重要的安全管理方面，智能技术也应该是大有作为，如机场围界的智能监控、飞行区交通秩序管理、飞行区外来物的智能监控、作业现场的智能监管等。

（3）流程优化。优化流程、提升运行效率是机场智慧化发展的重点。建立在"智慧机场"基础上的流程优化，就是通过对现场作业人员标准规范、设备设施的运行轨迹、性能状态，以及服务对象的行为习惯等数据的采集与分析，对现场运行、设备设施配置、功能布局等进行动态调整与优化。如通过对跑道、联络道、滑行道、飞机滑行、特种车辆运行线路、区域划分等数据的整理与分析，实现跑滑优化，达到提高飞行区运行效率的目的；通过对旅客行走线路、问询情况等数据的整理与分析，实现对机场航站楼标志标识的重设、柜台分布与商业布局等的优化。

（4）服务体验。通过对旅客消费行为与习惯的观察，借助社交工具、互联网平台与电子商务等手段，促进机场商业开发或获取更多的非航收益。例如，直接对机场零售、免税业务实施电子化，借助第三方支付与物流服务，开发机场的电商服务。

5. 绿色机场

2006 年，中国民航业提出绿色机场的概念。绿色机场又称生态机场，是指在机场设施的全生命周期（选址、规划、设计、建设、运营维护及报废、回用过程）内，充分利用最新的科学技术成果，以高效率地利用资源（能源、土地、水资源、材料）、最低限度地影响环境的方式，建造在最低环境负荷下最安全、健康、高效及舒适的工作与活动空间，促进人与自然、机场环境与发展、建设与运行、经济增长与社会进步相平衡的机场体系。绿色机场的内涵，即将节能、减排贯穿于机场规划、建设和运行的各个环节，是一个全方位的、立体环保工程，它兼备了节地、节水、节能、改善生态环境、减少环境污染、延长建筑物寿命等优点。绿色机场的基本要素主要体现在四个方面，即节约、环保、科技和人性化，并据此成为绿色机场建设的基础。

我国积极响应国际号召，绿色、环保、可持续发展的关键词不断出现在各个行业的发展规划中，航空运输业由于其显著的全球化特性而受到更多的关注和约束。2012 年 7 月 8 日，国务院发布的《关于促进民航业发展的若干意见》指出：切实打造绿色低碳航空。2012 年 8 月 5 日，财政部、民航局发布《民航节能减排专项资金管理暂行办法》，列明专项资金的支持范围包括民航节能技术改造，民航管理节能，节能产品及新能源应用，新能源及节能地面保障车辆购置及改造，航路优化项目建设，机场废弃物、污水处理及中水回用设施改造，民航节能减排标准、统计、监测考核体系建设，民航局节能减排项目评审、验收、监督检查和基础性、战略性课题研究等方面。

作为航空业的重要一环，建设资源节约型、环境友好型和可持续发展的绿色机场系统成为全球机场的发展共识，国内外各机场对此进行了行之有效的探索，节约、环保和人性化可以说是绿色机场建设现阶段的共同宗旨。在机场规划建设中，尽可能地节约使用土地及各种资源；各类设施形成最佳配置以减少和避免形成瓶颈；机场场道构型应尽可能缩短飞机在地面滑行的路线；机场的各类建筑、设施尽可能减少对能源的消耗。在机场的运行管理中，力求形成最高效率，减少航班飞机、旅客、货邮不必要的延误和等待；利用各种新技术减少日常运行成本及其能耗；与航空公司、空管等相关各方协调运行，以求形成最高效率的运行环境。在保证安全的前提下推进绿色机场建设，科技成为建设绿色机场的重要驱动力，节约环保作为绿色机场必须实现的目标，将统筹协调纳入绿色机场建设的始终。

更广义的绿色机场建设还包括：①打造飞行管理系统：一是优化飞行程序设计，减少飞机起降中的碳排放，降低噪声；二是采用新航行技术，提高运行效率；三是规范飞机滑行速度；四是指定远机位专用地点进行发动机试车。②候机楼管理系统，包括：候机楼内设计绿色地带；照明与空调的节能；光的节能；热节能。③场道管理系统，如在跑道两端植树；挖建护场河；跑道与滑行道之间种草；机坪车辆实行"油改电"；登机桥地面电源空调替代飞机辅助动力系统（auxiliary power unit，APU）。④在机场规划建设时要考虑综合交通枢纽体系，让机场更加理性、效能、合理、实用。

2019 年 9 月 25 日，习近平总书记出席北京大兴国际机场投运仪式，对民航工作作出重要指示，要求建设以"平安、绿色、智慧、人文"为核心的四型机场，为中国机场未来发展指明了方向。

四型机场是以"平安、绿色、智慧、人文"为核心，依靠科技进步、改革创新和协同共享，通过全过程、全要素、全方位优化，实现安全运行保障有力、生产管理精细智能、旅客出行便捷高效、环境生态绿色和谐，充分体现新时代高质量发展要求的机场。四个要素相辅相成、不可分割。平安是基本要求，绿色是基本特征，智慧是基本品质，人文是基本功能。要以智慧为引领，通过智慧化手段加快推动平安、绿色、人文目标的实现，由巩固硬实力逐步转向提升软实力。

思考题

1. 结合国际机场协会 ACI 政策简报 *Airport ownership，economic regulation and financial performance* 中涉及机场所有权及私有化的相关内容进行学习，总结机场私有化发展现状。

2. 结合京津冀机场群、长三角机场群、粤港澳大湾区机场群、成渝机场群的发展，分析城市群与机场群的关系，以及每个机场群的发展现状。

3. 查找近几年民航趋势论坛中关于机场商业发展的演讲，分析我国机场商业发展的现状及如何变革。

4. 小组讨论：我国机场管理模式，每种的优劣势，适合哪类的机场。

第3章 机场流程管理

3.1 流程管理方法简介

3.1.1 流程管理基本理论

1. 流程管理概念

对于流程，不同的学者有不同的定义，强调了不同的要点，综合归纳起来可以发现，这些流程的定义大多包含了以下几个要素：输入资源、活动、活动的相互作用、输出结果、顾客和价值。因此一般将业务流程定义为：业务流程是为完成某一特定业务目标而进行的一系列逻辑相关的、有序的活动集合，这些活动分别由不同部门、小组承担，消耗原材料、设备和信息等资源，使相关的管理要素能够按照既定的程序化方式进行流动，以便更有效地为顾客创造价值。

流程管理，又称业务流程管理或企业流程管理，是20世纪90年代企业界最早提出，并应用于企业管理的一种新的管理思想和管理方法。流程管理具有面向顾客、规范化、持续性和系统化的特点，以规范化地构造端到端的业务流程为中心，以持续地提高组织业务绩效为目的。它是一个操作性的定位描述，指的是流程分析、流程定义与重定义、资源分配、时间安排、流程质量与效率测评、流程优化等。

服务运营管理的视角是关注流程，流程是把资源转变为产品和服务的方法。流程管理是服务运营的核心内容之一，是企业有序、高效运作的重要工具。服务流程是服务企业向顾客提供服务的整个过程（行为事件和步骤）和完成这个过程所需要素的组合方式，它是服务系统设计的核心和基础。

流程管理的本质是构造卓越的业务流程，改善、保持企业的高效率、高效益，确保流程在遵循性、有效性和绩效等方面达到预定的要求。业务在流转过程中往往伴随着相应的数据流，如文档、产品、财务数据、项目内容、人员资料和顾客信息等，如果流程环节之间协调不畅就会导致流程的低效，使企业反应迟钝。优化低效流程就需要实施流程管理，对流程监控、再设计和规范。流程管理关注的中心是"增值"，在于面向顾客，以市场为导向。

流程管理是顾客与企业双赢的过程，能为顾客和企业带来许多实际利益。企业流程管理的作用有：固化流程、流程自动化、团队合作、优化决策和向知识型企业转变。流程管理作为现代企业管理的有效工具，随着市场环境的变化，在以计算机网络为基础的现代社会中越来越显示出效用，对企业起着不可或缺的作用。

流程管理是从流程的规范开始，到流程优化，进一步进行流程再造。

（1）流程规范：整理企业流程，界定流程各环节内容及各环节间交接关系，形成业务的无缝衔接，适合所有企业的正常运营时期。

（2）流程优化：适合企业任何时期，流程的持续优化过程，持续审视企业的流程和优化流程，不断自我完善和强化企业的流程体系。

（3）流程再造：重新审视企业的流程和再设计。适合于企业的变革时期与企业的变革阶段：治理结构的变化、购并、企业战略的改变、商业模式的变化、新技术、新工艺、新产品的出现、新市场的出现等。

2. 流程分析方法及工具

流程分析和建模工具用于建立分析业务流程模型，有助于理解和设计流程。目前出现的几十种流程建模工具有仿真分析、成本、效益分析、成本控制、质量管理和决策支持等功能。常用的流程分析方法有很多种，下面简要对几种常用方法进行介绍。

（1）头脑风暴法。企业在进行战略远景规划和决定流程优化时机时，常用到头脑风暴法。头脑风暴法通过规范的讨论程序、规则，借助一些软件工具，保证讨论的有效性。与会者可以针对议题随意地提出意见和建议。头脑风暴法的使用有助于及时发现企业流程中存在的问题，提出启发性的改造设想。

（2）关键成功因素法。关键成功因素法是指能够影响企业绩效、决定企业行业地位的因素。不同的行业、不同的企业、企业的不同发展时期，关键成功因素一般不同。运用关键成功因素法来分析流程，可以确定流程优化的关键环节，为流程优化的实施提供指导。

（3）约束理论。约束理论是通过逐个识别和消除企业在目标实现过程中所遇到的制约因素，即约束，帮助企业确定改进方向和改进策略，从而更有效地实现目标。约束理论认为任何系统都存在一个或多个约束，系统中产出率最低的环节。决定着整个系统的产出水平，即木桶原理。根据约束理论，在业务流程中，流程的效率取决于效率最差的环节，要提高流程质量、实现流程优化必须首先改善这些环节。

（4）作业成本法。以活动为中心，通过对活动成本的计算，对所有活动进行追踪，尽可能地消除不增值活动，改进可增值活动。作业成本法是对现有业务进行分解，找出基本活动，侧重于对各个活动的成本，特别是对活动所消耗的人工、时间等进行分析，因为流程费用和流程周期是评价流程的重要指标，使用作业成本法计算出流程每项活动的费用，并以此确定需要优化的关键活动或流程。

（5）鱼骨图。鱼骨图是因果分析的工具，在新流程设计、流程变革时，项目小组需要对现有流程存在的问题及其原因进行分析，运用鱼骨图可以找出每个流程问题产生的根本原因。企业要实施业务流程优化，其关键流程往往存在多种问题，可以通过鱼骨图的形式将原因描述出来，准确分析关键流程中存在的根本问题，为流程优化提供依据。在分析流程问题时，一般会从六个方面来寻找问题出现的原因。这六个方面是：5M1E，分别是指：管理（management）、人（man）、方法（method）、材料（material）、机器（machine）、环境（environment）。

（6）CPM 与 PERT。关键路径法（critical path method，CPM）与计划评审技术（program evaluation and review technique，PERT）都可以用来确定流程中的关键路径，从而为流程的优化与改进提供支撑。CPM 在作业工期上只有一个估计值，主要适用于具有一定经验的项目，而 PERT 的作业工期具有三个估计值（最乐观、最可能、最悲观），主要用于具有不确定性的项目。

3. 流程优化方法

业务流程优化的方法众多，下面简单介绍几种常用的方法。企业的长期持续发展建立在流程不断改进的基础上，企业每隔一定时间对其业务流程进行重新审视，以适应环境变化，保证企业的高效运作。目前业务流程优化使用较多的有系统化改造法和全新设计法等典型的方法。系统化改造法从现有流程出发，对其进行清除、简化、整合和自动化，实现业务流程的重新设计。全新设计法围绕流程所要达到的目标，从零开始设计新流程。企业根据具体的经营环境选择适合的流程优化方法。一般来说，系统化改造法以短期改进为主，适合企业在外部经营环境相对稳定时采用。全新设计法要求大幅度地提高流程绩效，着眼于长远发展，适合在企业外部经营环境剧烈变化时应用。除了以上流程优化方法，基于仿真的优化方法把流程仿真应用到优化过程，也为流程优化提供了有效的工具。利用仿真技术进行流程优化能全面反映流程运行特点，充分考虑各种流程因素的随机性，成为流程优化的重要工具。

1）系统化改造法（ESIA 法）

系统化改造法是以顾客需求和业务发展为基准，在流程价值评估的基准上，对流程进行清除（eliminate）、简化（simplify）、整合（integrate）和自动化（automate），简称为 ESIA，它们是减少流程中非增值活动以及调整流程的核心增值活动的实用原则。系统化改造法的优化方法见表 3-1。

表 3-1　系统化改造法的优化方法

优化方法解释	清除	简化	整合	自动化
原则	找出、记录或彻底删除非增值的活动	在尽可能地删除了非必要的活动之后，对剩下的必要活动进行简化	简化之后需要对活动进行整合，以使之流畅、连贯并能满足顾客需要	在上述工作基础上，充分运用与发挥自动化技术的功能，提升流程速度，以加强顾客服务的准确性和及时性
内容	• 过量产出 • 活动间的等待 • 不必要的运输 • 过量的库存 • 缺陷、失误 • 重复的活动 • 反复的检验 • 活动多余 • 不必要的行政、审批和文书	• 表格简明 • 审批程序简单 • 减少沟通协调 • 跨部门的协调	• 流程的无延迟交接 • 工作并行 • 顾客流程整合 • 供应商流程整合	• 脏活、累活和乏味的工作 • 数据的采集、传输和分析 • 顾客自服务
改造后的流程特点	企业组织趋于扁平化，并行工作代替顺序工作方式，复合型人才的作用增大，管理者的工作职责由控制和监督转变为指导、帮助和支持			

2）全新设计法

全新设计法从流程目标出发，逐步倒推，抛开现有流程所隐含的全部假设，重新思考企业的业务方式，设计能够达到要求的流程，为企业业绩提升提供了可能性，有可能促成企业绩效的成倍增加。企业往往在发展的转折点采取全新设计法优化流程。

一般来说，全新设计法常用于中长期竞争新途径的开辟。相应地，全新设计法则是流程激进变革的同义语，目标流程往往与过去迥然不同。比较而言，全新设计法更能带来业绩的飞跃式提高，当然也需要承担很大的风险，全新变革，容易导致高的失败率。从为数不多的成功项目实施经验来看，选择低风险持续改善策略，在其他企业对激进变革失去信心之后仍然能继续努力的企业更容易成功。实施全新设计法优化流程时还需要注意，全新设计的流程并不会立刻超越旧流程，特别是从财务指标的角度来看，需要经过一定时间的磨合才能显示出其优越性。对于大型的变革，全新设计项目在一段时间的投资回报很可能会低于系统化改造中相应投资的收益。衡量全新设计流程优化方法是否成功的唯一标准是看新流程是否具有大幅度提高企业中长期业绩水平的潜力。

3）标杆瞄准法

标杆瞄准法（bench-marking），即基准管理，是指企业将自己的产品、服务、成本和经营实践，与相应方面表现最优秀的企业进行比较，以期改进本企业经营业绩和业务表现的一个精益求精的过程，是一种评价自身企业的手段，是将本企业经营的各方面状况与标杆企业进行对照分析的过程，也是将外部企业持久业绩作为自身企业内部发展目标并将外界的最佳做法移植到本企业的经营环节中的方法。标杆管理示意图见图3-1。

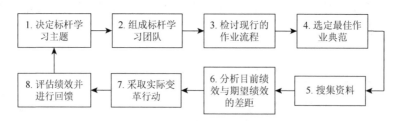

图 3-1　标杆管理示意图

4）QQTC 模型

Q（quantity）数量，主要是指在既定条件下完成工作的数量，一般可采用个数、时数、人数、项数等来表示。Q（quality）质量，主要是指在既定条件下完成工作的质量，一般可采用比率、及时性、满意度、完成情况等来表示。T（time）时间，主要是指在既定条件下完成工作的时间，一般可采用完成时间、批准时间、结束时间、开始时间等来表示。C（cost）成本，主要是指在既定条件下完成工作所消耗的成本，一般可采用费用额、管理成本、销售成本等来表示。

QQTC 是一种非常有效的流程绩效管理工具，可以通过对流程运作客观数据的采集和加工，体现企业的整体经营运作情况，使管理者可以非常清晰地了解企业的真实现状，并及时调整流程，实现企业的经营目标。

5）基于仿真的优化方法

系统仿真技术对流程优化的支持主要体现在：了解流程系统，测试环境对流程系统的影响，识别关键流程，设定流程优化标准，新流程的测定与评价以及流程运行绩效评价。基于仿真的流程优化如图 3-2 所示。

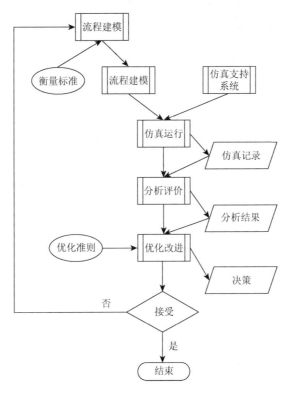

图 3-2　基于仿真的流程优化

3.1.2　机场运行总体流程

针对航空旅客运输，机场的基本功能就是围绕旅客、行李、航空器进行的，因此机场的所有流程和活动均是围绕三者的分离聚合的过程展开的，三者分离聚合是否高效关系到整个航空运输流程是否高效。对于货物的运输，要实现的就是货物与航空器的有效分离聚合。旅客和行李的分离聚合流程主要发生在机场的陆侧，旅客、行李和航空器的分离聚合流程主要发生在机场的空侧。如图 3-3 所示，整个过程大致如下。

（1）旅客携带行李通过不同的运输方式抵达候机楼车道边；

（2）从车道边，旅客继续携带行李到达值机柜台；

（3）办理登机牌并托运行李，在这里行李与旅客分离，进行各自不同的流程；

（4）旅客通过安检进入隔离区，如果是国际航班的旅客，还需要经过海关、边检等流程；

（5）旅客候机、登机、进入客舱，在这里旅客与航空器聚合；

（6）托运的行李通过分拣、装运后，装进飞机的货舱，在这里实现了旅客、行李和飞机三者的聚合；

（7）装载之后的飞机滑出机坪，进入跑道，起飞，飞抵目的地机场；

（8）飞机停靠停机位，旅客下机，行李卸机，旅客、行李、飞机三者分离；

（9）旅客下机，并到达行李提取大厅，如果是国际旅客还需要通过边检、海关，行李通过卸机、搬运，到达行李提取大厅的行李提取转盘，在这里旅客提取行李，实现旅客和行李的聚合；

（10）旅客携带行李到车道边，通过不同运输方式离开机场。

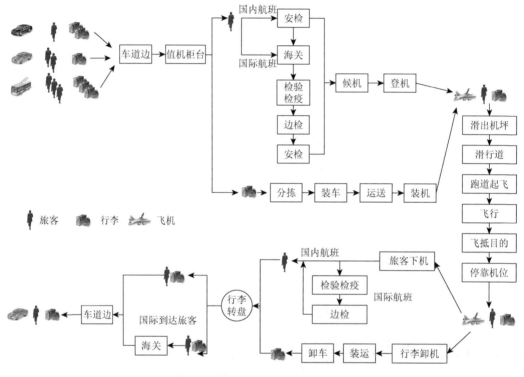

图 3-3　旅客、行李和航空器的流程

由此可见，机场运营主要涉及的流程有航空器流程、地面服务流程、旅客流程、行李流程以及货物流程几个方面，本章将从这几个方面对机场运营的主要流程进行介绍。

3.2　航空器流程

3.2.1　航空器流程及保障

1. 流程

航空器流程是机场运营涉及的主要流程，航空器是旅客以及行李运输的载体，在确定其安全性和稳定性的前提下，对其流程进行合理管理和优化。图 3-4 表明了航空器从抵达机场到滑行起飞的简要流程。飞机周转是指飞机在两个航段之间的地面时间，从进港航段的计划上轮挡时刻（SIBT）开始，到出港航段的计划撤轮挡时刻（SOBT）结束。根据 IATA 相关统计，飞机周转由多达 12 个相互依赖的子流程组成，包含 150 多个单独的活动，涉及多达 30 个不同的行为者。

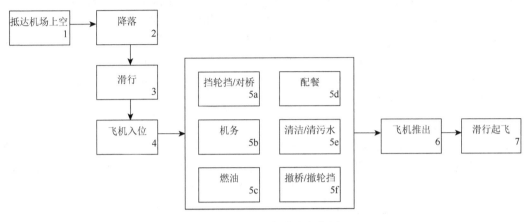

图 3-4　航空器离港流程简图

2. 航空器流程管理的重点

根据图 3-4 航空器离港流程的几个关键步骤，每个步骤管理重点如表 3-2 所示。

表 3-2　主要流程步骤以及管理重点

流程步骤	管理重点
1.抵达机场上空	确保信息的流畅、及时沟通
2.降落	确保信息的流畅、及时沟通
3.滑行	机坪地面交通管理
4.飞机入位	机坪地面交通管理 操作规范性
5.地面保障服务	各项服务操作的高效性，确保最短的周转时间 服务规范
6.飞机推出	机坪地面交通管理
7.滑行起飞	航空安全

3. 航空器维护和保障工作程序

（1）航空器航前维护工作程序。接收航空器预计起飞前 90 分钟按规定检查和接收航空器，办理相关交接手续；准备相关凭证、设备以及工具等；接下来按规定检查航空器并提供电源，完成规定内容并记录；按标准判断航空器有无故障，若有故障及时报告，并按故障程序处理；签署维修凭证并对航空器放行，完成 30 分钟航空器放行，15 分钟前撤离现场；最后交维修凭证。

（2）航空器短停维护工作程序。首先对航空器准备清理，然后检查航空器停靠位区域以及滑行路线；按规定的路线和速度引导航空器，并保持引导车与航空器有 60～100m 的距离；按规范指挥航空器停靠到位，并放置轮挡；按规定的项目和内容检查航空器并提供电源；按标准判断航空器有无故障，若有故障及时报告，并按照故障程序处理。

（3）航空器航后维护工作程序。发现故障，接到机组报告或检查中发现航空器故障，需查阅相关记录或实际操作，核实故障；判断故障原因和性质，查阅最低放行设备清单（minimum equipment list，MEL）资料，检查并核实是否符合 MEL 放行标准，若符合，按 MEL 标准放行；根据原因和性质，判断是否具备排故的条件和能力，若具备，按程序排故，若不具备，则通报承运人；具备排故的条件和能力，按维修手册制订排故方案或者由承运人制订方案。

（4）航空器停场保障流程。进港航空器保障流程，包括机位分配、场务灯光维护、进近指挥、仪表导航、降落指挥、滑行指挥和引导、机务指挥入位；停机位内航空器保障作业流程，其中主要包括客梯车或登机桥服务、航空器监护、舱单交接、摆渡车服务、加油服务、货邮行装卸、清洁服务、配餐、机务放行、空管放行、上客、配载、关舱门；离场航空器保障流程，包括客货舱门关闭、牵引杆连接、推出、开车、机务放行、滑行指挥、滑出、起飞、仪表导航离港。

3.2.2　空侧运行

机场运行控制中心（airport operation center，AOC）将成为未来机场的神经中枢，便于掌握机场的整体运行情况，实现高效运行和快速决策，尤其是在充满挑战的极端环境下。机场环境繁忙且复杂，包括多种多样的运行情况，机场管理人员需要全面考虑，确保带来最佳的旅客体验。此外，机场还是错综复杂的空中交通网络的重要节点，在保障顺畅的空中交通流量中发挥重要作用。当机场出现干扰事件或异常情况时，尤其是大型枢纽机场，会对其他环节带来重大影响。机场协同决策（airport-collaborative decision making，A-CDM）以机场运行为核心的机场相关单位间的协同运行，提高机场运行环境中各相关方的协作，提高机场运行以及流量管理的可预测性，改变以往空管、航空公司和机场等传统业务流程，有效提高航班运行品质。

A-CDM 是一个流程驱动管理系统，通过共享信息，实现协同决策。其带来的好处日益显著，正得到全球范围机场的广泛采用。A-CDM 最先是由欧洲航行安全组织 Eurocontrol 提出的。目前欧洲共有 22 家机场在执行 A-CDM，占据了欧洲总出港航班量的 1/3，并带来了一系列的好处，包括减少飞机推出延误、滑行时间，更好地利用地面资源，减少机位或登机口的临时变更，以及增加高峰时段的出港率等。从整个航线网络的层面上来看，近期的一项研究预测，执行 A-CDM 每年能降低燃油消耗 3.4 万吨，并具备将空域容量提高超过 3.5%的潜力。欧洲目前在应用方面处于领先位置，但与此同时新加坡樟宜国际机场和奥克兰国际机场也采用了非常类似的系统。2017 年 8 月中国民用航空局发布《关于进一步统筹推进机场协同决策（A-CDM）建设的通知》，要求行业各单位进一步统筹推进机场协同决策（A-CDM）建设，在 2018 年底前，旅客吞吐量 3000 万人次以上机场 A-CDM

数据要与民航局运行监控中心运行数据共享平台及空管 CDM 系统完成对接，全面实现机场、航空公司、空管和监管单位之间的信息互联互通。

CDM 基于六个概念要素，包括信息共享、里程碑式的管理方法、灵活的滑行时间、离港航班预排序、极端天气下的协同放行（CDM）以及空中交通流量管理的整合六种概念要素，能提供关于航班关键节点的预测性信息，为各家利益相关单位之间更好地协作提供基础。其能有效改善资源计划，提高航班准点率，缩短滑行路径，降低燃油消耗和污染物排放，并进一步改善空中交通流量管理。实施 A-CDM 的机场收获的好处不只限于优化飞机的地面运行，空中交通数据的共享可以将有效信息传递至管理层和旅客，帮助优化航站楼内的程序，包括行李服务和旅客服务。A-CDM 不仅是一项技术，更重要的是机场各个相关单位的协同合作，来共同改善流程。

以航班生产流程为导向的运行管理才是中国民航解决航班正常性问题的根本，如图 3-5 所示。作为航班生产保障的一环，除了单一作业外，不可避免涉及与其他保障部门的协同，如机位分配席位，不仅要了解机位航班的保障情况，还要了解空中航班的预达信息，统筹兼顾，才能实现合理高效的机位资源利用；又如信息发布席位，除了关注 A-CDM 系统信息外，还要对接各公司的运控部门，特别是在航班大面积延误的情况下，只有通过多方协调，才能确保信息发布的准确和及时。在协同决策应用下，各个生产保障环节都可以通过系统实现多方协同，这样就避免了原先单一作业下由于横向信息的不对称所造成的效果不理想。因此协同决策的应用使生产链中的每个环节都能获取必要信息，同时确保信息对称和及时，从而实现整个航班保障过程的整体高效运转。

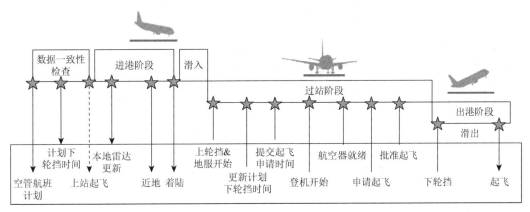

图 3-5　航班运行全过程

机场 A-CDM 不仅引入机场内部的集成系统、航班查询系统、安检信息系统、电视监控系统等，还通过接口接入空管方面的管制信息、气象信息、航务信息，通过接口接入航空公司的现场保障信息、旅客服务信息、飞行网络信息等，打造全方位的信息共享。以上海虹桥机场为例，其构建的 A-CDM 系统平台及运行如图 3-6 所示。

与 A-CDM 系统相匹配，机场内部形成了 AOC、TOC（terminal operation center，航站楼运行中心）、ACC（airport control center，飞行区管理部）的区域化管控平台和机电运行中心、安检运行中心、能源运行中心、消防运行中心的保障性管控平台，实现"区

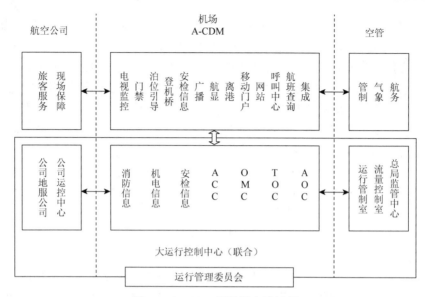

图 3-6　A-CDM 系统平台及运行

OMC 为场区管理部（operation management center）

域化管理、专业化支持"的管理模式。对应于空管、航空公司的信息接口，各运行控制平台也分别与空管系统的总局监管中心、华东流量控制室、上海运行管制室、虹桥塔台管制室以及航空公司的运控中心、地服中心进行横向协调和沟通，整合空管、机场、航空公司的运控平台，实现联合大运行控制中心的运作，通过运行管理委员会的机制，能实现运行管理效能的最大化。信息公开、共享是基础，在信息对称的前提下协同保障，在统一管控平台实现各方利益的趋同，才能有效应对诸如大面积航班延误等问题。实现大运行控制中心的关键还需要各级政府部门（民航局和地方管理局）牵头，在敦促各方运行信息共享的基础上，统筹各方利益，使运行目标趋同，最终实现运行效率的最大化。

3.3　地面服务流程

3.3.1　机场地面作业内容及相关部门

1. 地面设备以及车辆运行

机坪是航空器、车辆、人员最为密集的地区，负责机坪内航空器、车辆、人员的运行以及各项生产保障作业。活动区是机场空侧以内用以航空器滑行以及航班运行保障的区域（包含机坪和运转区）。机坪上各种车辆的运行以及位置都有严格的规定，一方面是为了保障安全，另一方面是为了减少飞机转场时间。图 3-7 是保障航空器的车辆设备作业及停放的示意图。

2. 飞机地面服务主要内容及相关部门

以某航空公司所采用的 B747 飞机的过站保障为例，地面作业主要包括如下内容：

①飞机到位，机务放轮挡（如飞机未能停靠到位，还需拖车牵引）；②廊桥或客梯车靠客舱门；③边防、卫生检疫、海关接机人员在飞机外与乘务长交接旅客、机组名单等；④国际航班旅客下机；⑤商务人员接舱单；⑥清洁队清洁客舱；⑦食品公司上机回收餐车并装食品；⑧机务人员上机询问了解飞机状况，检查舱内设备完好情况；⑨平台车或传送带靠货舱门，卸行李；⑩卸货；⑪装货；⑫装行李；⑬通知并组织上客；⑭油料公司加油车到位加油；⑮电源车靠机作业，必要时增加汽源车；⑯污水车、垃圾车、加水车靠机作业；⑰值机人员送舱单等文件；⑱关舱门；⑲拖车推出飞机。

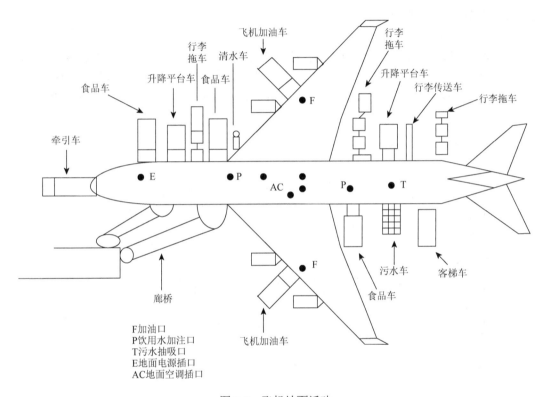

图 3-7　飞机地面活动

　　这些作业内容由不同的部门来保障，如表 3-3 所示。涉及业务、部门多，需各部门的协同配合，按照相关的规定并加以规范，以确保机坪运行和管理更加科学合理，使各项保障作业安全、正常、高效。

表 3-3　不同部门作业内容

部门	作业内容
1.机场地面服务公司	各种作业车辆、设备的调度（客梯、摆渡车、饮用水车、污水车、清洁水车、垃圾车、电源车、空调车、气源车、拖车、平台车、传送带、行李车），引导下客、组织上客、机舱清洁、卸装行李
2.货运公司	货物、邮件的卸装、运送车辆的安排

续表

部门	作业内容
3. 维修公司	指挥飞机进位、放轮挡，检查飞机状况、引导飞机推出
4. 机场当局	安排飞机停放位置，廊桥作业
5. 油料公司	油车调度、飞机加油
6. 食品公司	回收餐车并装食品

3.3.2　机坪作业关键路径

在保证飞机安全的情况下，用尽量短的时间完成航班停机坪作业的合理调度，可在现有机场资源不变的条件下，增加机场的容量，同时减少航班延误和作业事故。因此，合理地安排和使用停机坪资源，是保证航班正点率的重要内容。图 3-8 是机坪作业的具体流程。

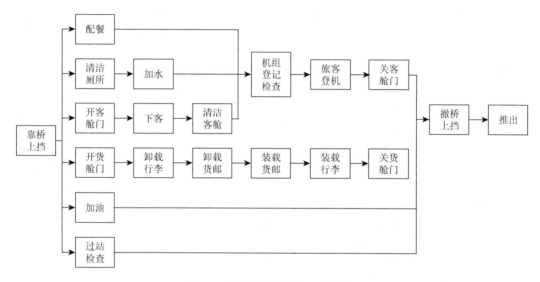

图 3-8　停机坪作业详细工作内容

1. 关键路径法

关键路径法经常被用于对工程完成时间的估算。航班停机坪作业是一种网络的拓扑结构，很多作业都是同时发生的。因此，求出停机坪作业的关键路径，然后提高关键路径上关键作业的作业速度，这样就能缩短总作业时间，从而提高航班保障效率。具体步骤如下：①停机坪作业详细工作内容；②明确各项工作所需时间及工作先后关系；③画出停机坪作业的网络结构图；④确定关键路径。

例如，根据现场调查，某机型停机坪各项作业的时间平均值和方差如表 3-4 所示，可以根据作业前后关系画出停机坪作业的网络图，见图 3-9，计算其关键路线和作业时间，明确关键路径，讨论缩短地面作业时间的方法。

表 3-4　作业名称及对应时间统计

作业代号	作业名称	平均工时/min	工时方差
A	靠桥、上挡	0.87	1/36
B	开客舱门	0.5	1/144
C	旅客下机	6	1
D	清洁客舱	15	2.25
E	加油	12	4
F	加水	3	1/9
G	加餐饮	12	1
H	开货舱门	1	1/36
I	卸行李	5	1/9
J	卸货邮	9	1.69
K	装货邮	15	2.25
L	装行李	5	1/9
M	关货舱门	1	1/36
N	过站检查	22	4
O	旅客登机	12	1
P	关客舱门	0.67	1/144
Q	清洁厕所	6	1
R	机组登记检查	4	1
S	撤桥、撤挡	0.5	1/144
T	推出	6	1

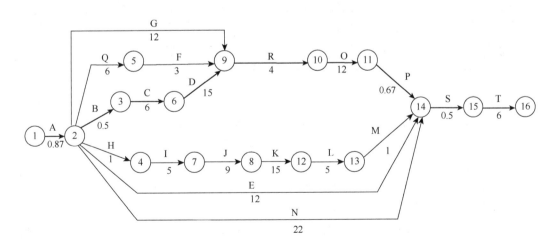

图 3-9　确定关键路径

旅客路线是关键路线，货邮路线是次关键路线。实际作业时，这两条路线都有可能成为关键路线，缩短这两条路线的工作时间可缩短过站时间。

在实际的地面操作流程中首先要重点控制关键路径上各项航班保障工作的操作时间；其次要有效缩短非关键路径上各项航班保障工作的操作时间；最后要加强各项航班保障工作的组织协调工作，以便高效率地完成飞机的地面运行和保障工作，保证航班准时起飞。

2. 甘特图

地面作业的关键路径还可以通过甘特图的方法来计算，通过对标该机型快速过站时间，进行改善。

【实例 3.1】 从某机场三天时间内 300 多个航班中随机抽取不同时间段的 10 个航班保障服务情况进行实地观察。具体服务时间统计如表 3-5 所示，服务时间单位为分钟，"—"表示没有提供该项服务，不作为统计项目。

表 3-5　航班保障服务时间统计表

项目	1	2	3	4	5	6	7	8	9	10	最短时间	最长时间	平均时间
旅客下机	5	5	5	6	5	5	5	7	7	10	5	10	6
航空器清洁	15	6	15	6	9	9	12	11	10	11	6	15	9.4
厨房维护	—	8	—	—	—	10	20	10	16	13	8	20	12.8
行李货物卸装	13	11	15	39	12	15	27	25	12	23	11	39	19.2
加油	11	14	11	19	12	14	10	15	15	16	11	19	13.7
污水处理	—	—	—	—	6	—	—	8	6	—	6	8	6.7
货物行李装机	23	15	23	17	19	15	22	35	26	8	8	35	20.3
旅客登机	16	19	16	19	15	21	13	14	18	15	13	19	16.6
总保障时间	40	41	38	46	35	39	40	42	37	38	35	46	39.6

各项活动之间的相互关系如下。

（1）与旅客相关的活动：旅客下机→航空器清洁→旅客登机。

（2）与行李货物有关的活动：卸装→装机。卸装和装机可以部分重叠。

（3）其他活动可同时进行。

选择第 7 个航班（B737）保障服务记录（总保障时间为 40 分钟）作为研究对象。画出该航班保障活动的甘特图如图 3-10 所示。

从图 3-10 可以看出，该航班保障服务的最长路线是行李卸装→货物卸装→货物装机→行李装机。为了对该服务流程进行评价，找一个相同机型快速过站的标杆进行比较，如图 3-11 所示。150 座机型（A319、B737（700 型以下）等机型）最小过站时间为 35 分钟。

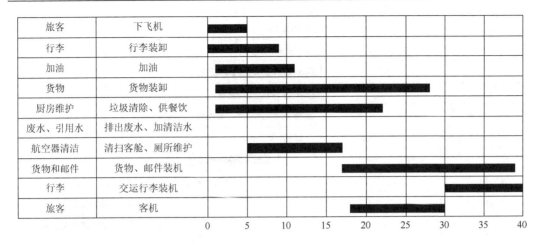

图 3-10　B737 保障服务活动的甘特图进度表

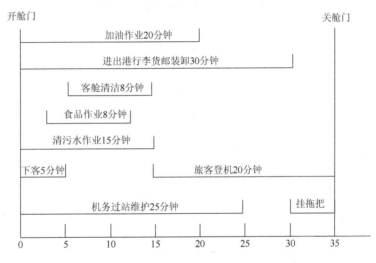

图 3-11　150 座以下航空器快速过站保障示意图

针对第七个航班，在服务保障时间上可以优化改进。参考标杆中不同服务的时间，假定行李、货物卸装时间为 12 分钟，货物、行李装机时间为 18 分钟，其余保障时间采用表中的平均时间，改善后的保障服务甘特图进度表如图 3-12 所示，总服务时间缩短为 32 分钟。

3.3.3　疫情后地面服务流程变化

疫情形势要求航空公司、机场实施更多的卫生预防措施，如乘客在下飞机和登机时必须遵守最小的物理距离；除了标准清洁，机舱必须在旅客登机前进行消毒。而采取措施的相关流程是关键路径的一部分，这些变化将显著影响总周转时间。如果将乘客下机/登机要求和新的消毒程序实施到周转流程中，航空公司和机场运营需要考虑延长地面时间，见图 3-13。其中，旅客登机过程是航空器离场前的最后一步，也是该关键路径上的关键活动，离机过程也是关键路径，因此降低登机/离机时间都能有效降低航班周转时间。

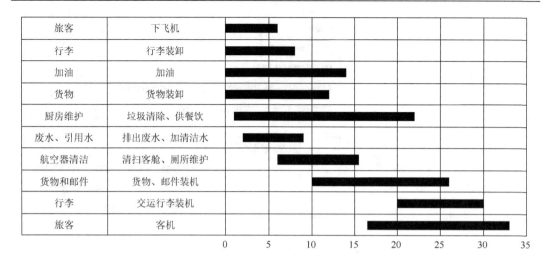

图 3-12　改善后的 B737 保障服务活动的甘特图进度表

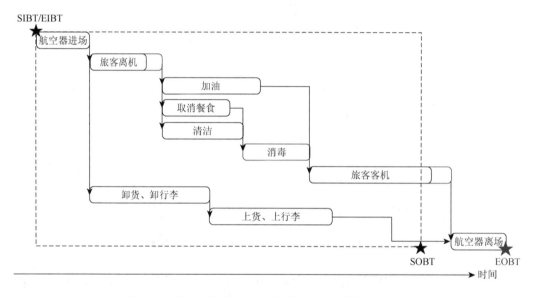

图 3-13　航班周转时间（地面服务时间）关键路径示意

　　此外，清洁、配餐和加油过程是并行操作的，近年来一些航空公司省略这些过程以减少总周转时间。例如，汉莎航空已经转向"返程配餐"概念，使得配餐过程仅在飞机的基地执行，并且包括即将到来的两个航段。对于清洁，汉莎航空仍然使用外部清洁提供商，但定义了"减少清洁""标准清洁"和"扩展清洁"，后一种通常在夜间进行。瑞安航空只在一天开始时为所有定期航班的飞机提供一次服务，清洁过程通常由机组人员完成。为了节省加油过程，一些航空公司甚至在某些飞行周期中实施了"空中加油飞机"，以便燃料足以满足即将到来的两个飞行航段，这在一个机场延长了加油过程，但在另一个机场省略了加油过程。

3.4　旅　客　流　程

3.4.1　旅客进出港流程

航站楼是旅客和行李转换运输方式的场所，其功能就是要经济有效地让旅客舒适、方便和快速地实现地面和航空运输方式的转换，行李可靠、安全、及时地和旅客同步实现运输方式的转换。航站楼内旅客流程如图 3-14 所示。从图中可以看出，航站楼内旅客进离港路线比较复杂，包含了国内出发、国际出发、国内到达、国际到达、过境和中转流程等多种流程。

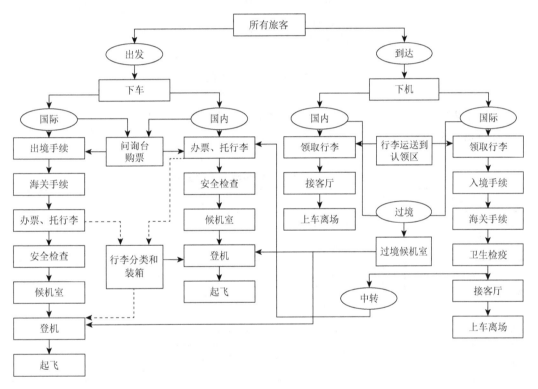

图 3-14　航站楼内进出港旅客流程

提供高质量、高效率的服务是体现民航运输便捷的关键问题。旅客流程直接影响旅客的旅行体验。现在，很多大型机场都已普及了高科技设备来代替部分原始的手工操作，大大缩短了旅客登机环节。随着自助值机、自助托运行李、自助登机等的发展，旅客的流程大大缩短了时间。但同时，随着安全形势不容乐观，旅客需要通过更多的安全保障环节，如旅客身体情况登记、爆炸物检查等，时间不但没有减少，反而有增加的趋势。可见，提高旅客登机速度，不能仅靠先进的仪器设备，还要从细节中找时间，找瓶颈，通过对环节的实地观察，采用流程再造，全过程均衡理论、排队理论、旅客心理学理论等进行科学分析，比较不同操作方式的优劣，发现资源的不必要浪费，提高设备、人员的效率，缩短旅客时间。

1. 旅客出港流程

如图 3-15 所示，旅客出港涉及值机、安检以及登机等流程。

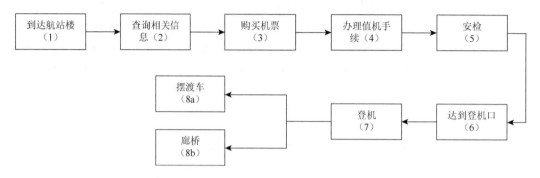

图 3-15　旅客出港主要流程

旅客出港流程步骤及管理重点，如表 3-6 所示。对于值机、安检、登机等重要流程部分进行重点分析研究。

表 3-6　旅客出港流程步骤及管理重点

流程步骤	管理重点
1.到达航站楼	• 统一管理路侧交通 • 合理安排站点 • 加强交通引导标识
2.查询相关信息	• 服务意识态度 • 了解航班最新动态 • 熟悉机场流程 • 明确的引导标识
3.购买机票	• 柜台位置设置合理，与旅客流程衔接顺畅
4.办理值机手续	• 效率-使用适当数量的值机柜台，在保证服务的前提下提高运营效率 • 服务意识态度
5.安检	• 安全
6.到达登机口	• 航站楼设计-旅客步行距离合理，需要时配置自动步梯 • 登机口标识清晰
7.登机服务	• 服务人员准时到位 • 服务意识态度
8.乘客登机	• 服务人员准时到位 • 服务意识态度

1）值机流程

值机是提供航空旅行中旅客办理行李托运、机位预订、登机牌打印服务，是旅客到达机场后的第一个接触点，即候机楼内旅客流程的开始。旅客值机系统由查验机票证件、选定座位、办理行李托运三部分组成，见图 3-16。

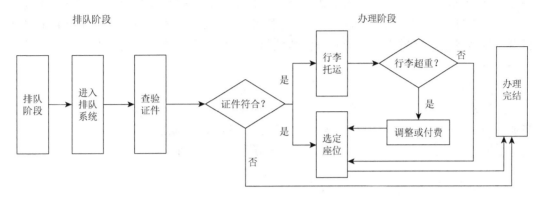

图 3-16　值机系统流程图

随着信息技术的发展，各航空公司从提高自身运营效率和满足旅客体验两个角度出发，纷纷推出网上值机和自助值机系统。自助值机流程图如图 3-17 所示。

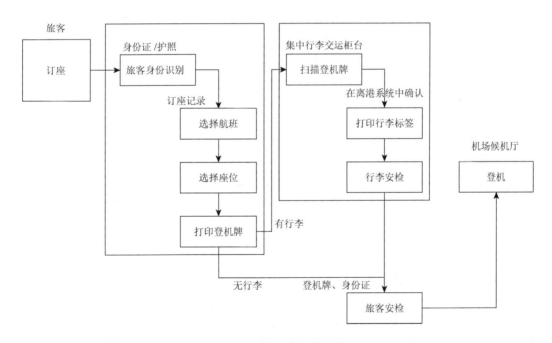

图 3-17　自助值机流程图

目前值机柜台在使用中有公用和专用两种类型。在专用的情况下，各值机台均可以办理同一公司（包括其代理公司）所有航班的值机手续。自助值机柜台也类似，除了同一家航空公司的可以通办，机场还提供公用的柜台，可以办理其他所有航空公司的值机手续。不同的机场、不同的航空公司甚至不同的航班，对值机开放时间有着不同的规定，有的规定航班起飞前 2.5 小时，有的规定 2 小时；国际航班可能规定提前 4 小时。有的机场或航空公司甚至无限制；每个柜台都可以办理不同的航班，做到旅客随到随办。值机办理手续一般会在航班起飞前一定时间内关闭，根据中国民用航空局的规定，我国机场值机在航班起飞前 30 分钟关闭，现在一些大型机场在起飞前 45 分钟甚至 60 分钟关闭值机柜台。旅客在值机区域内可能会长时间排队等候，影响旅客的服务满意度，因此可以通过细化分析，进一步优化流程。

2）安检流程

安检包括两部分，旅客安检和行李安检。旅客到达安检区，将其行李放上安检台，并将随身携带的手机、香烟、打火机等放入衣物筐，随后旅客通过安检门接受身体扫描，随身产品通过安检仪，接受检查。安检工作流程图如图 3-18 所示。

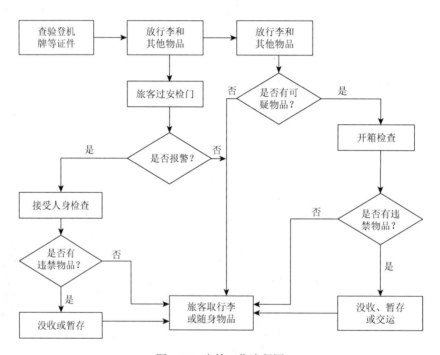

图 3-18　安检工作流程图

安检流程是典型的公用柜台模式，任一柜台可办理任一航班旅客的安检手续。一般国内和国际旅客由于候机区分开，其安检流程也是分开的。

安检仪前后经常有旅客拥堵，旅客需要从行李中取出计算机等产品单独检查，通过安全门的旅客需要整理行李，还有不少旅客不清楚安检步骤，需要安检员指导。经过观察发现，有近 1/10 的旅客需要在安检员的指导下完成安检，超过半数旅客需要安置随身产品。通过安检仪后，旅客在安检仪附近整理行李导致后面旅客的安检无法进行。如果能在安检仪两头增加准备台，提供 2～3 名旅客同时准备安检及安检完成后整理行李用，就能保证安检更加通畅。

从安检仪的使用情况看，旅客通过安检门比行李通过安检仪时间短，安检仪和安检门使用效率相差较大。如果每两台安检仪配备一个安检门，则能提高设备的使用效率，减少安检工作人员，节约硬件和人员成本。

另外，加强安检人员的业务培训，有利于提高现场工作效率。同时，加强对旅客的宣传引导，在安检口附近张贴安检事项须知，增加现场广播，播放安检宣传片等，使旅客提前办理携带的酒类、刀具等产品的托运手续，从而减少安检员的工作量，提高旅客过检速度。

3）海关、检验检疫检查

国际航班的旅客出示登机牌、护照和机票给保安人员检查，然后接受海关检查，旅客将已填好的申报单交给海关检查员，海关只抽样检查个别旅客，被抽查的旅客随身携带行李应放在 X 射线机上进行扫描。海关申报完后，进入隔离区。

正常情况下，对出入境旅客几乎不进行检验检疫检查。发生国际性流行病时，必须接受规定的检查。对于入境国际旅客，有时需要填写入境健康申报表，到达卫生检疫处时交给检查人员。

4）边防检查

国际航班旅客必须接受边防检查。出境旅客到达边检区，在边检柜台前排成单行，每个边检柜台只处理一个单行队列。到达边检柜台时，提交护照查验。入境旅客一般在飞机上就已填写好入境申请单，下机后到边检口，向边检人员提交护照查验，并提交入境申请单。

5）候机和登机

安检结束后，旅客就可以进入候机大厅候机，等待航班登机通知。国内航班一般在航班起飞前 20～30 分钟开始登机，国际航班则在航班起飞前 30～45 分钟开始登机。登机门上的电子牌显示开始登机或播放登机广播后，旅客开始排队通过登机门登机，在登机口（包括远机位登机口）处的工作人员扫描旅客登机牌，将旅客信息录入系统，用于核查是否每位旅客都已登机，如果有已值机的旅客未登机，应通过广播通知，催其尽快登机。近机位航班旅客直接通过廊桥登机，远机位航班需乘坐摆渡车登机。对于航空公司来说，桥位比远机位停机成本高，但旅客更愿意通过廊桥登机，因此桥位登机可以获得更高的旅客满意度。

旅客登机过程中，合理组织可以使得旅客登机速度大大提高，尤其是在客舱内的入座效率提高，提高登机口的利用率和人员的工作效率，进一步减少过站时间，节省成本。

2. 旅客进港流程

旅客进港流程如图 3-19 所示。

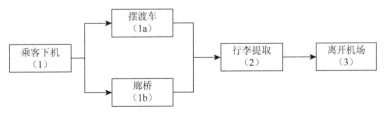

图 3-19　旅客进港流程

旅客进港流程步骤及管理重点，如表 3-7 所示。

表 3-7　旅客进港流程步骤及管理重点

流程步骤	管理重点
1.乘客下机，进入候机楼	• 引导乘客秩序下机 • 确保廊桥/客梯车/摆渡车及时到位 • 了解航班最新动态 • 车辆、廊桥及时到位
2.行李提取	• 各人员的及时到位 • 为乘客提供相应的信息（如转盘信息） • 明确的引导标识
3.离开机场	• 统一管理路侧交通 • 合理安排站点 • 加强交通引导标识

对于旅客进港，主要涉及行李的提取问题，行李流程在 3.5 节会有详细讲解，所以不在本节赘述。国内航班到港旅客根据机场行李认领大厅内的电子信息屏提供的行李转盘号，找到和确认自己的行李后取下，通过地面服务人员确认无误后离开。国际航班旅客则首先通过边防检查，然后才认领行李。领取行李后再通过海关和检验检疫检查后即可离开。

无论出港还是进港旅客，国际航班都比国内航班多三个环节：海关、检验检疫和边防。海关是旅客报关的地方，出、入境旅客的携带产品应当向海关申报。国家规定了可以免除关税的产品，旅客如果带有需要缴纳关税的产品出入境，则必须依法纳税。另外还有一些违禁产品是不允许出入境的。因此海关的责任是接受旅客报关，同时有权查验是否有漏报产品和违禁产品。检验检疫是对出入境旅客本人及其携带的动植物进行检验检疫。对旅客的检验检疫只在发生流行性疾病时才进行，对动植物检验检疫，是为防止一些有害生物（包括虫类、植物、微生物）的传播，防止动物携带疾病（如禽流感、口蹄疫等）的病原传播。边防检查是查验旅客身份，核对是否符合出、入境条件，防止非法出、入境。查验的证件是护照和护照上的签证。

对于国际旅客，以上三方面的检查不能缺少，因此大大延长了旅客登机准备时间，降低了旅客流程的效率。特别是国际中转旅客，所花时间更长，应设法实行联检，简化国际中转流程，缩短中转时间。

3.4.2　旅客流程的分析及优化

1. 出港旅客流程分析优化

航站楼是旅客和行李转换运输方式的场所，其功能是让旅客舒适、方便和快速地以及让行李安全可靠地实现地面和航空运输方式的转换。因此航站楼内包含了各种服务设施，它们在空间的布局应尽量方便旅客办理各种乘机手续。

目前有行李旅客的值机业务办理方式主要有三种：①全人工值机；②自助值机（包括

网上值机、手机值机等），行李人工值机；③自助值机，行李半自助托运。根据观测这三种办理方式的各阶段的平均办理时间和旅客平均等待时间如表 3-8 所示。

表 3-8　各种值机方式办理时间表

序号	操作	操作平均时间/min	旅客平均排队等候时间/min	总的值机时间/min
1	全人工值机	7	21	28
2	自助值机	1	4	20
	行李人工值机	3	12	
3	自助值机	1	4	9.6
	行李半自助托运	0.6	4	

随着自助设备在机场里的应用越来越普遍，按照办理时间和业务阶段，值机业务的办理方式可分为两种。

第一种，采用"一站式"模式，旅客在同一值机柜机上分别连续完成身份验证、座位选择、登机牌打印、行李标签打印、行李交运、行李确认标签打印等手续，在此期间，该台柜机专为该旅客服务，直到其所有业务办理完成。"一站式"自助值机流程如图 3-20 所示。

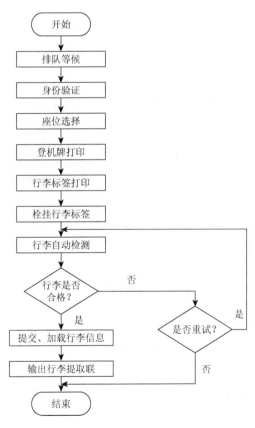

图 3-20　"一站式"自助值机流程

第二种，采用"两段式"模式，即将整个托运行李过程分为两个阶段，见图3-21。

阶段1：旅客完成身份验证、座位选择、登机牌打印、行李标签打印后，离开柜机。

阶段2：在旅客拴挂行李标签完毕后，旅客将行李投放在自助行李接收装置中，行李自动进入检测区，系统自动完成行李重量登记和规格的检查，进而完成行李的交运操作，然后打印行李确认标签，完成整个业务的办理。对于半自助值机系统，则该阶段由人工值机完成。

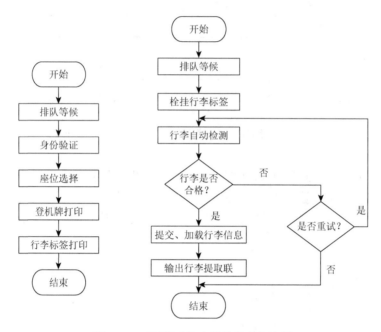

图 3-21　　"两段式"自助值机业务流程

对于第一种模式，旅客有较好的体验，使用更方便快捷，无须两次排队等候；对于第二种模式，有利于减少单个旅客占用柜机的时间，提高值机柜机的使用效率。现阶段，由于自助托运行李系统应用较少，而普通自助值机应用较为普遍，所以"两段式"办理模式较为普遍。

旅客流程优化应遵循以下原则：①由于整个流程具有系统性和连续性，在解决各个局部环节的同时，必须注重使各个环节之间相互联系、相互协调。②有效利用航站楼的面积，保证各项功能齐全且分区相对明确，能够满足各种可能的使用需求。③使流程系统具有足够的灵活性和可拓展性，以适应客流量的不断变化。④旅客进出港的流线简洁且方向明确。流程优化的目的是能让旅客在航站内更便捷，缩短旅客排队等候的时间。以下以案例的方式来分析国内航班出港旅客流程优化问题。

【实例3.2】应用ESIA进行全自助值机业务流程优化。

值机业务流程如图3-22所示。

针对值机业务所要求完成的各个流程，根据自助服务的要求进行整合，并按照流程设计和优化的基本要求进行实现。采用ESIA分析法的全自助值机业务流程优化，即通过对流程消除、简化、整合和自动化四个步骤，实现业务流程的重新设计，见表3-9。

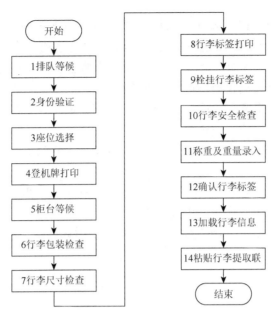

图 3-22　值机业务流程

排队等候：为了简化该环节，应在旅客进入机场后的必经之路上，给出醒目提示（有必要给出语音提示），引导旅客到达正确的自助值机柜台，从而减少旅客寻找柜台位置的时间。并在柜台前的等候区，设立值机操作流程说明，供旅客在排队等候时间阅读，用以减少旅客操作时间，并从心理上减少旅客等候时间。

表 3-9　ESIA 法的值机流程分析

序号	流程环节	消除	简化	整合	自动化
1	排队等候		✓		
2	身份验证				
3	座位选择				
4	登机牌打印				
5	柜台等候	✓			
6	行李包装检查		✓	✓	
7	行李尺寸检查			✓	✓
8	行李标签打印				
9	拴挂行李标签		✓		
10	行李安全检查	✓			
11	称重及重量录入			✓	✓
12	确认行李标签			✓	✓
13	加载行李信息			✓	✓
14	粘贴行李提取联				

柜台等候：在自助值机"一站式"模式下，旅客直接办理完成所有手续，该环节可清除。

行李包装检查：由于 95%以上航空行李包装都是合格的，该部分内容可调整到行李接收后进行，这样对于旅客而言是透明的。同时，在旅客进行行李托运前做好行李包装要求的说明，使旅客主动退出包装不符合要求的行李。

行李尺寸检查、称重及重量录入、加载行李信息、确认行李标签：这几部分内容，可利用行李检测系统自动完成，快速简洁。

行李安全检查：由于目前大多行李系统采用托运后安检的形式，所以对于行李托运而言，该部分内容可忽略。

拴挂行李标签：此环节是自助行李托运系统中对旅客操作要求比较高的部分，所以需要作详细清晰的操作说明，从而简化该环节。

根据上述流程优化结果，设计新的自助行李托运流程如图 3-23 所示。

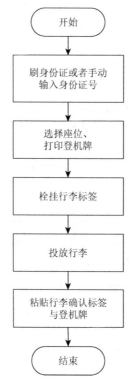

图 3-23　旅客操作流程

这种"一站式"自助值机模式，可以给旅客带来前所未有的便捷体验，旅客无须寻找办理柜台和排队等候，总的值机手续可在 1 分钟内完成，非常便捷。但是根据航空公司和机场的调查发现，这种"一站式"全自助值机模式现阶段的推广还存在问题：由于目前各柜台大多是航空公司专用的形式，这种全自助值机柜台在机场值机岛的配备不是很多，如果采用"一站式"模式，旅客在办理完成登机牌打印、行李标签打印后，需要自行拴挂行李标签，对于不熟练的旅客来说，需要的时间更多，而这段时间，旅客都需要占用值机柜台，这就造成了值机柜台的利用率低，反而增加排队。

针对上述情况，机场和航空公司可根据实际情况进行选择，柜台配备初期，大多采用"两段式"模式，随着这种柜台的增加，可由工作人员通过一个系统改进，将之更改为"一站式"模式。旅客对"一站式"自助值机模式最为满意，因此，为了使旅客利益最大化，"一站式"自助值机模式将是未来发展目标，但需要解决柜台利用效率问题。

【实例 3.3】 机场出港旅客服务流程优化

以某机场出港旅客服务流程为例，如图 3-24 所示。

1）流程活动

从流程图中可以看到，国内航班出港旅客服务流程可以分解为 9 项活动，结合表 3-10，其中①航班准备工作、⑦交接业务文件、⑧放行飞机、⑨业务文件及电报处理，数据统计和票证交接这 4 项工作是服务人员的准备、协作和善后工作。与旅客服务关系不是很明显，如果能通过信息系统自动处理，将简化服务流程。

旅客参与的过程主要有：②办理手续、③安检、④候机、⑤商业活动、⑥旅客登机共 5 项活动。在办理手续中，不是每个旅客都需要交运行李，越来越多的旅客通过自助值机办理手续，大大节省了机场资源。在这 9 项活动中，需要经历 3 个部门：现场指挥中心、安全检查站和地面服务部。其中地面服务部有 3 个岗位参与了流程，主要是客运、配载、服务岗位。

表 3-10 国内旅客出港工作程序

序号	步骤	责任岗位	工作内容	工作要求或标准
①	接收航班计划，做好准备工作	各部门	对照航班计划准备业务用品等	仔细核对计划，按时到岗
②	办理手续	客运部值机员	查验证件 查看系统 收运行李，收取逾重行李费 发放登机牌	按规定查验证件、系统记录并收运行李和逾重费，发放登机牌准确无误
③	安检	安检	对旅客及随身携带产品进行安全检查	严格执法，热情服务
④	候机	服务部服务员	安排相应休息厅让旅客休息候机	候机厅舒适、清洁，服务热情、周到
⑤	商业活动	商业服务部门	零售、餐饮等	舒适、清洁，服务热情、周到
⑥	旅客登机	服务部服务员	组织旅客秩序 引导旅客登机 撕验登机牌 清点登机牌付联 核对人数	到达指定位置，安全、正确引导旅客
⑦	交接业务文件	商务配载部配载员	填制载重平衡图表、机组交接仓单和相关业务文件	飞机起飞前 5 分钟送上飞机和机长签字交接
⑧	放行飞机	调度员服务员	向现场指挥中心报告旅客登机完毕	服务员必须与机组核对人数并按时向商调报告
⑨	业务文件及电报处理，数据统计和票证交接	配载员值机员服务员	起飞 5 分钟内拍发载重电报（load message，LDM） 统计人数，行李重量及件数 逾重行李票据 保管登机牌付联	LDM 等电报要即时拍发，业务文件要归档齐全 登机凭证与载载人数相符 统计要及时、准确

2）流程分析

（1）流程中信息及信息流。

流程中主要信息有：航班动态（含时间、登机口等信息）、值机旅客人数、旅客交运行李数量及重量、旅客交运行李安检状态、旅客安检状态、登机旅客人数、配载信息等。

航班动态：由现场指挥中心通过机场信息系统发布，航空公司、地面服务部、安全检查站、旅客通过不同渠道了解。

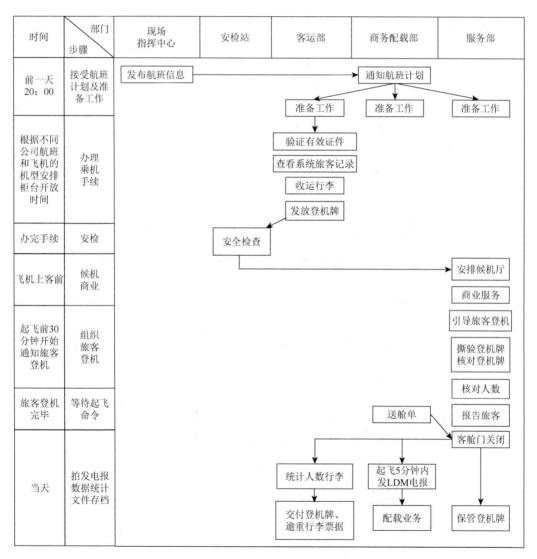

图 3-24 国内旅客出港流程示意图

值机旅客人数、交运行李数量、重量：地面服务部通过电话或者对讲机系统（其中安全检查站通过信息系统获取信息）告知航空公司、安全检查站、现场指挥中心。

登机旅客信息：地面服务部发布，安检站可通过信息系统获取，现场指挥中心通过电话或对讲机获取。

配载信息：地面服务部通过传送舱单传递配载信息给现场指挥中心、航空公司(机组)。

(2) 流程瓶颈分析。

在上述 9 项活动中，①、⑧和⑨可以使用信息系统自动进行处理（部分传送工作还需要人员）。②和③的作业动因是出港旅客，因而这部分资源的配置与旅客服务质量有着紧密联系。可以通过调剂开放通道数量满足旅客流量的需要。因此这两项活动的资源分配要相互协调，不能形成瓶颈，同时要与旅客流量相协调，以减少机场运行成本。对于值机柜台，尽可能共用，旅客就不需要寻找某航空公司的值机柜台，任何柜台都可以办理，这样既方便旅客，也节约了资源（人力和设备运转成本）。在安检过程中，旅客经过安全检查，即证件检查、人身检查、随身行李检查。证件检查往往速度比较快，而随身行李检查耗时比较长，旅客进入检查通道，需要取出计算机、充电宝等各种产品，占用时间长；检查后旅客整理行李及衣物，又会占用通道时间。这里是需要优化的地方。

通过以上分析可以发现，出港旅客流程中主要存在以下问题：①在资源配置上，没有充分利用规模效益和生产能力，造成资源浪费和流程瓶颈，同时，在资源使用上，没有充分考虑旅客的实际需要；②没有充分利用科技发展对流程的有利影响，如电子机票、网上值机、自助值机柜台对办理乘机手续的简化，信息系统自动完成准备工作、信息沟通等辅助性工作；③流程中信息沟通主要以指挥中心监控整个生产运营情况，并向各二级单位发送生产指令，二级单位接收确认指令后，向其负责的三级部门发送指令，降低流程运行效率，并且增加了流程运行成本；④流程只是对满足了一般旅客的基本需求的服务进行了规范，而在满足旅客的个性化需求方面，以及资源开放方面没有明确的规定，如多少旅客开放多少值机柜台和安检通道等。

3) 流程改进

普通旅客国内出港服务主要强调快速和自助服务，对旅客的其他需求主要依靠延伸服务来支持。将原来服务流程中的登机服务以及配载与平衡独立出来，进入航空器保证服务的内容。在信息流方面，主要依靠机场的信息系统，信息系统将根据各部门的实际自动需要提供信息。按照上述分析，构建新的普通旅客国内出港服务流程，如图 3-25 所示。

流程中活动分析：流程的活动由原来的 9 项减少为 3 项：办理乘机手续和安全检查与安排候机，其中旅客参与的活动有办理乘机手续和安全检查。流程涉及的部门有地面服务部和安全检查站。其他有关活动并入航空器相关流程。

活动的资源分析：原有流程中的航班准备活动以及各项活动之间的信息传递都由信息系统自动完成，减少了员工的工作量。

值机服务：在办理乘机手续时，旅客可根据个人需要，采用网上自助值机、自助值机柜台值机、工作人员值机，甚至对无交运行李的旅客都可以取消值机过程。采用自助值机的方式，将大大减少机场的工作人员需求。同时，所有值机柜台实行广义全开放，当天航班的任何旅客，只要是在航班起飞前 30 分钟，都可以在任何柜台办理乘机手续，办理完值机手续的旅客可进入候机厅进行候机、购物和娱乐等。

安全检查：旅客准备和整理行李的时间较长，还有不少旅客不清楚安检步骤，需要安检员指导。如果能在安检仪两头增加准备台，提供 2～3 名旅客同时准备安检及安检完成后整理行李用，就能保证安检更加通畅。从安检的三个主要步骤看，行李检查时间最长，如果一个验证柜台、一个安检门对应两条安检通道（安检仪），则能提高设备的使用效率，减少安检工作人员，节约硬件和人员成本。

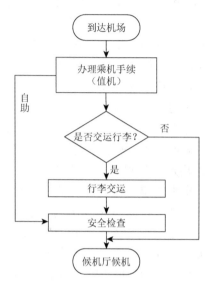

图 3-25　旅客国内出港服务流程

2. 进港旅客流程分析优化

进港旅客按照航班性质分为国际航班进港旅客和国内航班进港旅客，与国际航班进港旅客服务流程相比，国内航班进港旅客服务流程中没有涉及边防、海关和检验检疫，相对简单，因此在分析进港旅客服务流程时，选择国际航班进港旅客服务流程进行分析。

1）进港流程

国际航班进港旅客服务流程见图 3-26，从流程图可以发现，进港旅客服务中有两条服务线，一条是旅客本身的服务，中间会有边防和海关等部门，主要是组织旅客下机和运送，一般情况下，飞机会停靠登机桥，当登机桥不够使用时，会停在远机位，使用客梯车和旅客摆渡车；另一条是交运行李卸装和运送，将到达行李从飞机上卸下，装上平板车，运送到行李提取大厅行李转盘。

到达旅客由登机桥经过到达通道，进入行李提取大厅，由于该通道与出发层实行了有效隔离，旅客较容易自己按照引导标识进入行李提取大厅。在交运行李处理服务上，除了需要保护旅客交运行李安全外，还需注意交运行李处理的及时性，也就是在旅客到达行李提取厅时，交运行李应该开始在提取转盘上运行。

2）流程瓶颈分析

在流程中，与旅客相关的主要活动有下飞机、边防检查、行李提取、海关检查，根据对某机场国际进港航班服务中的上述活动进行统计，它们的平均时间如表 3-11 所示。

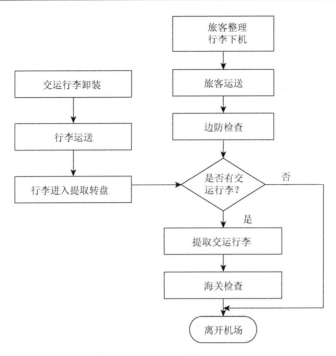

图 3-26 国际航班进港旅客服务流程

表 3-11 某机场国际进港航班服务时间

活动	平均时间/s
1.下飞机	20
2.边防检查	16
3.行李提取	40
4.海关检查	24

从上述资料可以看出,活动 1 的每小时通过量是 180 人,活动 2 的每小时通过量是 225 人,活动 3 的每小时通过量是 90 人,活动 4 的每小时通过量是 150 人。流程中最慢的活动是"行李提取",成为流程的瓶颈。

3)流程改进

国际进港旅客服务流程主要在交运行李提取的过程存在瓶颈,如果扩大行李提取厅的面积和传送带的长度,使得行李提取的能力提高,同时将边防检查和海关检查区域组合在一起,放在行李提取后,系统的能力便得到提高。具体流程见图 3-27。经过再造后,当一部分没有交运行李的旅客通过边防和海关检查时,另一部分旅客在等待提取行李,减少了旅客排队时间,同时整个流程的时间也减少了。

3. 机场旅客流程的仿真系统

大型国际机场运行管理非常复杂,应用分析模型不能解决所有问题,此时可以采用仿真技术解决问题。通过应用仿真技术,规划设计者和运行管理者可以把握机场的运行规律,根据需求预测做出合理的规划设计，管理者根据环境的变化，调整运行模式，使机场达到最有效的运行状态。

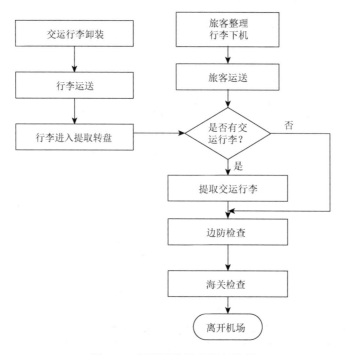

图 3-27　国际进港旅客服务流程

在国外，计算机仿真技术被广泛应用于航空运输系统规划、设计和管理的各领域，对飞机地面运动的仿真和机场终端区的飞行仿真研究取得了大量的成果，并获得了成功应用，在国内的相关工作也取得了初步成果。

由于旅客行为的复杂性和航站楼内旅客流程环节和影响因素多，航站楼旅客流程的仿真比较复杂，研制航站楼旅客离港流程的仿真系统，需要了解旅客的行为特征以及离港流程的具体参数，可以通过旅客行为现场调查。调查内容有：旅客携带行李特征、旅客类型特征、旅客到达机场的时间、旅客值机时间（单位时间）、值机方式的选择、旅客安检（单位时间）、旅客候机和登机（行走速度、等候时间等）。仿真可以逼真地模拟出航站楼内旅客离港流程的各环节和旅客活动场所，包括值机大厅、值机柜台、安检通道、候机厅和登机口等资源。

下面介绍几个国内外航站仿真效果图。图 3-28 为旅客离港流程模型，是运用 FlexSim 公司对机坪、航站楼内旅客值机、安检和登机的过程进行仿真。图 3-29 是运用飞机运行模拟软件 CAST 仿真旅客在候机楼内的活动。

通过仿真机场航站内的运行，可以得到旅客离港流程的仿真的相关指标，如排队时间、服务等级，如表 3-12 所示，也可以绘制一些曲线，如旅客达到规律曲线等，如图 3-29 所示。通过这些指标，可以分析出机场旅客流程中存在的差距，并提出相应的优化建议，提高服务效率。优化后的流程也可以进行仿真和对比分析。

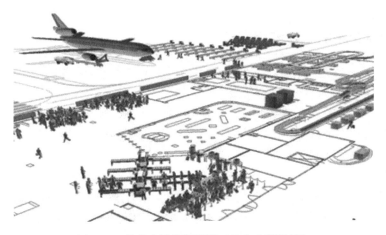

图 3-28　旅客离港流程模型（几个主要场景）

扫一扫　见彩图

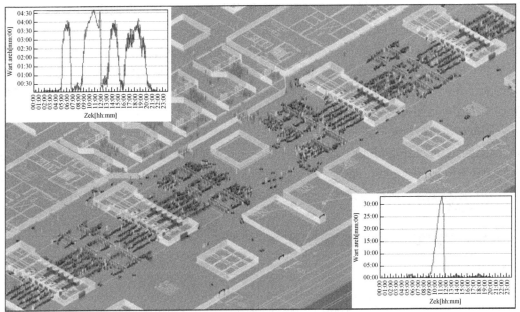

图 3-29　航站楼旅客仿真效果图

扫一扫　见彩图

表 3-12　仿真分析部分结果

	主要指标	仿真结果	IATA 的 C 级服务标准	是否满足 IATA 的 C 级服务标准
值机	经济舱值机队列最大排队时间/min	15	15～20	满足
	公务舱值机队列最大排队时间/min	1.5	3～5	满足（高于标准）
	无行李值机队列最大排队时间/min	4	5～10	满足（高于标准）
安检	安检队列最大排队时间/min	10	3～5	不满足（远低于标准）
候机厅	有座位的旅客比例/%	18	≥70	不满足

3.4.3　新技术带来的旅客流程变革

1. 值机中的新技术

使用自助值机设施，是对电子客票进一步的便捷措施。旅客可以凭电子客票和获取的登机号码，以及身份证件等，在自助值机设施上换取登机牌。近几年来，从机场的自助值机扩展到网上值机、手机值机等多种方式。

1）自助值机

自助值机是区别于传统机场柜台值机的一种全新办理乘机手续的方式。使用自助值机的旅客无须在机场值机柜台排队等候服务人员分配座位、打印登机牌，可以通过自助值机设备，根据屏幕提示操作选择座位、确认信息并最终获得登机牌。整个过程完全由旅客自行操作，是一种全新的 DIY（do it yourself，自己动手）值机方式。自助值机台24 小时开放，旅客可以在任何时间预订机票和查询信息，并且自助值机台可以提供多种语言信息，大大方便了国际旅客。对于航空公司来说，不仅提高了服务质量、避免了排长队的混乱情况，还可以拓展销售渠道，减少对销售代理的依赖，并且旅客的信息都通过自助值机台储存在航空公司的数据库中，使得航空公司可以充分利用这些信息来改进自己的服务。近年来国内不少大中小型机场都纷纷安装了旅客自助值机设备，并且操作界面极为简单，给旅客带来很大方便。

自助值机办理乘机手续包括：语言选择（中文/英文）、证件选择（身份证/护照或其他）、证件扫描（支持二代身份证扫描，如果是第一代身份证则需要手工输入身份证号码）、座位选择（可以根据飞机舱位图选择自己喜欢的位置）、核对座位（如果所选座位已经被占，系统会自动分配一个座位号）、打印登机牌。机场自助值机操作流程见图 3-30。

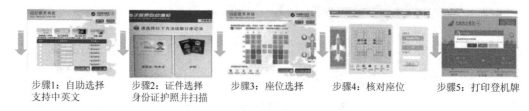

步骤1：自助选择　　步骤2：证件选择　　步骤3：座位选择　　步骤4：核对座位　　步骤5：打印登机牌
支持中英文　　　　身份证护照并扫描

图 3-30　机场自助值机操作流程

扫一扫 见彩图

2）网上值机

网上值机是指，旅客自行通过互联网登录航空公司离港系统的自助值机界面，操作完成身份证件验证、选择确定座位并打印纸质登机牌，如果需要交运行李，旅客登机前在专设柜台完成行李交运，以自行打印的纸质登机牌通过安检并登机的工作方式。

网上值机是允许旅客在家里或者办公室甚至网吧登录航空公司的网站进行在线预选座位、办理值机手续，然后再打印出"网上值机登机牌"。在线打印的"登机牌"与传统登机牌基本相同，包括旅客姓名、航班号、到达站、日期、登机时间、登机口的具体位置、办理序号、订座舱位，甚至登机牌条形码等信息，使用上与传统登机牌完全一致，旅客可以根据个人的喜好选择靠窗或者靠走道的座位。

对于网上值机的好处，由于旅客已经办理好"网上值机登机牌"，省去排队等候值机的时间，因此这些旅客只需提前 30 分钟到达登机口即可；即使对于需要办理行李托运的旅客，也只需至少提前 45 分钟到达值机柜台即可。网上值机打破了传统航空旅客被动式服务的形式，旅客在轻松愉快的环境下自己上网办理手续。

3）手机值机

旅客使用手机上网登录航空公司离港系统的自助值机界面，自行操作完成身份证件验证、选择并确定座位，航空公司以短信形式发送二维条码电子登机牌到旅客手机上，旅客到达机场后在专设柜台完成行李交运、打印登机牌或者直接扫描二维码，完成安检登机，真正实现无纸化乘机。随着微信的广泛应用，各大航空公司在国内均开通了微信值机业务。此外，还有一些应用程序，如非常准、航班管家、航旅纵横也可以为旅客提供手机值机服务。

4）自助行李托运

从自助值机流程可以看出，无论旅客是到机场采用自助值机还是采用网上值机或者采用手机值机等方式办理乘机手续，都没有办法办理行李托运。如果旅客有随身携带的行李需要托运，仍需要到人工柜台排队办理托运手续。因此，纯粹的自助值机服务对提高旅客出行速度或者缓解人工柜台的压力并没有充分的体现。行李自助托运值机为携带行李的旅客提供了完全自助办理乘机手续的解决方案。

5）自助登机

自助登机是全流程自助服务流程的最后一个环节，当旅客听到登机播音或者登机显示信息时，就可以在预先安排的登机口通过身份证/护照或者通过生物识别打开闸门进行登机。这种自动通关的技术目前在地铁、高铁以及国外机场都有成熟的应用。

6）SKIP 无须值机

目前铁路系统全面提速对航空市场带来很大冲击，作为铁路高速发展的日本，拥有全球知名的子弹头高速列车系统，可以到达全日本各大中城市。据初步统计，每个月有 400 多万生意人和旅游者往返于东京和大阪之间，如果乘坐子弹头列车需要 2 小时 25 分钟，乘坐飞机往往需要更多的时间，图 3-31 是从东京到大阪乘坐飞机和火车对比图。

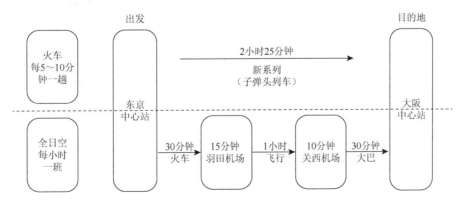

图 3-31 从东京到大阪乘飞机和火车对比图

从图中可以看出，要想与火车抢客源，给予机场处理的时间不能超过 15 分钟，为了与铁路争抢旅客，全日航空推出 SKIP（无须值机）的计划，即已经预先办理了订座的旅客到达机场后可以直接通过安全检查然后登机，意在减少旅客在机场停留的时间。没有预先订座的旅客仍需要通过柜台办理相应手续。图 3-32 为全日空 SKIP 流程图。

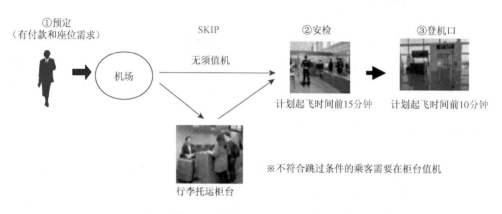

图 3-32　全日空 SKIP 流程图

2. 安检中的新技术

1）乘客身份辨别技术

（1）指纹辨别技术。指纹辨别技术是使用电子扫描仪对乘客的十指指纹进行扫描，以确定其身份的一种技术。机场使用这种安检体系后，国际旅客出入机场的速度大大加快。

（2）图像印证技术（面部识别系统）。图像印证技术是使用多光头扫描仪对乘客的脸部以及证件进行扫描，并把这些信息与一个包含旅客电子照片等各种资料的数据库进行对比印证，以确定旅客身份的一种技术。澳大利亚、加拿大、匈牙利、瑞典、芬兰等国家已经开始使用这种安全检查技术。在美国，交通安全当局正倾向于使用一种基于旅客的出生日期、家庭电话和住址的身份认证体系。该体系需要跟政府和私人情报部门及消费者档案之间的对应来确认旅客是否有犯罪记录或者与可疑组织的牵连。

2）检测旅客身上是否携带危险品的技术

这种新安检仪可以探测出乘客身上所有固体物的形状，包括传统金属探测装置不容易发现的塑料炸药或陶瓷尖刀等。使用该设备后，安检人员就不需要对一些乘客进行人身检查，既提高了检查效率，又提高了旅客满意度。

3）爆炸检测的新技术

爆炸检测系统应用了多种技术来识别爆炸性产品，其中最常见的是高性能 X 射线法，能够用三维视角来分析一个行李中是否有易爆产品。最新的有离子活性光谱测定法，通过分析行李、文件、衣物中的空气样本来检测是否藏有毒品或爆炸物。另外，计算机控制 X 射线断层摄影法也被运用到对人体和行李的检测中。X 射线反向散射：是一种比较有发展前途的新的扫描方法。所用 X 射线是低能量与小剂量的，它能穿透衣服（但不会穿透身体），并反射回来，提供隐藏物体的图像，X 射线不再需要经过人体，大大减少了 X 射线的危害性。

4）数字安检技术

数字安检是打造以数字管理为核心的全新的安全检查模式，数据联动出行流程，数据改变检查模式，数据优化安保资源配置。提前掌握查验对象的安全信息为安全管控部门在旅客预判与管理、安全生产与防控查堵中发挥出因势利导的优势。安全部门对旅客的安全风险进行识别、研判和分类并及时调整查验等级措施，对不同类别的查验对象实施差异化的检查措施，配置不同的安保资源，避免因均等化检查造成资源浪费。现代信息技术与民航安全业务的深度融合使得旅客航空出行由传统的多关口身份确认和安全检查向一体化的集成检查转变，由烦琐出行向简约出行转变。未来，依托大数据技术、云技术等的支撑，将机场及各驻场单位信息集成在一起，建立"机场数据云"，将会极大地改变旅客在航站楼的过检流程。

3. 地面交通无缝衔接

1）外部交通的无缝衔接

机场的外部交通包括地铁、大巴、公交等四通八达的交通网络，外部交通的无缝衔接主要体现在各种交通方式之间的换乘是否顺畅。比如，通往机场的地铁是否和市区的交通网络有很好的衔接；机场大巴的乘车点是否处于市区的交通枢纽地段；到达机场的各种交通工具的发车时间是否和每天的航班波时段相对应。另外，由于机场有很大空余面积，因此可以打造成一个集商业和交通为一体的公共场所，如果市区各大交通枢纽点有地铁、大巴、公交车与机场衔接，那么机场可以打造成一个有特色的商业性场所——综合交通枢纽，不但可以增加机场收入，还可以使机场和市区很好地衔接起来，旅客可以从市区大部分地区乘车直接到达候机厅内部，要购物的旅客可以到达商业旅客下客点，要坐飞机的旅客可以直接到达机场大厅办理值机手续。

2）内部交通的无缝衔接

内部交通的无缝衔接方式主要有摆渡车、移动式休息厅摆渡车、自动步道、自动轨道系统等。巴士和摆渡车增加了空侧的地面交通，但运行成本较高。具有指廊或者卫星厅的机场适合采用自动交通工具系统，如自动步道或自动轨道系统，但自动步道维护和运行成本很高，它的运行速度必须缓慢以便旅客有时间安全上下。华盛顿杜勒斯机场的无缝对接的摆渡车也是一种很好的内部衔接工具，它的车体本身是一个房间，一头连着候机楼的门，另一头与另一个门无缝对接。当旅客进入这个房间的时候，摆渡车会自动移动到达另一个门。另外，如果能够实施真正的"空地对接、全程无缝"的运营模式，即采取"一票通"、地面大巴车衔接、专用安检信道等措施，办理乘机手续截止时限也由起飞前 30 分钟缩短为 10 分钟，那么旅客就能享受到真正的空中巴士。

4. 用无线射频识别技术处理行李流程

无线射频识别（radio frequency identification，RFID）技术主要由以下部件组成：一

个内置有芯片和天线的标签，天线可以像墨水一样印刷在标签上，一个和标签交互信息的识别器。"被动标签"从识别器获得能量再将信息反馈给识别器。"主动标签"有一个内置电池，支持远距离交互。识别器既可以是固定的，也可以是便携式的。

RFID 和条形码系统不同，RFID 系统在识别标签时不需要视线接触，这意味着 RFID 可以真正实现自动化而不用人工扫描。甚至当行李装在卡车里，外面看不见的时候也可以被识别。RFID 标签上的信息包括：行李编号（和旅客对应），所属航班号，目的地，头等舱、经济舱或商务舱，日期，尺寸。行李经过传送带到达分拣区，整个过程标签会将信息传送到识别器，可以实现对每个行李的实时追踪，行李到达分拣区后，行李分拣系统根据标签上不同的信息对行李进行分类，并按照行李编号的顺序依次将同一航班的行李送入相应的行李运送车，然后运送到飞机上。该标签不依靠光线，有较高的读出率，但它的成本要高于条形码技术。

3.4.4　后疫情时代的旅客行程自动化发展

疫情后的重建工作中，航空运输业将专注于提供绿色、可持续、无接触的旅行体验。利用创新技术，将旅客整个出行过程中的节点进行合理规划，最大限度地帮助旅客在行程中实现自助服务，减少与工作人员或其他旅客互动以及触碰公共设备的机会。

1. 升级自助服务技术

航空公司和机场计划在旅客处理流程上实现自动化，目前正在优先考虑完全无接触值机流程，且期望将移动无接触付款应用到所有服务上。从预订机票至到达的旅客全流程中，所有必不可少的顾客服务都将实现自动化无接触式，包括自动进入休息室。

无人值守无接触式自助行李托运服务也成为航空公司和机场的关注重点。旅客可以使用自己的移动设备打印行李牌或托运行李，而无须接触实际的自助亭或行李托运设备。旅客还可通过自己手机上的个性化应用与自助行李托运系统互动，实时关注行李追踪信息，不仅改善旅客服务，还将身体接触需求降至最低。利用旅客、机场和航空公司员工的个人移动设备作为主要接口和界面，帮助旅客轻松穿过机场，减少与机场和航空公司员工近距离和面对面的接触机会。在实现旅客轻接触的机场体验、提高通行效率和旅客满意度的同时，还可将相关的基础设施成本和接触健康风险都降至最小。

2. 升级生物识别技术

利用嵌入在各种自助服务设备中的面部识别和非接触式技术，旅客可以从容地穿行机场。旅客只需刷脸，就可以顺畅地从出租车下来直至登机，未来，远程"移动型"虹膜扫描还可替代面部识别，旅客出于安全原因佩戴口罩也可操作。更高的处理效率意味着更少的排队时间和更多的社交距离。疫情时代强化了整个过程无须接触任何机场设备，大大降低了感染病毒的风险。在飞机上，促使旅客服务越来越多地通过 Wi-Fi 或 4G 网络，既避免任何公众接触点（如座椅靠背的机上娱乐屏幕）又尊重社交距离，从而增强公众选择空中旅行的信心。

3. 开发航空旅行数字身份

在未来几年中，数字身份将取代传统护照。一种方法是数字旅行证书（digital travel certificate，DTC），ICAO 等主要行业机构目前正在探索和改进。另一种潜在的解决方案是自主身份，这是一种数字身份，可让旅行者自主控制其个人数据的共享和使用方式。该做法增加了一层安全性和灵活性，允许身份持有人仅透露给定交易或交互所需的数据。使用自主身份的好处包括降低金融交易成本、保护个人信息、限制网络犯罪的机会以及简化旅行、医疗、银行、物联网和选民欺诈等各个领域的身份挑战。

4. 疫苗接种签证、健康电子旅行许可和旅客预处理

政府、航空公司和机场需要安全地访问旅客健康信息以进行验证和确认，更快速和更明智地决定旅客是否可以旅行、减少证件造假的数量、减少排队等候，以及避免在机场增加额外的工作人员检查健康证明。这将有助于提高安全性，防止在旅客增长复苏时出现瓶颈，避免在旅客被拒时产生高昂的返程费用。

健康电子旅行许可（health electronic travel authority，Health ETA）要求旅客在进入某个国家/地区时接受健康状况的电子验证，此做法能够帮助政府获得所需信息，减少旅行和旅游的感染风险。旅客必须提供有关其健康状况的信息［可能包括表明新冠病毒抗体存在的 PCR（polymerase chain reaction，聚合酶链式反应）测试结果］并在出行前被告知评估结果。这将使旅客在旅行开始前获知自己是否能完成整个旅行，从而感觉安心和有信心。旅客预处理程序可以评估包括健康在内的各种风险，在旅客值机时，即可获知自己的行程是否获批。与实施健康电子旅行许可服务结合使用时，可执行实时检查，确认每位旅客都已完成所需的健康检查并有资格旅行。

3.5　行　李　流　程

3.5.1　行李流程分析

与其他运输模式不同，航空运输过程一般将旅客和其行李分开。旅客与行李的分离与聚合这两个流程是否高效和可靠对提高机场运行管理水平非常重要，这增加了航空运输生产过程的复杂性，给机场运营管理者提出了挑战。从旅客的观点来看，行李处理是一个特别敏感的问题，它突出地反映了旅客与机场和航空公司管理部门之间的关系。因此，研究旅客行李处理的问题对机场和航空公司都有着重要的意义。

1. 出港行李流程

旅客值机时将需托运的行李交运，交运流程已在值机流程中介绍了，这里不再重复。行李交运后，由传送带传送至航站楼底层的行李分拣大厅，在分拣大厅或由自动分拣系统分拣，或人工分拣。大型国际机场通常运用无线射频识别技术进行行李分拣，效率高，准

确率高。一些小型机场，还采用人工分拣，采用条纹码进行识别，核对后的行李放置行李车上，再送至机坪准备装入货舱。出港行李流程图如图 3-33 所示。

图 3-33 出港行李流程图

（1）在值机时，值机员将为每件交运行李打印三条条纹码，一条贴在旅客的登机牌上，两条留在条纹码带上，再粘挂在行李上，到行李分拣厅分拣时撕下一条贴在核对单上，还有一条随行李运行到目的地后，供旅客认领行李和检查员核对用。贴在分拣核对单上的条纹码用以与值机行李核对单的核对，以及行李出错时的查找和值机旅客未登机时行李的查找。

（2）目前行李安检都是值机后。行李如需开箱，会在旅客安检前告知，并让旅客到达相应位置进行开箱检查。

（3）行李装机时，必须先装货邮后装行李。

图 3-34 是出港行李运输工作程序图。

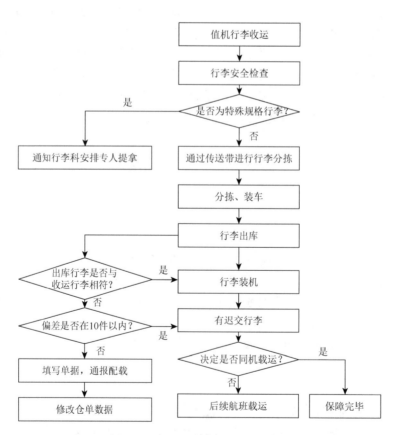

图 3-34 行李运输工作程序示意图

2. 进港行李流程

到港行李，必须先卸行李，后卸货邮。行李卸下后直接用行李车运送至行李分拣厅，然后将行李卸到已经指派好的行李转盘上，或行李传送带上，由传送带再传送至行李认领厅的行李转盘上，旅客在行李认领厅认领自己的行李。从飞机停稳并上挡开始，到第一车行李到达行李分拣厅大约需要 10 分钟，机场相关服务标准中也会对第一件行李达到转盘时间做一些标准规定。进港行李流程图如图 3-35 所示。

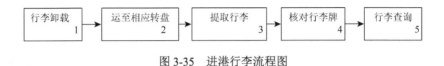

图 3-35　进港行李流程图

3.5.2　行李流程的优化

1. 行李处理系统

行李处理系统（baggage handling system，BHS）是将行李从旅客托运行李运到飞机上和从飞机上将行李运到旅客手里的处理系统设备，由离港行李系统、到达行李系统及转机和过境行李系统组成。以标准枢纽机场行李处理系统的结构为例，对行李处理系统进行简单介绍。行李处理系统如图 3-36 所示。

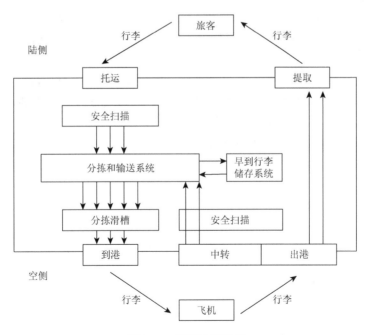

图 3-36　行李处理系统

（1）值机系统。在航站楼内，始发办理大厅总是位于航站楼中心位置。始发办理大厅一般会设置若干个值机岛，其中国内值机岛和国际值机岛也会安排在不同航站楼。每个值机岛配置由输送机构成的输送线，每条输送线安排一定数量的值机柜台。旅客办理托运时，将行李放在电子秤输送机上进行称重，称重信息自动显示在柜台显示器上。操作人员为行李贴标签后，将行李送 X 射线安检输送机。

（2）行李安检系统。机场一般采用集中安全检查确保行李安全。初步发现的可疑行李，由输送机送至地面进行人员检查，工作人员先送至先进检查设备进行排除检查。仍不能确定需要开包检查的可疑行李由输送线送至行李房地面，由人工送至开包间进行开包检查。

（3）行李分拣系统。行李处理系统的分拣一般采用若干套分拣机或者智能分拣系统。目前采用的方法是将条码贴在旅客行李上，然后采用条码识别系统来进行行李的自动分拣。为了能够高效率地识别皮带式或托盘式输送带上的行李条码，需要包括条码阅读器、控制器及安装构架等在内的一套阅读系统。自动分拣系统一般由输送机械部分、电气自动控制部分和计算机信息系统联网组合而成。通过条形码扫描获取有关分拣信号，根据分拣信号的要求进行行李分类、主要是按行李送达地点对行李进行自动分类。分拣信号主要是通过条形码扫描方式，输入到信息系统中，系统根据信号来决定某一个行李该进入哪一个分拣道口。行李经过分拣系统分拣后将送至始发装载输送机、早到行李储存系统、人工编码站以及弃包转盘。

（4）到港系统。到港大厅设立托运行李提取区域，该区设置若干个提取转盘，用于处理提前到港的行李。

（5）早到行李储存系统。用于存储早到行李的系统，包括一个存储输送机，该存储输送机用于从机场的行李处理系统接收早到行李并用于将早到行李卸放到行李处理系统上。该系统能够在选定的时间里将行李传送到行李处理系统，以适应航班出发时间的改变或旅客旅行计划的改变。

（6）空筐返回系统。就是把行李处理系统分拣到各个行李出发转盘上产生的空筐，经收集堆码后放到上筐口，由输送设备将空托盘自动输送分配到各值机岛的值机柜台，供行李托运使用。

（7）行李跟踪系统。行李处理系统采用全程跟踪的方式，对旅客行李进行跟踪定位处理。当旅客办完值机手续后托运行李进入到行李处理系统。这时行李处理系统就将对旅客行李进行跟踪。

2. 行李运输流程及问题分析

目前，国内机场处理旅客行李的主要流程如图 3-37 所示，其主要环节基本一致，主要差别体现在细节上。下面基于机场行李运输环节进行问题分析。

1）行李托运环节

旅客办理行李托运属于乘机流程中的值机环节，是旅客依赖机场服务的主要区域。国内主要枢纽机场在繁忙时段，这一环节经常出现拥堵的状况，其原因有很多，如值机工作人员处理能力差异、值机柜台安排不当等会造成有的柜台排队人数较多，有的值机台却相对空闲，值机柜台就不能得到充分的利用。更多拥堵是由于行李托运，每个旅客行李状况

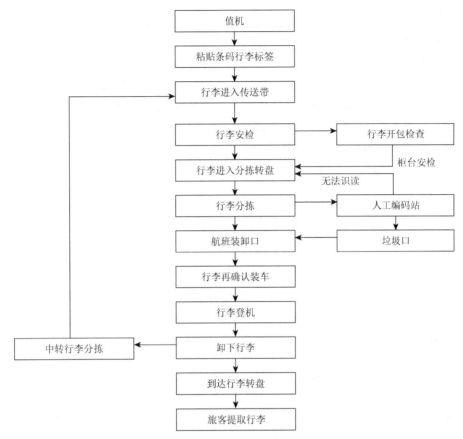

图 3-37　旅客行李运输流程图

差别非常大，如果队列中某位旅客办理行李速度很慢，必然使得后面的旅客耗费大量的时间排队等待。此外还有一些流程的顺序安排，也会给旅客造成排队等待现象。如果机场还未达到其设计吞吐量，而值机台却在部分时段出现了饱和状态，这充分说明现有的运行流程存在一定的问题，需要进行优化，使得机场设施得到充分合理的利用。

（1）行李托运柜台设置。值机候机楼内旅客行李运输流程的开始，其效率高低直接影响到后续环节，国内大多数机场值机柜台设置为直线式或值机岛式，同时设置多个公用柜台和少个专用柜台，服务速度和队伍长度决定了高峰期旅客的等候时间。在未达到旅客吞吐量饱和状态，机场值机柜台却常常拥堵，其原因主要有值机柜台设置、柜台排队方式以及值机柜台的开放时间。

目前自助值机无法办理行李托运，因此，需托运行李的旅客还需要在人工柜台办理，或自助托运行李柜台。在值机柜台设置中，对无交运行李旅客服务的专用柜台设置较少，不能满足无行李旅客的需要。造成有行李旅客和无行李旅客共用一个通道办理值机手续，导致柜台效率降低，柜台资源分配不合理。随着自助行李设备的使用，人工值机柜台排队现象有所缓解。

（2）考虑安检效率。无论托运行李还是随身行李都必须通过安检系统，安检效率的高低在很大程度上影响旅客的满意度。在传统的托运行李安全检查方式中，X 射线安检机布置于办票柜台后的输送机上，或办票大厅的入口处，X 射线安检机采集的行李 X 射线图像在计算机终端上靠操作员来判读，而操作员很难快速、准确地识别出复杂的 X 射线图像。这种安检方式有以下缺点：①人员的工作强度较高，工作时，处于满负荷状态，必须定时换班。②工作压力大，安检人员不能有半点疏忽，否则，将放过可疑行李。③安检人员的配备较多，开包检查可能会影响行李正常分拣速度。目前在值机柜台后面不再设置安检机，而是将行李传送到行李车间进行集中安检。如果发现问题，中央监控室通知安检人员及旅客，在旅客进入安检柜台前进行开箱检查，耗费时间长。

旅客随身行李的安检通常在安检柜台办理，这种单检的方式，一旦前面一位旅客行李出现问题，需要开箱检查，将直接影响后续旅客检查手续，大大降低了安检柜台的工作效率。

2）行李处理系统智能化低下

大部分机场装卸货物、行李分属多家单位作业，各作业单位根据自身人力资源、设施设备、管理水平的情况，作业质量也有所不同。目前，国内机场除宽体机使用集装箱进行货邮、行李装卸外，其他机型多使用人工进行操作，在机场航班运行的高峰时段，大部分机场航班保障设备、人员紧张，容易导致错装、错分，或出现野蛮装卸的现象，导致行李差错，影响行李运输质量。

3）信息化建设不足

目前国内机场都开始重视信息化建设，陆续引进或自主开发了众多信息子系统，但这些系统普遍缺乏统一性、系统性。自主开发系统往往合理的规划与设计能力不足，引进的国外机场信息化系统主要是围绕设备资源配置，缺少中国机场所需的营运指挥调度功能。民航机场要利用信息实现机场运行高效化，必须整合现有系统，利用先进的信息技术构建机场信息系统集成平台。现在机场开发和引进的信息集成系统主要包括：航班管理系统、旅客离港系统、航班信息显示系统、自动广播系统、行李处理系统、安检信息管理系统、外场保障系统、安全监控系统。信息集成系统应充分运用现代通信、网络和信息处理技术对民航机场航班生产地面服务保障的各个环节和岗位进行统一的组织、协调、指挥和调度，以提高机场作业的现代化水平、生产效率、服务质量。

（1）信息传递不及时。行李运输的过程和信息传递的过程是实时同步的，各岗位人员能够对行李运输全过程进行实时跟踪，这为及时处理问题行李赢得了时间。在实际操作过程中，行李由于高原限载、人员工作失误等被拉下，未与旅客同机抵达，旅客只有到达目的站之后，发现没有自己的行李，经过向地服工作人员进行询问，才能得知行李下落，而此时航空公司再向前方站查询、再征求旅客意见进行处理。

（2）查询手段滞后。目前行李运输事故处理的方式和方法手段难以满足行李从业者和旅客的需求，传统的查询方式难以适应当前国内大量航班联程运输所造成的行李延误查找的新形势。消费者反映，当行李遗失或损坏时，一些工作人员服务态度欠佳，航空公司和机场之间也经常存在相互推诿的现象。近几年国内很多城市相继开航的中小型机场，为更多旅客带来旅行便利的同时，也带来了国际转国内、国内转国际的联程运输所导致的行李事故频发。目前，由于查询手段落后，不能利用国际上先进高科技通信方式查找和建立沟通渠道所导致的行李丢失和赔偿数额呈直线上升趋势。

4）中转行李运输业务不发达

近年来，各大航空公司陆续推出中转联程"一票到底"的业务，实现安全、高效、快捷的中转行李运输也成为航空企业占领运输市场份额，衡量行李运输保障能力的重要因素。但实际业务中，有些外站在本站过站的中转行李无法正常转机，可能是因为行李牌丢失、行李错卸等，加之有些机场还没有设置专门的中转服务柜台和人员，没有建立专门的中转旅客行李放置区域和处理系统，以及航空公司之间无中转协议，旅客仍然需要到达后提取行李重新办理托运手续，实际并未真正实现"一票到底"的中转行李运输服务。国内转国际、国际转国内航班的中转行李因涉及报关、征税和各国对于行李要求的差异等，存在问题更多，需要进一步对流程进行优化。

3. 优化

1）优化行李托运环节

（1）值机环节。设置无行李值机柜台。有托运行李的旅客办理所有手续所耗费的时间比没有托运行李的旅客办理值机手续时间要长，如果把这两类旅客同时放在一个柜台办理手续，显然可能引发排队问题，造成很多无托运行李的旅客的时间浪费在排队上。因此，如果将无托运行李的旅客和有托运行李的旅客有效分开在不同性质的值机柜台办理，就会减少无托运行李旅客排队等候时间。专柜专用的办理方式，不仅可以有效提高柜台的办票效率，也可缩短旅客在值机环节所耗费的时间。

在市区设立固定值机点。一些城市设置城市候机楼或固定的值机点，旅客在市区就办理值机手续，交运行李，可以轻松乘坐大巴前往机场候机，到达机场后，只需凭已办理好的登机牌经过安全检查直接进入隔离区登机即可。

网上或手机值机。旅客如果没有需要托运的行李，那么可以直接登录航空公司网站，办理登机手续，同时根据自己的需要，提前预订好座位并将登机牌打印出来。到达机场后，旅客可以直接通过安检登机，不必到机场值机柜台排队办理登机手续，这样可以节省旅客很多时间。网上值机是便捷出行的一种在线服务，目前各大航空公司都在各自官网上推出了该服务，一些在线服务商也推出此项服务的 APP，如航旅纵横、航班管家等。

（2）安检环节。大型机场的行检系统和分拣系统集中在行李车间，通常位于机场航站地下一层。采用 RFID 技术，每件行李托盘都记录行李的信息。当行检岗位发现问题行李时，计算机自动记录问题行李相关信息。地服外勤人员通过查询计算机可以清晰、准确地知道每一件行李的具体位置和状态。当发现问题行李之后，将问题行李运至旅客所乘航班的停机位或登机口，通知旅客及时对问题行李进行处理。提高了处置效率，给旅客带来了极大的便捷，避免旅客往返安检和地服检查行李，更有效避免了后续问题行李运输产生的旅客投诉和纠纷，为航空公司节约了处理成本，同样也为服务品牌的建立作出了积极的贡献。

利用新技术开发安检系统，有效辨别毒品和爆炸性产品。如采用高性能 X 射线法获得产品的三维立体图像来分析行李中是否有易爆产品。开发新系统，以普通光学识别技术为基础，利用连接在 X 射线机上的特殊设备，自动识别刀枪等各种武器及其组成部件，甚至能发现可疑液体物质。通过检测液体的物理属性可以判定液体是否属易燃易爆品。采用先进的离子活性光谱测定法，用专用分析纸擦拭旅客的箱包，再将分析纸放进检测仪器内，通过对空气样本的分析，即可辨别旅客携带行李中是否藏有毒品或爆炸物。

2）行李装机环节

针对信息化不足的问题，机场可开发多级行李处理系统，即集值机子系统、分拣子系统、输送机子系统、早到行李处理系统、行李再确认系统、超大行李处理系统和特殊行李处理系统为一体的行李处理系统，该系统除了具有通过信息化管理满足自动处理常规行李的需要外，还可以自动处理特殊行李，如早到行李、问题行李、超大行李、未识别行李、晚到行李等，如图 3-38 所示，真正实现优化行李环节。多级行李处理系统可有效加快行李处理的速度和效率，在任意一个值机柜台即可以对任何一个航班的行李进行综合的有效处理。

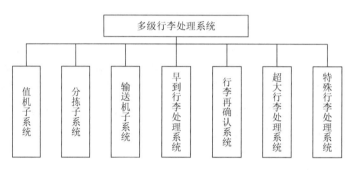

图 3-38　多级行李处理系统

多级行李处理系统包含行李运输过程中各个环节，全程监控。交运行李后，行李就会被自动贴上监控标签，再进行集中检查，如果通过安检后，行李将自动被传送带装上行李拖车，运往目的地的航班上。整个过程中，行李运输的每个环节都将实行电子监控。

对行李装机环节进行优化设计，是要达到在航班始发机场的行李装运的各个环节中，对直达行李和中转行李进行不同的处理和分开放置。这样，可以确保在飞机抵达之后，机场的行李工作人员根据不同的行李放置舱位和行李标识可以快速地分拣出中转行李和直达行李，对中转行李进行优先处理，直接将其运送到分拣机进行分拣，输送到相应航班上，加快中转行李的处理速度，提高中转行李的中转效率。此项措施简化了中转行李和直达行李的识别环节，还可有效降低人工分拣带来的差错和失误。

3）行李抵港环节

（1）按照旅客座位顺序依次抵港优化方法。飞机达到目的站后，行李由飞机上卸下运送到航站，旅客由机舱通过廊桥和摆渡车辆到达行李提取大厅。在行李的实际提取中，经常会出现先下机的旅客不一定能够先拿到行李，而后下机的旅客还没有到达行李转盘，行李可能就已经到了。发生这种情况是因为旅客出舱门的顺序基本是按照旅客座位的先后所决定的，但行李却没有相应的到达顺序。这就使先到的旅客反而需要等待很长时间才能取到行李，造成了不必要的时间浪费。要有效解决这一问题，可以根据旅客座位对行李进行编号，采取按照旅客下机的先后顺序来完成行李的依次抵港的方法。普通飞机的客舱座位依次用编号 1，2，3 等来表示排数，用英文字母 A，B，C，D，E，F 表示相同一排的不同座位号，如图 3-39 所示。正常情况下，当飞机停靠后，同一排座位的 6 位旅客中，最先出来的旅客肯定是坐在过道边上的，然后是坐在中间的，靠窗口旅客在里面肯定要最后出来。根据统计规律，每一排中坐在 A、F 座位上的旅客，一般要比坐在后一排 C、D 座位的旅客后出来，如图 3-40 所示。按照这样的顺序，将行李和旅客的座位号对应起来，给行李也编上号码，这样行李就可以根据旅客座位先后依次抵港，使得先出来的旅客能够尽量早拿到行李。

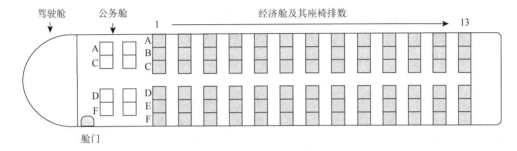

图 3-39　机舱座位分布图

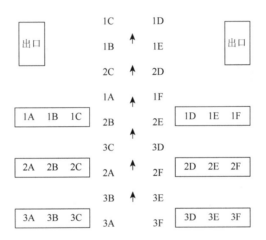

图 3-40　旅客下机顺序和其座位号的关系

　　旅客在值机时选择好了座位号，那么他的行李也会根据座位号被标上相应的序号，当该旅客的行李随着传送带到达分拣处时，工作人员可以按照行李标号，即按照行李先后的抵港顺序依次放到行李拖车上。同样，在装机时，工作人员也可根据行李编号，将后卸的行李放置在货舱的里面，将先卸下的行李放置在货舱的外面，这样行李到达对方站后，飞机上卸下的顺序也和旅客从客舱下飞机的顺序保持一致，确保了先下飞机的旅客可以在行李提取转盘优先拿到自己的行李，缩短了等待的时间。

　　（2）中转旅客无须提取行李的优化方法。经过对现有行李中转流程的分析后得出，中转旅客在机场转机的效率是衡量机场综合保障能力的重要指标。如果中转旅客先要到行李提取处提取托运行李，重新进入候机大厅，再次办理值机和托运行李手续，这将给中转旅客带来很大的不便。如果中转旅客无须提取托运行李办理值机手续，则整个中转流程的速度和效率将会明显提高，提高枢纽机场的中转效率。流程上的改善能给中转旅客带来便捷的满意体验，其实现也需要海关政策的支持，需要枢纽机场高效的信息集成系统和行李处理系统作为支撑。

4）建立信息共享平台

民用航空机场要利用信息实现机场运行高效化，应在流程优化的基础上利用先进的信息技术构建机场信息系统集成平台。信息集成系统以集成为核心，通过航班电报接口、离港接口、时钟接口等分别获取航班信息、旅客/行李信息、时间信息等；通过信息管理模块实现基础信息、航班信息、资源信息、旅客信息等信息的管理；通过指挥调度模块实现机场生产一线各部门的统一指挥调度；通过信息发布接口实现对航线、广播、信息查询和外部信息系统的信息发布；通过信息控制接口实现对机场机电设备的运行控制；通过信息安全管理软件实现对网络和信息的安全管理以及病毒的探测与防护；通过系统监控维护软件实现对系统运行的监控维护管理。拥有一套完善的机场信息系统，并在计算机信息集成系统基础上实现系统信息联网，是未来智能机场的重要标志，如图 3-41 所示。

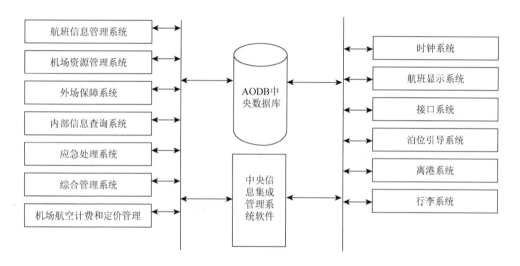

图 3-41 系统集成结构逻辑示意图

加强航空公司与机场的配合，建立起一个集各机场、航空公司的信息于一体的信息化平台。航空公司和机场可以通过这个平台共享航班信息、旅客信息和行李信息，真正实现信息资源的共享。同时，借助该平台的共享信息数据，可以为航程汇总行李和旅客的快速到达，为中转业务带来更大的便利。

枢纽机场通过建立信息共享平台，可以随时掌握航班、旅客、行李的数据，机场可以扩大中转业务范畴，为中转的旅客提供在不同航空公司之间的行李中转服务，旅客无须再次提取自己的行李进行托运，即可实现中转，实现了真正意义上的"一票通程"业务，使出行更为便捷。同时，通过该信息平台，还可以实施对各个不同航空公司的航班的优化调度，以满足各个航空公司航班进港的中转旅客的中转需求。

3.6　货　物　流　程

航空货物运输流程主要包括进出港货物运输流程和国内货物运输流程,其中国内货物运输流程相对简单,因此航空货物运输流程管理主要以国际进出港货物运输流程为主。

3.6.1　航空货物运输流程分析与优化

1. 国内出港货物服务流程

机场货站主要承担货物组合、分解等作业。一般情况下,机场货站将处理国内货物和国际货物的区域分开,再将出港和进港货物分开处理,以避免混乱。出港货物经过理货后有一部分转入集装货组合区处理,另一部分则直接进入待装区。集装货到达后,一部分在分解后直接由顾客取走,另一部分分驳到货运代理库区。国内出港货物服务流程如图 3-42 所示。

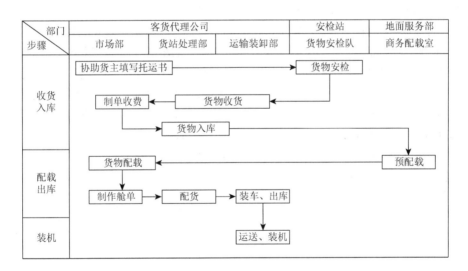

图 3-42　国内出港货物服务流程

1)流程分析

(1)流程信息流。

流程中主要信息有货主姓名、收货人姓名、联系方式、货物名称、重量(体积)、件数、航班号、日期、装机信息等,主要通过托运书、货运单、舱单、装机牌等形式传送。

托运书:市场部→货站处理部→安检→货站处理部→市场部。

货单:市场部→配载→运输装卸部→商务配载室→运输装卸部→机组。

舱单:市场部→货站处理部→运输装卸部→商务配载室→运输装卸部→机组。

装机单:货站处理部→市场部→运输装卸部→商务配载室→运输装卸部→机组。

（2）流程主要存在问题。

①流程经过多个部门，特别在客货代理公司内部，需经过市场部、货站处理部、运输装卸部，过多的部门参与造成货物、文件资料需经历多次交接。在收货时需要货站处理部和运输装卸部两个部门共同参与，产生部门协调等问题。

②信息主要依靠业务文件传递，没有充分利用信息系统，造成流程运转速度受到影响。

③货物配载需经过两个部门，商务配载室作为地面服务部的一个部门，不能及时了解某个航线的货物库存状况，造成不能充分利用现有航班的运输能力。

④货主交运货物手续可以在机场客货代理公司办理，也可以在市内货运代理人（以下简称货代）的收货处办理。由于各种原因，机场客货代理公司在市内没有设置收货的地方，造成货主与客货代理公司之间阻隔，按照现有流程，货主最大的可能就是把货物委托货代，客货代理公司只能赚取货物的装卸、库房等费用，而更大的利润已被货代赚取。

2）流程改进

货物进、出港流程中，市场部的参与使得流程更加复杂，增加协调和信息沟通成本，可以考虑取消流程中的市场部，将市场部在流程中的职能合并到货站处理部。

出港货物配载：货物配载是在商务预配载的基础上，根据库存待运货物的情况，由市场部进行配载。整个飞机的配载需要有旅客、交运行李、货物等信息，现由地面服务部的商务配载室负责，旅客交运行李数量、重量可由离港系统提供，如果将商务配载室从地面服务部划归现场指挥中心，商务配载室就可独自完成整个航班的配载及舱单等配载文件的制作和打印，客货代理公司只需按照舱单进行配货，加快了流程运行速度，提高了货物出港速度。

货物装卸：在货运货站、航空器货舱都需要装卸。货站主要是出港货物的收货、入库、装车出库和进港货物的发货、装车，航空器货舱主要是行李、货物的装卸机和运送。目前装卸工都由运输装卸部管理，在与货站处理部合作的时候需要增加沟通协调成本，如果由货站处理部管理在货站工作的装卸工，将会减少沟通协调成本。

改进后的国内出港货物服务流程见图 3-43。

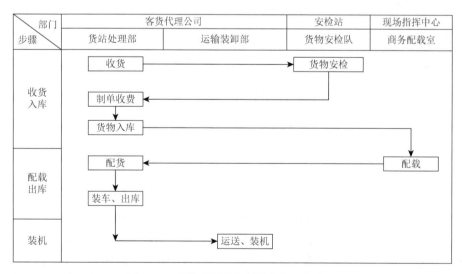

图 3-43　改进后的国内出港货物服务流程

2. 国内进港货物服务流程

与出港货物一样，进港货物也存在国内进港货物与国际进港货物，国际进港货物在到达机场后，进入海关监管库房，由海关实施监管，而国内进港货物则直接进入库房，等待货主（包括货代）提取，其他工作流程和内容完全一样。因此，在分析进港货物流程时，依然以国内进港货物服务流程为例，见图3-44。

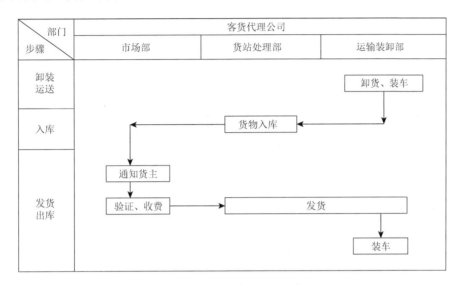

图 3-44　国内进港货物服务流程

1）流程分析

（1）流程活动分析。

①装卸运送：主要由运输装卸部负责，进港航班到达预定机位后，装卸人员按照装机单的内容将进港货物卸下飞机，并装车运输到进港库房。②入库：运输装卸部与货站处理部完成业务文件与货物的交接，按照产品内容和货物存放要求入库码放，并在货单上记录存放位置，对海鲜、鲜花等鲜、急、特种货物直接入库。③发货出库：市场部根据货单电话通知货主（货代）提货，货主（货代）到达机场后，查验证件、收取费用，完成手续后，货单由货主（货代）交给货站处理部发货员，装卸工按照发货员递交的货单，查找货物并交给发货员核对，核对后，装卸工将货物提取出库，交给货主（货代），并按货主（货代）要求装车。

（2）流程信息流。

流程中的信息主要有货主姓名、收货人姓名、联系方式、货物名称、重量（体积）、件数、航班号、日期、装机信息等，是通过业务文件等方式传送。

业务文件：机组→运输装卸部→货站处理部。

货单：货站处理部→市场部→货主（货代）→货站处理部。

（3）流程主要存在的问题。

①和出港流程一样，市场部的参与使得流程中信息交流更加复杂。

②发货时，涉及两个部门，增加了协调成本。

2）流程改进

改进后的国内进港货物服务流程如图3-45所示。

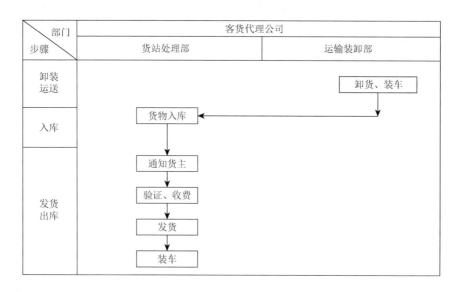

图 3-45　改进后的国内进港货物服务流程

充分利用信息系统，加快信息传递和沟通，原有流程中主要依靠业务文件和工作人员传递信息，如果充分利用信息系统，业务文件采用电子签收，只保留必要的纸张文件，将会提高服务流程的运行效率。

3.6.2　国际进出港货运流程

1. 国际出港货物服务流程

航空货物出港业务流程主要包括以下环节：委托运输→单证审核→预配舱→预订舱→接单→制单→接货→配舱→订舱→国检→报关→出仓单→提板箱→装板装箱→签单→交接发运→航班跟踪→信息服务→费用结算。其中涉及复杂的单证、货物、信息与资金的流动。根据航空货物出港业务实际情况建立流程图，如图3-46所示。

对一些主要环节进行简要说明。

（1）委托运输：发货人需填写国际货物托运书，托运书是重要的法律文件，需要加盖公章，否则无效，是托运人委托代理人的依据。航空货运代理公司根据委托书要求办理出口手续，并据以结算费用。

（2）单证审核：代理人对货主的单证资料进行核对，根据贸易方式的不同，要求的单证种类可能不一样。单证审核是比较烦琐的环节，托运人需要提前准备好所需的各类票证，如果单证不全则会要求发货人重新发送单证。

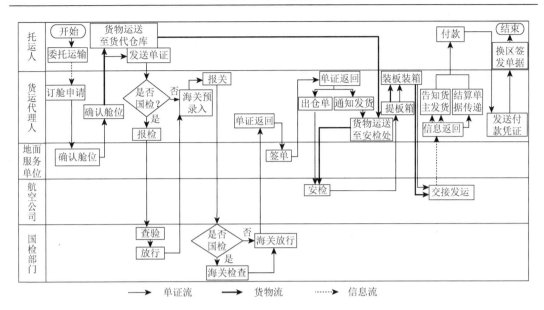

图 3-46 航空出港货运流程图

（3）预订舱：代理人收到委托运输后，根据发货人提供的目的地、货物等信息向航空公司预订舱位。

（4）确认舱位：航空公司审核代理人提出的订舱申请，符合要求后会对订舱申请予以确认，货运代理人收到航空公司的订舱确认后会告知发货人并予以确认。同时要求货主把货物运输至货运代理人指定的仓库。

（5）国检：代理人首先将发货人提供的出口货物检验的各项内容输入计算机。并向检验检疫局预约查验时间。检验检疫人员将抽取货物样品或现场评定，做出审核结论。检验合格之后，检验检疫局将在"报检委托书"上做出认证。

（6）报关：托运人将报关单的各项内容输入计算机，盖上电子报关专用章，然后将各项票、证放在一起，确认票、证齐全后申请报关。待海关审核无误后盖章予以放行。

（7）签单：将盖有海关放行章的货运单交到航空公司签单，只有签单确认后才允许将单、货交给航空公司。

（8）出仓单：在签单返回后，即可着手编制出仓单，准备出货。

（9）装板装箱：根据货物类型及数量向航空公司申领板、箱，并办理相关手续。然后将货物尽可能配装整齐，结构稳定。

（10）交接发运：包括货物交接和票证交接。货物交接是托运人将货物交给航空公司，由航空公司来安排货物的运输。票证交接也称为交单，是指托运人将有关单据交给航空公司。交接、交单的完成意味着货物和单据由代理人转向了航空公司。

（11）信息跟踪及付款：代理人将货物信息告知发货人，并将结算单据发至代理人财务部。托运人向货运代理人付款取得付款凭证，凭付款凭证换取签发单据，完成发货。

2. 国际进港货物服务流程

国际货物运输的出港业务流程，如图 3-47 所示。

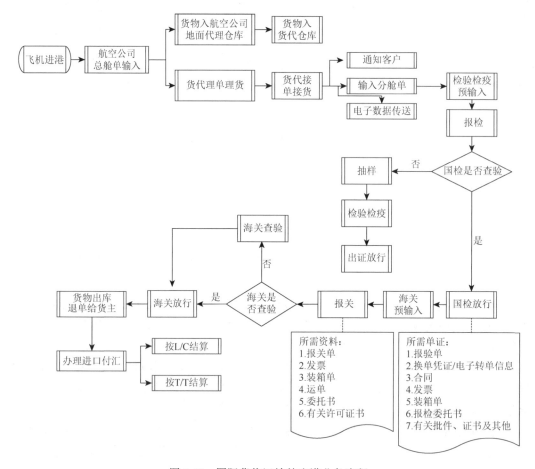

图 3-47　国际货物运输的出港业务流程

说明如下。

（1）代理预报：在国外发货前，由国外代理公司将运单、航班、件数、重量、品名、实际收货人及其他地址、联系电话等内容发给目的地代理公司。

（2）交接单、货：航空货物入境时，与货物相关的单据也随机到达，运输工具及货物处于海关监管之下。货物卸下后，存入航空公司或机场的监管仓库，进行进口货物舱单录入，并传输给海关留存，供报关用。同时，根据运单上的收货人地址寄发取单、提货通知。

（3）理货与仓储：核对每票件数，再次检查货物破损情况，确有接货时未发现的问题，可向民航提出交涉。对货物进行仓储，危险品单独设立仓库。

（4）理单与到货通知：集中托运，总运单项下拆单；分类理单、编号；编制种类单证。并尽早、尽快、尽妥地通知货主到货情况。正本运单处理。打印海关监管进口货物清单。

（5）制单、报关：货主或货代公司进行制单、报关、运输。报关一般大致分为初审、审单、征税、验放四个主要环节。

（6）收费、发货：办完报关、报检等手续后，货主须凭盖有海关放行章、动植物报验章、卫生检疫报验章的进口提货单到所属监管仓库付费提货。货代公司仓库在发放货物前，一般先将费用收妥。

3.6.3　航空货运流程优化案例

航空货运流程优化有利于航空货物运输系统提高运作效率，缩短航空货物运输时间，加强航空运输便捷、高效的优势；有助于减少不必要环节，优化企业资源配置，提高资源利用率；有助于降低企业运营成本，提高企业利润率。

国际航空货物出港涉及多个主体，包括托运人（货主）、货运代理、航空公司、机场地面服务单位以及海关等，各个主体间需要相互协调与合作才能保证航空货物出口业务顺利完成。根据某航空公司航空货物出口业务实际情况建立流程图，如图 3-47 所示。案例运用 Petri 网构建模型进行仿真，分析目前该航空公司货运出港流程中的主要问题，并提出优化措施。

1. 国际航空货运出港流程仿真

1）模型假设

（1）因为港、澳、台地区航空货物出口流程与内地（大陆）不同，因此本书所指的是内地（大陆）的航空货物运输出港业务，不包括港、澳、台地区。

（2）本书只考虑预付运费一票一结，不考虑运费到付和月结。

（3）不考虑托运人自行报关的情况，只考虑货运代理人代理报关。

（4）各环节都能顺利进行，忽略人为延误，无意外情况发生。

（5）一次只进行一票货物。

（6）假设所有货物均需要进行国检。

（7）只考虑国际普通货物。

2）Petri 网建模

国际航空货物出港流程随机时间 Petri 网模型如图 3-48 所示。

图中圆圈代表库所，表示某项任务开始或结束的节点状态。方块表示变迁，表示某个环节的执行过程。在该 Petri 网模型中，每一环节的执行是通过托肯（Token）由一个库所转向另一个库所来表示的。随机时间 Petri 网模型库所及含义如表 3-13 所示。

随机时间 Petri 网模型变迁、含义及赋时如表 3-14 所示。

3）关联矩阵分析

采用数学方法对建立的 Petri 网进行分析。主要包括 Petri 网的活性、有界性与可达性分析以及不变量分析，通过这些分析可以检验建立的模型是否正确。这里不再赘述，通过路径观察发现构建的 Petri 网中的每一个库所都能够到达，每一个变迁经过几次的变化可以发生，说明建立的模型是活的、可达的，根据 Petri 网的性质便可以确定所建立的航空货运出港流程 Petri 网模型是可用的。

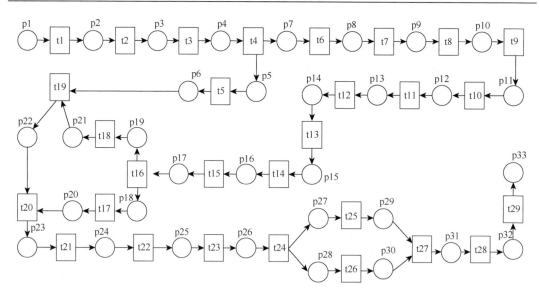

图 3-48　国际航空货物出港流程随机时间 Petri 网模型

表 3-13　随机时间 Petri 网模型库所及含义

库所	含义
p1	流程开始状态，托运人准备向货运代理人提出代理申请
p2	托运人已经申请委托发货，等待货运代理人进行舱位申请
p3	代理人舱位申请完毕，等待航空公司确认舱位申请
p4	航空公司舱位申请确认完毕，等待代理人确认舱位
p5	货运代理人舱位确认完成，等待托运人将货物运至指定仓库
p6	托运人将货物运送至货运代理人指定仓库，等待出仓通知
p7	货运代理人舱位确认完成，等待托运人发送单证
p8	单证审核完成，等待报验
p9	报验完成，等待查验
p10	查验结束，等待放行
p11	国检结束，准备录入报关内容
p12	海关预录入完成，等待报关员报关
p13	报关结束，等待海关检查
p14	海关检查结束，等待海关放行
p15	海关检查结束，等待单证返回货运代理人
p16	货运代理人收到单证，等待航空公司签单
p17	签单结束，等待单证返回到货运代理人处
p18	货运代理人收到单证，准备编制出仓单
p19	货运代理人准备向仓库发送出货通知
p20	出仓单编制结束，等待货物抵达后安检

续表

库所	含义
p21	货运代理人仓库收到发货通知，准备将货物运至安检处
p22	货物运送至安检处，等待安检
p23	安检结束，准备提板箱
p24	提板箱结束，准备装板装箱
p25	装板装箱结束，准备交接发运
p26	交接发运完成，等待货物信息返回
p27	发货信息返回，告知货主已发货
p28	发货单据返回，准备将结算单据发送至货运代理人财务部
p29	托运人收到发货信息，准备付款
p30	财务部收到结算单据，等待托运人付款
p31	托运人付款完成，等待收取付款凭证
p32	托运人收到付款凭证，准备换取签发单据
p33	托运人换取签发单据，航空货物出港业务完成

表 3-14 随机时间 Petri 网模型变迁、含义及赋时

变迁	含义	赋时/min
t1	托运人委托货运代理人发货	（110，120）
t2	货运代理人向航空公司申请舱位	（5，15）
t3	航空公司确认货运代理人的订舱申请	（35，55）
t4	货运代理人向托运人确认板位，可以发货	（5，15）
t5	托运人将货物运送至货运代理人指定的仓库	（105，125）
t6	托运人将国检、报关所需的单证发给货运代理人	（105，125）
t7	货运代理人向国检部门进行报验	（5，10）
t8	国检部门对货物进行查验	（30，50）
t9	国检部门对查验合格的货物进行放行	（5，10）
t10	货运代理人将报关信息输入计算机	（3，8）
t11	报关员向海关部门报关	（5，15）
t12	海关部门对货物进行检查	（20，30）
t13	货物查验合格，盖章放行	（5，10）
t14	海关将报关单返回给货运代理人	（50，60）
t15	货运代理人到航空公司处签单	（5，15）
t16	航空公司将单证返回给货运代理人	（10，20）
t17	货运代理人编制出仓单	（5，15）

变迁	含义	赋时/min
t18	货运代理人单证部通知仓库发货	（3，10）
t19	货运代理人仓库部门将货物运送至安检处	（20，35）
t20	机场地面单位对货物进行安检	（15，25）
t21	货运代理人到航空公司提板箱	（5，15）
t22	对货物进行装板装箱	（20，35）
t23	货运代理人向航空公司交单交货	（50，60）
t24	货运代理人查询发货信息	（50，65）
t25	货运代理人通知托运人已发货	（5，10）
t26	货运代理人单证部将结算票据发给财务部	（3，8）
t27	托运人到财务部付款	（105，125）
t28	财务部将付款凭证交给托运人	（5，10）
t29	托运人凭付款凭证到代理人单证部换取签发单据	（3，10）

4）国际航空货运出港流程仿真

（1）仿真平台介绍。Exspect 是一种可执行的描述工具，是众多 Petri 网仿真软件中使用比较广泛的一款。Exspect 具有 PN 语义基础，提供了数百种函数，可以有效地监控和分析企业业务流程中的并行、异步和随机性等问题。

（2）仿真模型参数设计。不同主体对于流程仿真的目的会根据流程的类型而不同，有的可能关注的是系统的资源瓶颈，有的可能关注的是系统的流畅性与便捷性。对于航空货运出口流程的仿真则关注的是流程的周期，即从托运人委托运输开始到拿到签发单据为止，整个业务流程的耗时。

在国际航空货物出口流程 Petri 网中，普通 token 时间的计算为

$$\text{Time.Token.Out} = \text{Time.Token.In} + \text{Time.Transition} \tag{3-1}$$

式中，Time.Token.In 为变迁发生时的时间；Time.Transition 为变迁的本身时间；Time.Token.Out 为变迁发生后输出时的时间。

并行连接时间的计算为

$$\text{Time.Token.Out} = \text{MAX}\left(\text{Time.Token.In} + \text{Time.Transition}\right) \tag{3-2}$$

因此，某一业务流程的周期时间为

$$\text{Time.Total} = \text{MAX}\left(\sum_{i=1}^{n}\left(\text{Time.Token.In} + \text{Time.Transition}_i\right)\right)_{j=1}^{m} \tag{3-3}$$

Time.Total 表示 m 个业务流程中通行时间最长的那个。

（3）国际航空货运出港流程仿真及结果分析。Petri 网模型转化为 Exspect 的仿真模型为图 3-49。

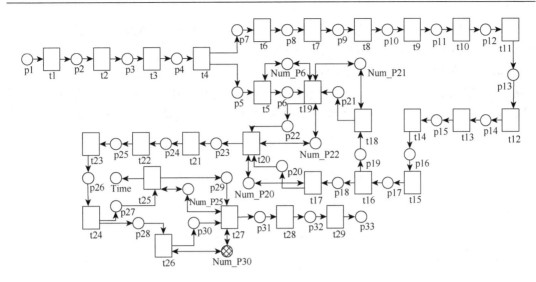

图 3-49 Exspect 模型图

对图 3-49 的模型进行仿真,得到各库所时间标识,如表 3-15 所示。

表 3-15 国际航空货运出港流程仿真结果

库所	时间标识/min	库所	时间标识/min
p1	0.0	p18	478.7
p2	115.1	p19	478.7
p3	125.5	p20	488.6
p4	170.4	p21	485.5
p5	180.4	p22	512.8
p6	294.5	p23	532.7
p7	180.4	p24	543.0
p8	295.1	p25	570.3
p9	302.6	p26	625.5
p10	342.9	p27	682.2
p11	350.5	p28	682.2
p12	355.9	p29	689.7
p13	365.8	p30	687.7
p14	390.9	p31	806.2
p15	398.0	p32	813.9
p16	453.1	p33	820.3
p17	463.6	—	—

在国际航空货物出港业务中涉及多个主体，不同主体所关注的对象和关键节点也不相同。其中最主要的三个主体为货物托运人、航空公司和货运代理。其中托运人最为关心的是货物的发货时间，即 p29 对应的时间；航空公司则比较关心货物交接的时间，即 p26 对应的时间；货运代理人则更为关心整个业务流程的时间，即 p33 对应的时间。因此，这里选定 p26、p29 与 p33 作为特定的观察对象，记录其每一次仿真结果，如表 3-16 所示。

表 3-16　关键节点时间标识及均方差

库所	时间标识/min	均方差
p26	625.5	16.01
p29	689.7	16.55
p33	820.3	17.13

由表 3-15 可以看出，从托运人委托运输开始到航空公司接收货物耗时 625.5min。到托运人得知发货信息耗时 689.7min，到托运人拿到签发单据即整个发货流程结束耗时 820.3min。按八小时工作制算，完成一票货物需要两个工作日，这对于日益发展的国际贸易与国际交流来说效率是比较低的。从表 3-16 可以看到 p26、p29 与 p33 对应的时间标识的均方差比较大，说明业务流程不够稳定。因此，现有的国际航空货物出港流程需要进行改进。

2. 国际航空货运出港流程优化

1）基于技术提升的流程改进

根据仿真结果可以找到航空货运出港流程的关键路径为：p1→t1→p2→t2→p3→t3→p4→t4→p7→t6→p8→t7→p9→t8→p10→t9→p11→t10→p12→t11→p13→t12→p14→t13→p15→t14→p16→t15→p17→t16→p19→t18→p21→t19→p22→t20→p23→t21→p24→t22→p25→t23→p26→t24→p27→t25→p29→t27→p31→t28→p32→t29→p33。可以把关键路径的改进作为重点，如果关键路径未得到改善，而改善非关键路径，对整个流程效率的提升是无用的。如果可以提高关键路径的效率，降低关键路径的时间，则整个国际航空货运出港业务的效率都会提高。

进一步分析该关键路径可以发现，关键路径中既包含有实体的流动也包含有信息的流动，对于货物、实体单证的流动通过技术方法降低时间比较困难，对于信息与可电子化单证的传递，通过技术方法则较容易实现效率的提升。通过技术提升流程效率是流程重组与优化常用的方法，有 78.6% 的流程优化中采用了技术改进。在该关键路径中 t1、t3、t6、t14、t23、t24、t27 耗时较长，如果可以对这几个环节进行改进，则效率会有较大提升。其中 t6、t14、t23、t27 需要单证或托运人等实体的流动，通过技术方法降低时间不易实现，而 t1、t3、t24 通过技术改进提升效率较为容易。具体来说为：托运人委托运输可以采用传真、扫描或电子委托运输单而不用托运人亲自去货运代理处；航空公司可以应用自动提醒系统，当货运代理提交订舱申请后，系统会自动提醒有关人员有新的订舱申请，而这种提醒系统目前在其他行业中也被广泛使用；目前国航发货后并不会主动告知货运代理人或托运人，需要代理人自己去查询货物信息，而代理人往往不能及时查询货物信息，因此耗时较长。如果发货后航空公司可以通过系统自动通知货运代理人，而不用代理人自己查询发货信息，则这一过程耗时会大大降低。

假设上述环节有了技术上的改进与提升，给库所新的赋时并代入模型，仿真结果如表 3-17 所示。

表 3-17　Petri 网模型（技术提升后）仿真结果及对比

库所	改进后时间标识/min	改进前时间标识/min	耗时减少/min
p1	0.0	0.0	0.0
p2	20.1	115.1	95.0
p3	30.5	125.5	95.0
p4	40.4	170.4	130.0
p5	50.5	180.4	129.9
p6	164.6	294.5	129.9
p7	50.5	180.4	129.9
p8	165.2	295.1	129.9
p9	172.6	302.6	130.0
p10	212.9	342.9	130.0
p11	220.5	350.5	130.0
p12	226.0	355.9	129.9
p13	235.9	365.8	129.9
p14	260.9	390.9	130.0
p15	268.1	398.0	129.9
p16	323.2	453.1	129.9
p17	333.7	463.6	129.9
p18	348.8	478.7	129.9
p19	348.8	478.7	129.9
p20	358.7	488.6	129.9
p21	355.6	485.5	129.9
p22	382.9	512.8	129.9
p23	402.7	532.7	130.0
p24	413.0	543.0	130.0
p25	440.3	570.3	130.0
p26	495.5	625.5	130.0
p27	502.8	682.2	179.4
p28	502.8	682.2	179.4
p29	510.3	689.7	179.4
p30	508.3	687.7	179.4

续表

库所	改进后时间标识/min	改进前时间标识/min	耗时减少/min
p31	626.8	806.2	179.4
p32	634.5	813.9	179.4
p33	640.9	820.3	179.4

由表 3-17 可以看出，经过技术改进，国际航空货物出港流程中各个状态节点时间均有所降低，整个出港流程耗时减少 179.4min，效率提升 21.87%；托运人得知发货信息同样比改进前提早了 179.4min，效率提升高达 26.01%；航空公司收货时间相比以前提早了 130.0min，效率提高 20.78%，关键节点的时间标识均方差也有所减少（表 3-18）。

表 3-18　关键节点状态对比表

库所	改进前时间标识/min	改进后时间标识/min	效率提升	改进前均方差	改进后均方差
p26	625.5	495.5	20.78%	16.01	14.90
p29	689.7	510.3	26.01%	16.55	15.00
p33	820.3	640.9	21.87%	17.13	15.76

2）基于综合策略的流程改进

在流程改进中，可以基于技术提升、电子支付、并行策略的改进，分析出每种改进策略对流程效率提升的贡献，假设上述改进均可实施，则综合改进后的流程如图 3-50 所示。

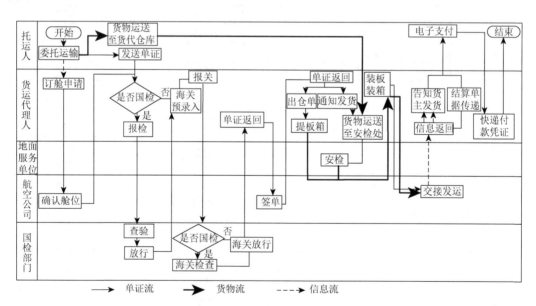

图 3-50　国际航空货运出港流程（综合改进后）

根据图 3-50 的航空货运出港流程图建立新的随机时间 Petri 网模型如图 3-51 所示。

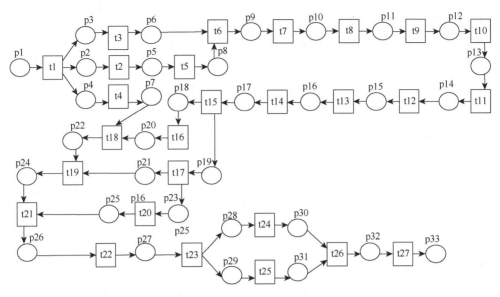

图 3-51 国际航空货物出港流程随机时间 Petri 模型（综合改进后）

如前面仿真过程一样，给出 Petri 网模型（综合改进后）中库所含义、变迁含义并赋时，然后进行仿真，几个关键节点的对比如表 3-19 所示。

可以看出，国际航空货物出港流程中的三个关键节点状态时间均有了较大幅度的减少。航空货物出港流程周期较改进之前有了大幅降低，周期缩短了 40.20%，托运人收到发货信息时间提前了 31.68%，航空公司收货时间提前了 27.10%，改进后的关键节点状态均方差也有小幅下降。可见，上述提出的改进策略可以极大地提高航空货物出港流程的效率。

表 3-19 关键节点状态对比表

改进后库所	改进前库所	改进前时间标识 /min	改进后时间标识 /min	时间减少/min	效率提升	改进前均方差	改进后均方差
p27	p26	625.5	456.0	169.5	27.10%	16.01	13.83
p30	p29	689.7	471.2	218.5	31.68%	16.55	14.34
p33	p33	820.3	490.5	329.8	40.20%	17.13	14.82

除了上述的改进策略，相关单位还可以采取其他措施来改进效率，如货运代理人可以将航空货物运输的相关规定、报关所需的单证、托运人的办事流程在网站公布，这样可以更快地完成委托运输操作，也可以有效避免因托运人部分单证缺少而造成延误。此外，还需要国际航空货物出口相关的各个单位相互配合，共同改进。在现有的航空货物出港流程中，耗时较长的环节往往是需要实体流动的环节，由于货物的移动不可避免，应尽量减少人员与单证的实体流动，可以采用 EDI（electronic data interchange，电子数据交换）来交换信息与数据，采用物联网技术来实现无纸化操作。航空货物出港流程的改进是一个持续

的过程，呈螺旋式上升，不可能一劳永逸，在实践中需要对流程进行持续的关注，才能保证流程为业务服务，而不是成为业务的阻碍。

3.7 中 转 流 程

3.7.1 旅客中转流程简介

中转旅客的流量在一定程度上体现了机场的中枢水平，一般认为枢纽机场的中转旅客应当达到 30% 以上。有的枢纽机场的中转旅客达到了 60% 以上，达到了相当高的中枢水平。

1. 旅客中转流程

一般来说，旅客中转类型可以分为国内转国内、国内转国际、国际转国内和国际转国际等四种。旅客中转流程如图 3-52 所示。

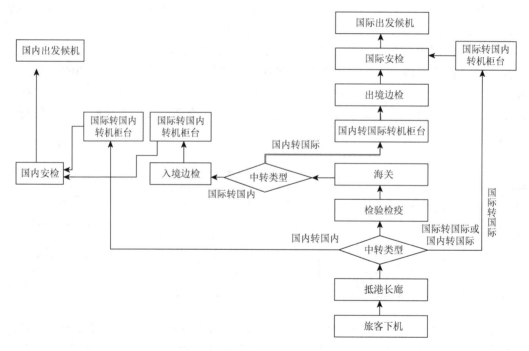

图 3-52　旅客中转流程

不同类型的旅客中转流程不同，以上海浦东国际机场 T2 航站楼现行旅客中转流程为例，各种中转类型旅客的具体流程详述如图 3-53～图 3-56 所示。

（1）国内转国内中转流程：旅客下机——到达国内抵港区——中转区中部转机柜台办理乘机手续——中转区国内安检——国内出发候机，流程如图 3-53 所示。

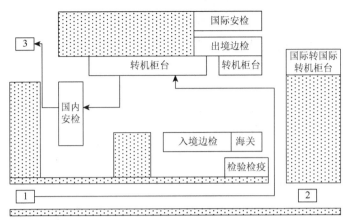

1. 国际抵港长廊　2. 中转厅入口　3. 国内出发候机

图 3-53　国内转国内中转流程图

（2）国内转国际中转流程：旅客下机——到达国内抵港区——中转区入口联检区（检验检疫和海关）——中转区中部转机柜台办理乘机手续——中转区出境边检——中转区国际安检——国际出发候机，流程如图 3-54 所示。

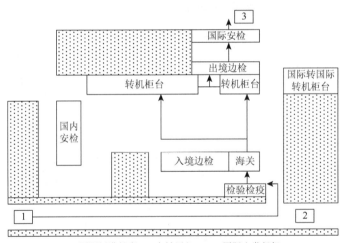

1. 国际抵港长廊　2. 中转厅入口　3. 国际出发候机

图 3-54　国内转国际中转流程图

（3）国际转国内中转流程：旅客下机——到达国际抵港区——中转区入口联检区（检验检疫和海关）——中转区入境边检——中转区中部转机柜台办理乘机手续——中转区国内安检——国内出发候机，流程如图 3-55 所示。

（4）国际转国际中转流程：旅客下机——到达国际抵港区——中转区南侧国际转国际转机柜台——中转区国际安检——国际出发候机，流程如图 3-56 所示。

上海浦东国际机场的旅客中转流程，对于上海浦东国际机场 T1 航站楼，分为东航旅客和非东航旅客两个不同的流程。对于上海浦东国际机场 T2 航站楼，星空联盟成员包括国航、汉莎等航空公司的旅客中转流程与其他航空公司不同，相对较为简化，省去了提取行李的流程。除星空联盟的航空公司以外，其他航空公司的旅客中转流程基本同 T1 航站楼相同。

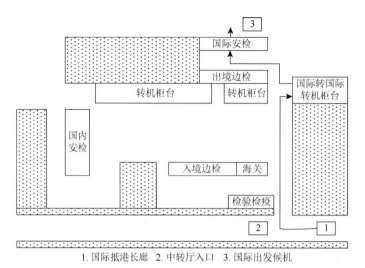

1. 国际抵港长廊　2. 中转厅入口　3. 国际出发候机

图 3-55　国际转国内中转流程图

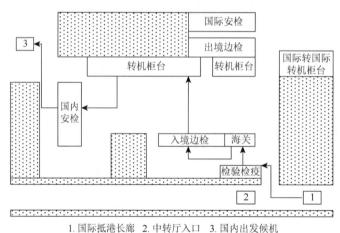

1. 国际抵港长廊　2. 中转厅入口　3. 国内出发候机

图 3-56　国际转国际中转流程图

2. 中转旅客流程设计

中转旅客流程设计是枢纽机场建设的关键要素，与旅客最短衔接时间、旅客中转的效率等都有密切关系。中转旅客流程设计的基本要求是：中转手续尽可能简捷；旅客中转行走距离尽可能短。为实现这些要求，设计中转旅客流程应遵守以下原则：①中转流程与到达流程、出发流程隔离。例如，设置专门的中转航站楼或专门的中转楼层，旅客可以在同一层楼中办完中转手续，并且与其他流程不相互干扰；②中转流程都设在隔离区内，减少流程长度；③国际中转旅客免除过境签证，不用重新经过边防检查；④中转值机柜台设在旅客最为方便的候机厅两侧，以方便旅客办理中转手续；⑤如果旅客在起点站即已办好中转登机手续，应设有地面引导人员引导旅客登机；⑥应使用廊桥上下机，把航班波的航班停靠在同一个或相邻指廊的廊桥上；⑦中转标志设置应当醒目清晰，避免旅客因信息不清而耽误乘机。

不同的中转类型涉及了不同的中转流程设施，这些设施主要包括中转值机工作区、海关工作区、边防工作区、检验检疫工作区和安检工作区等。

（1）中转值机：在中转值机环节，机场普遍采用公用式的值机柜台，即中转旅客可以在任意一个相应值机柜台办理中转值机手续，基本不使用蛇形排队等方式。而正是由于公用柜台可为不同航空公司航班的旅客服务，因此资源使用效率明显高于专用柜台。办理值机服务人员的服务速度及队列长度决定高峰时段旅客排队时间。

（2）安全检查：安检包括旅客人身安检和随身行李安检。安检流程中主要影响效率的环节是安检员对旅客的人身检查和对行李的开箱检查。安检通道的宽度决定检查通道的设置数量，通道数量是安检效率的决定因素。

（3）其他检查：海关检查对出入国境的一切商品和产品进行监督、检查并照章征收关税，包括行李检查和相关违禁产品检查；边防检查是国际航班旅客必经的一道程序，边防检查主要检查旅客的护照；检验检疫则包括卫生检疫、动植物检疫和商品检验等，以保障人员和动植物的安全卫生与商品的质量。

3.7.2　旅客中转流程分析及优化

1. 旅客中转流程的影响因素

1）航站楼对中转业务的影响

一般而言，旅客在机场中转所需的时间，绝大部分都花费在办理值机、出入境、行李产品通关、卫生和动植物检疫、安检等手续，以及消耗在较长的中转路径上。以上海浦东国际机场 T1 航站楼为例，航站布局导致旅客搭乘东航班机中转所耗费时间很长，相关的流程烦琐、行走线路长，转机不够便利。

（1）中转路径增加：受现实条件的制约，上海浦东国际机场 T1 航站楼中转流程只能围绕"到达→行李提取处→出发"进行设计，无法设计"到达→出发"的便捷流程，中转路径加长。因旅客需要提取行李，且只能采取人工分拣方式，进一步延长了中转所需时间，还经常出现人等行李的现象。

（2）中转手续增加：中转旅客需要提取行李，因此联运手续只能分段办理，而有些可以办联程机票的旅客，也只好分段办理旅客值机手续。由于旅客需要提取行李，客观上形成二次安检，这也增加了手续办理时间。

2）国内联检政策对中转业务的影响

现有的中转政策和中转配套给国际中转旅客带来诸多不便。与国际惯例相比，主要有两个明显差距：国际转国际方面，主要体现在"持联程机票，24 小时内不出机场的过境旅客"的通关手续办理上，边检对这部分旅客仍需"同台同区域办理出入境过境手续"。

同时，如果是涉及两个航空公司之间的中转，由于不同地面代理服务之间操作不衔接，客观上形成了旅客必须"提取行李后再托运"的局面。

国内与国际相互中转方面，主要反映在对旅客托运行李产品监管的手段上，虽然边检手续办理与国际惯例相同，但海关与检验检疫对行李产品的监管模式，由于政策规定，需要旅客本人携带所有行李产品，接受海关检查验，无法实现托运行李的联运。再加上航站楼内部结构的制约，中转旅客只能与普通旅客一样，走完全部的"到达→行李提取处→出发"流程，明显地增加了转机时间和延长了中转路径。

3）不同航空公司、不同枢纽机场的影响

目前，我国只有少数航空公司在枢纽机场为旅客提供中转服务，但是对旅客的购票提出了严格要求，即旅客必须购买同一航空公司的联程机票，购买联程机票的中转旅客到达中转站后到相应的航空公司中转值机台办理中转手续即可，无须再到机场值机台重新办理值机手续，因此，不同航空公司对中转旅客的中转流程也造成一定的影响。

不同枢纽机场设施配置影响到中转旅客的中转流程。若枢纽机场的行李处理系统足可以承担中转旅客行李的中转功能，则中转旅客行李完全可以采取直挂处理，即旅客在枢纽机场无须到行李提取大厅提取行李，枢纽机场直接将中转旅客行李运送至行李分拣系统，进而送至各个中转行李相对应的航班上，中转旅客下机后只需办理相关中转手续即可，而对于行李处理能力不足的机场而言，行李直挂处理则行不通。

2. 旅客中转流程分析原则及方法

通过绘制流程图梳理中转旅客流程及托运行李流程，通过绘制服务蓝图展示服务实施的过程，通过测量步行距离、统计换层次数、测算排队时间来衡量每个流程的时间长度，通过统计配套设施来判断功能是否全面。分析原则是符合自主性、通用性、灵活性、规范性、便捷性与文化性，目的是找到服务流程的关键点或薄弱环节。

（1）自主性，是指航站楼绝大部分的中转旅客都能够在没有工作人员引导的前提下自主完成整个中转流程。主要体现为旅客动线的设计是否科学、标识系统是否足够清晰。

（2）通用性，是指航站楼的国际中转流程应该适用于任何航班的任何一位中转旅客。主要体现为中转流程是否为有条件使用、有条件向无条件转换的可行性。

（3）灵活性，是指航站楼的国际中转流程应该能够满足航空公司不同的产品设计，并且为业务发展预留足够扩展的空间。主要体现为是否能够满足航空公司个性化需求、业务扩展性。

（4）规范性，是指整个中转流程要符合国家法律法规，要满足联检单位各项政策和空防安全的要求。主要体现为对安检及联检单位查验、隔离、监控要求的响应性，以及风险管理。

（5）便捷性，是指整个中转流程的运行必须高效，必须让旅客觉得便利。主要体现为航班最短衔接时间（minimum connecting time，MCT）和航班平均衔接时间（average connecting time，ACT）的长短，这是中转流程管理的首要目标，是核心、是关键。同时，还要看旅客是否要自提行李、换乘次数、配套设施等。

（6）文化性，是指将文化、生态等概念融入中转流程，体现机场特色，为旅客营造舒适、愉悦、别致、难忘的中转环境，这不仅有利于丰富旅客的出行体验、缓解转机疲劳，还能避免同质化问题，提高机场的辨识度和中转吸引力。

在进行流程分析中可参考 IATA 的服务等级标准，机场在设计时通常以 C 类服务作为最低标准。具体如表 3-20、表 3-21、表 3-22 所示。

表 3-20　服务水平等级分类

服务水平	流程	延误程度	舒适程度
A 优秀的服务	畅通	没有	非常好
B 高水平的服务	稳定	极少	很好
C 较高水平的服务	稳定	可接受	较好
D 合格的服务	不稳定	尚可	一般
E 较差的服务	不稳定	不可接受	较差
F 很差的服务	系统崩溃		无法接受

表 3-21　服务水平：等候时间参考

	最短可接受时间/min	最长可接受时间/min
经济舱值机	0～12	12～30
商务舱值机	0～3	3～5
入境护照检查	0～7	7～15
出境护照检查	0～5	5～10
行李提取	0～12	12～18
安全检查	0～3	3～7

表 3-22　航站楼规划标准：中转标准

	MCT/min	托运行李/min
国内-国内	35～45	25
国内-国际	35～45	25
国际-国内	45～60	35
国际-国际	45～60	35
中转柜台最长排队时间	5～10	

3. 旅客中转流程分析及优化

【案例 3.1】国际转国际流程分析及优化：白云机场 T2 航站楼为例。

国际转国际旅客分为两类：一类是不出口岸限定区域的旅客，另一类是离开口岸限定区域的旅客。不出口岸限定区域的旅客，具体是指持联程客票搭乘国际航行的航空器从中国过境前往第三国或者地区，在中国境内停留不超过 24 小时且不离开口岸的中转旅客，这类旅客可享受 24 小时直接过境免检政策。由于不离开口岸限定区域，为了确保中转流程的便捷，在进行流程设计时，这类旅客无须提取托运行李。离开口岸限定区域的旅客，具体是指持联程客票搭乘国际航行的航空器从中国过境前往第三国或者地区，根据过境免签政策，可在中国进行短暂停留的中转旅客。白云机场目前已申请获批 24 小时过境免签政策和 72 小时过境免签政策，这类旅客通常需要提取托运行李。

24 小时过境免签政策，是指持有联程机票并已订妥座位、搭乘国际航班从中国过境前往第三国（地区），在过境城市停留不超过 24 小时的旅客，可免办签证。

72 小时过境免签政策，是指在过境免签范围内 45 个国家的旅客，在持有有效国际旅行证件、第三国（地区）签证和 72 小时内已确定日期及座位的前往第三国（地区）的联程机票的情况下，可申请免办签证。

（1）流程梳理

①不出口岸限定区域的旅客。

旅客流程：如图 3-57 所示，中转旅客从二层的国际到达指廊（东五东六）、三层的北指廊混合机位国际到达指廊、一层的国际远机位到达厅四处之一抵达 T2 航站楼，前往位于主楼东翼二层的中转联检区域进行卫生检疫、办理过境手续、接受海关检查（海关保留抽查权力），然后经过 11.25 米层的国际出发连接廊前往三层的东五指廊候机区、三或二层的东六指廊候机区以及 13.50 米层的北指廊混合机位国际出发指廊、一层的国际远机位候机厅四处之一候机。

托运行李流程：如图 3-58 所示，中转旅客的托运行李卸机后送至一层的行李机房中转线接受 X 射线机检查，检查合格的行李被分拣至后续航班所属转盘；不合格的行李由 DCV（destination coded vehicle，目的地编码小车）系统分拣至二层的国际转国际海关查验区进行开包检查，检查合格后送回 DCV 系统分拣至后续航班所属转盘；托运行李装机。

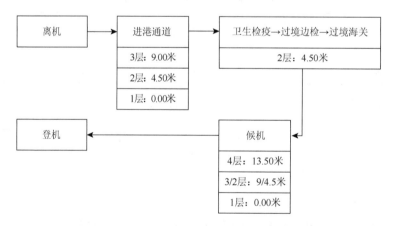

图 3-57　国际转国际旅客流程（不出口岸限定区域）

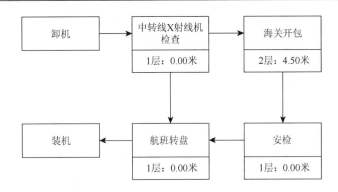

图 3-58　国际转国际托运行李流程（不出口岸限定区域）

②离开口岸限定区域的旅客。

旅客流程：可享受 24 小时以上过境免签政策的中转旅客从二层的国际到达指廊（东五东六）、三层的北指廊混合机位国际到达指廊、一层的国际远机位到达厅四处之一抵达 T2 航站楼，前往位于主楼东翼二层的联检区域进行卫生检疫、办理过境手续，然后搭乘电梯或扶梯下至一层提取托运行李，海关、卫生检疫通关后离开航站楼；在准予停留期内中转旅客按照国际出港流程离境前往第三国，如图 3-59 所示。

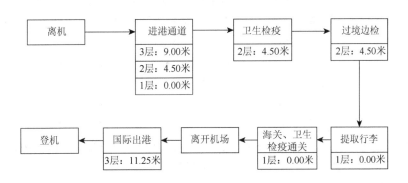

图 3-59　国际转国际旅客流程（离开口岸限定区域）

托运行李流程：中转旅客的托运行李卸机后送至一层的行李机房，卸载至国际到港卸载输送机同时接受海关预检，合格的行李由中转旅客提取后进行海关和卫生检疫通关，不合格的行李由中转旅客提取后到海关查验区进行开包检查，然后离开航站楼；在准予停留期内中转旅客按照国际出港流程托运行李，如图 3-60 所示。

（2）流程分析

①不出口岸限定区域的旅客。

根据前面提到的分析原则，对国际转国际、不出口岸限定区域的旅客流程分析如下。

自主性分析：中转旅客到港之后，跟随人流能够自主到达卫生检疫查验区，卫生检疫之后与国际到达旅客分流。在卫生检疫查验区将汇集来自东五指廊、东六指廊、北指廊、远机位四个方向的人流，而在边检查验厅入口又将出现直接过境、间接过境、入境三股人

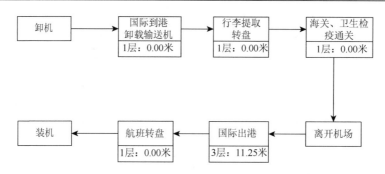

图 3-60　国际转国际托运行李流程（离开口岸限定区域）

流的交叉，卫生检疫查验区将成为整个国际到达流程的瓶颈，边检查验区有多个流程交叉，两个查验区的旅客引导与分流、现场秩序维护、环境管理等工作需要重点加强。

通用性分析：享受 24 小时直接过境免检政策的旅客范围不存在国籍限制，外籍人士、中国居民均可享受，海关方面保留检查权力。因此，该流程适用于任何一个航班的任何一位符合中转政策的旅客。

灵活性分析：实际设计检验检疫通道、边检通道、海关通道有一定冗余性。

规范性分析：基本符合 24 小时直接过境免检政策的隔离围蔽要求。但是，根据中国民用航空局的安检政策，接触到托运行李的旅客在进入隔离区之前必须进行安全检查，该流程设计将海关检查不合格的行李送至海关查验区开包检查，旅客实际上已经接触了托运行李，但在该流程上没有安检这一环节，存在一定的风险。

便捷性分析：旅客在选择运输方式时，综合考虑的因素包括安全性、及时性、经济性、方便性和舒适性等，及时性、方便性、舒适性都属于便捷性的范畴。及时性指的是服务的准时程度，方便性不仅是一种心理感受，也涉及时间的长短，舒适性是旅客对环境的生理和心理感受。不考虑远机位因素，步行时间、检验检疫排队等候、边检排队等候时间、海关排队等候时间等总计耗时在 60 分钟左右。楼层转换的次数方面，该流程中，最少有 2 次楼层转换，最多有 4 次。配套设施方面，中转服务柜台，该流程在过境手续完成之前，除了过境边检区域有 12 个中转服务柜台，其他区域均无中转服务柜台。

文化性分析：T2 航站楼室内装修设计方案以绿色为基调，体现了轻盈、流动与生态。

以上分析用服务蓝图表示如表 3-23 所示，并对整体流程进行仿真模拟，算出每个设施的排队等候时间、最大排队人数、人均面积，统计了旅客楼层转换、步行距离，见表 3-24。

表 3-23　国际转国际（不出口岸）旅客服务蓝图

旅客流程	前台服务	配套设施	后台支持	行李流程
离机，进港	——	标识 更衣室/洗手间	设备维护	行李卸机，运送至中转线
中转信息咨询	信息与指引服务	服务柜台	设施维护 员工培训及排班	

续表

旅客流程	前台服务	配套设施	后台支持	行李流程
接受卫生检疫	实施卫生检疫	查验及候检区域	联检协调 环境布置及管理	X 射线机检查，合格行李分拣至航班转盘，不合格行李送至海关查验区开包
过境边检	登机牌查验	查验及候检区域	信息报送/设施维护 员工培训及排班 环境布置及管理	
过境海关	海关查验	海关查验区域	信息报送/联检协调 信息系统/行李运送	
候机	信息与指引服务 登机引导服务 商业服务	服务柜台 候机区/中转休息区 洗手间/饮水间 购物/餐饮/娱乐 计时酒店	员工培训及排班 设施维护 环境布置及管理 商业规划及招商	安检后分拣至航班转盘，装机

表 3-24　国际转国际（不出口岸）流程仿真模拟结果汇总

项目	设计数/条	模拟条件	模拟结果		
			排队等候时间/min	最大排队数/人	人均面积/(m²/人)
检验检疫通道	18	18 条全天开放	2	15	>1.4
边检通道	12	12 条全天开放， 目标<10min	<5	9	>1.4
海关通道	5	5 条全天开放， 目标<15min	35	55	<1.0
中转行李	95%的中转行李在线时间为 06 分 27 秒，其中：中转安全行李为 05 分 16 秒；中转拒绝开包行李为 23 分 18 秒。（不包卸机、转机和行李运送时间）				

②离开口岸限定区域的旅客。

由于这类中转旅客需离开机场，对航班衔接时间性的敏感度较弱，因此不做流程时间分析，汇入大流程的国际出港流程也不做分析。

自主性分析：该流程采用"大流程＋小流程＋大流程"模式，在卫生检疫之前是国际到达的大流程，卫生检疫之后采用过境边检小流程，办理完过境手续后，则又汇入国际到达的大流程。与国际转国际不出口岸限定区域的旅客流程一样，卫生检疫查验区和边检查验区的旅客引导与分流、现场秩序维护、环境管理等工作需要重点加强。

通用性分析：该流程只适用于可享受 24 小时过境免签政策或 72 小时过境免签政策的旅客，72 小时过境免签政策只对美国、英国、加拿大、法国、澳大利亚等 45 个国家和地区持有第三国签证和机票的旅客有效。

灵活性分析：该类旅客可以作为国际到达旅客看待，可以设计间接过境通道。

规范性分析：按照边检要求设置了与入境旅客隔离的、专用的间接过境通道。当时白云机场 T2 航站楼国际入境海关查验区域不符合《海关旅检通道设置规范标准》，长度、宽度都不够，给海关旅检工作带来一定挑战。

便捷性分析：洗手间和中转服务柜台问题同国际转国际不出口岸限定区域旅客流程。行李提取设置了行李查询点，货币兑换点在隔离区内外各有一个，比较方便。在交通衔接方面，位于 T2 航站楼南面的交通中心规划有大巴、出租车、地铁、城轨等交通类型，比较方便。

文化性分析：边检入境后下一层之间的到达走廊规划设计有多媒体时空隧道，能给旅客带来一些特别的体验。以上分析见表 3-25。

表 3-25　国际转国际（离开口岸）旅客服务蓝图

旅客流程	前台服务	配套设施	后台支持	行李流程
离机，进港	—	标识 更衣室/洗手间	设备维护	行李卸机，运送至行李提取转盘
中转信息咨询	信息与指引服务	服务柜台	设施维护 员工培训及排班	
接受卫生检疫	实施卫生检疫	查验及候检区域	联检协调 环境布置及管理	
过境边检	办理过境手续	查验及候检区域	信息报送/联检协调 设施维护	
提取行李	—	行李提取转盘 行李查询	设施维护 员工培训及排班	
海关通关	海关查验	海关查验区域	联检协调 设施维护	—
检验检疫通关	检验检疫查验	检验检疫查验区域	联检协调 设施维护	—
离开机场	—	旅游接待中心 交通衔接	旅游部门协调 交通疏散	—

通过梳理与分析，发现国际转国际流程存在七个问题：一是入境边检查验场地人流交叉严重；二是海关需开包旅客流程的规范性有待加强；三是便捷性需提升，缺少流程各节点的时间控制标准；四是中转标识指引过于笼统；五是中转服务柜台、旅游服务柜台等中转配套设施欠缺；六是信息技术支持需加强；七是中转区域缺乏地域文化特色。

（3）流程优化

机场管理的核心是流程管理，流程管理的重点是流程优化。MCT 是考量机场枢纽运作能力的主要指标，因此缩短航班衔接时间是中转流程优化的主要目标。根据白云机场 2016～2025 年战略方案，MCT 到 2025 年小于 60 分钟。流程优化的具体对策如下。

①加强衔接时间的控制。

T2 航站楼国际转国际 MCT 优化目标为 45 分钟。目前国际转国际旅客流程总计 60 分钟，大于目标时间。由于步行时间和上下层交通时间可优化空间较小，因此检验检疫、边检和海关的查验及等候时间需控制在 23 分钟内。

从实际运行情况看，白云机场入境旅客流量表现出明显的波峰与波谷，加上超设计容量运行的原因，入境边检的旅客排队等候时间在 0～30 分钟变动。联检单位会根据航班到达的数量和现场客流情况安排适当数量的通道开放，作为机场方要与联检单位协商确定好旅客排队等候时间的标准，做好查验区旅客流量的监控，并定期将旅客流量监控情况、变动规律等信息反馈给联检单位，以便联检单位更合理、更经济、更人性化地安排人员、开放通道。

国际转国际不出口岸限定区域旅客享受免办边检手续政策。这类旅客过境时需由地勤人员在登机牌上加盖过境章，如果按照国内自助值机平均办理时间 40 秒/人计算，该环节旅客排队等候时间建议控制在 5 分钟内。《国家对外开放口岸出入境检验检疫设施建设管理规定》提到"通道数的设立以旅客最长候检时间 15 分钟、每名旅客查验时间 15 秒为前提"。在 T2 航站楼该环节旅客排队等候时间建议控制在 7.5 分钟内。在 ACI 的《机场服务质量：标准与测评》中提到了海关通关时间小于或等于 10 分钟。根据实际运行经验，该环节旅客排队等候时间建议控制在 10 分钟内。

综上，国际转国际流程（旅客不出口岸限定区域）的步行时间和上下层交通时间控制在 21.8 分钟，检验检疫查验排队等候时间控制在 7.5 分钟，过境手续办理排队等候时间控制在 5 分钟，海关通关查验排队等候时间控制在 10 分钟，如图 3-61 所示。

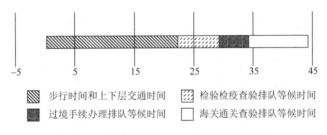

图 3-61　国际转国际 MCT 各环节控制时间

②优化设施设备的配置。

利用地贴形式实现流程指引。在航站楼中转流程管理中，将中转旅客再予以细分，采用专用的标识对不同中转流程的旅客进行分别引导。

中转服务柜台是中转流程中非常重要的服务设施，需要具备登机牌打印功能、信息咨询与指引服务功能。虽然对于"一票到底"的中转旅客而言，已经在首站打印好登机牌，但在到达中转机场后需要第一时间了解具体的中转事项，而且中转流程中涉及不同指廊，因此应在这些指廊、远机位到达区设置中转服务柜台为旅客提供相应的服务。另外，针对国际转国际离开口岸限定区域的旅客，要在国际达到区域设置旅游服务柜台和提供行李寄存服务。

目前，白云机场的外国航空公司多数使用 SITA-CUTE 离港系统，国内航空公司都使用中航信的离港系统，因此在中转柜台的值机系统中需要安装两套离港系统，同时开发或购买可在各航空公司值机系统之间任意切换的软件，以满足不同航班中转旅客的服务需求。

成功的枢纽机场都有成熟的中转配套服务，购物、休闲的设施设备就可以为中转旅客提供好的机场体验。机场应针对中转旅客的服务需求和消费心理，在确保中转流程通畅便捷的同时，提供丰富的中转配套服务、营造舒适的购物环境，让旅客有更好的心情、更多的时间和更强的意愿进行消费。购物、餐饮、钟点客房、休闲娱乐，除此之外还应提供一些免费服务，商业区域以及两舱休息区、计时旅馆，但在商业规划时要注意加强对中转旅客的研究，如躺椅、上网、游戏等，让不消费的中转旅客也能获得良好的体验。

③加大人力资源的投入。

中转服务柜台的工作人员至少需要掌握中文和英语两种语言，要非常熟悉白云机场各种中转流程、中转设施、查验要求和配套服务信息，因此要通过定期培训，让工作人员业务熟练，才能及时向中转旅客提供准确、清晰的信息服务。而对值机人员的要求是，在中转柜台数量有限的情况下，通过培训至少要掌握多个航空公司的值机操作系统。

国内机场的时刻资源是非常宝贵的，随着航线网络的优化完善、枢纽建设的不断推进，T2 航站楼将实行 24 小时开放，对人员的需求就很迫切。因此，要提前研究航班计划与现场规律，通过科学的排班系统安排人力资源。不但要确保所有的运行保障岗位 24 小时有人在岗，还要确保配套的商业服务也实现 24 小时运作。

④做好服务现场的管理。

T2 航站楼东连廊二层即国际入境和中转区域是整个国际流程到达和中转流程的瓶颈，也是多方向人流交叉、人员密集、标识指引困难、管理难度较大的区域。该区域的现场管理，要提前做好旅客流量的分析研判，根据旅客流量的变化及时开放和关闭检验检疫与边防查验通道。尤其要注意事先研究并制定非正常情况下或突发事件的应急处置方案。

枢纽机场的中转服务对时效性的要求非常高，运行保障流程上的各个环节必须紧密合作。尤其是要努力促成代理人之间的合作，才能实现不同航空公司之间的无缝隙、无差别中转流程衔接和行李运输。

⑤强化信息技术的支持。

白云机场利用信息科技手段，开发开放式联检系统，首创海关检查与旅客托运行李同步进行的"远程后台查验模式"，使海关通关速度大大提高。建设出境行李远程判图系统、联检拒绝行李拦截和追踪系统；在入境行李输送带入口处加装海关专用的 X 射线机，对入境行李进行后台预检；在中转行李输送带入口处加装 X 射线机，将所有 X 射线机的图像信息远程传送给海关中转信息处置房以满足行李预检要求；开发、建设联检单位中转服务信息平台，该平台具备旅客信息预检功能、信息共享功能和监管功能；机场要加强对自助服务的研发、加大对自助设备的投放，争取早日实现全中转流程的自助服务。

⑥争取通关政策的支持。

严格控制联检单位查验时间，是实现 MCT 目标的关键与核心。机场方面需要尽早与联检单位进行沟通与协商，想办法为联检单位提高标准创造有利条件。机场方面要尽力争取、继续扩大通程航班的实施范围，最终实现所有国际中转旅客的行李直挂、一票到底。白云机场目前仍是 72 小时过境免签政策，因此需要继续推动、扩大过境免签政策和落地签政策，简化 24 小时过境免办边检手续。

⑦重视环境氛围的布置。

为旅客营造舒适、别致的中转环境，缓解转机的疲劳。在国际转国内通程航班休息区、国际国内中转走廊以及一些候机区域都有条件进行环境和氛围的布置，将文化、生态的概念融入 T2 航站楼中转流程，能够给旅客带来一些具有辨识度的印象和特别的体验。

【案例 3.2】国际转国内流程分析及优化：以 M 航空公司在上海浦东国际机场 T1 航站楼为例。

（1）原有流程

在上海浦东国际机场转机流程中，国际旅客经上海浦东国际机场 T1 航站楼转机前往另一个国家原来需要经过如下的程序：国际航班到达→入境检验检疫→入境边检查验→到达提取行李→托运行李海关检查→托运行李安检→中转值机→国内安检→登机口登机等一系列烦琐的程序，如图 3-62 所示。

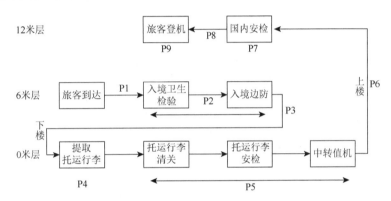

图 3-62　上海浦东国际机场国际转国内流程图

计算旅客完成全部流程所需要时间，如表 3-26 所示。

表 3-26　上海浦东国际机场国际转国内时间进度表

流程	描述	最多耗时/min	说明
P1	下机走到联检柜台	20	以国际最远端 24 号桥为参照（暂不考虑不靠桥航班）
P2	入境检验检疫及边检	10	假设一切顺利
P3	下楼并寻找行李转盘	5	
P4	等待行李	40	以第一件行李 20min 转出，20min 全部行李转出为参照
P5	清关及办理后续航班手续	20	假设一切顺利
P6	上楼至国内出发	10	
P7	国内安检	5	假设一切顺利
P8	前往后续航班登机口	20	以国际最远端 6 号桥为参照
P9	登机	10	航班提前 10min 停止登机
TTL	—	140	—

统计在上海浦东国际机场 T1 航站楼国际转机国内航班流程所需要时间，在剔除等待、拥堵和飞机停靠机坪等因素以外，平均国际转机国内航班的时间在 140 分钟左右。

（2）流程优化分析

《海关总署关于试行航空中转旅客"通程航班"监管模式有关事宜的通知》带来了一种全新的"国际转机国内"优化流程模式可能。原来此类流程最大的瓶颈在于各地海关对托运行李的监管标准互不认可，而文件下发后，M 航空公司得以借助"通程联运"模式优化"国际转机国内"的流程。

"通程联运"模式，是指枢纽机场的查验单位、机场运营单位、基地航空公司、地面服务等单位，以"托运行李免提"突破口，从中转旅客节约时间和便利性的需求出发，依托信息技术和先进设备，通过各单位在工作环节上的整体联动、在场地和设施设备上集约利用，以枢纽机场为节点、以枢纽航线网络为基本流向、以缩短航班最低转接时间为目标，集约使用资源，为中转旅客提供通程登机、便捷行李联运的服务模式。

根据 ESIA 流程优化工具，上海浦东国际机场 T1 航站楼改进后"通程联运"模式下的国际转国内旅客中转流程如图 3-63 所示。

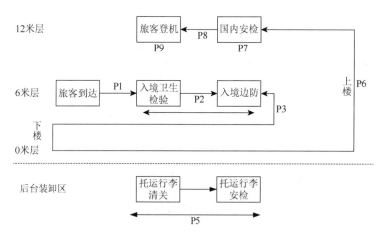

图 3-63　上海浦东国际机场国际转国内优化流程图

新流程的突出特点：一是将后续航班的值机工作由中转站前置到了始发站，即旅客在始发站可以拿到上海浦东国际机场至国内目的地的后段登机牌，二是始发站直接将旅客托运到最终国内目的地，三是旅客在中转站无须提取托运行李，托运行李的清关及安检工作在后台装卸区完成。因此，旅客在上海浦东国际机场 T1 航站楼中转时，在办理完入境相关手续后，可以不经停直接下楼至 0 米层，再去 12 米层国内出发大厅登机。

依托于 ESIA 流程优化工具，分析实施"通程联运"模式下的国际转国内旅客中转流程，可以发现旅客转机所需要的时间缩短至 75 分钟，见表 3-27。

表 3-27　上海浦东国际机场国际转国际时间进度表

流程	原流程	原耗时/min	现流程及改进类型	现耗时/min	备注
P1	下机走到联检柜台	20	不变	20	
P2	入境检验检疫及边检	10	不变	10	

续表

流程	原流程	原耗时/min	现流程及改进类型	现耗时/min	备注
P3	下楼并寻找行李转盘	5	与 P6 共同简化	5	S
P4	等待行李	40	优化取消	/	E
P5	清关及办理后续航班相关手续	20	前置机后台处理	0	SIA
P6	上楼至国内出发	10	与 P3 共同简化	5	S
P7	国内安检	5	不变	5	
P8	前往后续航班登机口	20	不变	20	
P9	登机	10	不变	10	
TTL	/	140	/	75	

①对于 E（Eliminate）清除，对于最耗费时间的 P4 环节，新的模式毫不犹豫地予以了清除，基于《海关总署关于试行航空中转旅客"通程航班"监管模式有关事宜的通知》文件的精神，对于旅客托运行李的清关要求从必须当面进行检查变更为可以后台检查，因此旅客无须再提取托运行李。

②对于 S（Simply）简化，"通程联运"模式对于 S 工具的使用非常普遍，在 P3 和 P6 环节，由于旅客无须提取行李，故而不用寻找行李转盘，可以直接下楼后随正常到达旅客出关，继而直接前往国内出发大厅，中间无须停留与寻找，可以将两个环节的时间合并计算并简化。P5 环节的托运行李清关与安检程序是国家规定必不可少的动作，但通过 S 工具可以发现在这个环节行李流与旅客流可以分离，对托运转机行李进行后台的监管清关，而旅客则直接前往后续航班登机。

③I（Integrate）整合，在"通程联运"模式中，在 P5 环节实施旅客流与行李流的分离，对于行李流而言，可以通过远程判图仪器一次性完成托运行李的海关清关和安检检查工作，即托运行李一次过机检查，联检单位各取所需进行判图，实现了两个程序环节的整合。

④A（Automate）自动化，"通程联运"模式这一国际转机国内的流程优化方式依托于海关政策的突破，但是真正落地却得益于自动化技术，即托运行李远程判图技术。这一成果的实现，使得在符合海关、安检等联检单位监管要求的情况下，做到了转机时间的最大节省。

（3）流程优化的效果

M 航空公司依托"通程联运"模式所实现的国际转机国内流程优化，直接使得旅客在上海浦东国际机场 T1 航站楼的转机时间大幅度缩短，接近于国际先进航空枢纽的水平，对于 M 航空公司融入国际航空网络和上海国际航运中心的建设具有积极的促进作用。实现"通程联运"流程优化模式，虽然增加了必要的设施和资金（远程判图设备）投入，但可以提高行李转运速度，同时也减少对行李转盘和值机柜台的占用，还可有效缓解高峰期普通旅客进出境通道的拥挤。实现"通程联运"流程优化模式，将彻底解除现有查验政策对航班、航线中转衔接上的相关限制，便于 M 航空公司更好地组织或通过相互合作构建枢纽航线网络，形成高质量的航班波，从而给旅客提供更多的中转航班选择机会。更为重要的是，实现"通程联运"流程优化模式后，可以充分利用现有国内航班上空余座位运载中转旅客, 提高航班的平均客座率, 增加 M 航空公司的经营收益, 从而进入良性循环, 得以用更为雄厚的资本与实力加入上海国际航空枢纽的建设中。

3.7.3　中转行李流程

1. 行李中转流程分析及优化策略

1）行李中转流程

由于一架到港的飞机上载有中转到多个航班上的旅客,同时又将载着来自多个航班的中转旅客出港。行李必须随着旅客一起飞行,人与行李不能分离。因此一个航班到达后,必须对行李根据中转的下一个航班进行分拣。对于到达的航班,将行李按照到达和中转分别进行分拣,再将中转行李运送到将要出发的航班上;对于将要出发的航班,应当结集来自各到达航班的行李。这个流程需要仔细设计,以防止行李的错送、漏送和破损。

以上海浦东国际机场为例说明行李中转流程。根据目前上海浦东国际机场 T2 航站楼的中转流程实际运行方式,中转旅客下机后无须提取和托运行李,而是由航空公司和机场替旅客代办中转行李的航班转移。如果采用了行李自动分拣系统,行李中转流程如图 3-64 所示。如果未采用行李自动分拣系统,中转行李流程如图 3-65 所示。

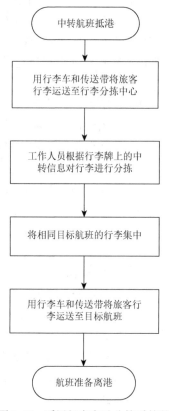

图 3-64　采用行李自动分拣系统的
行李中转流程图

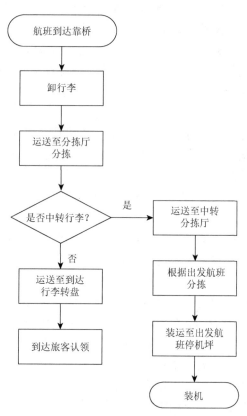

图 3-65　未采用行李自动分拣系统的
行李中转流程图

如果采用了行李自动分拣系统，行李卸机后用行李拖车运送至行李分拣厅，卸放在行李分拣系统的传送带上，自动分拣系统通过采集和分析行李上的 RFID 芯片/条纹码的信息，进行自动分拣，并将到达行李送至到达行李转盘上，中转行李分送至各出发航班行李拖车上。拖车将中转行李拖运至出发航班停机坪，然后装机。

对于非自动分拣系统，行李分拣主要靠人工完成。为防止出错和有秩序地开展中转行李分拣工作，在行李分拣厅应当设置中转行李分拣区，该区的分拣转盘专门用于分拣中转行李。航班到达后，从飞机腹舱卸行李时，装卸工根据行李上的标签识别是否中转行李，将到达行李独装一节车厢，与中转行李分开。行李装运至行李分拣厅后，到达行李运送至到达行李转盘，中转行李运送至中转行李分拣区的指定分拣转盘上进行分拣，由人工分拣后运送至出发航班停机坪装机。如果中转航班量大，那么这种方式将大大影响中转效率。

2）行李中转流程现状分析

（1）航空公司与机场之间信息不共享。

机场面向的顾客是各个航空公司及各个航空公司所接纳的旅客，而各个航空公司面向的顾客只有旅客。因此，对于机场运营而言，不仅要为各个航空公司提供服务，还要为各个航空公司的旅客提供满意的服务。机场亟须各个航空公司的旅客相关信息以便能对中转旅客实现快速反应，而航空公司也需机场提供中转环节信息以便及时告知旅客。

而从现有中转流程中可以看出，旅客信息并没有实现航空公司与机场之间的共享。主要表现为以下几方面。

首先，信息不能共享给旅客带来诸多不便。由于航空公司与机场信息不共享导致中转旅客在中转环节充满盲目情绪。在中转机场是否要提取行李，是否要再值机，如果不需要再值机，到哪里去办理中转手续，行李是否已经实现中转？这些问题都是旅客在中转环节中较为担心的问题，而航空公司或者机场的信息不共享造成旅客不能及时对自己的行程和行李情况进行了解，从而造成旅客在中转环节中比较盲目。国际转国内的旅客一般选择在国外先进行中转，将有直达国内目的地的机场作为中转站，然后从中转站直达国内目的地的中转方法，而不是选择从国外直接到国内机场，然后以该机场为中转站再中转至目的地的方法，避免在国内机场中转过程中造成混乱。

其次，信息不能共享给航空公司带来诸多不便。中转旅客购买的是同一航空公司的联程机票，在航班到达中转站后，中转旅客要中转下一班航班，因此，航空公司需要对中转旅客进行快速中转，如快速下机、行李快速中转、快速办理中转手续、快速登机等。航班到达中转站后，中转旅客和中转行李如果想实现快速中转，需要枢纽机场提供快捷的地面服务帮助中转旅客实现快速中转。但是由于航空公司与机场之间信息不共享，中转旅客及中转行李只能通过与直达旅客相同的渠道实现中转，造成该航空公司中转航班经常延迟离港，等待中转旅客的登机，从而给航空公司带来损失。

最后，信息不能共享给枢纽机场带来诸多不便。枢纽机场由于不能及时掌握中转旅客的相关资料，当航空公司航班到港时需要人工辨别中转行李和直达行李，造成中转环节从开始就陷入了瓶颈。

（2）航空公司之间缺乏合作。

由于目前各个航空公司各为其主，旅客购买联程机票只能购买同一航空公司的才能享受折扣及行李直挂服务。如果旅客购买不同航空公司的机票，由于两家航空公司信息不共享，中转旅客乘坐一家航空公司航班到达中转站后必须到行李转盘提取行李，然后再到值机柜台重新值机，中转时间较长。更重要的是，由于两家航空公司信息不共享，后面承运的航空公司由于不能及时得到该航班的中转旅客信息，难以为中转旅客提供满意的服务。

（3）各个机场之间协作能力较弱。

中转行李与中转旅客在中转站需要快速中转，因此，如何在始发站安排中转旅客及中转行李以便航班到达中转站后能实现快速中转是解决枢纽机场中转流程优化的关键问题。但是由于各个机场之间缺乏合作致使中转旅客信息不能共享，对中转流程造成很大的影响。

（4）机场内部运营效率不高。

从中转旅客流程分析和中转行李流程分析中可以看出，中转行李处理流程中存在人工识别造成中转行李处理流程效率不高；中转行李提取、中转手续办理等环节在各个机场各不相同，因此旅客中转流程复杂，效率不高。

综上所述，枢纽机场为了实现旅客和行李的快速中转，除了要对行李中转系统硬件设施进行智能化、自动化升级，还要对行李中转系统流程以及旅客中转流程进行改进，以适应机场在方便旅客、扩大旅客自主选择权的同时实现快速中转的要求。

3）行李中转流程优化策略

根据 IATA 的民用机场服务质量标准，结合某枢纽机场中转系统的现状分析，可以对中转旅客行李流程进行以下优化。

（1）中转旅客无须提取行李。

经过现行中转流程的仿真分析得出，中转流程的效率很大程度上受制于中转旅客提取行李、再值机环节。需要托运行李的中转旅客到达中转站后必须与直达旅客一样先要到行李提取区提取行李，然后与始发旅客一起到值机柜台重新办理值机手续。这无疑给中转旅客增加了不便捷性，并且降低了枢纽机场的中转效率。因此这一环节可以进行改善，改善前后的中转旅客流程对比如表 3-28 所示。这一环节的改善能够为中转旅客带来便捷，但需要枢纽机场强大的信息系统和行李处理系统作支撑。

表 3-28　中转旅客流程改善前后比较

旅客类型	改善之前	改善之后
国际→国际	国际进港通道→国际进港联检区→认领行李→海关检查→办理转机手续托运行李→离港联检区→国际候机区	国际进港通道→国际进港联检区→办理转机手续→离港联检区→国际候机区
国际→国内	国际进港通道→国际进港联检区→认领行李→海关检查→办理转机手续行李托运→安检→国内候机区	国际进港通道→国际进港联检区→办理转机手续→安检→国内候机区
国内→国际	国内进港通道→认领行李→办理转机手续行李托运→离港联检区→国际候机区	国内进港通道→办理转机手续→离港联检区→国际候机区
国内→国内	国内进港通道→认领行李→办理转机手续→安检→国内候机区	国内进港通道→办理转机手续→安检→国内候机区

（2）建立信息共享平台。

如果中转旅客不提取行李而直接办理转机手续,中转行李在始发机场办理托运手续时航空公司、始发机场应在行李标签上应注明旅客姓名、中转机场信息及目的航班信息,并且旅客姓名、目的航班、行李编号等信息应提供给中转机场。这样旅客到达中转机场后,中转机场行李处理系统才能自动识别中转旅客及行李并根据行李编号进行分拣,最终运送至目标航班装机。这就需要航空公司、各个机场之间的信息实现共享。信息共享平台是解决中转旅客便捷性、扩大旅客自主选择权和中转速率的核心内容。平台集成各个机场的航班、旅客、行李信息,由此形成各个机场之间、各个航空公司之间的信息共享。借助该共享平台的数据信息,为行李和旅客的快速中转提供方便。

对于航空公司而言,实现数据共享,航空公司可以根据旅客的要求制定行程,而不必要求旅客购买同一航空公司的联程机票。对于枢纽机场而言,实现数据共享,机场可以为不同航空公司之间中转的旅客进行行李中转服务,旅客无须提取行李即可实现中转;对各个不同航空公司的航班进行优化调度,以满足其他航空公司航班进港的中转旅客的中转需求。对于旅客而言,可以根据自己的行程安排选择合适的联票组合,并且在中转站无须提取行李进行再值机环节,只需办理中转手续进入候机大厅等待登机即可。

（3）行李装机环节优化设计。

根据现行中转流程,中转行李与直达行李由于在始发机场装机时混淆放置,在航班进港后,无论中转行李还是直达行李都只运送至行李提取转盘即可。但是如果中转旅客无须提取行李直接完成转机,行李卸下航班之后的第一个环节就需要人工鉴别行李类别:如果是中转行李,则被送往行李分拣机进行分拣;如果是直达行李,则被送往行李提取转盘。这一环节阻碍了中转行李的快速中转。对行李装机环节优化设计,是指在航班始发机场行李装机环节中,直达行李和中转行李分类放置,在航班到港之后,机场员工能迅速识别中转行李和直达行李,对中转行李采取优先处理,直接输送至分拣机进行分拣,提高中转行李的处理效率,有利于行李实现快速中转。该措施减少了机场地勤人员进行人工识别行李是否是直达行李这一环节。除此之外,由于中转行李采取优先处理的措施,中转行李中转效率明显提高。改善前后行李流程比较分析如表 3-29 所示。

表 3-29　改善前后行李流程比较分析

改善前	改善后
航班进港→行李下机→运送到行李提取转盘→中转旅客提取→值机托运→分拣机分拣	航班进港→行李下机→运送至分拣机分拣

2. 行李国际转机流程优化

以某航空公司在上海浦东国际机场 T1 航站楼行李国际转机流程为例,分析国际转机行李优化。

1）上海浦东国际机场 T1 航站楼行李流程问题

如图 3-66 所示,一般大型国际枢纽机场的中转行李流走向分为两种,虚线箭头方向所示为特殊行李中转流程，即为"机转机"模式。在前一个航班进港后，由工作人员在飞机下利用手持式行李分拣扫描设备对转机行李进行识别和分拣，并直接将中转行李运往后续航班飞机下实施装机。这种模式是最为快捷的方法，但在国内却无法实现，中转行李流只能沿着实线箭头所示方向进行，原因主要分为两类。

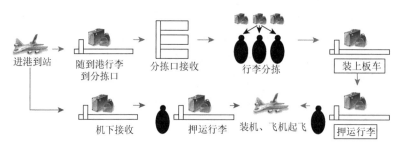

图 3-66　行李中转流程

（1）技术因素。若要实现"机转机"模式，必须要有专业的机下分拣设备，由于这一领域相对垄断，且国内民航有严格的准入机制，可以供选择的制造商有限，相应的产品成本也较高。若要实现此种模式，必须有一个统一的后台数据库支持，目前的系统开发商无法实现全行业的统一数据库支持。

（2）政策因素。对于纯国内转机航班行李而言，由于各地安检标准互不认可，中转站不认可始发站行李的安全检查标准，必须重新检查，所以行李必须回到候机楼分拣区重新安检。而涉及国际航班的转机行李，海关必须行使监管权力，故所有行李都必须回到候机楼分拣区接受检查。

2）上海浦东国际机场 T1 航站楼设计带来的问题

关于上海浦东国际机场 T1 航站楼设计问题，在前面国际旅客中转流程中也已涉及。因为上海浦东国际机场 T1 航站楼在设计初期，还没有明确枢纽机场的定位，是完全按终端机场设计的，因而并不具备中转功能。上海浦东国际机场 T1 航站楼的廊桥位数量有限仅为 28 个，如果按照目前每日"三进三出"航班波段计算，若要实现航班完全靠桥，需要约 60 个廊桥位，这显然无法得到满足。而旅客托运行李的分拣区域位于候机楼内，所有中转托运行李都需要从前一个进港航班的飞机下运送到候机楼内的分拣区，完成分拣后再驳运装载到后一个出港航班所在的飞机上，因此飞机的停靠桥位直接关系到行李流周转时间的长短。

目前停机位的使用也制约了中转行李的运送，因为机位距离航站楼的行李分拣区较远，而且需穿越两条滑行道，根据机场禁区内行驶的相关规定，飞机滑行处于绝对优势地位，任何车辆都必须让道或者等待。装载行李的接驳车本身行驶速度较慢，还需等待滑行道上的飞机，因此严重影响停在远机位上航班行李的中转速度。这一瓶颈问题是候机楼的设计结构造成的，短时间内无法改变。

3）原有转机行李操作流程

如图 3-67 所示，托运行李的转机流程在上海浦东国际机场大致可以分为三个部分，

第一部分是卸下行李并运至候机楼内场，大约需要 30 分钟；第二部分是内场行李分拣，国内航班大约需要 25 分钟，国际航班由于行李数量多，大约需要 40 分钟；第三部分是行李出发并重新装机，国内航班大约需要 25 分钟，国际航班由于行李数量多，且行李周转箱需要排列布置，大约需要 30 分钟。其中第一和第三部分基于候机楼停机位置的物理距离问题难以缩短。因此，缩短行李转机流程的关键环节就在于内场行李分拣部分。

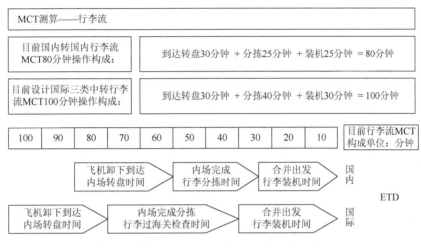

图 3-67　上海浦东国际机场 T1 航站楼行李中转分析图

4）行李再确认系统优化行李分拣流程

为了达到上海航空枢纽港建设的要求，适应快速增长的中转旅客流量，某航空公司投资研发了一套应用于中转行李分拣的行李再确认系统（baggage reconciliation system，BRS），为该航空公司的中转行李分拣提供了一套便捷、严密、灵活的再确认管理功能。BRS 系统通过采集行李转机信息（BTM）报文获取转机行李信息，其前端通过有线扫描枪设备，实现快速扫描行李再确认，确保中转行李正确分拣，杜绝行李投错；后台提供了实时的监控和多种方式行李的统计分析，为决策者提供有力的依据。该系统可提高机场和航空公司行李分拣的效率，杜绝因手工分拣造成的差错等，保证了行李运输的安全和正常，同时为航空公司提供了一套完整的行李统计分析的数据。促进了中转行李分拣效率的提高和品质的提升。

使用行李再确认系统后，整个行李流在内场行李分拣环节的操作流程有了本质性的改变，从人工逐一比对 BTM 报文的行李信息变为扫描"行李分拣粘贴纸"上的行李小标签，利用系统进行自动比对匹配，从而实现了高效、迅速、准确的中转行李分拣。

为进一步验证行李再确认系统对中转行李流改善的作用，根据进港航班转进行李的数量，统计原有手工分拣模式及采用行李再确认系统分拣两种情况下平均每个航班的信息核对耗时和平均每件行李的信息核对耗时情况。在使用行李再确认系统的情况下，平均每个航班的分拣耗时与平均每件行李的分拣耗时也远远低于手工模式，效率提高了 5～6 倍，如表 3-30 所示。

表 3-30　中转行李流程对比表

组号	行李件数	手工模式每个航班耗时/min	手工模式平均每件行李耗时/s	使用 BRS 每个航班耗时/min	使用 BRS 平均每件行李耗时/s
1	1~10	9	132	1	15
2	11~20	10	52	1	7
3	21~30	12	38	2	5
4	31~40	16	30	2	5
5	41~50	23	26	3	5
6	51~80	38	23	4	4
7	80 以上	42	17	8	3

利用 QQTC 模型分析，如表 3-31 可以发现使用 BRS 系统后，在各项目上均处于明显的优势。BRS 模式是一种标准化作业模式，所有工作人员均利用扫描枪将中转行李标签录入系统进行比对，几乎没有差错，工作质量也大幅度提升。使用 BRS，一名分拣人员就可以轻松完成所有行李的分拣比对工作，有效降低了人力成本。

表 3-31　中转行李分拣模式对比表

类别	手工模式手工	BRS 模式
Q（Quantity）数量	1 分钟可以分拣 3.5 件行李	1 分钟可以分拣 20 件行李
Q（Quality）质量	人为差错无法避免	用系统识别的标准化作业，几乎无差错
T（Time）时间	单个航班 42 分钟，单件行李 17 秒	单个航班 8 分钟，单件行李 3 秒
C（Cost）成本	需要增加分拣人员以提高效率	1 名分拣人员即可

采样统计"国际转国际"情况下中转进出港航班停靠在不同位置（包括廊桥位、远机位、专机位），再手工分拣行李和使用 BRS 分拣行李，整个行李流所耗费的时间，可以发现 BRS 行李再确认系统所带来的行李流优化效果是十分显著的，如表 3-32 所示。

表 3-32　中转行李分拣流程对比表

类型与模式	卸下行李运至候机楼内场/min	手工模式行李分拣/min	BRS 模式行李分拣/min	行李出发并重新装机/min	手工模式耗时总和/min	BRS 模式耗时总和/min
联程/行李流	30（靠桥）	42	8	26（靠桥）	98	64
	30（靠桥）	42	8	30（远机位）	102	68
	30（靠桥）	42	8	30（专机位）	102	68
	32（远机位）	42	8	26（靠桥）	100	66
	32（远机位）	42	8	30（远机位）	104	70
	32（远机位）	42	8	30（专机位）	104	70
	35（专机位）	42	8	26（靠桥）	103	69
	35（专机位）	42	8	30（远机位）	107	73
	35（专机位）	42	8	30（专机位）	107	73
平均耗时					103	69

　　在传统手分拣转机行李的情况下,整个行李流程平均需要耗时 103 分钟,而在中转行李分拣环节采用了行李再确认系统之后,整个中转行李流程的时间压缩到了平均 69 分钟,这一时间恰好与旅客流所耗费的时间所吻合,也就是说,旅客流与行李流能够相互匹配,不会出现人等行李或者人与行李不同机的现象。

思考题

　　1. 结合表 3-5 的航班服务时间信息,针对航班 4 和航班 8 进行甘特图绘制,并找出关键路径,对流程进行优化。

　　2. 绘制旅客值机指南图,包含柜台值机、自助值机、一体化托运行李的不同类型的旅客。

　　3. 具体分析疫情下防控措施及对地面服务保障流程的影响,并提出流程优化方案。

　　4. 资料学习:登机旅客组织及登机策略改进。

第4章 机场设施资源配置

4.1 机场设施资源规划及管理

当前，繁忙机场的容量不足已成为航空运输业发展的一个重要瓶颈。机场繁忙、拥挤状况的日趋严重，航班延误的不断增加，造成了巨大的经济损失。了解和掌握机场资源科学配置的方法，对于改善和提高机场容量，满足日益增长的航空运输需求，减少空中交通拥堵和航班延误，都是十分有意义的。

4.1.1 机场生产组织

航空运输生产是系统内部主要围绕生产资源的优化配置展开的，旨在与外部需求相匹配，用尽可能小的成本完成运输任务。机场是组织航空运输生产的重要场所。在这里，飞机起飞、着陆、停放；旅客下机、领取托运行李，办理乘机手续、候机和登机以及转机；到达的货物在这里卸下和转运，离港的货物在这里分理、打包、装箱和装机。

旅客运输生产活动从旅客到达航站楼入口处开始，国内航班旅客通过值机和安检，即可进入候机厅候机，航班出发前20分钟左右开始登机；国际旅客除了值机和安检外，还需要办理出关手续（包括海关申报、检验检疫和边防检查）。到达目的地机场后，国内航班旅客下机到行李认领厅领取行李，然后转乘陆路交通离开机场；国际航班旅客还必须办理入关手续，首先通过边防检查，然后领取行李，接受卫生检验检疫和海关申报后，转乘陆路交通离开机场。货物运输生产首先由货代收集货物，分理打包，向航空公司申请货舱舱位，再运送至机坪装机；到达目的地机场的货物下机后运到货站，在货站进行分理，然后用货车运往最终目的地。如果是国际货物还必须办理出入报关手续，通过海关和检验检疫检查。

航空运输生产组织就是执行航空运输计划的生产流程和资源调度。航空运输生产是按照计划进行的，最重要的生产计划是航班计划，其作用是配置运力资源。

4.1.2 机场设施资源

1. 航空运输生产资源分类

支持和保障实现航空运输的各种要素称为航空运输生产资源。这些资源有有形的，有无形的，有人也有物。无形的包括时隙、航线（航权）、公司形象、信息和情报等。有形的包括飞机、机组、地面设施和设备、跑道及滑行道、空域、信息系统。缺少任何资源，航空运输都不能正常进行。航空运输生产的首要任务是优化配置这些资源，使航空运输系统发挥出最大的效益，为国家的经济建设服务。

其中航空公司的运输生产资源包括飞机、机组、地面设施设备、信息和信息技术、公司形象。机场提供的运输生产资源包括陆路到达系统、航站楼及其设备、跑道及滑行道、停机坪及地面设施设备。中国民用航空局空中交通管理局（简称民航局空管局）提供的运输生产资源包括航路、时隙、交通信息。政府（民航局、管理局）提供的资源包括航权（航线）、政策和法规。

2. 主要资源及其影响因素

这些资源中，重要的资源包括：飞机资源管理、机组资源管理、空域资源管理、航线资源管理、时隙资源管理、地面设施管理、信息资源管理。其中，机场地面设施管理包括机场各种生产设施和设备以及航路导航设施。陆侧的有：停车场、车道边、值机区、安检区、候机区、海关检查区、边防检查区、行李处理与运送系统、货站及其装卸设备、货站安检和称重设备等。空侧的有：跑道及滑行道系统、停机坪、机场监视系统、助航与导航系统、机场空侧各种特种车辆、各种装卸机设备、登机桥及其附属设备、加油、加水设备等。这些地面设施都为运输生产服务，属于生产资源，科学调度这些设备对于保障航空运输安全运行和减少延误特别重要。

机场的稀缺资源包括：跑道、停机位、值机柜台、安检、边检柜台、车道边。以上资源不足都表现为容量不足，科学合理调配可以不增加硬件设施的投入，使容量增加。通过分析影响这些设施容量的因素，才可能进行有效管理。

影响跑道容量的因素包括：天气、跑道构型、运行模式、飞机起降顺序、间隔的规定、快速脱离道口的位置、飞行员对机场的熟悉程度、管制员的技术熟练程度。

影响停机坪容量的因素有：桥位布局、机型大小、航班性质、停机坪作业时间、旅客误机、机组误机。

影响值机柜台容量的因素：航班性质和机型大小、旅客到达分布、旅客托运行李件数、值机柜台开放模式、旅客队列形状、团队旅客比例、值机员的熟练程度。

影响安检通道容量的因素有：安检通道的布局、旅客携带行李数、违禁物品的比例和开箱率、旅客是否熟悉安检流程，是否已做好准备。

影响边检通道容量的因素有：旅客是否已填好出入境申请单、旅客是否已准备好护照、旅客队形、边检人员熟练程度。

影响车道边容量的因素：到达车型结构、航班值机及其入口的布局、车道边交通规划与管理、旅客携带行李大小与件数、航班计划、车道边的面积、驾驶员的行驶和停车选择。

4.1.3　机场设施资源规划

1. 机场运行系统

机场可以分为陆路到达系统、航站区系统和飞行区系统。航站区系统主要包括办理旅客手续的系统，如值机柜台、安检通道、边检通道和登机门、提取行李转盘等旅客流程中所需的设施，旅客在每个设施前接受服务时，可能需要排队等待。飞行区系统又可分为跑道系统、滑行道系统和停机坪三个功能设施，飞行区功能是为飞机运行服务而建设的。

机场运行规划是指为机场的生产运行所制订的计划和规则，包括生产流程的设计和分析、生产资源的配置以及生产调度计划的制订等。在进行机场运行规划时，需要分析机场系统各子系统、各功能实施的容量和效率。容量是生产能力的体现，效率是管理水平的体现。通过设施设备合理规划，可以帮助机场管理者掌握生产组织的各种关系，提高服务水平，改善机场运行质量。

2. 机场设施资源规划流程

机场运行规划流程如图 4-1 所示。通过对机场各项设施现状的调研，分析影响因素，预测未来交通流量，掌握未来交通流量需求下的机场容量水平。为进一步进行容量-需求分析，同时进行容量评估，机场规划人员不仅需要正确分析现有容量水平和容量瓶颈环节，找准生产流程需要改进甚至改造的地方，提出改造方案，还要将交通需求不断反馈到机场容量的规划中，影响容量规划的制定和修订。

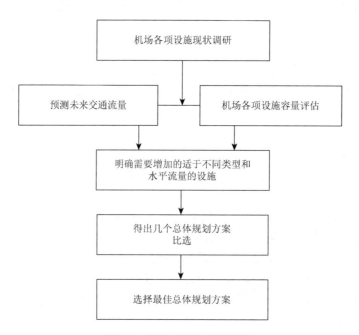

图 4-1　机场运行规划流程图

机场容量指单位时间的生产能力，在不同的功能区，有服务旅客数、服务飞机数和服务行李数等。机场功能设施理论可达到的最大流量称为极限容量。在繁忙机场，常常由于容量不足而导致飞机排队等待起飞和降落；旅客排着长队等待值机、安检、领取行李。当航班不能正点起飞时，便产生航班延误。航班延误是指实际出发时间与计划出发时间的差值，尽管航班延误的原因有多种，但机场容量不足是重要原因。如果航空公司的机务或机组原因造成了航班延误，则只会影响一个航班，如果机场容量不足，则将造成大面积航班延误。

一般来说，当交通需求超出机场容量时，航班延误定将发生。如果使用平均需求来进行衡量，要特别注意：即使平均需求小于机场容量，航班延误也可能发生。这是因为尽管平均需求不超过机场容量，但瞬时需求（即峰值需求）可能会超过（甚至大大超过）机场容量，造成一段时间内的航班拥堵和延误。延误造成经济损失，也反映了服务水平和服务质量。交通需求的规模及其分布对航班延误有重要影响。在交通需求不变的条件下，增加机场容量能减少延误。机场容量与交通需求及航班延误之间的关系常可作为确定机场容量的有用方法，如图 4-2 所示。

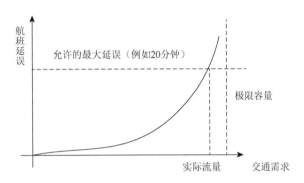

图 4-2　机场容量、交通需求和航班延误关系图

随着交通需求的增加，航班延误开始时缓慢增加，当交通需求增加到某种水平时，航班延误增长加快，当生产流量接近极限容量时延误将趋于无穷大。即需求量越接近于极限容量，平均延误时间越大。依据某个可接受的服务水平，即某个相应的可容许的平均延误时间所确定的容量，称作实际容量。容量分析主要用于判别现有设施是否满足运输需求，确定设施新建或扩建所需的规模。延误分析则主要用于方案比较及经济分析和评价。

以跑道容量分析为例，分析影响跑道容量的因素，如空中交通管制因素、机队组成、跑道布置及使用方案、环境因素等，计算跑道容量和延误时间。美国联邦航空局（FAA）编制了根据跑道布置和使用方案可供长期规划使用的估算小时容量、年容量和平均延误时间的图表，以供规划时参考，通过比较不同方案的延误时间，选择最合适的跑道改善方案。

4.2　机场飞行区主要资源配置

4.2.1　停机位容量计算

停机位容量可以分为静态容量和动态容量。静态容量是指同时停靠的最大飞机数，相当于现有停机位总数。动态容量定义为给定条件下单位时间（一天 24 小时）内可以服务的最大飞机架数。影响因素有：可获得停机位数、各种飞机类型比例、各种类型飞机的服务时间（靠桥时间）分布、航班类型（国内或国际）。

停机位动态容量受到停机位数量、停机位类型、停机占用时间、机型组合以及停机位的使用限制条件等因素的影响。

1. 静态容量

如果所有的停机位可以服务所有类型的飞机，则停机坪数量（静态容量）应当满足：

$$N_g = \lambda_g(T_g + S_g) \tag{4-1}$$

其中，λ_g 为单位时间内到达的航班数，T_g 和 S_g 为从飞机靠桥到离桥的时间和下一个航班的飞机可以靠桥的最小时间间隔。这里的时间单位用小时。

2. 实际动态容量：机型有限制的情况

根据飞机最大起飞重量（MTOW）级和着陆速度对飞机进行分类，划分为 A、B、C、D、E、F 六类。其中 A 和 B 为最大起飞重量在 7t，如表 4-1 所示。

表 4-1　飞机分类标准

A/C 分类	最大起飞重量 MTOW/t	着陆速度/kn（IMC）
A	≤7 Dorrnier，Cessna	70～90
B		91～120
C	7～136 ATR42，B737，A320	121～140
D		141～165
E	>136（B767，B747，A340）	>165
F	A380	170～185

某停机位可以被多种机型飞机占用，设有 $N \leq 6$ 种类型的停机位，第 k 类停机位可以被 N_k 种机型的飞机占用，则停机位容量的计算公式为

$$C = \sum_{k=1}^{N} C_k \tag{4-2}$$

$$C_k = \frac{u_k N_k}{T_k} \tag{4-3}$$

$$T_k = \sum_{i=1}^{N_k} P_i T_k^i \tag{4-4}$$

其中，C_k 为第 k 类停机位容量；u_k 为第 k 类停机位的利用率，即第 k 类停机位被飞机占用时间与总时间的比例，T_k 为第 k 类停机位的平均被占用时间；P_i 为第 i 类飞机停靠 k 类停机位的航班量占 k 类停机位航班总量的比例，T_k^i 为第 i 类飞机对第 k 类停机位的平均占用时间。

【案例 4.1】　某机场共有 28 个桥位，服务于 C、D、E 三类飞机，每天停靠的 C 类机型有 B737，B320（319，321），D 类机型有 B757，E 类机型有 A340 和 B747。C 类机位停靠各类机型航班的比例分别是 100%，0%，0%，平均占用停机位时间是 1h；D 类机位停靠各类机型航班的比例分别是 20%，80%，0%，平均占用停机位时间是 58min，1.5h；E 类机位停靠各类机型航班的比例分别是 10%，20%，70%，平均占用停机位时间是 55min，

1.4h 和 2h。三类停机位分别有 12 个，6 个和 10 个，利用率分别是 0.8，0.77，0.8。试求停机坪的容量。

解：首先计算各类机位的容量。对于 C 类机位，由于

$$T_1 = \sum_{i=1}^{1} P_i T_1^i = 1 \times 1 = 1h$$

所以 C 类机位的容量为

$$C_1 = \frac{u_1 N_1}{T_1} = \frac{0.8 \times 12}{1} = 9.6 个 / h$$

对于 D 类机位，由于

$$T_2 = \sum_{i=1}^{2} P_i T_2^i = 0.2 \times 0.97 + 0.8 \times 1.5 = 1.39h$$

所以 D 类机位的容量为

$$C_2 = \frac{u_2 N_2}{T_2} = \frac{0.77 \times 6}{1.39} = 3.3 个 / h$$

对于 E 类机位，由于

$$T_3 = \sum_{i=1}^{3} P_i T_3^i = 0.1 \times 0.92 + 0.2 \times 1.4 + 0.7 \times 2 = 1.87h$$

所以 E 类机位的容量为

$$C_3 = \frac{u_3 N_3}{T_3} = \frac{0.8 \times 10}{1.87} = 4.3 个 / h$$

所以停机坪总容量等于

$$C = C_1 + C_2 + C_3 = 9.6 + 3.3 + 4.3 = 17.2 个航班 / h$$

该机场 28 个停机位平均每小时可停靠 17 个航班，如果一天开放 14h，那么一天可停靠 238 个航班，年吞吐量可达千万人次。另外要提高停机坪容量，除了缩短飞机停靠时间，还可以提高利用率。

机型有限制时停机坪动态容量的另一种计算

$$C_G = \min_i [N_i / (T_i P_i)] \tag{4-5}$$

其中，C_G 为动态极限容量，N_i，T_i，P_i 分别为可供类型 i 飞机停靠的停机位数、类型 i 飞机的靠桥时间以及类型 i 飞机所占的比例。

例如，某机场服务 M 和 H 两种飞机，比例分别为 0.8 和 0.2，停机坪分别有 9 个和 3 个，靠桥时间分别是 1h 和 1.5h，可以算得容量为 $\min[11, 10] = 10$ 架/h。

3. 实际动态容量机型：无限制的情况

如果停机位可以停靠所有类型的飞机，则容量可以按照下面的公式计算：

$$C = \frac{uN}{E[T_i]} \tag{4-6}$$

$$E[T_i] = \sum_{i=1}^{M} P_i T_i \qquad (4\text{-}7)$$

其中，M 为机场服务机型数；u 为停机位平均利用率；T_i 为第 i 类飞机对停机位的占用时间。

4.2.2　停机位分配问题

1. 停机位分配问题描述

停机位分配是指在给定的作业时间窗内，考虑机型和停机位类型、航班时刻等因素，分配进港飞机到有限的停机位上实现停靠，以保证客货的有效衔接。有的研究中称为机位指派。

根据航班计划和资源占用状态，综合考虑飞机地面保障和旅客服务因素，按照一定的规则和要求，为执行某个航班的进港飞机分配一个适当的停机位的决策过程称为一次停机位分配。机位分配的工作要求如下：停机位提前发布的时间要求、航班入位等待规定及通报规定、停机位变更次数的限定、特殊要求航班、要客航班停机位变更原则、航空器故障或其他特殊情况下的停机位拖曳、特殊情况下的特许停机位统一分配。当日航班停机位分配工作以首都国际机场 T3 航站楼为例，流程如图 4-3 所示。

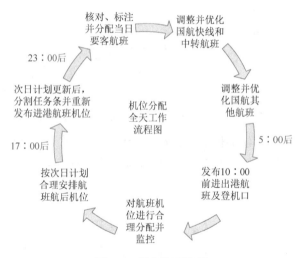

图 4-3　机位分配流程

停机位分配有预分配和实时分配两种，预分配是在第一天根据第二天的航班计划为第二天做好的机位分配计划，实时分配是指由于航班的延误等机位分配计划不能正常执行时，所进行的机位调度，目的是保障航班和停机位分配计划尽快恢复正常，减少航班延误。

停机位分配问题是一个多目标多约束的优化问题，其结果具有多态性和非稳定性；停机位的分配是一个实时的结果，在实际的调配中，需要根据航班的实时进出港时间进行调整。此外，由于航空运输生产的连续性，机位分配问题是具有连续性的性质，停机位分配是一个连续的过程，不存在明确的开始和结束时刻。由此可知停机位分配是一个多目标、多约束动态的系统优化决策问题。

2. 模型假设条件

对停机位分配问题进行建模，其本质就是对实际问题的抽象，为了使我们的模型更能反映目标函数对于结果的影响性，并且使得模型的求解更加方便，这里引入了一些假设条件，也使得我们的研究方向更明确。

（1）有限时段假设：如前所述，停机位分配是一个动态连续的过程，前一个状态会传递影响后一个状态，理论上不可能求出最优解，但在一个具体的考察时段内，此问题所涉及状态是有限的，可以求得最优解。

（2）满足容量假设：假设研究问题的机场的航班量和时刻都能满足机场停机位的最大容量，机场停机位能够为所有的航班提供服务。对于每个航班，总能为其分配一个合适的停机位停靠。

（3）航班规范假设：由于航班具有匹配性，对于每一个进港航班，都有一个离港的航班与其进行配对，这两个相互匹配的航班组成一对配对航班，用同一架飞机来执行，这两个配对航班又可以称为航班对。这个航班对所占用停机位的时间称为机位占用时间，因此建立模型时，需要分配停机位的对象就变成了航班对，也就是在为航班对分配停机位。

（4）机型类别假设：根据国际民航组织的规定，现在国际通用的机型分类有六种，在有些研究中，为了方便，有时候将研究问题的机型分为大、中、小三类，在此基础上研究停机位分配的问题。

（5）机位使用效率假设：对于每一个航班对，停机位使用效率的大小由航班对所使用的机型来决定，通常假定大型机停靠大型机位效率比中型机停靠要高，并且以此类推。

（6）信息的完备性假设：假设每个时间段内邻接时间段的航班对信息和机位资源的信息都为已知，例如，以一天（24 小时）为一个时间段，则次日的航班对计划和机位资源信息都为已知状态，按照此信息进行次日停机位资源安排。

（7）安全时间间隔假设：同一机位的两个相邻的航班对之间，必须要有一定的时间间隔，这个时间间隔称为安全时间间隔。为了研究的方便，假设这个时间间隔为一个固定值。

3. 停机位分配约束及目标

制约机位分配的因素很多，通常分成两类：一类是机位分配的基本约束，即保证机场正常安全运行的最基本机位分配约束条件；另一类是机位分配的附加约束，是为了实现不同优化目标。

1）机位分配的基本约束

（1）航班停靠时，必须被分配且仅能被分配到一个停机位。

（2）同一时间段，同一个停机位最多能停靠一个航班。

（3）应满足最短过站时间要求。即一架飞机开始停靠停机位到结束停靠停机位的时间，不能短于这种机型飞机的最短地面服务时间。

（4）应满足同机位安全间隔时间约束。即停靠同一停机位的衔接航班，前后航班之间应保持一定的时间间隔，以保证航班能顺利进出停机位，不发生意外事故。

（5）机型与机位相互匹配约束。即大型航班只能停靠大型停机位，不能停靠到中型或小型停机位；中型航班可以停靠中型和大型机位；小型航班可以停靠所有的机位。

2）附加约束条件

（1）分配优先级别。通常机位分配的优先级为：正班航班优先于加班航班，加班航班优先于补班航班或公务机；客机优先于货机；转场前后航班的航线性质的航班优先级别从高到低依次为：国际转国际、国际转国内、国内转国际、国内转国内。

（2）相邻机位停靠约束。根据 IATA 的规定，B 类飞机间的最短安全距离为 3m，C类飞机间的最短安全距离为 4.5m，D、E、F 类飞机间的最短安全距离为 7.5m。

（3）其他特殊约束。主要包括：①航班过夜约束，此时机位分配不仅要考虑当天的到港情况，还要考虑次日出港以及地面服务和检修等情况。②小机位合并停靠大机型约束，即当有大机型航班需要停靠，机场的大机位没有空闲而某些相邻小机位有空闲时，通过合并小机位来停靠大机型航班。③飞机故障约束，即机位分配时需根据飞机的故障类型，确定飞机停靠远机坪、维修机坪或桥位机坪，以减少故障航班占用桥位的时间。④飞机维修约束，即分配机位时考虑维修的方便。

3）模型目标

现有的机位分配模型的差异主要体现在优化目标上，按优化目标的不同，主要可以分为以下三个方面。

第一，把旅客转机所走过的路程总和最小化作为机位分配模型优化的目标。

第二，把机位使用空闲时间间隔的均衡性作为机位分配模型优化的目标。

第三，把航班等待延误时间的最小化作为机位分配模型优化的目标。

通过现有机位分配模型的分析，现有模型存在如下问题。

第一种，旅客转机所走过的路程总和最小化作为机位分配模型优化的目标存在较大误差，影响分配结果。在航站内旅客转机流程可能不一样，航站构型不同，则旅客步行距离很难用一个统一的数据进行量化描述。第二种，以所有机位使用空闲时间间隔均衡为优化目标，即机位使用空闲时间的平方和最小为优化目标。一方面能够很好地避免部分机位使用过于频繁，提高机场机位资源的利用率；另一方面可能会因为机位资源紧张而导致航班等待延误时间增加。第三种，将航班等待延误时间的最小化作为机位分配模型优化的目标会加剧机场机位资源使用的不平衡，部分优势机位，主要是指靠近候机厅、值机柜台、行李寄存处等位置的机位使用频繁，而不具有优势的机位常常出现空闲。

因此结合机场机位实际作业情况，针对现有机位分配模型的目标函数和存在的问题，多数以航班等待延误时间和机位使用空闲时间均衡性为优化目标建立机位分配模型。

4. 机位预分配问题的数学模型

给每个航班按照进港时刻编号 1, 2, $\cdots$, n，并构成航班集合 I，在集合 I 上定义如下参

数 A_i，D_i 和 L_i，分别表示航班 i 的到达时刻、出发时刻和机型，机型按从小到达的次序编号 1, 2, …, 6。同时给各种停机坪统一编号 $j = 1, 2, …, m$，构成停机位集合 J，在集合 J 上定义停机位类型 P_j，将可停最大机型定义为停机位的类型，最多有 6 个类型，按照类型从小到大编号 1, 2, …, 6。当 $L_i \leq P_j$ 时，航班 i 的可停停机位为 j。设同一个停机位的前、后两航班的最小间隔时间为 T，也就是如果航班 i 和 k 是停机位 j 的前、后两个航班，那么应有 $L_i \leq P_j$，$L_k \leq P_j$ 和 $A_k - D_i \geq T$。

将一天的机场开放时间划分为若干区间，称为分配周期，如一天开放 16h，划分成 8 个区间，则每个周期为两小时。每个周期长度的确定原则是该周期内新到航班不在本周期内出港，出港的都是在期初已进港的航班。在每个周期的开始，停机位集合 J 分成两个子集 J_0 和 J_1。J_0 是空的停机位集合，J_1 是被占停机位的集合。再设 J_2 为本周期中可以空出供到达航班使用的机位集合，$J_2 \in J_1$，其中 J_2 停机位可以通过查询 J_1 中航班的离港时刻获得，J_1 中本周期结束时刻与离港时刻的差不小于 T 的航班的停机位 J_2。该周期需要处理的航班集合也分为三个子集 I_0，I_1 和 I_2，I_0 是初期已到机场并占停机位的航班，I_1 是在本周期内将离港的航班，I_2 是本周内将进港并需要停机位的航班，显然有 $I_1 \in I_0$。I_1 的航班可通过查询 I_0 中航班的离港时间获得，并且应与 J_2 中停机位的航班数相同。另外还应满足 $|I_2| \leq |J_0 \cup J_1|$，如果不满足该关系，可将最后到达的航班归到下一个周期去分配。

作了上述划分后，要做的事只需将 I_2 的航班分配到 J_0 或 J_2 即可。对于一个周期的停机位预分配问题，由于不知道各航班旅客数，因此不采用旅客行走距离最小作为目标函数。采用航班延误和停机位空闲的时间总和最小为目标函数，并采用基本约束条件，但其中航班最小衔接时间要求已由航班计划保证，因此给出一个周期中停机位预分配问题的数学模型如下：

$$\min z = \sum_{i \in I_2} \left(\sum_{j \in J_0 \cup J_2} K_j x_{ij} - A_i \right)^+ + \sum_{j \in J_0 \cup J_2} \left(\sum_{i \in I_2} A_i x_{ij} - K_j \right)^+ \tag{4-8}$$

$$\text{s.t.} \sum_{j \in J_0 \cup J_2} x_{ij} = 1, i \in I_2 \tag{4-9}$$

$$\sum_{i \in I_2} x_{ij} \leq 1, j \in J_0 \cup J_2 \tag{4-10}$$

$$(A_i - K_j) x_{ij} \geq 0, i \in I_2, j \in J_0 \cup J_2 \tag{4-11}$$

$$(P_j - L_i) x_{ij} \geq 0, i \in I_2, j \in J_0 \cup J_2 \tag{4-12}$$

$$x_{ij} = 0, 1; i \in I_2, j \in J_0 \cup J_2 \tag{4-13}$$

$$K_j = \sum_{i \in I_1} D_i x_{ij} + T, j \in J_2 \tag{4-14}$$

$$K_j = T_0, j \in J_0 \tag{4-15}$$

其中，T_0 为本周期初的时刻，K_j 为停机位 $j \in J_0$ 和 J_2 可分配给下一个航班停靠的开始时刻，x_{ij} 为决策变量，当航班 i 分配给停机位 j 时等于 1，否则等于 0。作为该周期的初始条件，对于 $j \in J_1$ 的停机位和 $i \in I_0$ 的航班，已知 x_{ij} 的值，因此式（4-8）计算的 K_j 是已知参数。

上述目标函数第一项是航班延误时间，第二项是机位空闲时间，（·）+表示当括号中的值大于零时等于括号中的值，否则等于零。约束条件式（4-9）表示本周期内到港的飞机必须且只分配一个停机位；式（4-10）表示每个停机位最多可分配一个航班；式（4-11）表示只有到达时刻在停机位可再分配的开始时刻之后的航班才能分配给该机位；式（4-12）表示只有机型不比某停机位类型级别高的航班才可以分配给该机位；式（4-14）表示某机位可再分配的开始时刻应等于它的前一航班的离港时刻加上最小间隔 T。

该问题是一个 0-1 整数规划问题，当数据较多时，求解比较困难，可以采用航班链接树构造停机位分配的可能航班串，然后进行优化选择分配。首先为每种类型停机位构造航班链接网络，该网络的每条路径都是该类型机位的一个可行航班串。在这个网络中，节点表示时间，即航班的到达或出发时间。边有两种：一种是航班边，链接同一架飞机进入该机位的时间节点和从该机位出发的时间节点，可以把航班边与关联的时间节点一起称为航班节线；另一种是航班衔接边，航班边表示机位被占用的时间区间，航班衔接边表示机位的空闲时间。最后将航班连接树的叶节点各航班出发时刻加上一个允许延误的时间，得到可再分配的开始时刻，从该机位的航班子集中删除这样一些航班，这些航班的到达时刻早于航班连接树叶节点的最早可再分配开始时刻。直到航班子集空了或无可衔接的航班。

5. 停机位实时调配模型

机位实时调配是在机位预分配的基础上，当航班运行不正常时，通过调整部分航班的机位预分配方案，来保证机位预分配结果在短时间内恢复正常。

机位实时调配和机位预分配相比，不同的约束条件是关于航班停开机位的时间限制。机位预分配时，只受到已经停靠在该机位的前一个航班出发时间的制约，不受后续航班的影响。但实时调配时，不但受到已经停靠在该机位的前一个航班出发时间的制约，而且受预分配的后续航班到达时间的约束。机位实时调配的常用约束条件包括：

（1）在时间段 T 内，一架飞机必须停靠且仅能停靠一个机位。

（2）在时间段 T 内，一个机位最多能停一架飞机。

（3）航班机型和机位相匹配约束。即航班停靠的机位类型不能比航班的机型等级高。

（4）航班停靠时间段小于机位空闲时间段约束，即航班的轮挡时间大于该机位的空闲开始时间，航班的撤轮挡时间小于该机位的空闲结束时间。

（5）航班性质决定分配的优先级别。为了提高机场效益，根据航班性质不同，规定不同优先级别。

做实时调配时，将重新调整停机位分配，这些变动将进一步引起旅客和地面服务人员的移动，从原先分配的机位（登机口）移动到新分配的机位（登机口），这种移动距离越短越好，下面就以旅客和地面服务人员的移动总距离最短作为机位调配时的优化目标，建立机位实时调配的优化模型。对调配时间段内所有进港航班按到达时间顺序依次排序，形成航班队列集合为 $I = \{i | i = 1, 2, \cdots, n\}$，航班 i 的实际到达时间为 A_i，离开时间为 D_i，机场机位的总数为 m，如果机位 j 在调配时间段内有空闲时间，则令空闲开始时间为 S_j 和空闲结束时间为 E_j，如果没有空闲时间，则可令 S_j 为调配时间段内的任一值，且是 $E_j = S_j$。

机位实时调配模型如下：

$$\min z = \sum_{j=1}^{m}\sum_{o=1}^{m}\sum_{i=1}^{n}(C_i D_{oj} + C_i' D_{oj}')y_{io}x_{ij} \tag{4-16}$$

$$\text{s.t.} \quad \sum_{j=1}^{m}x_{ij}=1, i\in I \tag{4-17}$$

$$\sum_{i=1}^{n}x_{ij}\leqslant 1, j\in J \tag{4-18}$$

$$(A_i - S_j)x_{ij}\geqslant 0, i\in I, j\in J \tag{4-19}$$

$$(E_j - D_i)x_{ij}\geqslant 0, i\in I, j\in J \tag{4-20}$$

$$(P_j - L_i)x_{ij}\geqslant 0, i\in I, j\in J \tag{4-21}$$

$$x_{ij}=0,1; i\in I, j\in J \tag{4-22}$$

其中，P_j 为机位 j 的类型；L_i 为航班 i 的机型；C_i' 为航班 i 服务的地面工作人员数量；C_i 为乘航班 i 出发的旅客数；D_{oj} 为旅客从停机位 o 对应的登机口到停机位 j 对应的登机口的步行距离，假设旅客值机时按预分配计划指定登机口，当航班更换停机位时，旅客也将更换登机口；D_{oj}' 为工作人员在停机位 o 与停机位 j 之间的移动距离；$y_{io}=0,1$：如果航班 i 预分配给停机位 o，则等于 1，否则等于 0。

上述模型中，目标函数式（4-16）是要求旅客和地面服务人员在重新调配进港航班停机位后需要移动的总距离最小。旅客移动总距离不仅与旅客有关，还与旅客行走路径有关。旅客可以用已经值机旅客数来计算，旅客行走路径采用原分配登机口与新分配登机口之间的最短路径。地面服务人员的数量与机型有关，一般地，C 型飞机需要约 30 名地面服务人员，D 型飞机需要约 40 名地面服务人员，E 型飞机需要 50～60 名地面服务人员。地面服务人员行走距离由原、新停机位之间的最短路线决定。

上述模型中，式（4-17）、式（4-18）、式（4-21）是停机位分配问题的基本约束条件，与预分配问题中的式（4-9）、式（4-10）、式（4-12）意义相同。式（4-19）表示停靠 j 号停机位的航班 i 的到达时刻不能比该机位的空闲开始时刻早，式（4-20）表示航班 i 的出发时刻不能比 j 号停机位的空闲结束时刻晚，这两个约束条件要求被分配航班的过站时间必须短于停靠的停机位的空闲时间。

上述讨论的停机位实时分配问题，可以采用启发式算法求解。

6. 算法简介

易于表述但难以求解的 NP 难组合优化问题始终是研究中的一个热点，许多应用问题都属于 NP 难问题，也就是说，人们普遍认为在多项式的计算时间内无法获得这些问题的最优解。因此，在解决大规模的实际应用问题时，人们不得不采取近似的方法以求在一个相对较短的时间内获得近似最优解。在非严格的定义下，人们把这类近似算法称为启发式算法（heuristics），通常这类算法利用针对具体问题的相关知识来建立或者改进所求得的解。对于组合优化问题的求解存在两种类型的方法：精确算法（exact algorithm）和近似算法（approximate algorithm）。

1）精确算法

精确算法出现较早，早期的优化方法，如整数规划、线性规划、非线性规划、动态规划、分支定界等运筹学中的传统算法，基本属于此类。当规模较小时，可以采用传统的逻辑决策方法，一般能够得到较好的可行解；也可以考虑采用数学规划法进行精确求解。在早期的停机位分配问题研究中，多采用精确算法对较小规模情形的讨论，采用的是分支定界算法，也有学者采用了线性松弛法对小规模问题进行求解。国内一些学者提出了如排序算法、图着色模型及算法、顶点着色模型及算法等。

精确算法或者直接利用数学解析求解，或者进行迭代求解。直接求解采用计算目标函数的一次二次偏导或进行枚举，这些算法数学理论比较完备，但是基本上不能解决不连续、不可导问题及大规模问题。精确算法可以保证找到问题的最优解，而且事实已经证明对于任何规模有限的组合优化问题实例来说，算法都可以在一个与问题有关的运行时间内得到最优解。对于 NP 难问题，在最差情况下精确算法需要指数级的时间来寻找最优解。近年来对确定性算法进行了不断的改进，对于某些特定问题，精确算法有时候还是可以得到相当好的解。但对于大多数的 NP 难问题来说，当规模扩大后，由于组合的可行解数目呈指数函数增长，其计算复杂性是很高的，采用精确算法在求解大规模问题时不可避免地会遇到维数灾难，精确算法的性能还是不尽如人意。因此精确算法只适用于求解小规模问题，在实际工程中往往不适用。

2）近似算法

如果在实际应用中不能有效地得到最优解，唯一可行的方法就是降低最优值的精度以换取计算效率的提高。近似算法在非严格定义下被称作启发式算法，简称启发式，是寻求在相对较低的计算成本下，找到好的或接近最优解的解答。启发式算法通常建立在经验和判断的基础上，尽量削减解的搜索范围，力求避免盲目搜索，同时又能得到较好的近似最优解。但算法并不保证一定能够找到最优解。从停机坪分配的研究文献中可以看到，研究者开发出来多种启发式算法对该问题进行求解。

一般启发式搜索算法受到很多方面的制约，是针对特定的场合设计的，不具有较好的普遍性和实用性，且满足不了多目标的组合优化问题求解。因此需要探索新的有效的方法，能以有限的代价来解决搜索和优化问题，并且可以解决多目标的优化问题。元启发式算法是一类算法概念的集合，可以用来定义应用于一个大范围内不同问题的各种启发式方法。换句话说，元启发式算法可以看作一种多用途的启发式算法，用来指导潜在与问题有关的方法朝着可能含有高质量解的搜索空间进行搜索。因此，元启发式算法是一种只需要相对较少修改就可以应用于不同优化问题的通用算法框架。模拟退火算法（simulated annealing，SA）、禁忌搜索算法（tabu search，TS）、遗传算法（genetic algorithm，GA）等都属于元启发式算法。在与实际应用相关的难解组合优化问题上，元启发式算法的使用已经在合理的时间内明显提高了找到高质量解的能力。这些元启发式算法已经在机位分配问题的优化中得到应用，尤其是禁忌搜索算法和遗传算法。

4.2.3　停机位分配实验系统模型

机场的停机位是机场运营的重要资源，给进出机场的每个航班分配一个合适的停机位，是机位分配工作的主要任务。在机场实际停机位的分配中，必须考虑机位的物理特性。一方面是机位的容量特性；另一方面是在长时段内减少机位冲突。除此之外，更要考虑与机场整体实际运营以及经营管理之间的深刻影响。目前一些大型机场停机位分配通过系统来完成。本节主要介绍实验系统中的模型，近似实际工作中的机位分配。

给定一组进出港航班和一组停机位，此模型根据预先设定的约束条件和目标函数，最优化地将每个航班分配到适合的机位。停机位优化问题的输入包括航班、登机口数据，约束条件和目标函数的设定。输出为分配结果以及分配的统计数据。数学模型采用 0-1 整数规划。借助 0-1 变量还可以使很多含非此即彼的、相互排斥的决策变量和约束条件放在一个模型中统一研究。数学模型如下。

目标函数：

$$\max \sum_{i\in F}\sum_{j\in G}B_1 x_{ij} - \sum_{i\in F}C_1 y_i - \sum_{j\in G}C_2 z_j \tag{4-23}$$

约束条件：

$$\sum_{j\in G}x_{ij} + y_i = 1, \qquad \forall i\in F \tag{4-24}$$

$$\sum_{i\in F}x_{ij} - M_{z_j} \leqslant 0, \qquad \forall j\in G \tag{4-25}$$

$$x_{ij} + x_{mj} \leqslant 1, \qquad \forall(i,m)\in S_{\mathrm{TOL}}, \forall j\in G \tag{4-26}$$

$$\sum_{i\in S_{\mathrm{GC}_j}}x_{ij} = 0, \qquad \forall j\in G \tag{4-27}$$

$$x_{ij} + x_{mn} \leqslant 1, \qquad \forall(i,m)\in S_{\mathrm{ACF}}, \forall(j,n)\in S_{\mathrm{ACG}} \tag{4-28}$$

$$x_{ij} + x_{mn} \leqslant 1, \qquad \forall(i,m)\in S_{\mathrm{SADF}}, \forall(j,n)\in S_{\mathrm{SADG}} \tag{4-29}$$

$$\sum_{i\in S_{\mathrm{GPNM}_j}}x_{ij} = 0, \qquad \forall j\in G \tag{4-30}$$

$$\sum_{i\in S_{\mathrm{ENM}_j}}x_{ij} = 0, \qquad \forall j\in G \tag{4-31}$$

$$\sum_{i\in S_{\mathrm{GMNM}_j}}x_{ij} = 0, \qquad \forall j\in G \tag{4-32}$$

$$\sum_{j\in S_{\mathrm{AGNM}_i}}x_{ij} = 0, \qquad \forall i\in F \tag{4-33}$$

$$\sum_{i\in S_{\mathrm{GANM}_j}}x_{ij} = 0, \qquad \forall j\in G \tag{4-34}$$

下面详细介绍以上模型中的符号、变量、目标函数和约束条件。

max：最大化目标函数值。

$$决策变量\ x_{ij} = \begin{cases} 1, & 航班i被分配到登机口j; \\ 0, & 航班i未被分配到登机口j; \end{cases}$$

$$\text{松弛变量}\ y_i = \begin{cases} 1, & \text{如果航班}i\text{被分配到某登机口} \\ 0, & \text{航班}i\text{未被分配到任何一个登机口} \end{cases}$$

$$\text{决策变量}\ z_j = \begin{cases} 1, & \text{登机口}j\text{被至少一个航班使用} \\ 0, & \text{登机口}j\text{未被任何一个航班使用} \end{cases}$$

F：所有航班的集合（说明：一个航班包括一进、一出两个班次的飞机）。

G：所有登机口的集合。

最大化航班-登机口分配数量：

$\sum_{i \in F} \sum_{j \in G} B_1 x_{ij}$：如果一个航班被分配到一个登机口，则获得一定的收益。

B_1：航班分配到登机口的收益。

$\sum_{i \in F} C_1 y_i$：如果一个航班最终没有分配到任何一个登机口，则产生费用。

C_1：航班未被分配到登机口的费用。

最小化登机口使用数量：

$\sum_{j \in G} C_2 z_j$：如果一个登机口至少被一个航班使用，则产生费用。

C_2：登机口被使用所产生的费用。

（说明：在此模型中，C_2 小于 C_1，其目的为在保证航班完全分配的情况下，尽量少使用登机口的数量。）

航班分配约束：

$\sum_{j \in G} x_{ij} + y_i = 1$：一个航班最多只能被分配到一个登机口。

登机口处理航班：

$\sum_{i \in F} x_{ij} - M z_j \leq 0$：一个登机口能处理多个航班。

M：模型中用的参数，用以控制一个登机口可以处理多架航班。这个数值的设定可以参考实际运行中，一个登机口一天可以处理的航班数的最大值。

重叠航班约束：

$x_{ij} + x_{mj} \leq 1$，$\forall (i, m) \in S_{\text{TOL}}, \forall j \in G$：进出港时间上相互重叠的两架航班不能被分配到同一登机口。

S_{TOL}：进出港时间上相互重叠的两两航班的集合。

登机口关闭：

$\sum_{i \in S_{\text{GC}_j}} x_{ij} = 0$：所有的进出港时间与某登机口关闭时间段相重叠的航班不能被分配到此登机口。

S_{GC_j}：在登机口 j，进出港时间与此登机口关闭时间段相重叠的航班的合集。

相邻登机口机型限制：

$x_{ij} + x_{mn} \leq 1$，$\forall (i, m) \in S_{\text{ACF}}, \forall (j, n) \in S_{\text{ACG}}$：符合限制机型的航班，并且进出港时间上重叠，就不能被同时分配到有相邻登机口机型限制的登机口。

S_{ACF}：符合相邻登机口限制机型的航班的集合。

S_{ACG}：有相邻登机口机型限制的登机口的集合。

相邻登机口同时进/出港限制：

$x_{ij} + x_{mn} \leq 1$，$\forall(i,m) \in S_{SADF}$，$\forall(j,n) \in S_{SADG}$：符合相邻登机口同时进/出港限制的航班，不能同时被分配到这两个登机口。

S_{SADF}：同时进/出港的航班的集合。

S_{SADG}：有同时进/出港限制的登机口的集合。

进/出港航班属性：

$\sum_{i \in S_{GPNM_j}} x_{ij} = 0$：如果航班的进港班次、出港班次或进出港两班次不满足登机口的属性，则此航班不能被分配到此登机口。

S_{GPNM_j}：航班属性与登机口属性不匹配的所有航班的集合。

机型匹配：

$\sum_{i \in S_{ENM_j}} x_{ij} = 0$：如果航班机型与某登机口所能处理的机型不匹配，则航班不能被分配到此登机口。

S_{ENM_j}：航班机型与登机口所能处理的机型不匹配的所有航班的集合。

市场匹配：

$\sum_{i \in S_{GMNM_j}} x_{ij} = 0$：如果进港班次的始发地、出港航班的目的地与登机口所能处理的市场不匹配，则航班不能被分配到此登机口。

S_{GMNM_j}：始发地或目的地与登机口所能处理的市场不匹配的所有航班的集合。

航空公司指定登机口：

$\sum_{j \in S_{AGNM_i}} x_{ij} = 0$：如果某登机口不是航班所属的航空公司指定的登机口，那么航班就不能被分配到此登机口。

S_{AGNM_i}：不是航班所属的航空公司指定的登机口的集合。

登机口指定航班：

$\sum_{i \in S_{GANM_j}} x_{ij} = 0$：如果在指定时段，航班所属航空公司不是登机口在此时段所指定的航空公司，则航班不能被分配到此登机口。

S_{GANM_j}：不是登机口在某个时段所指定的航空公司的航班的集合。

4.3　航站楼内主要资源配置

4.3.1　值机资源优化配置及分配

1. 值机资源数量确定

确定值机柜台的数量是机场航站楼规划中的重要内容，这里给出两种开放式值机柜台数量的计算方法。

1）IATA 建议方法

第一步：计算高峰半小时内需要提供值机服务的旅客需求（ X ）。当航班计划时刻表和值机柜台旅客到达分布不可获得时，可以令

$$X = P_{HP} \times F_1 \times F_2 \tag{4-35}$$

其中， P_{HP} 为高峰小时经济舱出发旅客数； F_1 为高峰半小时旅客数占高峰小时旅客总数比例，可通过表 4-2 查得； F_2 为高峰小时前后的出发航班所产生的额外值机需求，可通过表 4-3 查得。

表 4-2　高峰半小时旅客数占高峰小时旅客总数比例 F_1 参照表

高峰小时航班数	国内旅客/短途国际旅客	长途国际旅客
1	39%	29%
2	36%	28%
3	33%	26%
≥4	30%	25%

表 4-3　高峰小时前后的出发航班所产生的值机需求系数 F_2

高峰小时前后一小时旅客量占高峰小时总人数比例的平均值	国内	申根(Schengen)/短途国际旅客	长途国际旅客
90%	1.37	1.43	1.62
80%	1.31	1.40	1.54
70%	1.26	1.35	1.47
60%	1.22	1.30	1.40
50%	1.18	1.25	1.33
40%	1.14	1.20	1.26
30%	1.11	1.15	1.19
20%	1.07	1.10	1.12
10%	1.03	1.06	1.06

第二步：根据 X 和允许最长排队时间（maximum queuing time，MQT），查图 4-4，得标准曲线下 X 对应的值机柜台数的参考值（ S ）。

第三步：计算经济舱的开放式值机柜台数量（ C_{IY} ）

$$C_{IY} = S \times T_P / 120 \tag{4-36}$$

其中， T_P 为平均值机服务时间。

第四步：计算值机柜台总数（包括商务舱服务柜台）（ C_I ）

$$C_I = C_{IY} + C_{IJ} \tag{4-37}$$

其中， $C_{IJ} = 0.2 \times C_{IY}$ 是公务舱旅客需要的值机柜台数。考虑公务舱需要的值机柜台数不超过经济舱的 20%，这里采用最大可能值进行计算，其结果偏于保守估计。

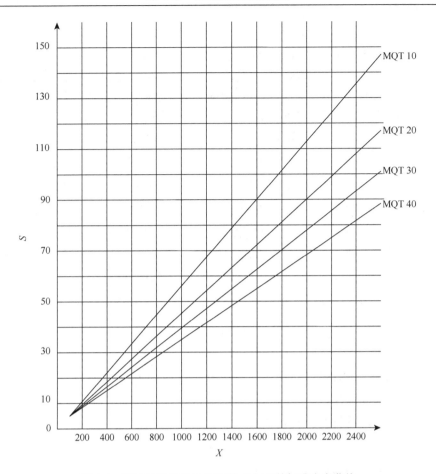

图 4-4　不同最长排队时间下的 X 与 S 的标准参考曲线

2）简易计算方法

第一步：获得高峰半小时内需要提供值机服务的经济舱旅客数（X）。

第二步：计算开放式的经济舱值机柜台数量（C_{IY}）：

$$C_{IY} = \frac{XT_P(T_{MQ} + T_P)}{30T_{MQ}} \tag{4-38}$$

其中，T_{MQ} 为最长排队时间。

第三步：计算总体的值机柜台数量（C_I）：

$$C_I = C_{IY} + C_{IJ} \tag{4-39}$$

其中，$C_{IJ} = 0.2 \times C_{IY}$。

【案例 4.2】　设高峰小时 10 个国际航班的始发旅客为 2500 名，其中包括 15%的商务舱旅客。最长排队等待时间 20 分钟，高峰小时之前一小时的旅客流量为 1900 名（占 P_{HP} 约 80%），高峰小时之后的一小时内的旅客流量为 1500 名（占 P_{HP} 的 60%），航班值机平均服务时间为 150 秒，所有的值机服务为开放式值机。试计算应该设置多少个值机柜台可以满足服务要求。

解：首先采用 IATA 计算方法。

第一步：计算高峰半小时内需要提供值机服务的旅客需求（X）。

由于没有特定的关于高峰半小时的航班信息和旅客到达值机柜台的分布信息,需要按照 IATA 提供的计算公式来进行高峰半小时需要接受值机服务的旅客数量。因为共有 10 个国际航班,故从表 4-2 可查得 $F_1 = 25\%$。又高峰小时前后一小时的旅客流量的平均值为 $1/2 \times (80\% + 60\%) = 70\%$,从表 4-3 查得 $F_2 = 1.47$,因此高峰半小时内需要提供值机服务的经济舱旅客需求：

$$X = 2500 \times 85\%(经济舱旅客数) \times 25\% \times 1.47 = 781(人)$$

第二步：在考虑最大排队时间 T_{MQ} 条件下,确定标准曲线下 X 对应的柜台数参考值（S）。本例中 T_{MQ} 为 20 分钟,查相应的标准曲线图 4-4,可以得到 $S = 36$。

第三步：计算开放式经济舱的值机柜台数量。

$$C_{IY} = S \times T_P / 120 = 36 \times 150 / 120 = 45$$

第四步：计算总体的值机柜台数量（包括商务舱服务柜台）。

$$C_{IJ} = 0.2 \times C_{IY} = 0.2 \times 45 = 9$$

$$C_I = C_{IY} + C_{IJ} = 45 + 9 = 54$$

因此总共需要 54 个值机柜台可以满足最大排队时间为 20 分钟服务水平的要求。

再采用简易计算方法。

第一步：经济舱高峰半小时旅客数：

$$X = 781（人）$$

第二步：计算经济舱旅客需要值机柜台数,根据公式

$$C_{IY} = \frac{XT_P(T_{MQ} + T_P)}{30T_{MQ}} = \frac{781 \times 2.5 \times (20 + 2.5)}{30 \times 20} = 73$$

第三步：计算值机柜台总数

$$C_I = 1.2 \times C_{IY} = 1.2 \times 73 = 88$$

可见简易方法计算结果比 IATA 方法的计算结果大。从实际情况看,IATA 方法计算结果偏小,简易方法计算结果稍偏大。

对于每天航班量比较多的航空公司,机场通常会将值机柜台租用给航空公司,这部分采用航空公司专用方式；而对航班量较少的航空公司则采用公用方式。可根据各航空公司的市场分担率进行柜台的分配。某机场如果有 100 个值机柜台,有三家基地航空公司,他们的市场分担率分别是 0.3,0.2,0.1,其他所有航空公司占有 0.4,这样原则上三家基地航空公司应分别分配 30、20 和 10 个值机柜台,剩下的 40 个柜台为公用柜台。

从提高设备利用率的角度来优化柜台分配,应当采用公用方式。公用方式提高了柜台的共享程度,减少了设备的不平衡使用,从而提高了利用率。根据排队论的结论知,设施的共享程度越高,它的利用率就越高。因此在有条件时,值机柜台应当尽量采用公用方式。后面的资源分配中会做相应介绍。

2. 值机排队系统及优化

1）现行排队方式

（1）特定的值机柜台办理特定航班。就是在某个航班的值机时间内，只有特定的值机柜台可以办理该航班的值机手续，这种排队方式是典型意义上的 $M/M/1$，也就是单队列单服务台排队。这时柜台的旅客到达情况只和所办理的航班有关。

（2）同一航空公司的机票实行"通办"。在"通办"的情况下，各值机柜台均可以办理同一公司（包括其代理公司）所有航班的值机手续。比如，在首都机场，国航柜台可以办理国航、山航、川航所有航班的值机手续，东航、海航、深航、上航的值机柜台都可以办理本公司所有航班的值机手续。

【**案例 4.3**】 以首都机场 T2 航站楼国内区为例，该区实行"通办"的办票方式，值机柜台为岛式分布，有 D、E、F 三个岛，每个岛的一面有 11 个柜台，值机柜台排列情况如图 4-5 所示。

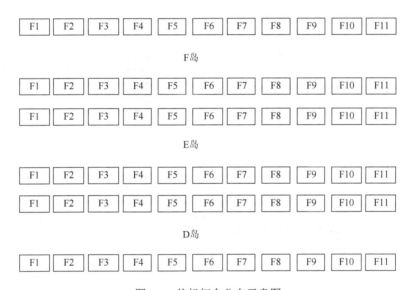

图 4-5 值机柜台分布示意图

某年某一天，在 8:30—9:30，10:40—11:40，14:40—15:40，18:10—19:10 四个时段对国航某柜台进行实测，下面对每个时段机票"通办"方式下（柜台公用）的排队问题进行研究。

统计 8:30—9:30 的一个小时内，旅客到达总量为 79 人，平均到达率为 1.32 人/分钟，服务台平均服务时间为 37.5 秒，平均服务率为 1.60 人/分钟，旅客的平均等待时间为 2.77 分钟。

在现行的柜台分布下，理论上讲，旅客可以看到值机岛同侧的 11 个柜台中任何一个柜台的队长以及服务台的工作情况，因此可以在 11 个柜台中任意选择较短的队列，从表现上看符合 $M/M/11$ 的排队方式。假设同时段其他柜台的旅客到达和值机柜台服务情况都和观测柜台相同，则所测柜台所在的 $M/M/11$ 系统的到达率和服务率都为该柜台的 11 倍。根据式（4-40）～式（4-44），可以计算出 $M/M/11$ 系统的排队指标，结果如表 4-4 所示。

$$P_0(t) = \left[\sum_{k=0}^{c-1} \frac{1}{k!} \left(\frac{\lambda(t)}{\mu(t)} \right)^k + \frac{1}{c!} \cdot \frac{1}{1-\rho(t)} \cdot \left(\frac{\lambda(t)}{\mu(t)} \right)^c \right]^{-1} \tag{4-40}$$

$$L_q(t) = \frac{(c(t)\rho(t)^c \rho(t))}{c!(1-\rho(t))^2} P_0(t) \tag{4-41}$$

$$L_s(t) = L_q(t) + \frac{\lambda(t)}{\mu(t)} \tag{4-42}$$

$$W_q(t) = \frac{L_q(t)}{\lambda(t)} \tag{4-43}$$

$$W_s(t) = \frac{L_s(t)}{\lambda(t)} \tag{4-44}$$

其中，$P_0(t)$ 为在 t 时段，整个 $M/M/C$ 系统空闲的概率，$\lambda(t)$ 为在 t 时段，队列中旅客的平均到达率，$\mu(t)$ 为在 t 时段，各服务台的平均服务率。

表 4-4　$M/M/11$ 系统排队指标

时段	C	到达率/(人/min)	服务率/(人/min)	服务强度	队长	队列长	逗留时间/min	等待时间/min
8:30-9:30	11	14.48	1.60	82.27%	11.10	2.05	0.77	0.14

同理可以统计出其他三个时段的旅客到达情况和服务台的服务情况（表 4-5），并可以计算出各时段在 $M/M/11$ 排队方式下的排队指标（表 4-6）。

表 4-5　各时段实测统计

时段	到达总人数/人	到达率/(人/min)	平均服务时间/s	服务率/(人/min)	平均等待时间/min
8:30-9:30	79	1.32	37.50	1.60	2.77
10:40-11:40	50	1.00	52.63	1.14	2.9
14:40-15:40	69	1.15	50.00	1.20	3.17
18:10-19:10	59	0.98	55.56	1.08	1.71

表 4-6　$M/M/11$ 系统排队指标汇总

时段	C	到达率/(人/min)	服务率/(人/min)	服务强度	队长	队列长	逗留时间/min	等待时间/min
8:30-9:30	11	14.48	1.60	82.27	11.10	2.05	0.77	0.14
10:40-11:40	11	11.00	1.14	87.72	13.84	4.19	1.26	0.38
14:40-15:40	11	12.65	1.20	95.83	30.00	19.46	2.37	1.54
18:10-19:10	11	10.82	1.08	91.08	17.04	7.02	1.57	0.65

对照上面两个表可以看出，尽管办票方式改变后，明显优于特定值机柜台办理特定航

班的 $M/M/1$ 排队方式，但现行排队方式的效率和真正意义上的 $M/M/11$ 排队模型相比，还存在很大差距，远没有达到 $M/M/C$ 的排队效果。

2）值机排队优化

排队系统优化的目标是：在机场现有的设施条件下，使旅客的排队时间尽可能短。一般情况下，公用柜台比特定的柜台可以缩短排队时间，设施利用效率高。在排队形式上，一般 $M/M/C$ 比 $M/M/1$ 的效率高，在实际操作中，通过有效组织，使排队系统能够达到 $M/M/C$ 排队方式应有的效率。可以采用设立集中排队区，运用蛇形排队方式：如果将若干个柜台设定为一个蛇形区，并且各蛇形区之间相互隔离，那么旅客将在划定的区域内排队，并且在每个蛇形区内，旅客都是先到先服务，这样每个蛇形区都可以看作一个 $M/M/C$ 排队系统（C 为每个蛇形区对应的柜台数量），排队效率会有很大提高，由此实现了值机环节的排队优化，并且这种方法较为可行。

【案例 4.4】　通过观测得到了某年某日首都机场国航某经济舱值机柜台在 6:00-20:00 期间各时段的到达率、服务率和等待时间，如表 4-7 所示。

表 4-7　值机柜台各时段服务情况统计

时段	服务率/(人/min)	到达率/(人/min)	等待时间/min
6	1.55	1.5	5.37
7	1.24	1.19	4.06
8	1.08	0.84	1.04
9	1.24	0.83	2.96
10	1.12	0.84	1.34
11	1.22	1.09	2.19
12	1.23	0.98	2.36
13	1.25	1.17	3.01
14	1.4	1.29	2.11
15	1.23	0.96	1.96
16	1.12	0.91	1.12
17	1.23	0.86	1.31
18	1.26	1.12	2.03
19	1.2	0.79	1.57

由图 4-5，值机柜台每个岛的一面有 11 个柜台，由于 $M/M/C$ 排队方式具有随着 C 值的增大其效率增幅逐渐衰减的特性，如果将 11 个柜台全部作为一个蛇形区，会导致旅客在队伍中前进时的横向位移过大，同样会给旅客带来不便，因此，结合值机柜台布局的实际情况，选择将五个柜台作为一个蛇形区，剩余 1 个柜台作为特殊用途。这样，以 $M/M/5$ 排队方式为例进行研究。

假设其他值机柜台的服务率和到达率都和所测值机柜台相同，并且值机系统采取

$M / M / 5$ 的排队方式，则根据式（4-40）、式（4-41）和式（4-44），由表 4-7 中各时段的服务率和到达率可以计算出优化后各时段的等待时间，优化前后值机系统排队时间比较见表4-8。

表 4-8　优化前后值机系统排队时间比较

时段	优化前排队时间/min	优化后排队时间/min
6	5.37	3.68
7	4.06	3.6
8	1.04	0.43
9	2.96	0.16
10	1.34	0.33
11	2.19	1.15
12	2.36	0.44
13	3.01	2.11
14	2.11	1.47
15	1.96	0.38
16	1.12	0.55
17	1.31	0.2
18	2.03	1.05
19	1.57	0.15

由表 4-8 可以看出，优化后的排队时间，在各时段都较优化前有不同幅度的降低。由此可见，通过设立集中排队区将旅客进行有效的组织、使现行旅客排队模式转变为 $M / M / C$ 系统，可以显著提高值机系统的排队效率，缩短旅客的排队时间，提高航空运输的便捷程度。

上述例子中 C 的值并不一定取做 5。可以根据航空公司所拥有的值机柜台数量和布局来确定，同时还要考虑到旅客的需求。一个蛇形队列应当设置多少个柜台呢？分两种情况讨论。

（1）第一种情况：多个柜台办理一个航班的值机手续。此时应根据该航班旅客数、柜台开放时间和值机服务率来确定开放柜台数，设航班旅客数为 n，柜台开放时间为 $T_{\min}$，每柜台值机服务率为 μ，那么开放柜台数 k 近似等于

$$k \approx \frac{n}{\mu T_{\min}} \tag{4-45}$$

根据排队论，此时的队列长度为

$$L_q(k) = \frac{\rho^{k+1}}{(k-\rho)\sum_{n=0}^{k-1} C_n \rho^n} \tag{4-46}$$

其中，$\rho = \lambda / \mu, k > \rho$，$\lambda$ 为旅客平均到达率。如果 $\rho < 1$，则 $k = 1$。分母中括号中任意项 $C_n \rho^n (n < k < 1)$ 系数的表达式为

$$C_n = (k-1)! \frac{(k-n)}{n!} \tag{4-47}$$

根据式（4-47），对于 $k = 2,3,4,5$，队列长具体为

$$L_q(k=2) = \frac{\rho^3}{(2-\rho)(2+\rho)} \tag{4-48}$$

$$L_q(k=3) = \frac{\rho^4}{(3-\rho)(6+4\rho+\rho^2)} \tag{4-49}$$

$$L_q(k=4) = \frac{\rho^5}{(4-\rho)(24+18\rho+6\rho^2+\rho^3)} \tag{4-50}$$

$$L_q(k=5) = \frac{\rho^6}{(5-\rho)(120+96\rho+36\rho^2+8\rho^3+\rho^4)} \tag{4-51}$$

根据 Little 公式，旅客平均排队时间为

$$W_q = L_q / \lambda \tag{4-52}$$

【案例 4.5】 某航班有 350 个旅客，值机开放时间为 180min，每柜台值机速率是 0.5 人/min，那么需要开放 $k = 350/90 \approx 4$ 个柜台。如果旅客到达率为 1.9 人/min，则 $\rho = 3.8$，$k - \rho = 0.2$。此时蛇形队列平均长度等于

$$L_q(k=4) = \frac{\rho^5}{(4-\rho)(24+18\rho+6\rho^2+\rho^3)} = \frac{3.8^5}{0.2(24+18\times3.8+6\times3.8^2+3.8^3)} = 17 (人)$$

旅客平均排队时间为

$$W_q = L_q / \lambda = 17/1.9 = 8.95 \text{ (min)}$$

（2）第二种情况：完全公用柜台，不分航空公司和航班，旅客随到随进入排队队列，等待值机。设旅客排队长度不得超过 L_c，则可用下式计算值机柜台数：

$$\frac{\rho^{k+1}}{(k-\rho)\left[k!+(k-1)(k-1)!\rho+(k-1)!\frac{9k-2}{2!}\rho^2+\cdots+2(k-1)\rho^{k-2}+\rho^{k-1}\right]} \leqslant l_c \tag{4-53}$$

用上式计算 k 时，需要求解非线性不等式，无法给出解的一般公式，可以采用数值解法。如采用图解法，首先从 $k > \rho$ 开始，逐步增加 k 值，绘出排队长 L_q 与柜台数 k 的曲线，该曲线与水平直线 $L_q = L_c$ 的交点决定了 k 的最大值。

L_c 可以参照旅客排队时间标准确定，也可根据排队空间标准确定，如 IATA 标准的 C 级标准规定，旅客排队时间为 $15\sim20$min，排队空间标准为国内旅客 1.3m^2，国际旅客为 1.8m^2。如果取旅客平均排队时间为 15min，那么根据 Little 公式 $L_c = 15\lambda$。如果根据排队空间标准，大厅可供排队的面积为 S，则排队长度为 $L_c = S/1.3$（国内）或 $= S/1.8$（国际）。

例中，$L_c = 15 \times 1.9 = 28$ 人。如果采用空间标准，供旅客排队的柜台面积为 50m^2，那么对于国际旅客航班，则排队长度不超过 $L_c = S/1.8 = 28$ 人，对于国内航班同样的面积可到 33 人。

L_c 也可以根据旅客满意度决定，如根据值机经验，可知旅客可忍受的最大排队长度，设此长度为 L_c。

还可以考虑采用优化建模解决上述问题，其中目标函数是系统收益，包括系统服务旅客产生的收益和旅客满意产生的增值效益，减去开放服务台产生的成本。设系统服务一位旅客产生的收益为 p_s，旅客满意度与队列长度和规定长度的差成正比，单位时间比例系数是 q_w，每开放一个服务台的单位时间成本为 C_s，因此目标函数为

$$\max z = p_s C(\rho, k)k\mu + q_w(L_c - L_q) - c_s k \qquad (4\text{-}54)$$

第一项是服务旅客的期望收益；第二项是旅客满意度产生的增值效益；第三项是开放值机柜台的运行成本。第一项中

$$C(\rho, k) = \frac{\rho^k}{k!(1-\rho/k)}\left[\sum_{n=0}^{k-1}\frac{\rho^n}{n!} + \frac{\rho^k}{k!(1-\rho/k)}\right]^{-1} = \frac{\rho^k}{\sum_{n=0}^{k-1}C_n\rho^n} = \frac{\rho}{k-\rho}L_q \qquad (4\text{-}55)$$

是值机员忙碌的概率，约束条件包括

$$\text{s.t.} \quad k \leqslant C \qquad (4\text{-}56)$$
$$k \geqslant \rho \qquad (4\text{-}57)$$
$$P_{\min} \leqslant C(\rho, k) \leqslant P_{\max} \qquad (4\text{-}58)$$

第一个约束条件中，C 是可开放的值机柜台数，该约束表示分配的值机柜台数不能超过可开放的柜台数。第二个约束条件表示分配的值机柜台数不能小于平均使用值机柜台数。除此之外，它还表达了分母不能等于零和值机忙碌的概率不能大于等于 1 的要求。因为从排队论知道，ρ 为平均使用值机柜台数，它必须小于实际开放的值机柜台数 k，它越接近 k，就意味着值机员平均繁忙率越接近 1。第三个约束条件表示值机员的忙碌概率应当在一个合理的范围内，服务员疲劳后容易出错，效率也会下降，太小了工作效率不高，但这个范围应该给得大一些，如[0.45, 0.75]，否则可能导致问题不可行。

由于 $q_w L_c$ 是常数，可以去掉，此时 $q_w L_c$ 相当于旅客成本，这样得到的蛇形排队系统的服务台数的规划模型如下：

$$\max z = p_s C(\rho, k)k\mu - q_w L_q - c_s k \qquad (4\text{-}59)$$

$$\text{s.t.} \quad k \leqslant C \qquad (4\text{-}60)$$

$$k \geqslant \lfloor \rho \rfloor + 1 \qquad (4\text{-}61)$$

$$L_q \leqslant I_c \qquad (4\text{-}62)$$

$$P_{\min} \leqslant C(\rho, K) \leqslant P_{\max} \qquad (4\text{-}63)$$

$$L_q(k) = \frac{\rho^{k+1}}{(k-\rho)\sum_{n=0}^{k-1}C_n\rho^n} \qquad (4\text{-}64)$$

这是一个非线性的整数规划问题，求解很困难，但是一般情况下 k 的可变化范围不大，可以采用启发式和枚举相结合的方法。首先采用边际分析法，由目标函数最大的要求得到最优值机柜台数 k'，应满足以下不等式：

$$\frac{c_s}{\mu p_s} \leqslant \frac{q_w}{p_s}\overline{\rho}\left(W_q(k^*-1) - W_q(k^*)\right) - k^*\left[C(\overline{\rho}, k^*-1) - C(\overline{\rho}, k^*)\right] + C(\overline{\rho}, k^*-1) \qquad (4\text{-}65)$$

$$\frac{c_s}{\mu p_s} \leqslant \frac{q_w}{p_s}\overline{\rho}(W_q(k^*)-W_q(k^*+1)) - k^*\left[C(\overline{\rho},k^*)-C(\overline{\rho},k^*+1)\right] + C(\overline{\rho},k^*+1) \quad (4\text{-}66)$$

然后再检验它是否满足约束条件式（4-60）～式（4-61），如果满足，它就是问题的最优解；如果不满足，则看违反了哪个约束条件，再根据 L_q 和 $C(\rho,k)$ 随 k 增大而减小的规律，作适当调整即可得到问题的最优解。

3. 值机柜台开放数量

目前机场值机柜台在 6:00-20:00 中，不同时段的开放数量相差不大，但是旅客人数在各时段却存在显著差异。比如，首都机场 T2 航站楼国内区，以整点作为时间段划分的分界点，国航柜台在每个时段的经济舱值机柜台开放数量以及到达的旅客总量如表 4-9 所示。

表 4-9　国航的值机柜台开放数量及旅客到达情况

时段	值机柜台开放数量/个	旅客到达量/人
6	33	3054
7	33	2815
8	33	1831
9	33	1341
10	33	1818
11	33	2103
12	33	1870
13	33	2060
14	33	2441
15	33	1771
16	33	1881
17	33	1780
18	33	1709
19	33	1236

由表 4-9 可以看出，时段 9 的旅客到达量不足时段 6 的 1/2，但是两个时段开放的值机柜台数量却相同，因此两个时段中，旅客的排队时间和工作人员的劳动强度有较大差异度，旅客感受也会不同，其他时段也存在这种问题。可见，现行的值机柜台数量开放方式需要改进，实施动态控制，更有效地利用设施资源和人力资源。即根据整个航空公司的旅客实际到达量，求出能够使排队时间达到满意解的值机台开放数量，并且避免在不同时段由于旅客到达量不同而引起的服务情况和排队时间的较大差异。

由于现行的值机柜台排队方式具有较强的随机性，必须经过长期观察，总结出旅客到达率和排队时间之间的关系后，才能对服务台的开放数量进行动态控制。这种规律性的获取需要长期调研，不同时段、不同类型旅客到达规律都有所不同。下面主要说明排队方式的优化对值机台开放的影响，因此旅客达到规律不做研究，假设其具有一定规律。

如果将现行排队系统优化为蛇形排队的 $M/M/C$ 排队系统（C 为每个蛇形区对应的柜台数量），则整个航空公司的值机柜台排队方式就是 n 个 $M/M/C$ 排队系统并联，如果要求值机柜台数量，在 C 值确定的情况下，关键是求出 n 的值，而在整个航空公司的旅客到达率一定的情况下，n 值的大小直接影响每个 $M/M/C$ 排队系统的旅客到达率，二者的关系为

$$\lambda(t) = \frac{\lambda'(t)}{n(t)} \tag{4-67}$$

其中，$\lambda(t)$ 为每个 $M/M/C$ 系统的旅客到达率，$\lambda'(t)$ 为航空公司总的旅客到达率，$n(t)$ 为并联的 $M/M/C$ 系统数量。

由式（4-67）可以看出，$n(t)$ 的值可以借助 $\lambda(t)$ 求出，这样求服务台开放数量的问题就转化为确定 $M/M/C$（C 为每个蛇形区对应的柜台数量）系统的旅客到达率 $\lambda(t)$ 的问题。如果设定排队时间的满意解，则根据式（4-40）、式（4-41）、式（4-43），可以在排队时间 $W_q(t)$ 和服务率 μ_t 固定的情况下，反推出 $M/M/C$ 系统的旅客到达率 $\lambda(t)$，将 $\lambda(t)$ 代入式（4-67）就可以求出 $n(t)$，进而可以求出在 t 时段需要开放的值机柜台总量。

【案例 4.6】 首都机场 T2 航站楼国内区共有国航柜台 44 个，其中经济舱柜台 33 个，在 6:00-20:00，所有经济舱柜台全部开放。根据表 4-7 的统计数据，在各时段中值机系统的平均服务率最低为 1.08 人/min，最高为 1.55 人/min。如果对服务台数量进行动态控制，则意味着虽然旅客的到达有高峰时段和非高峰时段，但是通过科学的控制，服务台的服务情况和旅客的排队情况在每个时段都比较平稳，不会有太大波动。因此，在这种情况下，取各时段服务率与表 4-9 中该时段到达的旅客总量进行加权平均，平均值 1.24 人/min 作为值机系统全天的平均服务率。

将旅客和航空公司综合予以考虑：值机柜台数量开放过少，会使排队时间过长，工作人员劳动强度过大，进而影响服务态度；值机柜台开放数量越多，排队时间缩短，但是设备利用率降低，浪费人力物力。因此在满足需要的前提下，值机柜台数量应该根据每时段的旅客数量进行动态控制，使得排队时间在旅客能够接受的范围内，并且人员设备都得到较为充分的利用。同时满足这两个条件的排队时间就是排队系统的满意解。

如果如前面提到将 5 个柜台作为一个蛇形区，并设定旅客等待时间的满意解为 1.5 分钟，根据排队论基本公式（4-40）～式（4-44），可以得出当 $M/M/5$ 系统每小时的旅客到达量变化时，系统排队指标的变化情况，结果如图 4-6 所示。可见当一个蛇形区的旅客到达为 340 人/h 的时候，$M/M/5$ 模型的排队时间为 1.5 分钟，这时的系统到达率为 5.67 人/min，此时可以达到系统满意解。

以时段 7 为例，国航柜台共到达旅客 2815 人，根据式（4-67），可以求出 n 值为 8.28，并非整数值，这是因为如果每 340 名旅客组成一个蛇形区，则该时段在组成 8 个蛇形区后，还剩余 95 名旅客，这些剩余旅客也要构成一个蛇形区，但这些剩余旅客所需的柜台数不一定为 5，而是使排队时间接近 1.5 分钟的那个 C' 值，根据式（4-40）～式（4-44），95 名旅客在 $M/M/2$ 的排队方式下，等待时间为 0.55 分钟，比 $M/M/1$ 和 $M/M/3$ 的排队时间都更接近 1.5 分钟，因此 C' 取作 2，这样时段 7 总共需要开放的柜台数量为：$8 \times 5 + 2 = 42$。同理可以计算出其他时段需要开放的柜台数量，见表 4-10。

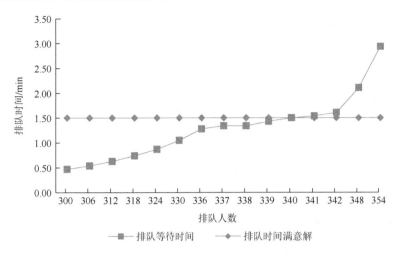

图 4-6　排队系统人数变化对值机排队指标的影响

表 4-10　国航柜台每时段需要开放的值机柜台数量

时段	总人数/人	蛇形区标准人数/人	蛇形区数/个	柜台开放数/个
6	3054	340	8.98	45
7	2815	340	8.28	42
8	1831	340	5.39	28
9	1341	340	3.94	20
10	1818	340	5.35	27
11	2103	340	6.19	32
12	1870	340	5.50	28
13	2060	340	6.06	31
14	2441	340	7.18	37
15	1771	340	5.21	27
16	1881	340	5.53	28
17	1780	340	5.24	27
18	1709	340	5.03	26
19	1236	340	3.64	19

通过表 4-10 可以得出以下结论：优化后的各时段的排队时间都控制在 1.5min 以内，为旅客节省了大量的时间。在绝大部分时段，各航空公司通过动态控制确定的柜台数量要小于实际柜台量，这表明优化结果可以为各公司节约成本，提高柜台使用效率。但也有少数几个时段的柜台需求量大于实际拥有的柜台量，这表明在难以增加柜台数量的情况下，需要通过提高服务率来解决问题，如国航在时段 6，若将服务率提高到 1.65 人/min 才可以使排队时间低于 1.5min。

4. 值机柜台分配问题

航站楼投入运行后，值机柜台要在各航空公司之间进行合理分配，航空公司提出需求由机场根据各公司高峰时段航班量平衡确定，如首都机场 T2 航站楼国内区的值机柜台分配方式如表 4-11 所示。

表 4-11　各航空公司值机台总量

航空公司	国航		东航		海航		其他
	经济舱	其他	经济舱	其他	经济舱	其他	
柜台量	33	11	13	2	9	2	11

由于各航空公司的旅客高峰段和集中度有所不同，表 4-12 列出了各航空公司每个时段的办理值机的旅客数量。

表 4-12　各航空公司每时段的值机系统旅客数量

时段	国航	东航	海航	深航	上航
6	3054	609	1122	21	109
7	2815	513	991	115	202
8	1831	451	403	11	23
9	1341	1027	151	0	187
10	1818	776	125	90	149
11	2103	669	413	152	33
12	1870	477	648	240	193
13	2060	547	753	234	86
14	2441	579	459	74	59
15	1771	663	612	86	123
16	1881	729	321	7	47
17	1780	682	140	9	158
18	1709	678	452	58	79
19	1236	675	481	45	0
20	801	292	172	0	0
21	178	166	25	0	0

由表 4-12 可以看出，各航空公司在不同时段的旅客数量相差很大，如海航，时段 6 旅客数量最多，有 1122 人，而在时段 9，却仅有 151 人，同时，东航在时段 6 的旅客人数较少，为 609 人，而在时段 9 旅客数量最多，为 1027 人。机场从资源有效配置的角度出发，应该使各公司的柜台数量都满足需要，同时又不至于带来资源闲置和浪费。表 4-12 中现行的值机柜台分配中，任何一个时段海航和东航的值机柜台数量都是固定的，因此这种分配方法难以达到有限资源的最优配置。

1）值机柜台分配模型

（1）线性规划模型。

值机柜台分配问题就是以最经济的成本、最合理地利用有限资源的问题，因此可以利用线性规划模型求解。如果值机柜台服务强度过大，对工作人员和旅客都会带来不利的影响；服务强度过小，又会造成资源浪费，将值机柜台合理分配的原则是将各公司柜台的服务强度都控制在一定范围内。通过计算，国航柜台在旅客等待时间为 1.49 分钟时，服务强度为 0.91，将此服务强度作为值机柜台服务强度的上限值，下限值定为 0.8，则值机柜台数量分配模型的线性规划模型如下：

$$\min Z(t) = X_1(t) + X_2(t) + \cdots + X_n(t) \tag{4-68}$$

$$\text{s.t.} \begin{cases} 0.8 \leqslant \dfrac{N_{X_1}(t) / X_1(t)}{60\mu_{X_1}(t)} \leqslant 0.91 \\[4mm] 0.8 \leqslant \dfrac{N_{X_2}(t) / X_2(t)}{60\mu_{X_2}(t)} \leqslant 0.91 \\[2mm] \cdots \\[2mm] 0.8 \leqslant \dfrac{N_{X_n}(t) / X_n(t)}{60\mu_{X_n}(t)} \leqslant 0.91 \end{cases} \tag{4-69}$$

其中，n 为租用柜台的航空公司数量，$N_{X_1}(t), N_{X_2}(t), \cdots, N_{X_n}(t)$ 分别为不同航空公司在 t 时段到达的旅客数量，$X_1(t), X_2(t), \cdots, X_n(t)$ 分别为各家航空公司在 t 时段开放的值机柜台数量，$\mu_{X_1}(t), \mu_{X_2}(t), \cdots, \mu_{X_n}(t)$ 分别为各航空公司在 t 时段的服务率。

（2）等服务强度模型。

在实际工作中，机场一般会把航站楼内的所有值机柜台都进行分配，所以为了保证资源配置的合理性，也可以采用等服务强度原则来进行值机柜台分配。等服务强度模型如下：

$$\frac{N_{X_1}(t) / (60X_1(t))}{\mu_{X_1}(t)} = \frac{N_{X_2}(t) / (60X_2(t))}{\mu_{X_2}(t)} = \cdots = \frac{N_{X_n}(t) / (60X_n(t))}{\mu_{X_n}(t)} \tag{4-70}$$

其中，各参数的含义与线性规划模型中相同。

2）柜台分配实例分析

（1）线性规划模型。

首都机场 T2 航站楼国内区各航空公司旅客到达情况如表 4-12 所示，采用线性规划模型后，如果各公司的服务率都取做国航的平均服务率 1.24 人/min，则各公司在每时段需要分配的值机柜台数量见表 4-13。

表 4-13　线性规划模型值机柜台分配结果

时段	国航	东航	海航	深航	上航	合计
6	46	9	17	1	2	75
7	42	8	15	2	3	70
8	27	7	6	1	1	42
9	20	16	3	0	3	42

时段	国航	东航	海航	深航	上航	合计
10	27	11	2	1	2	43
11	31	10	6	2	0	49
12	28	7	10	4	3	52
13	30	8	11	3	1	53
14	36	9	7	1	1	54
15	26	10	9	1	2	48
16	28	11	5	1	1	46
17	26	10	2	1	2	41
18	25	10	7	1	1	44
19	18	10	7	1	0	36
20	12	4	3	0	0	19
21	3	2	1	0	0	6
实际分配情况	33	13	9	11		66

由表 4-13 可知，该区现有经济舱值机柜台 66 个，用线性规划模型进行值机柜台分配后，除在时段 6 和时段 7 外，其他各时段所需值机柜台总量均小于 66。因此可以得出以下结论：在绝大部分时段，首都机场该区的值机柜台数量能够满足需求。因为表 4-13 的分配结果是基于各时段服务率均为 1.24 人/min 的情况下得出的，因此对于时段 6 和时段 7，一方面可以采用提高服务率的方法使值机柜台满足需求，另一方面可以考虑非经济舱值机柜台是否有些可以改为经济舱值机柜台。采用线性规划模型可以保证值机柜台有效而充分地利用，从而提高设施利用率、降低运行成本。

（2）等服务强度模型。

如果各航空公司的平均服务率相等，则各公司值机柜台数量的分配可以依据各公司的旅客到达率，由公式求出。由表 4-12 中各时段的旅客到达量可以得到在每个时段各公司的值机柜台在总值机柜台中所占的比例（表 4-14）。

表 4-14　各航空公司值机柜台所占比例

时段	国航（%）	东航（%）	海航（%）	深航（%）	上航（%）
6	62.14	12.39	22.83	0.43	2.22
7	60.72	11.07	21.38	2.48	4.36
8	67.34	16.59	14.82	0.40	0.85
9	49.56	37.95	5.58	0.00	6.91
10	61.46	26.23	4.23	3.04	5.04
11	62.40	19.85	12.26	4.51	0.98
12	54.55	13.91	18.90	7.00	5.63
13	55.98	14.86	20.46	6.36	2.34
14	67.58	16.03	12.71	2.05	1.63

续表

时段	国航（%）	东航（%）	海航（%）	深航（%）	上航（%）
15	54.41	20.37	18.80	2.64	3.78
16	63.02	24.42	10.75	0.23	1.57
17	64.28	24.63	5.06	0.33	5.71
18	57.43	22.78	15.19	1.95	2.65
19	50.72	27.70	19.74	1.85	0.00
20	63.32	23.08	13.60	0.00	0.00
21	48.24	44.99	6.78	0.00	0.00

根据首都机场的实际情况，66 个经济舱值机柜台中有 11 个是给深航、上航等航空公司临时租用的，所以分配问题主要是针对国航、东航和海航，这三家公司共有经济舱值机柜台 55 个（66-11），55 个柜台在不同时段的分配情况如表 4-15 所示。

表 4-15　各公司分配的值机柜台数量

时段	柜台所占比例			应分配柜台数量		
	国航（%）	东航（%）	海航（%）	国航	东航	海航
6	63.82	12.73	23.45	35	7	13
7	65.18	11.88	22.95	36	7	13
8	68.19	16.80	15.01	38	9	8
9	53.24	40.77	5.99	29	22	3
10	66.86	28.54	4.60	37	16	3
11	66.03	21.00	12.97	36	12	7
12	62.44	15.93	21.64	34	9	12
13	61.31	16.28	22.41	34	9	12
14	70.16	16.64	13.19	39	9	7
15	58.14	21.77	20.09	32	12	11
16	64.18	24.87	10.95	35	14	6
17	68.41	26.21	5.38	38	14	3
18	60.20	23.88	15.92	33	13	9
19	51.67	28.22	20.11	28	16	11
20	63.32	23.08	13.60	35	13	7

将表 4-13 和表 4-15 的分配结果用表 4-16 进行对照。

表 4-16　两种分配模型结果比较

时段	国航		东航		海航	
	线性规划	等服务强度	线性规划	等服务强度	线性规划	等服务强度
6	46	35	9	7	17	13
7	42	36	8	7	15	13

时段	国航		东航		海航	
	线性规划	等服务强度	线性规划	等服务强度	线性规划	等服务强度
8	27	38	7	9	6	8
9	20	29	16	22	3	3
10	27	37	11	16	2	3
11	31	36	10	12	6	7
12	28	34	7	9	10	12
13	30	34	8	9	11	12
14	36	39	9	9	7	7
15	26	32	10	12	9	11
16	28	35	11	14	5	6
17	26	38	10	14	2	3
18	25	33	10	13	7	9
19	18	28	10	16	7	11
20	12	35	4	13	3	7
实际分配情况	33		13		9	

由表 4-16 可以看出：在大部分时段，用等服务强度模型计算出的值机柜台数量都大于用线性规划模型计算出的值机柜台数量。两种方法各存在其优缺点：线性规划方法可以保证各值机柜台都得到充分有效的利用，但是却会造成某些值机柜台没有被分配，引起资源闲置。等服务强度方法可以保证将所有值机柜台都按照旅客数量进行分配，但是分配数量却不一定是各航空公司所必需的。

当然，由于各公司的旅客高峰段不同，所以在各时段需要的柜台数量也会有差异，理论上最合理的方式应该是根据航班和旅客的变化情况，对各公司的值机柜台进行动态分配。动态分配是资源有效配置的最佳分配方式，有线性规划方法和等服务强度方法两种分配方法，可以供机场根据不同需要选择使用。

3）有、无行李值机柜台分设

无行李旅客办理值机的速度相对较快，有行李旅客办理值机的速度相对较慢。如果把两类旅客混在一起办理手续，因为有行李旅客办理值机速度较慢，旅客的等待时间会增加。尤其是无行李旅客，当看到前面很多旅客都要托运大件行李时，自然会产生焦躁和不满情绪。要避免有、无行李旅客统一办理值机存在的问题，就要将有行李旅客和无行李旅客进行"分流"，使两类旅客分开办理值机，可行的方法是区分有行李值机柜台和无行李值机柜台。

因为在每个时段办理值机手续的旅客中，都是既有有行李旅客，也有无行李旅客，因此科学分配有行李柜台和无行李柜台的原则是保证两类柜台的开放时间相同。进行科学分设可以实现两类旅客各自办票效率的提高，从而达到节省旅客排队时间的目标。

5. 综合因素下值机资源优化

1）值机系统影响因素分析

（1）可用值机柜台数量的影响。可用的值机柜台数量越多，则单位时间内通过的容量就越大。由于机场航站楼在建成启用后，其值机柜台的数量一般已经确定，如果要增加柜台总数，要么增加值机岛，要么增加值机岛上的柜台数量。但往往候机楼空间有限，不论增加值机岛还是增加柜台数量，都可能需要进行候机楼旅客区域的改造，因此增加值机柜台数量不太可行。当然，目前自助柜台在旅客值机区域内有所增加，但也同样存在继续增加数量的困难。这里主要讨论固定的值机柜台数量。值机柜台资源分配方式对柜台利用效率产生影响，在值机柜台总数不发生变化的情况下，值机柜台利用效率越高，则可用的值机柜台数量就越大，这是一种可行的改进方向。

（2）服务作业水平波动的影响。办理单位旅客所花费的时间越少，则在相同柜台数量下，值机系统通过的容量就越大。但是值机系统现场服务的水平存在波动，经过细致培训的服务人员在服务能力上基本达到一致的技术水平，但由于服务旅客的具体情况不同，如旅客携带多件行李需要托运，或者需要临时调整行李箱物品，导致服务时间明显加长，所以每个柜台服务水平存在显著差异。

（3）旅客到达波动问题。在相同资源投入（柜台数量、人工）的情况下，旅客越是平稳到达，没有低谷，则值机系统的通过容量就越大。实际值机柜台旅客到达是一个随机过程，但又有一定的规律。通常旅客按照航班起飞时间和自己预估需要达到机场所花费的时间，结合本人的到达偏好，选择到达机场的行为模式。一般认为值机旅客到达流行为符合泊松分布，可以通过 $M/M/C$ 的排队论来解决和优化值机系统的旅客问题。但在实际中，有些旅客到达规律不符合泊松分布，尤其是团队旅客对到达分布会产生重要影响。为了得出关于旅客到达人数的一般分布情况，可以按照旅客人数的到达比例进行分时间段统计，时间段的确定按照航班时刻的规律，并在柜台资源分配的管理方便程度与分析的精确程度平衡性来确定。

2）值机资源优化方案的设计

（1）目标和设计思路。解决方案的目的是提高值机资源使用效率。可以从三个影响因素入手，增加可用值机柜台数量、提高服务作业水平、平稳旅客到达三个方面。

一是提高值机柜台的利用率。主要是资源分配优化问题，如何调整值机柜台的分配模式，提高值机柜台的利用效率。

二是提高服务作业水平。主要是减少进入柜台旅客占用值机柜台的时间长度，如针对多件行李、超重行李的旅客，及早进行干预，降低其出现在值机队列中的概率。

三是降低旅客到达的波动。引导旅客平稳到达，针对团体旅客进行管理，尽量使其出现在旅客到达低谷时间段，平稳到达波动，通过对旅客的分流措施，进一步降低柜台服务压力。

以上三个方面，旅客到达问题是服务输入的问题，即服务需求的产生；服务水平是服务能力的问题，即处理能力；可用柜台的数量是服务窗口的问题，即投入的服务资源。因此，首先确定服务需求与服务处理能力的优化方法和可能结果，然后根据现有资源总量及相应限制条件，将资源配置方式进行优化，从而达到最优的容量输出结果，如图 4-7所示。

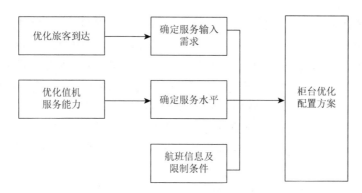

图 4-7　值机资源优化方案设计流程图

（2）具体实施列举。根据资源优化方案的设计思路，可以提出三项措施：一是旅客到达的优化方案，降低旅客的到达波动；二是值机服务作业水平优化方案，提高值机系统的服务能力，降低服务中的波动；三是值机柜台配置优化方案，根据现有航班信息和分配可能涉及的限制条件，依据第一步、第二步做出的优化结果，对值机系统的资源配置进行优化。

①旅客到达的优化。旅客到达的优化方案主要考虑通过实施团队旅客预约管理与对到达旅客分流管理，前者降低到达波动，后者降低服务需求总量，从而提高值机系统通过量。

（i）实施团队旅客预约管理。团队旅客预约管理，即根据航班计划及航班旅客到达一般情况，依据订座系统中团队旅客的情况，对团队旅客实施预约办理制度，将团队旅客安排在旅客到达相对比较低谷的时间段，并避开航班截载时间段，从而产生相对平稳的离港旅客到达输入。这个优化的结果，可以计算离港达到比例标准差，判断客流是否变得平稳。

考虑到公共值机的可能性，对于多个航班共同办理的情况，可以将旅客到达情况综合相加起来，形成多航班合并后的总体到达峰谷情况，统一考虑团队旅客的到达时间，避开每一个航班的截载时间段，从而产生公共值机模式下，相对平稳的离港旅客到达输入。

（ii）旅客分流管理。到达旅客中部分旅客无托运行李，如果进入值机柜台办理手续，一方面占用资源，另一方面延长排队时间。因此这类旅客可以通过网上值机或者自助值机的方式自行办理乘机手续，无须占用柜台资源，从而提高值机系统的整体通过能力。

自助值机的旅客需要通过机场的自助值机设备系统，自助选定座位，并打印登机牌，然后进入安检系统处理。网上值机的旅客多是在家里登录航空公司网站或手机上完成座位选择，并打印登机牌，到达机场后直接进入安检系统处理。但网上值机的旅客如果还有托运行李，到机场后仍需排队，此时机场应该为此类旅客专门开设 Drop off 柜台，办理托运行李。经过调整优化后的值机系统流程见图 4-8。

通过对旅客值机行为进行分流，即对无行李旅客实施网上值机、自助值机，降低柜台服务能力的压力，柜台通过能力增强，同时也缓解了柜台排队，为无行李旅客节省了时间。

在此过程中可以进行设施服务能力的评估，测算出分流比例，以便引导旅客采取不同的值机方式。

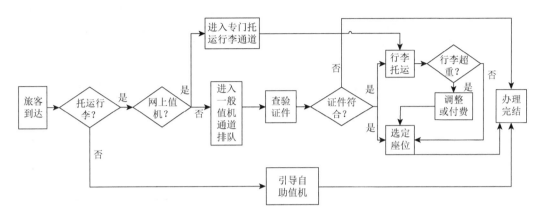

图 4-8　值机系统流程图

②服务作业水平的优化。影响服务水平的主要因素是超重行李导致旅客调整行李时长时间占用柜台。提高单位柜台服务水平的优化方案主要从两个方面着手：一是在旅客进入值机排队系统之前，对可能出现超重行李的旅客事先进行管理，建立一块区域，可以帮助旅客了解行李的重量水平，并有足够的空间进行整理，确保其进入值机系统时，行李处于符合标准的状态，降低超重行李旅客出现在值机柜台的比例；二是当超重行李旅客进入到办票程序后，通过暂停业务流，并引导旅客离开柜台，在建立的缓冲区内调整行李，而空余出的值机柜台则可以为另一名旅客办理手续。这样可以降低单位行李超重旅客占用柜台的时间长度。

上面提到的两种办法，都需要设有一定区域整理行李，因此必须对柜台布置进行调整，调整后的布置如图 4-9 所示。

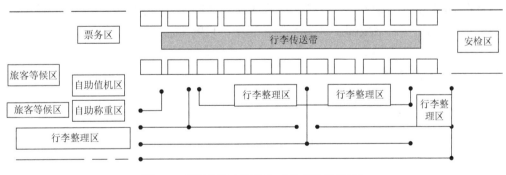

图 4-9　值机半岛布局优化（考虑逾重行李）

超重行李旅客进入值机半岛区域后，如对行李的重量不确定，可先通过自行称重区，对携带行李进行准确测量，需要调整的，可以直接在行李整理区进行整理，认为不需要进行重量检测或行李调整后的旅客，可以进入蛇形通道排队。在值机柜台办理值机手续时，如出现行李超重需要调整的,值机员可以指示旅客暂时离开柜台,到行李整理区调整行李,调整完毕后再到柜台办理。调整后的值机流程如图 4-10 所示。

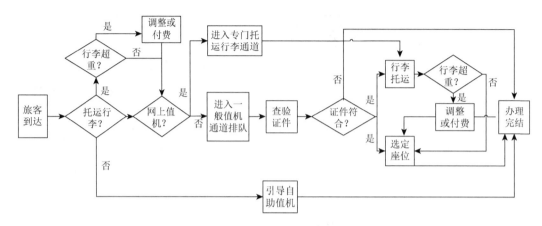

图 4-10 值机系统流程图(考虑逾重行李)

③柜台资源分配的优化方案。提高柜台资源分配效率的主要做法是通过采用公共值机模式,将多个航班的旅客按照一定的规则,同时分配给多个公共使用的值机柜台,每个值机柜台均可办理不同航班的值机手续。一般可选的公共值机模式有两种:一是按照航空公司及其代理的航空公司来划分,按照航空公司及其代理的航空公司航班划定一个固定区域,在该区域内实施公共值机;二是整个航站楼实施统一的公共值机,将所有航空公司航班进行统一规划。

第一种相同航空公司及其代理公司在一个划定区域办理手续,相对固定的区域,旅客寻找与询问办票场所更为方便,常旅客的机场体验也更加友好。第二种方式整体打散了代理企业与航空公司的关系,理论上,通过更多的航班统一规划,可以提高整体的效率,但可能会将同一家航空公司及其代理的航空公司的航班分散安排,机场需要提供更多的信息引导及指示,以及不同航空公司之间的合作才能保证旅客的机场体验。因此,目前国内大多数机场还是采用第一种方式,考虑到旅客感受,且效率也比较高。

4.3.2 安检资源配置

1. 安检通道数的确定（IATA 的方法）及通道结构设计

1）安检通道数量的计算步骤如下

第一步：计算值机手续结束后的高峰 10 分钟内的旅客流量（S_M）

$$S_M = C_{IY} \times (1 + J\%) \times 600 / T_P \tag{4-71}$$

其中，C_{IY} 为经济舱值机柜台数量，J 为商务舱旅客的比例，T_P 为值机服务时间。

第二步：计算安检通道数量（S_C）

$$S_C = S_M \times T_{PS} / 600 = C_{IY} \times (1 + J\%) \times T_{PS} / T_P \tag{4-72}$$

其中，T_{PS} 为平均安检时间。

第三步：计算最大队列长度

$$M_{QI} = M_{QT} \times S_C \times 60 / T_{PS} \tag{4-73}$$

其中，M_{QT} 为标准规定最大排队时间。

【**案例 4.7**】 设高峰小时 10 个国际航班的始发旅客为 2500 名，其中包括 15%的商务舱旅客。最长排队等待时间 20 分钟，高峰小时之前一小时的旅客流量为 1900 名（占 P_{HP} 约 80%），高峰小时之后的一小时内的旅客流量为 1500 名（占 P_{HP} 的 60%），又已知安检平均服务时间为 12 秒。试计算此时的安检柜台数量和最大排队等待时间为 3 分钟时的最大队列长度。

解：根据 IATA 的计算步骤和公式。

第一步：计算值机手续结束后的高峰 10min 内的旅客流量（S_M）

$$S_M = C_{IY} \times (1 + J\%) \times 600 / T_P = 45 \times 1.15 \times 600 / 150 = 207$$

第二步：计算安检通道数量（S_C）

$$S_C = S_M \times T_{PS} / 600 = 207 \times 12 / 600 = 4.14 = 4（个）$$

因此总共需要 4 个安检通道。

第三步：计算最大排队等待时间为 3 分钟时的最大队列长度（M_{QI}）

$$M_{QI} = M_{QT} \times S_C \times 60 / T_{PS} = 3 \times 4 \times 60 / 12 = 60（人）$$

此时的安检柜台前各队列最大队列长度之和为 60 人，每队列 15 人。

2）安检通道结构设计

安检通道结构设计问题包括验证窗口和安检通道数量之间的关系，验证窗口与安检通道的位置关系，开箱台与安检通道数之间的关系，开箱台与安检通道的位置关系，通道的长度和宽度，相邻通道之间的位置关系以及每通道安检人员的配备等。

作为运行规划，只讨论验证窗、开箱台等设施和安检人员配备问题，关于安检通道的长度和宽度及相邻通道的位置关系设计可参考有关设计标准。

验证时间通常为 2～3 s/人，安检时间为 15～20 s/人，因此每验证窗口可以配合 5～7 个通道。由于一个验证窗口配合几个通道，而且验证员要根据安检的速度放进旅客，所以位置不可离得太远，也不可太近，一般以 3～5 m 比较合适。开箱检查是影响安检速度的重要原因，如果位置设置不恰当，还将影响其他旅客正常安检。如果每个通道设置一个开箱台，一是浪费航站楼空间，二是开箱时与其他旅客发生干扰，影响安检效率。可根据每个通道安检速率、开箱率和开箱检查的平均时间来确定开箱台的设置。只要空间允许，通常 X 射线机后台长一些，可以给旅客更多的取行李及装行李的空间，方便旅客。

由于人身检查比行李检查慢，有时旅客随身携带两件甚至更多行李，将引起后台行李堆积，造成拥挤，因此后台长一些有利于旅客疏散。

2. 安检排队系统优化

安检排队问题主要是解决安检系统的排队效率和服务台的使用效率。

　　安检口的旅客到达符合泊松流，这样旅客相继到达的间隔时间服从负指数分布。安检口这个排队系统属于 $M/M/C$ 模型。

【案例 4.8】 首都机场 T2 航站楼国内区原有安检通道 17 条，其中通道 1～通道 14 排成一排，另外 3 条通道在不同侧，安检通道的分布情况如图 4-11 所示。

图 4-11　安检通道分布情况

通过观测，某通道某年某天各时段的服务情况如表 4-17 所示。

表 4-17　安检通道各时段服务情况统计

时段	服务率 μ/(人/min)	到达率 λ/(人/min)	等待时间 W_q/min
6	4.18	4.03	6.58
7	5.21	5.10	8.90
8	3.79	3.62	5.51
9	3.78	3.58	4.82
10	3.71	3.45	3.58
11	4.12	3.90	4.30
12	3.72	3.55	5.61
13	4.82	4.67	6.31
14	4.26	3.97	3.17
15	4.63	4.52	8.61
16	4.24	4.05	5.03
17	4.21	3.97	3.87
18	4.29	4.03	3.66
19	3.98	3.72	3.55

　　考虑将安检系统的 14 条通道改为 7 条通道为一个蛇形区的蛇形排队方式，另外 3 条通道为一个蛇形区的蛇形排队方式。以 $M/M/7$ 蛇形区为例，根据排队论式（4-40）～式（4-44），可以得到在排队方式优化后各时段旅客的排队时间，优化前后排队时间比较见表 4-18。

表 4-18　优化前后安检通道排队时间比较

时段	优化后排队时间/min	优化前排队时间/min
6	0.85	3.40
7	1.22	7.62
8	0.73	1.74
9	0.6	3.32
10	0.44	3.00
11	0.55	3.07
12	0.73	2.64
13	0.86	5.52
14	0.4	2.15
15	1.21	3.97
16	0.65	4.10
17	0.5	2.84
18	0.45	3.56
19	0.45	3.05

由此可以看出：在服务台开放数量一定的前提下，$M/M/C$ 排队方式（如蛇形排队）能够大大缩短安检系统旅客的排队时间。随着 C 的增加，排队时间呈递减趋势，但 C 值的选取应兼顾排队效率和旅客在排队过程中的横向位移。

3. 安检通道开放数量

目前机场的安检通道开放数量随时间的变化而不同。以某年某月某日首都机场 T2 航站楼国内区安检系统的通道开放情况和各通道到达的旅客数量如表 4-19 所示。

表 4-19　某日安检通道人数统计

时段	通道 1	2	3	4	5	6	7	8	9	10	11	12	13	14	15	16	17	总计
6	59	167	219	233	254	238	222	242	200	255	215	222	198	143	150	130	99	3246
7	247	0	358	394	393	355	342	306	299	362	304	291	305	256	242	220	222	4896
8	88	83	67	176	214	188	206	217	176	218	201	197	129	29	27	23	25	2264
9	107	143	222	183	254	209	221	215	182	239	218	193	139	0	0	0	0	2525
10	73	113	161	185	227	206	211	207	173	222	197	168	119	0	0	0	0	2262
11	125	196	227	198	239	214	231	234	194	257	216	221	215	0	0	0	0	2767
12	84	72	145	125	198	253	264	213	185	195	208	172	133	176	204	0	0	2627
13	155	205	220	200	259	303	294	280	249	228	213	249	212	214	235	148	142	3806
14	140	113	177	157	227	231	267	238	228	201	229	236	165	88	88	0	0	2785
15	127	123	205	173	234	242	273	271	217	203	225	248	187	212	205	0	0	3145
16	119	82	155	176	238	263	276	243	222	188	216	208	184	198	221	80	79	3148

续表

时段	通道																	总计
	1	2	3	4	5	6	7	8	9	10	11	12	13	14	15	16	17	
17	71	80	133	136	192	190	211	238	214	198	214	172	167	26	27	29	16	2314
18	84	140	128	199	192	190	275	242	229	195	209	240	182	67	0	0	0	2572
19	96	133	140	180	192	190	228	223	215	218	205	199	130	115	0	0	0	2464

由表 4-19 可以看出，目前的通道开放方式存在一定的问题：如在时段 17，旅客数量不足 2500 人，17 条通道却全部开放，无形中造成了资源浪费；时段 8 和时段 10，旅客人数非常接近，前者却比后者多开放 4 条通道。这说明安检资源利用不均衡。

与值机柜台开放数量的控制方法类似，安检通道的开放数量也可以采取动态控制的方法。

将表 4-17 中各时段的服务率用表 4-19 中各时段的旅客总量进行加权平均，可以计算出安检系统全天的加权平均服务率，为 4.30 人/分。如果排队时间也定为 1.5 分钟，则对一个 M/M/7 系统而言，当到达旅客量为 1768 人时，排队时间为 1.48 分钟，取得满意解。根据表 4-19 中首都机场 T2 航站楼 17 条通道每小时的旅客到达量和 4.30 人/分的加权平均服务率，以等待时间不超过 1.5 分钟为标准，安检系统每小时应该开放的最优通道数量以及优化前后的平均等待时间比较如表 4-20 所示。

表 4-20　各时段应该开放的安检通道数

时段	人数	优化后通道数	实际开放通道数	优化后等待时间/min	实际等待时间/min
6	3246	13	17	1.48	3.40
7	4896	20	16	1.48	11.52
8	2264	10	17	1.48	1.74
9	2525	11	13	1.48	3.32
10	2262	10	13	1.48	3.00
11	2767	12	13	1.48	3.07
12	2627	11	15	1.48	2.64
13	3806	16	17	1.48	5.52
14	2785	12	15	1.48	3.95
15	3145	13	15	1.48	3.97
16	3148	13	17	1.48	4.10
17	2314	10	17	1.48	2.84
18	2572	11	14	1.48	3.56
19	2464	10	14	1.48	3.05
20	1669	7	13	1.48	2.56

由表 4-20 可以看到：除时段 7 外，其他时段优化后的安检通道开放数量都小于实际通道开放数量。这说明动态控制服务台数量可以为机场节约成本。优化后旅客在各时段的

排队时间都比优化前要短,这是因为 *M*/*M*/*C* 排队方式能够提高排队效率。更少的通道数量却使得旅客平均排队时间大大缩短,这表明综合应用优化排队方式和动态控制服务台数量所取得的优化效果是非常明显的。

4. 值机和安检系统的衔接性优化

1)值机和安检系统的衔接性问题

机场在投入运营后,一般会关注值机柜台和安检通道的数量是否满足旅客需要,却很少研究值机系统和安检系统的服务能力是否匹配。但在机场里,有时候会看到值机柜台排队不多,而安检柜台聚集了大量旅客,在一个环节形成堵塞。从系统科学的角度,值机和安检可以看作一个更大的系统,为了保证其系统性和连续性,应综合予以考虑。

要研究值机和安检的衔接性问题,首先要对值机和安检两个系统进行分析。还是以首都机场为例,观测表明,值机和安检系统的平均排队指标如表 4-21 所示。

表 4-21 值机和安检系统的平均排队指标比较表

时段	服务率 μ/(人/min)		到达率 λ/(人/min)		服务强度 ρ		等待时间 W_q/min	
	值机	安检	值机	安检	值机	安检	值机	安检
6	1.55	4.18	1.50	4.03	0.97	0.96	5.37	3.40
7	1.24	5.21	1.19	5.10	0.96	0.98	4.06	7.62
8	1.08	3.79	0.84	3.62	0.78	0.95	1.04	1.74
9	1.24	3.78	0.83	3.58	0.67	0.95	2.96	3.32
10	1.12	3.71	0.84	3.45	0.75	0.93	1.34	3.00
11	1.12	4.12	1.05	3.90	0.94	0.95	2.19	3.07
12	1.23	3.72	0.98	3.55	0.80	0.95	2.36	2.64
13	1.22	4.82	1.15	4.67	0.94	0.97	3.01	5.52
14	1.33	4.26	1.25	3.97	0.94	0.93	2.11	2.15
15	1.23	4.63	0.96	4.52	0.78	0.98	1.96	3.97
16	1.12	4.24	0.91	4.05	0.81	0.96	1.12	4.10
17	1.23	4.21	0.86	3.97	0.70	0.94	1.31	2.84
18	1.26	4.29	1.12	4.03	0.89	0.94	2.03	3.56
19	1.20	3.98	0.79	3.72	0.66	0.93	1.57	3.05

两环节中各服务台的旅客到达情况和服务情况都有较大差异,为简化问题,假设所有值机柜台服务率是一样的,安检通道的也是,可以通过每个时段的旅客人数进行加权,用加权平均值作为当日各服务台的平均服务率。这里还是运用前面用到的值机和安检全天的平均服务率分别为 1.24 人/min 和 4.30 人/min。假设 6:00—20:00,66 个经济舱值机柜台全部开放,安检通道的开放情况随着时段的不同而发生变化,各时段值机和安检系统的旅客总到达率、现行值机和安检环节的服务台开放情况以及时段总服务率如表 4-22 所示。其中时段旅客总到达率是指两系统中每时段各服务台的旅客到达率之和;时段总

服务率是指两系统中单个服务台平均服务率和该时段服务台开放数量的乘积，代表系统的服务能力。

表 4-22　值机和安检的服务能力比较

时段	旅客总到达率/(人/h)		服务台开放数量/台		总服务率/(人/h)	
	值机	安检	值机	安检	值机	安检
6	4921	3246	66	17	4910	4386
7	4643	4896	66	16	4910	4128
8	2727	2264	66	17	4910	4386
9	2715	2525	66	13	4910	3354
10	2968	2262	66	13	4910	3354
11	3381	2767	66	13	4910	3354
12	3440	2627	66	15	4910	3870
13	3693	3806	66	17	4910	4386
14	3626	2785	66	15	4910	3870
15	3270	3145	66	15	4910	3870
16	3001	3148	66	17	4910	4386
17	2786	2314	66	17	4910	4386
18	2994	2572	66	14	4910	3612
19	2456	2464	66	14	4910	3612

由表 4-21 中值机和安检系统各时段的平均等待时间和服务强度可以看出，在大部分时段，值机系统的旅客平均等待时间要比安检系统短，平均服务强度要比安检系统低；由表 4-22 中值机和安检的总服务率可以看出，在大部分时段，值机系统的总服务率要比安检系统高。由此可见，两系统间服务能力的不匹配是安检环节极易形成堵塞的根本原因。解决"排长队"的问题，可以通过采用效率更高的排队方式，并且根据旅客到达率动态控制服务台开放数量，以节约旅客排队时间。

2）值机和安检衔接的等服务率优化法

为了避免在某一环节出现拥塞，使值机和安检能够更好地匹配和衔接，就要改变现在两个系统独立调控的运作方式，将他们进行协调，使整个系统衔接顺畅，从而充分体现民航的便捷性、使旅客满意乘机。优化中非常重要的一点是保持两环节总服务率的相等，即

$$\overline{\mu}_x \cdot X = \overline{\mu}_y \cdot Y \tag{4-74}$$

其中，X 和 Y 分别为 t 时段值机和安检需要开放的服务台数量。根据上式以及值机和安检在每时段的平均服务率，可以得到两个系统服务台数量的比例关系。

上式成立的前提是两环节在同一时段的旅客总到达率相等，而现实的登机程序中，旅客都是先办理值机，而后办理安检，所以安检系统旅客到达的波峰较值机系统旅客达到的波峰有一定的滞后性，也就是说，在同一时段，值机和安检系统的旅客总到达率会有所不同，在将两系统进行衔接时必须考虑这种到达率的差异，因此在计算时应将上式进行修正，总服务率之比应当等于总到达率之比，于是将上式改进为

$$\frac{\overline{\mu_x(t)}\cdot X(t)}{\overline{\mu_y(t)}\cdot Y(t)} = \frac{N_x(t)}{N_y(t)} \tag{4-75}$$

其中，$N_X(t)$ 和 $N_Y(t)$ 分别为值机和安检系统 t 时段到达的旅客总人数，也就是时段总到达率。

由式（4-75）可以得到值机和安检需要开放的服务台数量之比：

$$\frac{X(t)}{Y(t)} = \frac{\overline{\mu_x(t)}\cdot N_X}{\overline{\mu_y(t)}\cdot N_Y} \tag{4-76}$$

如果将值机和安检系统的服务台开放数量按照上式的比例进行控制，会使两个环节的服务能力相互匹配，排队过程比较平稳。

3）实例分析

仍以首都机场 T2 航站楼国内区为例，根据所测值机和安检环节的当日平均服务率以及两环节在各时段的旅客总到达率（表 4-22），可以求出两环节每时段的服务台数量之比，如时段 6，根据式（4-76），有

$$\frac{X(6)}{Y(6)} = \frac{4.30 \times 4921}{1.24 \times 3246} = 5.25$$

所以在时段 6，每开放 1 条安检通道，可以满足 5.25 个经济舱值机柜台的服务能力，如果 66 个经济舱值机柜台全部开放并且满负荷运转，需要开放的安检通道数量为 66/5.25 = 12.57，也就是说在时段 6 应开放 13 条安检通道。将服务台数量与平均服务率相乘，便得到了时段总服务率；时段总到达率和总服务率之比即为该时段系统的服务强度。

假设值机系统 66 个经济舱值机柜台全部开放，同样可以求出其他各时段安检环节的服务台数量、总服务率和服务强度，如表 4-23 所示。

表 4-23　优化后排队指标比较表

时段	总到达率/(人/h)		值机安检柜台数量之比	服务台数量		总服务率/(人/h)		服务强度	
	值机	安检		值机	安检	值机	安检	值机	安检
6	4921	3246	5.26	66	13	4910	3354	1.00	0.97
7	4643	4896	3.29	66	20	4910	5160	0.95	0.95
8	2727	2264	4.18	66	16	4910	4128	0.56	0.55
9	2715	2525	3.73	66	18	4910	4644	0.55	0.54
10	2968	2262	4.55	66	15	4910	3870	0.60	0.58
11	3381	2767	4.24	66	16	4910	4128	0.69	0.67
12	3440	2627	4.54	66	15	4910	3870	0.70	0.68
13	3693	3806	3.36	66	20	4910	5160	0.75	0.74
14	3626	2785	4.51	66	15	4910	3870	0.74	0.72
15	3270	3145	3.61	66	18	4910	4902	0.67	0.64
16	3001	3148	3.31	66	20	4910	5160	0.61	0.61
17	2786	2314	4.18	66	16	4910	4128	0.57	0.56
18	2994	2572	4.04	66	16	4910	4386	0.61	0.59
19	2456	2464	3.46	66	19	4910	4902	0.50	0.50

将优化前后安检系统的服务情况在表 4-24 进行对照。

表 4-24　优化前后服务情况对照表

时段	总到达率/(人/h)		服务台数量			总服务率/(人/h)			服务强度		
				安检			安检			安检	
	值机	安检	值机	优化前	优化后	值机	优化前	优化后	值机	优化前	优化后
6	4921	3246	66	17	13	4910	4386	3354	1.00	0.74	0.97
7	4643	4896	66	16	20	4910	4128	5160	0.95	1.19	0.95
8	2727	2264	66	17	16	4910	4386	4128	0.56	0.52	0.55
9	2715	2525	66	13	18	4910	3354	4644	0.55	0.75	0.54
10	2968	2262	66	13	15	4910	3354	3870	0.60	0.67	0.58
11	3381	2767	66	13	16	4910	3354	4128	0.69	0.82	0.67
12	3440	2627	66	15	15	4910	3870	3870	0.70	0.68	0.68
13	3693	3806	66	17	20	4910	4386	5160	0.75	0.87	0.74
14	3626	2785	66	15	15	4910	3870	3870	0.74	0.72	0.72
15	3270	3145	66	15	19	4910	3870	4902	0.67	0.64	0.64
16	3001	3148	66	17	20	4910	4386	5160	0.61	0.61	0.61
17	2786	2314	66	17	16	4910	4386	4128	0.57	0.56	0.56
18	2994	2572	66	14	17	4910	3612	4386	0.61	0.59	0.59
19	2456	2464	66	14	19	4910	3612	4902	0.50	0.50	0.50

由表 4-24 可以看出:

（1）总体来看，除在时段 6，8，12，14，17 外，其他时段安检系统优化前的服务台数量都小于优化后的服务台数量，这表明优化前在大部分时段安检通道开放较少，应该通过加开安检通道，使两环节的服务更加畅通；在时段 6，主要是值机环节容易造成堵塞，所以可以减少安检通道的开放数量。

（2）在时段 7，13，16，19，安检系统旅客总到达率大于值机系统，而优化前总服务率却明显低于值机系统，这说明由于安检通道开放数量过少，造成两系统衔接上总服务率的明显不匹配，从而形成安检环节较严重的拥堵。在其他很多时段也存在类似问题，可以通过改变服务台数量解决这一问题。

（3）在时段 7，9，10，11，13 等多个时段，优化前两环节的服务强度存在较大差异，安检环节的服务强度远高于值机环节，可以通过加开安检通道，可以使两环节的服务强度在各时段都较为接近，并且有效地缓解了安检工作人员的工作压力。

改进措施：通过实证可以得出，首都机场 T2 航站楼国内区如果增开三条安检通道，使总量达到 20 条，既可以解决在绝大部分时段的拥堵问题、消除旅客由值机系统到达安检后的不适感，又能降低安检工作人员的劳动强度，使其与值机环节较为接近。

以上是值机柜台不变的情况下，优化安检通道数量，使两个环节的服务能力相互匹配。在优化中，还可以调整值机柜台数量；或者值机柜台、安检通道同时调整，达到最优的比例。

4.3.3　登机口分配

从旅客的角度来讲，登机口调度是指为每个航班安排登机口；由于登机口和廊桥的对应关系，从航班的角度来讲，登机口调度同时也为每个进离港航班分配了它应该停靠的机位。所以，登机口调度问题等同于飞机停靠廊桥及机坪的分配问题。

从旅客的角度看，感觉步行距离远。主要原因是目前很多大中型飞机停靠在距安检或者行李厅较远的登机口，造成旅客步行距离过长；登机口航班密度不合理，靠近安检区的登机口航班安排的密度不够，导致旅客需要步行到较远的机位。另外也可能是每个登机口的航班组合没有达到最优，从而导致登机口的利用率没有达到最高。

因此，登机口调度优化原则是使旅客的步行距离最短，达到两个目的：①使旅客的总步行距离最短；②使现有设施的使用效率达到最高，从而提高设施利用率，优化资源配置。

1. 航站楼布局对登机口分配的影响

若登机口位置布局已知，则安检区和行李提取大厅的位置将会直接影响到进、出港旅客步行距离的长短。这里的航站楼布局，主要分为三种：一是安检区与行李提取大厅位于航站楼上、下两层中基本相同的位置；二是安检区与行李提取大厅位于航站楼上、下两层或同层中不同位置；三是针对中转航班的布局。

1）登机口布局 I

安检区与行李提取大厅不同层，但位置相近。对于大部分机场而言，进、出港旅客总人数近似相等，对于图 4-12 这种设置方式，虽然进、离港旅客的行走路径不同，但一般情况下，在进行登机口优化分配过程中可将进、出港旅客步行距离视为相等，在进行登机口分配时，需按照航班实际载客人数，尽量将人数较多的航班安排在靠近安检区的登机口。

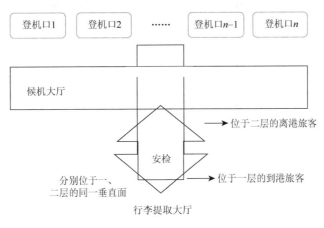

图 4-12　登机口布局 I

2）登机口布局 II

该布局假设离港旅客从安检区进入候机厅的入口和到港旅客到达行李提取大厅的出

口位于不同位置，离港在二层，到港在一层，如图 4-13 所示。在这种布局中，距离入口最近的登机口，距离出口并不是最近，因此要尽量将离港人数多的航班安排在靠入口最近的登机口，将到港人数多的航班安排在靠出口最近的登机口。

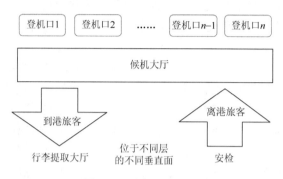

图 4-13　登机口布局 II

3）登机口布局 III

有中转旅客的候机厅内布局如图 4-14 所示。

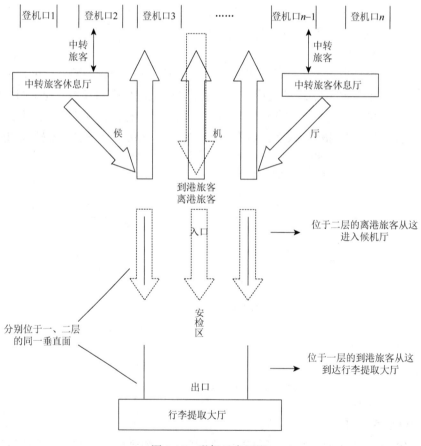

图 4-14　登机口布局 III

　　图中实线表示二层离港旅客流，虚线表示一层到港旅客流，中转休息厅的设计方法要求机场具有简洁的中转旅客流程设计，即旅客下飞机—中转柜台—中转休息厅—安全检查—登机，其中有些操作必须要求机场相关流程的配合：中转旅客的所有中转过程都在隔离区内完成，旅客不用出去重新办理登机手续；在每个候机厅两侧，到达旅客的必经之路上设计两个中转值机柜台，方便旅客办理中转手续；国际中转旅客免除过境签证，不用重新经过边防检查；中转标志设置非常清晰，避免旅客混淆；对中转时间在一小时之内的旅客提供特殊服务，旅客下飞机前中转手续已经办妥，并有专人引导旅客登机；中转旅客的行李在机场行李分拣厅完成，无须旅客重新辨认。

　　登机口布局Ⅲ与登机口布局Ⅰ的共同点是：都是假设离港旅客进入候机厅的入口和到港旅客到达行李提取大厅的出口位于不同层的同一垂直位置，其中离港的入口在二层，到港的出口在一层。区别在于：中转休息厅位置会影响中转旅客步行的距离，对于中转航班较多的枢纽机场来说，除了考虑使整体旅客步行距离最短，还要使中转旅客步行距离最短。优先考虑中转航班，它可以根据中转休息厅的位置，计算出所有旅客步行距离最短的登机口调度方案，这对于每天有大量中转航班的枢纽机场来说是非常有用的。

　　2. 旅客最短步行距离模型的表上作业法

　　下面采用最广泛的航站楼布局形式，假定安检区和行李提取大厅分别位于航站楼的上、下两层，位置近似相同（即登机口布局Ⅰ），以此来说明登机口分配方法和应用过程。不同类型航班对应登机人数及登机口使用时间假设如表 4-25 所示。

表 4-25　不同类型航班对应登机人数及登机口使用时间分析

三种航班情况	人数	使用登机口的总时间
由本地出发离港	本机载客人数	旅客登机后离开
先到港，再离港	2×本机载客人数	旅客下机后离开 + 另一批旅客登机后离开
到港后不立即起飞	本机载客人数	旅客下机后离开

　　由本地出发离港的航班，登机口启用时间为起飞前 40 分钟至飞机起飞。先到港再离港的航班，到港旅客下机后，离港旅客登机然后起飞，因此登机口启用时间为到达时间前 10 分钟，至该飞机离港。到港后不立即起飞的飞机，登机口启用时间为到达前 10 分钟，停止时间为到达时间加上 30 分钟。不同类型航班对应登机口使用时间计算表如表 4-26 所示。

表 4-26　不同类型航班对应登机口使用时间计算表

三种航班情况	人数	开始	结束
由本地出发离港	本机载客人数	起飞时间–40 分钟	起飞时间
先到港，再离港	2×本机载客人数	到达时间–10 分钟	再次起飞时间
到港后不立即起飞	本机载客人数	到达时间–10 分钟	到达时间 + 30 分钟

对于原始资料的处理：首先将一天中所有进港时刻表和离港时刻表分别列出；其次将两个表格按照时间顺序合并。对于到港后在短时间内就离港的航班，因为要安排在同一登机口，因此在表中安排在同一栏（这类航班均按照到港时间在表格中排序）。按照不同类型航班对应登机人数及登机口使用时间分析，将航班到达和起飞时间分别计算后，得到它们开始使用登机口的时间和停止使用登机口的时间，然后所有航班按照开始使用时间先后次序排列。

针对登机口布局 I，计算步骤如下。

（1）首先将一天中的进港时刻表和离港时刻表分别列出，列出的信息包括他们的到达时间、离开时间，以及每个航班的载客人数。

（2）计算出每个航班开始使用登机口时间（begin）和停止使用登机口时间（end），将两个表格按照开始使用登机口的时间顺序合并。对于到港后很快就离港的飞机，由于它到港和离港停在同一登机口，因此在表格中该飞机的到港航班和离港航班就算作一个航班，这个航班开始使用登机口的时间（begin）也就是到港航班的时间。

（3）对于表格中任何一个航班 H，找出停止时间在 H 的开始时间之前的所有航班，在这些航班中找人数最多的那个航班 M，将 M 的人数累计加到 H 的人数上，置为 H 新的人数，并置 M 为 H 的前节点，表示 H 和 M 可以安排在同一登机口。

（4）按照这样的规则计算完所有航班，在最后的航班人数中找最大值，根据最大值所在的航班 P，在表格中找到 P 的前节点 Q，继续在表格中找到 Q 的前节点，以此类推，直到将这个航班序列全部找出，这个序列中的所有航班就是可以安排在同一登机口的最多人数的航班组合，安排在最近的那个登机口。

（5）将最多人数的航班组合在表格中一一去除，得到剩余航班表格，然后回到步骤（3）开始计算，直到所有航班均计算完毕。

【案例 4.9】 10 个离港航班及 10 个到港航班，航班时刻及人数如表 4-27 所示。

表 4-27 离港、到港时刻表

节点号	离港时刻	航班人数	节点号	到港时刻	航班人数
1	7:10	160	11	7:25	100
2	7:30	150	12	7:40	105
3	8:00	115	13	8:20	90
4	8:20	120	14	8:50	115
5	8:45	180	15	9:05	85
6	8:55	135	16	9:35	120
7	9:20	130	17	10:00	95
8	9:30	160	18	10:20	140
9	9:45	155	19	10:55	125
10	10:00	145	20	11:00	90

整理合并后的表格如表 4-28 所示。

表 4-28 整理后所有航班时刻表

新节点	原节点	开始	停止	航班人数
1	1	6:30	7:10	160
2	2	6:50	7:30	150
3	11	7:15	7:55	100
4	3	7:20	8:00	115
5	12	7:30	8:10	105
6	4	7:40	8:20	120
7	5	8:05	8:45	180
8	13	8:10	8:50	90
9	6	8:15	8:55	135
10	7	8:40	9:20	130
11	14	8:40	9:20	115
12	8	8:50	9:30	160
13	15	8:55	9:35	85
14	9	9:05	9:45	155
15	10	9:20	10:00	145
16	16	9:25	10:05	120
17	17	9:50	10:30	95
18	18	10:10	10:50	140
19	19	10:45	11:25	125
20	20	10:50	11:30	90

进行计算后表格如表 4-29 所示。

表 4-29 计算后表格

节点	开始	停止	累计人数	前节点
1	6:30	7:10	160	无
2	6:50	7:30	150	无
3	7:15	7:55	100 + 160 = 260	1
4	7:20	8:00	115 + 160 = 275	1
5	7:30	8:10	105 + 160 = 265	1
6	7:40	8:20	120 + 160 = 280	1
7	8:05	8:45	180 + 275 = 455	4
8	8:10	8:50	90 + 275 = 365	4
9	8:15	8:55	135 + 275 = 410	4
10	8:40	9:20	130 + 280 = 410	6
11	8:40	9:20	115 + 280 = 395	6
12	8:50	9:30	160 + 455 = 615	7

续表

节点	开始	停止	累计人数	前节点
13	8:55	9:35	85 + 455 = 540	7
14	9:05	9:45	155 + 455 = 610	7
15	9:20	10:00	145 + 455 = 600	7
16	9:25	10:05	120 + 455 = 575	7
17	9:50	10:30	95 + 615 = 710	12
18	10:10	10:50	140 + 615 = 755	12
19	10:45	11:25	125 + 710 = 835	17
20	10:50	11:30	90 + 755 = 845	18

从表中可以看到，可以安排在同一登机口最多人数的航班组合为 20—18—12—7—4—1（这里用节点号代表航班），其人数总和为 845。

将以上航班去除，回到步骤（2）依次计算，直到所有航班计算完。得到剩余航班表 1 见表 4-30。

表 4-30　剩余航班表 1

节点	开始	停止	累计人数	前节点
2	6:50	7:30	150	无
3	7:15	7:55	100	无
5	7:30	8:10	105 + 150 = 255	2
6	7:40	8:20	120 + 150 = 270	2
8	8:10	8:50	90 + 255 = 345	5
9	8:15	8:55	135 + 255 = 390	5
10	8:40	9:20	130 + 270 = 400	6
11	8:40	9:20	115 + 270 = 385	6
13	8:55	9:35	85 + 390 = 475	9
14	9:05	9:45	155 + 390 = 545	9
15	9:20	10:00	145 + 400 = 545	10
16	9:25	10:05	120 + 400 = 520	10
17	9:50	10:30	95 + 545 = 640	14
19	10:45	11:25	125 + 640 = 765	17

从表中可以看到，可以安排在同一登机口最多人数的航班组合为 19—17—14—9—5—2，其人数总和为 765。得到剩余航班表 2 如表 4-31 所示。

表 4-31　剩余航班表 2

节点	开始	停止	累计人数	前节点
3	7:15	7:55	100	无
6	7:40	8:20	120	无

续表

节点	开始	停止	累计人数	前节点
8	8:10	8:50	90 + 100 = 190	3
10	8:40	9:20	130 + 120 = 250	6
11	8:40	9:20	115 + 120 = 235	6
13	8:55	9:35	85 + 190 = 275	8
15	9:20	10:00	145 + 250 = 395	10
16	9:25	10:05	120 + 250 = 370	10

从表中可以看到，可以安排在同一登机口最多人数的航班组合为 15—10—6，其人数总和为 395。得到剩余航班表 3 见表 4-32。

表 4-32　剩余航班表 3

节点	开始	停止	累计人数	前节点
3	7:15	7:55	100	无
8	8:10	8:50	90 + 100 = 190	3
11	8:40	9:20	115 + 100 = 215	3
13	8:55	9:35	85 + 190 = 275	8
16	9:25	10:05	120 + 215 = 335	11

从表中可以看到，可以安排在同一登机口最多人数的航班组合为 16—11—3，其人数总和为 335。得到剩余航班表 4 见表 4-33。

表 4-33　剩余航班表 4

节点	开始	停止	累计人数	前节点
8	8:10	8:50	90	无
13	8:55	9:35	85	无

最后将 8、13 号航班安排在一个登机口。

3. 登机口优化分配的图论最大流算法

登机口优化分配受以下条件约束：机型与机位类型相匹配；分配登机口时，一个航班必须被分配且仅能被分配至一个登机口；应满足最短过站时间和同机位安全间隔时间的要求；"航班对"的限制：大多进港航班保障完成后就出港，因此，尽量将此类飞机尽可能安排在同一个登机口，降低航空公司运营成本。除此之外，还需考虑登机口分配的优先原则、航班过夜、飞机维修等约束条件。以下就是以进、出港旅客步行距离最短为目标的最大流优化方法的实施步骤。

首先，设计网络图。按照登机口启用时间的先后顺序，由左至右把每个航班作为网络图上的一个节点,在考虑各种约束条件的基础上,将节点之间进行有向连线,方向为由离港时间早的航班指向晚的,表示这两个航班可以共用一个登机口。由此形成一个由节点和箭头构成的网络图。网络图中从起点到终点的每一条有向路径上的节点都是可以安排在一个登机口上的航班。与箭尾关联的节点称为与箭头关联节点的紧前节点;反过来,箭头后的节点称为其始点的紧后节点。无紧前节点的节点称为起始节点,无紧后节点的节点称为终节点。

其次,将航班人数和登机口启用时间、登机口停用时间标在节点上。称为航班登机口调度网络图。

最后,优化具体步骤。优化分配登机口的基本思路是:在网络图中,从起点开始寻找一条到终点航班人数最多的路线,并把这条路线上的航班安排在距安检出口最近的登机口。然后,在调度网络图上去掉已安排过的航班节点及与其相关联的箭线,再从新的起点开始寻找一条到终点航班人数最多的路线,并把这条路线上的航班安排在距安检出口次近的登机口。以此类推,直到所有的航班安排完。可以采用下面的标号法,其具体步骤如下。

(1)标号过程。节点标号一般用[*, *]表示。第一位标号为前节点标号,表示当前节点所代表航班的前一个航班编号;第二位标号称为和标号,记录航班人数总和,表示到当前航班,利用同一登机口的总人数。

①将所有的起点标号为[0, 该节点航班人数]。

②以任一起点为始点,对其紧后节点进行标号。情况 1 该节点只有一个紧前节点。此时第一位标号为其前节点号;第二位标号为其前节点第二位标号加上该节点航班人数之和。情况 2 该节点有多个紧前节点,且均已被标号。此时选取紧前节点中第二位标号大的节点为其紧前节点,按情况 1 方法进行标号。如果多个紧前节点中仍有未标号点,则该节点的标号应在其全部紧前节点均获得标号后进行。标号过程直到所有的节点都被标号完。

(2)选择航班人数总和最大的路线。

①选择终点标号中第二位标号最大的节点为优化方案的最后一个航班,然后,按第一位标号逆向追踪到起点。该路线上的节点顺序就是对应航班使用最近登机口的顺序。

②在网络图上去掉已被安排登机口的航班(节点)及与其相关联的箭线,同时去掉网络图上的所有标号,返回第一步,再找到新的航班安排顺序,并依次安排在次近的登机口。直到全部航班都安排完。

以下还是以登机口布局 I 为例说明。

【案例 4.10】 根据某机场一天中部分时段的航班计划,将各航班信息汇总如表 4-34 所示。

表 4-34 某机场一天中部分时段航班信息汇总表

航班编号	开始	停止	实际载客人数/人
1	7:30	8:45	245
2	7:45	8:25	130
3	9:00	9:45	140
4	9:10	10:15	310
5	9:50	10:35	120

航班编号	开始	停止	实际载客人数/人
6	10:00	10:45	110
7	10:55	12:00	350
8	11:00	11:45	145

绘制航班登机口调度网络图如图 4-15 所示。

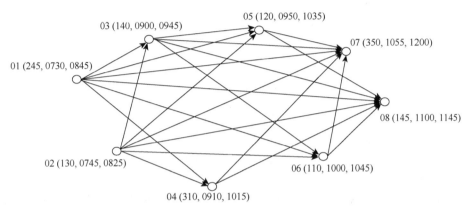

图 4-15 登机口调度网络图

假设图 4-16 所示八个航班均可以停在各登机口，下面以八个航班的旅客从安检出口到登机口步行总距离最短为优化原则，来进行航班的登机口调度。根据前面标号过程，为八个航班进行标号，第一次标号如图 4-16 所示。

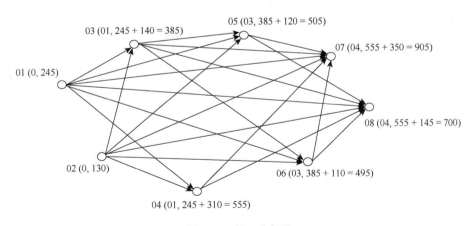

图 4-16 第一次标号

这个网络图的最大流量就表示可以使用同一个登机口的人数最多的航班组合。从终点开始逆向寻找一条至起点航班人数最多的路径，并把这条路径上的航班安排在距安检出口最近的登机口。在图 4-17 中，01→04→07 即为该网络图中旅客流量最大的航班组合，可将这三个航班按照登机口启用先后顺序安排至离安检区最近的登机口。然后在调度网络图上去掉已安排过的航班节点及与其相关联的箭线，再从新的起点开始寻找一条至终点航班人数最多的路径，并把这条路径上的航班安排在距安检出口次近的登机口，如图 4-17 所示。在图中，02→03→05→08 为网络图中旅客流量最大的航班组合，可将这四个航班按照登机口启用先后顺序安排至离安检区次近的登机口。

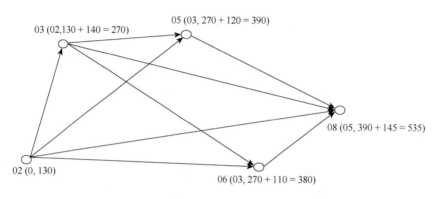

图 4-17　第二次标号

最后再重复上一步骤，按照上述方法直到所有的航班安排完。本例中剩下 06 号航班，可将其安排至离安检区第三远的登机口。

对离港航班和进港航班的登机口调度进行优化，就是分别保证这些旅客在候机楼内的总步行距离最短，整个优化过程可以概括为数据准备和整理—数据处理—结果检验—效果分析。前面的实例进行了前两个步骤，下面还需对计算结果进行检验。检查优化后是否所有航班的机型都与廊桥相匹配，如果全部匹配，则优化结束，否则需要重新进行优化。机型与登机口不匹配的表现一般是大机型被安排在了小的廊桥，不匹配的原因可以归结为对应于大廊桥的标号过程中，大机型没有出现在旅客最多的航班组合内。因此需要进行调整，直到优化结果满足限制条件。当得到满足要求的优化结果时，要对优化结果进行分析，对优化前后的旅客步行距离进行对比，以明确优化效果。需要注意的是，如果优化并非一次完成，要对进离港航班的登机口调度进行优化，也就是保证进港旅客和离港旅客在候机楼内的总步行距离最短。这里不是简单地将进港优化和离港优化的结果予以综合，因为离港航班和进港航班进行优化时，没有考虑共用一架飞机的"航班对"，因此优化结果难以保证同一架飞机的进离港旅客使用同一个登机口。为了保证"航班对"共用同一个登机口，在进离港航班优化时，应该将他们看作同一个航班，航班对的载客人数也变成了原来单个航班载客人数的两倍。从行走路线来看，离港旅客在候机楼内的行走路线是由安检区到登机口、进港旅客在候机楼内的行走路线是从登机口到行李提取大厅，进、离港旅客的行走路径不同。这为调度优化带来了一定难度。因此应根据机场航站楼布局，考虑安检区和行李提取大厅的相对位置。如果在一个垂直面内，可以按照登机口调度优化步骤，只是这时进港航班、离港航班和"航班对"的登机口起用时间和停用时间的确定方法有不同。如果安检区和行李提取大厅不在一个垂直面内，由于进港旅客和离港旅客行走的路线不同，所以步行距离也不同，要根据"航班对"、离港航班、进港航班分别进行优化，分别将旅客越多的航班组合安排在距安检区和行李提取大厅距离之和越小的登机口、距安检区最近的登机口、距行李提取大厅最近的登机口，直到航班全部分配登机口。

思考题

1. 本章 4.3.1 节中，通过排队论计算出来的柜台开放数量超过了机场原有的值机柜台数量，如何处理？至少提出三种解决办法，并通过验证。

2. 根据所给的进离港航班数据，进行登机口调度。

3. 对停机位分配问题的模型进行深入研究，增加航班延误情况，设置新目标函数。

第 5 章　机场运行控制

5.1　国内机场的运行组织与指挥

随着民航业的迅速发展，机场所承担的运营任务越来越繁重，机场运行指挥部门在机场运营中起到的作用越来越突出。目前国内大多数机场运行部门名称略有不同，如运行指挥/管理中心、现场指挥中心、机场运控中心等，但主要职能基本相同，负责各生产保障部门及生产过程统一协调指挥和全面综合管理。随着我国民航体制改革的不断深化，我国机场运营模式也在不断调整，适应新的发展形势。

5.1.1　机场运行组织及模式

机场运行组织形式一般可分为三级调度指挥体系和运行控制指挥中心两种。

1. 三级调度指挥体系

目前，我国民用机场大部分使用三级调度指挥体系。机场生产调度指挥系统分为三级结构：一级为机场运行管理中心；二级为各生产保障单位的生产调度指挥机构，如机务调度室、旅客服务部调度室、油料调度室、食品调度室、安检调度室、急救中心值班室等；三级为各二级部门下属具体作业科室或班组，如值机服务、旅客服务、车队、搬运、行李服务、客舱清洁等。典型的三级调度指挥体系如图 5-1 所示。

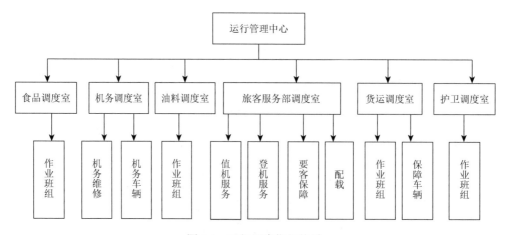

图 5-1　三级调度指挥体系

2. AOC/TOC 区域化管理模式

随着机场规模不断扩大,三级调度指挥体系越来越不适宜机场运行,为保证运行安全和效率,大型枢纽机场多采用运行控制指挥中心模式。如上海浦东国际机场按地域、专业对机场运行进行了划分,形成了 AOC、TOC、TIC(traffic information center, 交通信息中心)、UMC(utility management center,市政管理中心)、PCC(police command center,公安指挥中心)五个运行中心,形成了覆盖上海浦东国际机场所有生产运行保障的体系。核心模式是:集中指挥 + 分级管理。集中指挥体现在由 AOC 统一管理整个机场关键性的业务,负责各中心之间的协调、应急事件的统一指挥;各中心指挥所属区域的日常运行、服务与安全。分级管理体现在 AOC、各中心及各中心指挥体系下各部门的管理与运作。

1)AOC

AOC 作为机场运行控制中心和飞行区区域运行管理主体,其主要包括机场运行现场管理和飞行区安全运行管理。它是机场运行管理和应急指挥的核心,是机场日常航班安全生产和旅客服务现场的最高协调管理机构。机场运行指挥部门是机场运行的神经中枢,它担负着机场运行的组织、指挥、协调、控制和应急救援指挥的重要职责。

AOC 机场运行指挥平台是一个充分利用各种技术手段和设施,整合指挥业务流程,达到高效日常运作和快速处理各种应急事件的一个集中平台。根据五个中心的基本功能划分和定位,AOC 主要功能又分解为运营指挥中心、应急指挥中心、信息中心和机场呼叫中心四个核心功能。运营指挥中心的功能主要是为所辖范围内(飞行区)资源分配管理、飞行区秩序管理和飞行区保障生产业务的常态管理,并承担对基地航空公司、空管等的对外沟通协调,以及对五个中心之间在业务和资源管理界面上出现业务链断裂或者不清的状况的指挥协调。一旦出现大范围或者影响重大的安全生产事故,则 AOC 启动应急指挥程序,进入非常态的应急指挥管理状态,进行全范围的指挥调度协调。信息中心集中机场生产运行的主要信息系统,如集成、离港等,集中资源、集中管理。机场呼叫中心作为客户服务,通过电话、传真、邮件、网页等综合受理查询、订票等个性经营服务、投诉等业务。

2)TOC

航站楼运行中心是航站楼内日常运营、安全生产和服务保障的核心机构,是整个航站楼现场运行的指挥中心。集中管理航站楼的各类业务,提高响应能力、运行效率及服务质量,在各管理职能之间及时沟通,信息共享。作为整个机场运行管理的关键管理单元,TOC 从属于 AOC 的统一调度和指挥。TOC 主要负责管辖范围内航站楼的日常生产运行、服务质量监督、安全防范以及楼内系统、机电设备的运行、管理、维护和火灾的防范等。TOC 的管理模式主要分为分散型和集中型。

分散型是指由不同管理职能的管理单位派相关人员进入 TOC 实施管理,在这些来自不同职能部门的人员之上再设立 TOC 的主管人员,负责 TOC 的日常工作。由于来自不同的基层单位,其优点是对不同职能的深入了解比较深刻;其缺点是可能会引起各自为政的局面,TOC 的主管人员协调面对不同的部门,其效率相对会有所降低。

集中型的管理模式是由专门的 TOC 运行管理单位，设置 TOC 管理机构，由 TOC 主管负责航站楼日常所有事务的协调和决策（其权限范围内）。根据各席位设立不同的岗位，负责各自的管理。其他的管理部门均作为其的支持部门，听从 TOC 的调度，协同配合 TOC 部门的工作。

3）TIC

交通信息中心是机场区域内陆侧道路、停车场以及相关交通设施的信息管理中心，目前集中布置和客运道路交通相关的主要系统的机房设备和操作管理座席，统一管理机场区域内的各种客运交通信息，承担机场区域的实时交通信息提供和服务职能，以提高交通信息的服务能力、运行效率和服务质量。

4）UMC

市政管理中心负责管理和保障市政设施系统，主要包括给水系统、供电系统、集中供冷供热系统、天然气供应系统、污水排放系统、排水系统、市政道路及附属设施系统、景观绿化及附属设施系统等。其所承担的主要业务工作内容有：对各市政设施用户的计量结算和管理监督；负责与机场外各上级及相关市政部门的协调联系；负责机场市政设施的服务质量管理和监督，处理相关投诉；负责机场市政设施的安全管理和监督，负责相关突发事件的应急救援处置。

3. 传统调度模式与 AOC/TOC 区域化管理模式的比较

大多数机场目前还是传统调度模式，由一个机场指挥中心负责机场生产调度运行业务。如图 5-2 所示。一些大型机场为适应新的发展形势，进行运行模式的改革，实施 AOC/TOC 区域化管理模式，如图 5-3 所示。

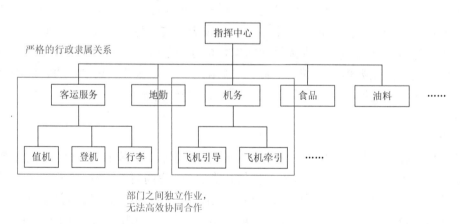

图 5-2　传统调度模式

根据机场实际运行的经验，相对于传统调度模式，AOC/TOC 区域化管理模式有很多不同点。其优点：①AOC 从目前处理机场运行日常事务中解脱出来，集中精力管理好整个机场运行的关键性业务，如航班的信息收集和处理、飞行区的管理、空防安全的监控等，而将日常运行、安全保障和服务交给各中心管理。②通过 AOC 平台建立起与主要枢纽运作航空公司的对口管理与协调机制，有利于航空公司与机场的沟通及在机场的中枢运作。③各中心根据航班信息具体指挥与管理所属区域的运作、安全与服务，并做好此指挥体系下各部门的安全、设备管理与服务的监督，突出细节管理、突出服务。④分级管理职责清晰，报告流程简明。传统的机场运营结构布局分散，环节较多；信息在各部门之间传递准确性差，效率较低；具体业务部门反应缓慢，指挥部门协调困难。

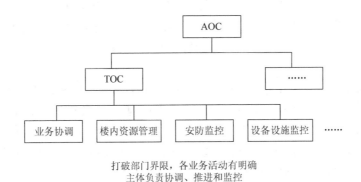

打破部门界限，各业务活动有明确
主体负责协调、推进和监控

图 5-3　AOC/TOC 区域化管理模式

5.1.2　机场运行指挥的主要职责

1. 机场运行指挥职责

目前大多数机场设置运行指挥机构，即指挥中心，是一个指挥机场运行全局的管理机构，是机场管理机构现场运行的最高一级调度指挥部门，是机场运行的神经中枢，负责机场运行组织、协调和指挥，以及机场的应急管理工作。指挥中心的职能包括现场组织、现场指挥、现场协调、现场监控和现场服务五个方面，以保证航班保障的正常完成。

（1）现场组织：主要是为保障机场的正常运行，按照每日的航班计划和保障相关要求，把机场各保障要素在时间和空间上合理地组织起来，形成一个有机的整体，使整个运行保障系统处于正常的运行状态之中。同时对运行过程中出现的非正常事件及时采取有效措施，重新组织使其恢复正常。

（2）现场指挥：是指依据决策和计划，根据当时和当地的条件与情况，通过带有权威性、强制性的行政职能手段，及时有效地处理保障过程中出现的矛盾。指挥职能的实施必须有相关规定赋予指挥员的相应地位和权利，包括指挥权、激励权甚至奖惩权。处理特殊情况时还可能需要相关领导的直接授权。

（3）现场协调：疏通处理上下级的纵向关系、各部门的横向关系和与机场外部单位或部门的关系，及时调整不正常的环节。协调工作要有预见性，考虑问题要周详，努力保障航班的正常运行。指挥中心与相关部门的人员应加强沟通和协商，并建立相应的规定或签订协议，明确各自的责任。

（4）现场监控：在及时了解掌握保障信息的前提下，按各航班保障计划的完成情况，纠正执行时的偏差。

（5）现场服务：为确保航班保障的顺利完成，在本部门的职责范围内尽量为其他保障部门提供或创造更有利的条件。

现场运行指挥室职责包括：①负责机场航班生产的具体组织指挥，及时准确地向各生产保障部门提供航班动态信息和机位调度信息；②负责机场应急救援工作；③负责统计航班生产作业数据，制订航班变更计划和换季航班时刻表；④负责收集和通报现场航班保障情况，组织公司每日生产讲评会；⑤负责与航管站核对航班计划和信息及不正常航班的责任划分；⑥负责司机班的日常引导业务管理，监督及核对司机班作业信息（如果下设引导车队）；⑦负责协调航班生产过程中公司内、外各关联单位服务保障工作。

运行指挥员的职责包括：①预排机位、调整机位；②关注即将落地的航班；③核对着陆航班的停机位；④通知联检单位；⑤监控航班运行数据，发现运行数据与事实不符时，应进行调整或询问后再调整；⑥核对飞机尾号；⑦发布飞机更换信息；⑧发布延误信息；⑨监督各部门保障进展，并记录油料完成、清舱完成、食品完成、舱单完成、货舱关门和客舱关门的完成时间；⑩向旅客发布上客指令。

以下以航班保障调度及航班计划发布为例，说明相关流程。

（1）航班保障调度。所有的相关保障单位必须知道需要保障的航班停在哪个机位，保障的时间限制，并据此进行保障。除此之外，指挥员还应监控飞机编号、机型、降落时间、起飞时间、客舱开门、油料完成、清舱完成、食品完成、指挥上客、调度上客、舱单完成、货舱关门、客舱关门等主要参数。生产调度流程见表 5-1。

表 5-1　生产调度流程

活动编号	活动名称	执行角色	活动内容
01A	记录飞机停机位	引导车司机	指挥中心分配机位后，引导车司机根据生产需要记录飞机机位及航班预达时间
01B		各保障单位	指挥中心分配机位后，各保障单位在航班预达 10 分钟（可能不同）前到达航班指定机位待命
01C		航管站	航管站记录航班停机位，在航班落地后指挥飞机，并向机组提供停机位信息
01D		航空公司	航空公司记录停机位，向本公司各单位通报航班停机位
02	引导飞机	指挥中心	指挥中心与引导车核对航班号及停机位，确认无误后指挥引导车引导飞机到指定机位
03	生产考核	指挥中心	在生产过程中指挥中心根据有关规定对各保障单位的保障效率及质量进行考核，对不合格的进行记录及通报
04	记录考核结果	各保障单位	各保障单位记录指挥中心通报的考核记录，对不正常情况以书面形式向指挥中心汇报事情经过、处理结果及改善措施
05	生产统计	指挥中心	根据数据分析需要进行数据统计，统计可根据指挥员指令由计算机完成
06	制作生产统计报表	指挥中心	每周一制作周报表，统计一周航班保障量，以及保障过程中出现的不正常、不安全情况

（2）航班计划发布。机场航班计划是机场运行各保障单位实施生产运行的依据，由运行指挥部门进行收集和接收、干预并统一对外发布。

主要流程如下。

①航班计划的收集和接收：从航空公司签派收集次日航班计划，既包括航班时刻表中的长期计划，也包括加班、包机、调机、公务、急救飞行等临时计划；从地服部门收集销售计划、要客信息；每天定时，由空管系统接口、各航空公司系统接口向机场系统发送次日航班计划。

②航班计划的干预：运行指挥部门对收集或接收到的次日航班计划进行干预。

③航班计划的发布：干预完成之后，统一对外发布次日航班计划；空管或航空公司提供的航班计划中会包含次日全天的航班（00:00-23:59）以及第三天凌晨的航班（即跨零点航班），运行指挥部门对所有航班进行干预，但在当天晚上只发布次日全天的航班，而在第二天上午再发布第三天凌晨的航班。

正常情况下，机场按照航班计划运行，因此航班计划必须准确。次日航班计划的编制是指挥中心日常工作的重要内容，计划编制的准确与否对整个保障运行至关重要。其他保障单位都按此计划制定本部门的保障人员、相关设备和设施的安排。

2. 机场运营指挥系统

随着机场航班和旅客量的不断增加，旅客服务水平不断提升，航空公司服务要求不断提高，机场枢纽化趋势不断加强，对于机场的服务水平提升，提出了新的要求，大型枢纽机场大多以建立一体化的机场运营管理平台为目标，减少机场运营管理的大型综合信息支撑系统。机场运营指挥系统业务架构如图 5-4 所示。

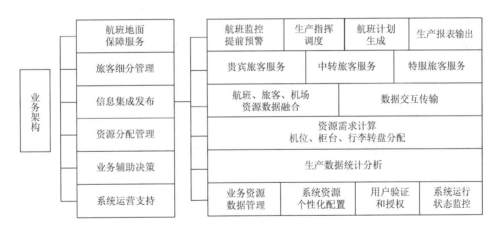

图 5-4　机场运营指挥系统业务架构

主要功能如下。

（1）航班地面保障服务模块。航班日常生产保障功能：是航班时刻表信息和生产指挥信息发布平台，是航班保障人员日常的工作平台。航班计划生成功能：综合了控制管理局、长期计划和订座系统等计划，对第二日执行航班进行修正，提高航班信息的准确性，提升航班正点率。生产报表输出功能：利用系统中完备的数据，提供在生产中各种报表输出存储和打印。

（2）旅客细分管理模块。贵宾旅客服务：一方面系统中完整支持从要客单制作到要客服务的整体流程；另一方面支持贵宾的档案，可以预先知悉贵宾的个性化信息，以便提供有针对性的服务。中转旅客服务：系统中带有预警功能的中转保障系统，可以有效地提醒正常/急转/无法衔接旅客信息，提高中转旅客的保障效率。

（3）信息集成发布模块。航班数据和旅客数据融合功能：系统获得机场运营管理所需要的各方面的数据，并按照业务流程进行整合，形成机场运营数据的集中点，形成机场唯一的数据标准。数据交互传输功能：机场运营管理系统提供标准的信息发布平台，一方面向各种业务系统发布航班的生产数据，另一方面发布生产指令，协调各个生产部分和子系统的工作。

（4）资源分配管理模块。对于机场有关航班保障的机位、登机口、安检通道、值机柜台等资源，按照航班的运行计划进行自动和手动的预分配。在航班计划执行的过程中，按照实际运行情况，对资源进行必要的调整。

（5）业务辅助决策模块。生产数据统计分析功能：完整的航班和旅客数据，是机场进行生产提升和业务决策的基础。为了能够为机场业务发展提供定量的分析数据，航班运营管理系统中的统计模块，提供各种分析数据和报表格式，作为机场进行决策的依据。

（6）系统运营支持模块。业务资源数据管理功能：系统提供了飞机、机位、柜台等各种静态数据的维护功能。系统资源个性化配置功能：系统提供了对系统航班显示内容、生产指令收发单位配置、动态提醒内容控制等各种系统资源的配置。用户验证和授权功能：系统提供基于客户机和工作人员两个方式的用户验证机制；对用户进入系统内所获得的任何信息都必须经过授权和验证。系统运行状态监控功能：系统提供针对系统运行和在线用户的实时监控功能，并提供各种预警方式，提高系统的可维护性和稳定性。

下面以某机场指挥中心系统为例，图5-5和图5-6分别是指挥系统中调度管理界面及机位分配界面。

5.1.3　机坪运行管理

停机坪是陆地机场上供航空器上下旅客、装卸邮件或货物、加油、停放或维修之用的一个划定区域。停机坪管理服务是为管理航空器和车辆在机坪上活动与移动而提供的服务。以在机坪上活动的飞机、各种车辆、旅客、货邮和工作人员为管理对象，通过规范他们的活动，实现安全、有序、整洁的机坪环境。所有在机坪从事保障作业的人员，均应当接受机场运行安全知识、场内道路交通管理、岗位作业规程等方面的培训，并经考试合格后，方可在机坪从事相应的保障工作。所有在机坪从事保障作业的人员，均应当按规定佩戴工作证件，穿着工作服，并配有反光标识。对于现代航空港，机坪管理是机场生产运行的基础和首要环节，直接关系到"安全、服务、效益"等目标的实现。

随着航空运输量的增长，停机坪安全越来越受到人们的关注。在飞机过站很短的时间内，大部分的保障业务都集中到停机坪上。由于人员车辆繁多拥挤又分属不同的部门，保障时间紧迫，室外作业环境恶劣，停机坪成为安全风险最大的区域之一。

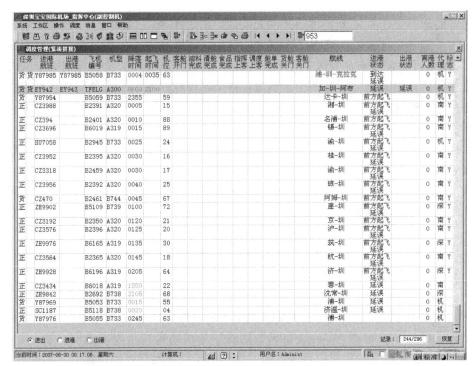

图 5-5　调度管理界面

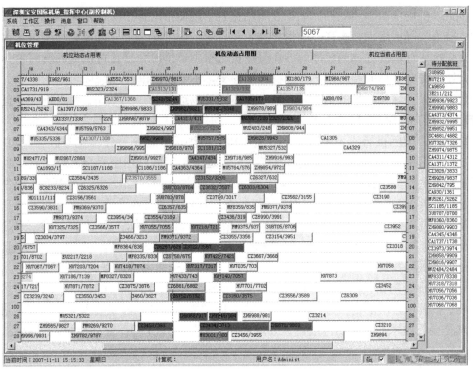

图 5-6　机位分配界面

扫一扫　看彩图

通常的保障工作都是多个部门共同完成的，由于不是统一管理，中间环节容易出现问题。为了加强机坪管理，确保工作安全、有序、高效地进行，提高机坪有限资源的利用率，《民用机场运行安全管理规定》中规定：机场管理机构负责机坪的统一管理，机场管理机构应当建立机坪运行的检查制度，并指派相应的部门和人员对机坪运行实施全天动态检查；机场管理机构应当与航空运输企业签订协议，明确航空运输企业专有机坪的管理责任。

2018 年，交通运输部将《民用机场运行安全管理规定》修改为《运输机场运行安全管理规定》重新公布，并于 2019 年 1 月 1 日实施。

在 2017 年航空器机坪运行管理移交，就是将航空器机坪运行指挥权由空管系统移交给机场机坪运行管理机构，是民航局针对提高机场运行效率、减少航班延误的重要举措之一。

机坪管理特点如下。①投资大：有效的机坪运行管理投资巨大，需要大量的基础设施建设、基础技术建设。②安全压力大：日益复杂的地面运行管理带来了巨大的安全运行压力。③协调成本高：地面运行实体越来越多，需要协调的成本也日益增加。机坪运行管理需要持续的投入，但空管部门并无法从这些巨大的投入中获得对等的利益回报，尤其是对空管的职责"实施民航局制定的空域使用和空管发展建设规划"并无很大的投资回报。过去由空管管理机坪的体制安排不利于机坪运行管理持续的效率提高、安全提高、成本降低。相反，机场以及机场所在的政府却能从机场地面运行的投资中获得最大的回报。

因此，机场资源利用效率、运行效率的提升，进而带动停机位利用率提高、航班时刻增加、航班起降量增加、旅客吞吐量增加，最大的获益者是机场，以及机场所属的地方政府。改变机坪管理的主体为机场，将使得投资回报主体清晰，真正可以提高责任主体的积极性，让投资有更高的回报率。通过机坪的移交，还可以逐渐建立起以机场为主导的地面运行管理体系，增强机场的话语权，进一步提高机场运行管理的效率。由机场主导机坪运行管理，是符合中国国情的有效体制安排。

杭州萧山国际机场成为全国第一家完全实现机坪运行管制责任移交的机场，2015 年 5 月 13 日，随着机坪管制正式投入运行，机坪运行管理职能由空管全部转移到机场。移交后，空管主要负责航空器起飞、着陆、脱离跑道和放行许可；机场机坪管制负责航空器推出、开车、滑行、拖曳工作。航空器机坪运行在运行效率、服务质量、安全裕度和管理建设均取得了显著成效。随着运行的日渐成熟，机坪管制加强整体联动，对运行的优化效果明显：一方面，推进航空器拖曳工作，提高航班靠桥率，改善服务质量；另一方面，协调空管对有起飞时间的航班做到早推开、早移交、早放飞，提升航班正常率，减轻空管负担。

虽然机坪管制在美国等发达国家和地区已经运行超过 10 年，但在中国民航仍然是新生事物。在机坪管制的推广过程中仍然有诸多问题需要解决：前期投入需要循序渐进；机坪管理需要的技术基础仍然薄弱；人才培养体系需要尽快完善；需要健全运行规范。

1. 机位管理

机坪机位应当由机场管理机构统一管理。具体实施机位管理的部门是指挥中心。指挥中心应当合理调配机位,最大限度地利用廊桥和机位资源,方便旅客,方便地勤保障,尽可能减少因机位的临时调整给旅客及生产保障单位带来的影响,公平地为各航空运输企业提供服务。大型机场为各航空运输企业提供的机位应当相对固定,可为航空公司设置专用航站楼或专用候机区域。

当机场发生应急救援、航班大面积延误、航班长时间延误、恶劣气象条件、专机保障以及航空器故障等情况时,机场管理机构有权指令航空运输企业或其代理人将航空器移动到指定位置。拒绝按指令移动航空器的,机场管理机构可强行移动该航空器,所发生的费用由航空运输企业或者其代理人承担。

1)正常情况下机位分配与调整

指挥员必须熟悉各个停机位能够停放的飞机的类型,切忌把大飞机安排在小机位上。机位分配总的原则是在条件允许的情况下,尽可能将客运航班安排在登机桥位,货物航班安排在相应货运楼或货运站机位。

机位调整是指挥员日常工作的一项重要内容。机位调整应注意如下内容:机位调整后应根据需要通知各保障单位。如果保障工作不由机场负责则应通知航空公司、分公司或代办机位的调整情况。

机位分配一般原则如下。

(1)登机桥安排顺序。机位调配应当按照下列基本原则确定:①发生紧急情况或执行急救等特殊任务的航空器优先于其他航空器;②正常航班优先于不正常航班;③大型航空器优先于小型航空器;④国际航班优先于国内航班。

(2)远机位安排。登机桥安排已满,按先近后远的原则,顺序安排远机位:①宽体航空器;②执行干线航班的航空器;③较大型航空器;④中小型航空器。

(3)机位分配与调整。在进行机位分配与调整时应考虑的因素较多,包括:①根据航班预计到场时刻,一般需提前 2 小时预排停机位,保证其他各保障部门或单位有足够的准备时间,做出保障安排。特殊情况下,一般要求机位调整能够在飞机到场前 20 分钟完成,并不迟于调整完毕 1 分钟通过对讲机、指挥调度系统对外发布;②正常情况下,指挥员应尽量避免机位调整,尤其是在航班即将落地甚至已经落地的时候;③避免因机位分配错误造成的航班地面保障事故;④在航班长时间延误或取消,尤其大面积延误、取消时,要避免发生航空公司、机组、旅客因机位分配不当对本部门的有效投诉等事件;⑤对国际航班需要及时通知联检单位到场;⑥应考虑起飞、落地和航路的天气状况、相关机场航路流量控制情况等。

(4)机位分配必需的知识或信息。①指挥员应非常熟悉某一机型的飞机可以停哪些机位,某个机位可以停哪些飞机;②应非常熟悉机坪及机坪滑行道的情况避免进出机坪的飞机出现冲突或道路堵塞;③熟悉哪些机位可以停靠国际航班。切忌将国际航班停在仅用于国内航班的机位。机位分配时还应注意防止不同航班的国际旅客间登机时的交叉,出现交叉时边检有权不放行航班。

2)大面积延误时机位分配与调整

出现大面积延误时,大量航班停留本场,造成多数机位长时间被占用,占用时间很难确定。另外,部分航班的进港时间也无法确定,给机位的分配造成极大困难。指挥员应注意以下事项。

（1）监听空管电台：①大面积延误时，指挥员应注意监听空管部门的电台，以获得哪个航班即将落地，查看航班预排机位是否可行；如果仍有飞机占用，则迅速从可用的机位进行选择，将其调走；②还可获得航班推出、滑行信息，从而可获知该机位即将可用；③如果大面积延误原因就是流量控制，则要注意询问流量控制的发展状况；如果是天气原因也可向空管部门询问天气情况及延误状况。

（2）监视机位实时占用情况：指挥中心一般设有监视屏，用来对保障现场进行监控。此时可通过监视屏获得实时的机位占用信息。

（3）现场指挥：如果航班延误量过大，可能需要指挥员到机坪现场进行指挥，防止出现危险，提高机位利用率。如果机场机位已无法满足继续运行的要求，可以联系空管部门请求后续飞机备降。

2. 航空器机坪运行管理

机坪上活动的航空器必须经机场运行管理中心、塔台同意后，方可按指定的路线滑行、牵引。航空器地面滑行时，发动机的排气或螺旋桨尾流不得对任何人员、设施或其他航空器构成威胁或损坏。如达不到上述条件，必须关闭发动机，使用牵引车对航空器进行牵引。

1）航空器进入前机坪检查

航空器进入机位前，该机位应当：①除负责航空器入位协调的人员外，各类人员、车辆、设备、货物和行李均应当位于划定的机位安全线区域外或机位作业等待区内。②车辆、设备必须制动或固定；有液压装置的保障作业车辆、设备，必须确保其液压装置处于回缩状态。③保障作业车辆在等待时，驾驶员应当随车等候。④机位是否清洁。⑤是否有其他影响航空器停靠的障碍物。

在航空器进入机位过程中，任何车辆、人员不得从航空器和接机人员之间穿行。在航空器处于安全靠泊状态后，接机人员应当向廊桥操作人员或客梯车驾驶员发出可以对接航空器的指令。廊桥操作人员或客梯车驾驶员接到此指令后，方可操作廊桥或客梯车对接航空器。

2）接机和送机

指挥航空器的信号员应站在航空器停靠位正前方合适的位置，指挥航空器滑入。其余人员则作为警戒员，密切监视航空器滑行安全；指挥航空器进港滑入停机位过程中，引导车和信号员必须有明确的标志和醒目的服装，以保证航空器驾驶员能发现。航空器停放过程中，应当至少保证有 2 个轮挡位于航空器前轮或者一个主轮的前后两侧。航空器停放期间，单独停放的航空器机头下应有一个灭火器，集中停放的航空器每两架之间应有一个灭火器。廊桥下的航空器所配的灭火器应放在牵引车上。送机人员应在机坪密切注视航空器的滑出和起飞的全过程，待航空器起飞后 15 分钟方能离开机坪，以防航空器因故滑回。

3）航空器靠泊后要求

航空器安全靠泊状态后应当满足下列条件：①发动机关闭；②防撞灯关闭；③轮挡按规范放置；④航空器制动松开；⑤在确认航空器处于安全停泊状态后，接机人员应当在距航空器发动机前端 1.5 m 处、机尾和翼尖水平投影处地面设置醒目的反光锥形标志物（高度不小于 50 cm，重量能防止 5 级风吹移。在预计机场风力超过 5 级时，机场管理机构应当通知航空器维修部门不再在航空器周围摆放反光锥形标志物）。航空器自行滑出的机位，在机头水平投影处地面也应当设置反光锥形标志物。

4）航空器试车

所有航空器必须在机场运行管理中心指定的地点试车，试车前须向运行管理中心申请，向塔台通报，并将航空器迁移到指定地点进行试车。试车时须与塔台建立和保持联系。

航空器试车应当符合下列要求：①一般情况下，航空器不得在机坪试车；②机场管理机构应当设立试车坪或者指定试车位置。试车坪或者指定试车位置应当设有航空器噪声消减设施，并应当具备安全防护措施；③发动机大功率试车应当在试车坪或机场管理机构指定的位置进行，并且应当在机场管理机构指定的时间段内进行，禁止航空器的机尾正对跑道进行大功率试车；④发动机怠速运转、不准油门的慢车测试和以电源带动风扇旋转、发动机不输出功率的冷转测试，应当在机场管理机构指定位置进行；⑤任何类型的航空器试车，必须有专人负责试车现场的安全监控，并且应当根据试车种类设置醒目的"试车危险区"警示标志。无关人员和车辆不得进入试车危险区。

3. 机坪车辆管理

机场空侧以内用以航空器滑行以及航班运行保障的区域（包含机坪和运转区）。机坪是航空器、车辆、人员最为密集的地区，对机坪内航空器、车辆、人员的运行以及各项生产保障作业，要按照相关的规定并加以规范，以确保机坪运行和管理更加科学合理，使各项保障作业安全、正常、高效。主要依据《民用机场航空器活动区道路交通安全管理规则》（170 号令）（CCAR-331SB-R1）、《机场使用手册》相关管理规定、《机场机坪运行管理实施细则》。

活动区特种车辆包括登机桥、飞机拖车、清水车、污水车、垃圾车、行李拖头车、传送带车、升降平台车、加油车、食品车、空调车、电源车、气源车、机务工具车和仪器车辆等。除登机桥外，所有特种车辆驶靠飞机时必须有专人持轮挡协助车辆安全驶靠航空器。

机坪运行区车辆速度限制：直行 25 km/h（170 号令规定最高 50 km/h）；转弯 15 km/h；靠近航空器 5 km/h；执行任务的警车、消防车、救护车、工程抢险车、引导车、清扫车等特殊车辆在确保安全的前提下可不受速度及行车路线的限制。

特种车辆停靠航空器顺序：电源车（如果需要）→登机桥（或客梯车）→加油车→升降平台车或传送带车→行李拖头车→行李和货物卡、盘的置放→食品车→清水车或污水车→垃圾车→推车。

在航空器处于安全停泊状态后，廊桥或客梯车与航空器对接完成前，除电源外，其他保障车辆、设备不得超越机位安全线。机位安全区域示意图如图 5-7 所示。因保障作业需要放置于机坪内的特种车辆、集装箱、行李和集装箱托盘等特种设备，应当停泊或放置于指定的白色设备停放区和车辆停放区内。作业人员离开后，车辆、设备应当保持制动状态，并将启动钥匙与车辆、设备分离存放。保障工作结束后，各保障部门应当及时将所用设备放回原区域，并摆放整齐。机坪作业区示意图如图 5-8 所示。机坪作业区域及标志要求如表 5-2 所示。

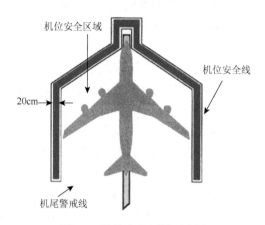

图 5-7　机位安全区域示意图

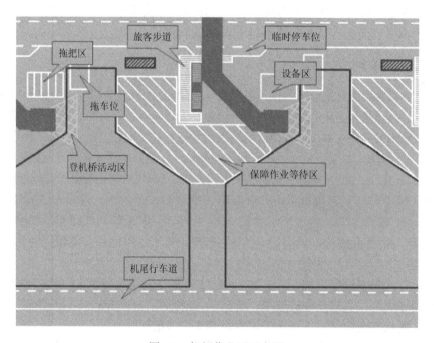

图 5-8　机坪作业区示意图

表 5-2　机坪作业区域及标志要求

序号	标志名称	位置要求	标志线要求
1	机位安全线	保证航空器与其他车辆及设备保持足够的安全距离	宽度为 20 cm 的红色连续实线
2	车辆行驶道线	用于机坪上机动车辆行驶的引导和限制	宽度为 10 cm 的白色连续实线
3	保障车辆作业等待区域标志	为保障航空器的车辆提供临时停放区域	宽度为 10 cm 的白色网格线

序号	标志名称	位置要求	标志线要求
4	车辆及设备固定停放区域标志	用以规定在机坪上停放车辆及设备的安全界限	宽度为 10 cm 的白色连续封闭实线
5	登机桥活动区域标志	仅供登机桥使用同时禁止任何机动车辆停放、穿越此区域	线宽为 10 cm 的红色网格线
6	禁止停放区域标志	禁止任何车辆及设备停放	线宽为 10 cm 的黄色网格线

保障车辆、设备在为航空器提供地面保障作业时，其他车辆、设备不得进入该机位作业区域。提供保障作业的车辆不得影响相邻机位及航空器机位滑行通道的使用。电源车、气源车和空调车为航空器提供服务时，不得妨碍廊桥的保障作业。液压升降车辆或设备对接航空器时，应当在液压升降筒或脚架升降到工作位置后再开始作业。

保障车辆对接航空器时的速度不得超过 5 km/h。保障车辆对接航空器前，必须在距航空器 15m 的距离先试刹车，确认刹车良好后方可实施对接。保障车辆、设备对接航空器时，应当与航空器发动机、舱门保持适当的安全距离。车辆在机坪行驶路线、固定停放点之外倒车应当有人指挥，指挥信号和意图应当明确，确保安全。保障车辆对接航空器后，应当处于制动状态，并设置轮挡。

4. 机坪作业监管

我国许多机场的指挥中心下设航班生产现场监管部门。主要职责是协调各作业部门，维护生产运作秩序，协助处理或上报现场生产保障中出现的各种问题，保证各部门的服务工作质量和进度。

航班监管程序如下。①记录飞机到位时间及机位。②监督各岗位人员、设备按时到位情况。③到位情况信息反馈。④不正常航班或特殊保障航班重点监管：接到运行指挥室关于保障过程中各部门或机组反映的不正常信息或需重点监管的航班信息时，实行重点监管。⑤处理不正常情况：按运行指挥室指示到现场了解保障过程中存在的问题，在职责范围内积极协调解决，负责落实事情经过，以口头或书面形式报运行指挥室，并做好相应记录，为判定延误原因提供依据。⑥反馈机组意见和要求：积极询问机组航班保障的真实情况，并及时反馈机组提出的有关航班保障的意见及要求，以保证航班安全、正点。⑦监管单记录：在监管单上准确记录各项保障工作完成时间及客货舱关门时间，如客货舱门没有正点关，要落实晚关门原因。⑧航班保障工作结束通报：准确记录飞机推出时间，必要时可在对讲机里通报运行指挥室。⑨监管单存档，航班保障监管检查单如表 5-3 所示。

表 5-3　监管检查单

日期：　年　　月　　日　　　　　星期：　　　　　　　天气：

	航班号	机尾号	机位	航　　线	
时　　分				至	
开舱门时间	机型/座位	作业时限	关舱门时间	监察员	

续表

时　分		/	分	时　分	
检查 序号	监察项目	时间检查		作业质量检查	
01	机务指挥飞机停位	a.引导到位时间：			
		b.指挥人员到位时间：		轮挡放置：规范/	
02	廊桥/客梯车对接	a.司机到位　　按时/		规范/	
03	摆渡车	a.（下客）到位时间		规范/	
		b.（上客）到位时间		规范/	
04	引导旅客下机	a.服务员到位：按时/		规范/	
05	安全监护	a.人员到位：按时/		规范/	
06	清洁作业	a.客舱清洁完成　　时间		规范/	
07	食品供应作业	a.食品车完成作业　时间		规范/	
08	燃油加注作业	a.加油车完成作业　时间		燃油泄漏　　　无/有	
09	引导旅客登机	a.服务员到位　　时间		规范/	
		b.客舱门关门　　时间			
10	业务文件传递	a.送递到位　　　时间		b.舱单与舱门关闭前五分钟送达	
11	装卸作业	a.传送带☐ 升降平台☐ 拖头车☐ 平板车☐		设备按时到位/	
		b.作业人员到位		人员按时到位/	
		c.开始卸机时间　　　时　分			
		d.货舱关门时间　　　时　分			
		e.传送带☐ 升降平台☐ 拖头车☐ 平板车☐		设备撤离情况/	
		f.操作规程☐ 作业流程☐		操作规范/	
12	飞机放行作业	a.放行人员到位时间　时　分		按时到位/	

5.2　航班保障流程

5.2.1　航班保障进程控制相关规定

1. 航班过站时间及规定

过站时间：从航空器开机门至航空器关机门的时间。最少过站时间：通常情况下航班过站需要的最短时间。规定如表 5-4 所示。

表 5-4　最少过站时间规定

座位数	60 座以下	61~150 座	151~250 座	251~300 座	301 座以上
最少过站时间	35 分钟	45 分钟	55 分钟	65 分钟	75 分钟

正常航班以航班时刻表上公布的时间执行航班的保障作业。航空公司计划过站时间短于规定的最少过站时间或飞机晚到等造成过站时间太短和不正常的航班，实行最少过站时间。各保障单位应尽量缩短过站时间，以减少航班的延误时间。

2. 各保障单位人员、设备进离场时间规定

各保障单位保障时间规定如表 5-5 所示。

表 5-5　各保障单位保障时间规定

保障单位	进出港	进离场人员设备	进场	离场
机务维修保障	进港	引导车	航空器预计到达前 15 分钟	航空器到位后
		指挥保障人员	航空器预计到达前 15 分钟	航空器滑出后
		电源车	航空器预计到达前 15 分钟	航空器滑出后
		气源车	根据需要进场	航空器滑出后
		牵引车	根据需要进场	作业完毕后
	出港	保障人员	航空器预计起飞前 120~90 分钟	航空器滑出后
		电源车	航空器预计起飞前 60 分钟	航空器滑出后
		气源车	根据需要进场	航空器滑出后
		牵引车	根据需要进场	作业完毕后
机坪服务	进港	客梯车或登机桥	航空器预计到达前 15 分钟	航空器滑出后
		摆渡车	航空器预计到达前 15 分钟	作业完毕后
		服务人员	航空器预计到达前 15 分钟	作业完毕后
		食品车	航空器预计到达前 5 分钟或根据需要	作业完毕后
		清水车	航空器预计到达前 5 分钟或根据需要	作业完毕后
		污水车	航空器预计到达前 5 分钟或根据需要	作业完毕后
		清洁人员	航空器预计到达前 5 分钟	作业完毕后
		装卸人员及设备	航空器预计到达前 5 分钟	作业完毕后
	出港	客梯车或登机桥	航空器预计起飞前 60 分钟	航空器滑出后
		摆渡车	航空器预计上客前 15 分钟或根据需要	航空器滑出后
		服务人员	航空器预计上客前 15 分钟或根据需要	航空器滑出后
		食品车	航空器预计起飞前 60 分钟或根据需要	作业完毕后

续表

保障单位	进出港	进离场人员设备	进场	离场
机坪服务	出港	清水车	航空器预计起飞前 60 分钟或根据需要	作业完毕后
		污水车	航空器预计起飞前 60 分钟或根据需要	作业完毕后
		清洁人员	航空器预计起飞前 60 分钟或根据需要	作业完毕后
		装卸人员及设备	航空器预计起飞前 60 分钟或根据需要	作业完毕后
航空油料公司	进港	加油车及人员	航空器预计到达前 5 分钟	作业完毕后
	出港	加油车及人员	航空器预计起飞前 60 分钟	作业完毕后
安全护卫部	进港	监护人员	航空器预计到达前 15 分钟	航空器滑出后
	出港	监护人员	航空器预计起飞前 90 分钟	航空器滑出后

3. 各机型航班保障进程控制

（1）60 座以下航空器过站时间及进程控制。60 座以下航空器最少过站时间为 35 分钟，如图 5-9 所示。适用于 CRJ200、EMB146、DHC8、YN7、AN24、DORNIER328、SHORTS360、SAAB340 等机型。

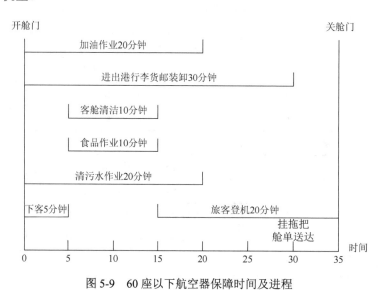

图 5-9　60 座以下航空器保障时间及进程

（2）61～150 座航空器过站时间及进程控制。61～150 座的航空器最少过站时间为 45 分钟，如图 5-10 所示。适用于 B737（300-700）、MD82、MD90、BAE146、FK100、A319 等机型。

（3）151～250 座航空器过站时间及进程控制。151～250 座的航空器最少过站时间为 55 分钟，如图 5-11 所示。适用于 B737-800、B757-200、B767-200、A320、A321、A310 等机型。

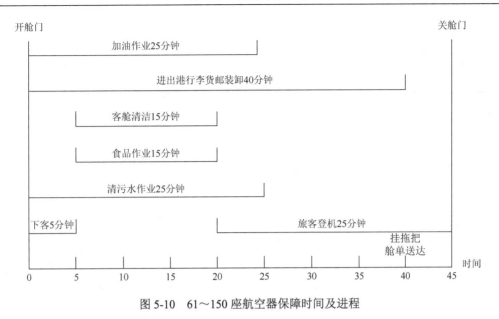

图 5-10　61～150 座航空器保障时间及进程

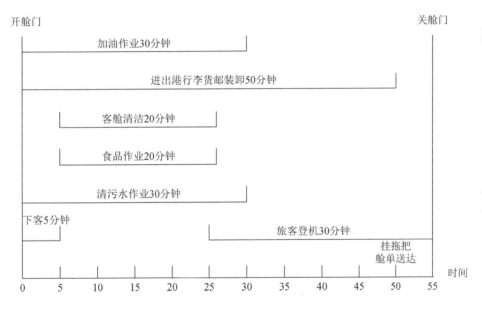

图 5-11　151～250 座航空器保障时间及进程

（4）251～300 座航空器过站时间及进程控制。251～300 座的航空器最少过站时间为
65 分钟，如图 5-12 所示。适用于 B767-300、A300、B747SP、B747-200 等机型。

（5）301 座以上航空器过站时间及进程控制。301 座以上航空器最少过站时间为 75 分
钟，如图 5-13 所示。适用于 B777、A340、A330、B848-400、IL86、MD11 等机型。

4. 航班保障作业进程管理

航班保障作业内容及进程管理通常用甘特图表示，如表 5-6 所示。

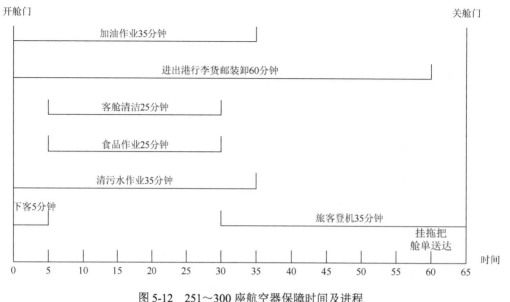

图 5-12　251～300 座航空器保障时间及进程

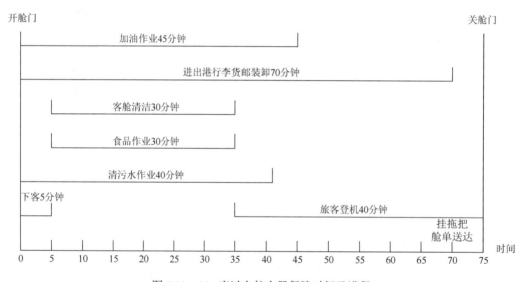

图 5-13　301 座以上航空器保障时间及进程

表 5-6　航班保障作业进程表

工作内容	实施完成阶段									
	120	90	60	35	30	25	20	15	10	5
1.了解飞机预计到达时间、停机位及本次航班人数（航班起飞前 35 分钟完成）										
2.值机办理乘机手续（航班起飞前 30 分钟停办）										
3.客梯车（如需）、廊桥（如需）、油车、加水车、清洁队、机务、安检监护、配餐、地面接机服务人员提前到达（提前 15 分钟）										
4.航班开客舱门、下客（8 分钟）										

续表

工作内容	实施完成阶段									
	120	90	60	35	30	25	20	15	10	5
5.飞机清洁（下客后 8 分钟内完成）										
6.摆渡车到位、组织旅客登机（15 分钟内完成）										
7.装卸货物、行李及邮件（货舱门早于客舱门 5 分钟关闭）										
8.飞机加油（客舱门开后 20 分钟内完成）										
9.航空配餐、加机供品等（客舱开门后 15 分钟完成）										
10.机务过站维护（飞机落地后 15 分钟完成）										
11.送航行资料（客舱门开后 15 分钟完成）										
12.舱单送上飞机，与乘务员核对人数（关舱门前 5 分钟完成）										
13.电源车、气源车撤离（2 分钟内完成）										
14.机务推出飞机										

5.2.2　航班保障流程

以下用表格方式从出港航班、进港航班、过站航班、特殊航班、不正常航班分别介绍航班保障流程。

1. 出港航班保障流程

出港航班保障流程如表 5-7 所示。

表 5-7　出港航班保障流程

项次	工作步骤	责任单位或岗位	工作开始及完成时间	工作内容
1	提供飞机计划	运行管理中心	任务前一日 20:00 以前	向各生产保障部门提供次日飞行计划，布置特殊保障要求
2	提供 VIP 计划	运行管理中心	任务前一日 20:00 以前	向相关生产保障部门提供次日 VIP 计划，布置特殊保障要求
3	接受飞行和 VIP 计划	机场各生产保障部门	任务前一日	根据飞行计划、VIP 计划及特殊保障和服务要求，安排、布置本部门的工作
4	工作准备	机场各保障单位及岗位	上岗前	上岗前工作准备及设备检查
5	机位分配	运行管理中心	预计起飞前 2 小时	根据飞行计划情况，预先分配航班的停机位
6	候机厅分配及安排	运行管理中心	预计起飞前 2 小时	根据飞行计划和停机位安排情况，分配和安排航班的旅客候机厅及登机口
7	航空器交接	警卫与机务	预计起飞前 90 分钟	按规定共同检查航空器，确认航空器外部完好，并办理相关交接手续
8	航空器航前维护	机务	预计起飞前 90 分钟至起飞	根据飞行计划和航班的停机位安排，将航空器推出至预定的停机位，提供航空器电源，按航空器航前保障工作程序进行维护

续表

项次	工作步骤	责任单位或岗位	工作开始及完成时间	工作内容
9	登机桥或客梯车靠接	地服部	预计起飞前90分钟至滑出前	根据飞行计划，为航空器提供登机桥或客梯车
10	航班预配	结载部门	预计起飞前2小时	根据飞行计划航班、货销售情况，根据航空器性能，对航班载运情况进行审核，并将装机单通报货运和搬运部门
11	办理旅客乘机手续	值机	预计起飞前90分钟至30分钟	根据飞行计划和航班的旅客候机厅及登机口制作旅客登机牌，办理旅客乘机手续，预计起飞时间前30分钟截止办理旅客乘机手续，并将值机数据报结载部门
12	旅客、行李安全检查	安检站	预计起飞前90分钟至30分钟	根据飞行计划，按规定对旅客和行李进行安全检查
13	航空器监护	监护	预计起飞前90分钟至起飞	根据飞行计划，按规定时间到位，检查航空器，与机务人员办理交接手续，对航空器进行监护
14	油料加注	油料	预计起飞前90分钟至30分钟	根据飞行计划，为航空器加注油料。作业完成及时报告运行管理中心
15	机上清洁、加清排污作业	清洁队	预计起飞时间前90分钟至前30分钟	根据飞行计划，为航空器提供机上清洁及加清排污服务。作业完成及时报告运行管理中心
16	货物、行李装舱	货运部门、搬运	预计起飞时间前90分钟至前30分钟	根据飞行计划，按规定和装机单装本次航班所载运的货物、邮件、行李
17	机供品、餐饮供应	配餐部门	预计起飞时间前90分钟至前30分钟	根据飞行计划，按规定提供本次航班所需的机供品、餐饮
18	飞行区场道检查	安运部	本场飞行前30分钟	完成场道检查工作，并向运行管理中心报告检查情况
19	结载	结载部门	预计起飞前30分钟至前15分钟	根据值机数据和航空器性能要求，对航班载运情况进行审核、调整，并将调整的装机单通知货运和搬运部门。制作舱单
20	机务放行报告	机务	预计起飞前30分钟	向运行管理中心报告航空器机务维护情况及适航状态
21	上客申请	地服部	预计起飞前30分钟	报告旅客服务保障情况，提出上客申请
22	上客指令	运行管理中心	预计起飞前30分钟	根据各保障单位准备情况以及空管和签派工作情况，下达上客指令
23	登机广播	运行管理中心	预计起飞前30分钟	根据地服部的上客申请和各保障单位准备情况，发布旅客登机广播
24	组织上客	旅客服务部门	预计起飞前30分钟至前15分钟	根据运行管理中心下达的上客指令，安排摆渡车，组织旅客登机，并清点旅客人数
25	装卸作业完成报告	搬运队	预计起飞前15分钟	根据装机单和结载舱位调整，完成货物、邮件、行李的装卸工作，及时报告生产调度室，并撤离装卸设备
26	舱单送达	结载部门	预计起飞前15分钟	将制作完成的舱单送交机组，并核对旅客人数和货邮、行李装载情况
27	登机桥或客梯车撤离	客梯队或车队	预计起飞前15分钟	各项保障工作结束及旅客登机完毕，撤离登机桥或客梯车
28	航空器推出及指挥开车	机务	预计起飞前15分钟	确认所有保障设备撤离航空器，在获准后将航空器推出停机位并指挥航空器开车、滑出
29	送机人员撤离	各保障部门	航空器滑出后	航空器滑出后，各保障部门送机人员清理并撤离现场
30	航空器起飞	运行管理中心	航空器起飞	按塔台管制员通报或起飞电报记录起飞时间

2. 进港航班保障流程

进港航班保障流程如表 5-8 所示。

表 5-8　进港航班保障流程

项次	工作步骤	责任单位或岗位	工作开始和完成时间	工作内容
1	提供飞行计划	运行管理中心	任务前一日 20:00 以前	向各生产保障部门提供次日飞行计划, 布置特殊保障要求
2	提供 VIP 计划	运行管理中心	任务前一日 20:00 以前	向相关生产保障部门提供次日 VIP 计划, 布置特殊保障要求
3	接受飞行和 VIP 计划	机场各生产保障部门	任务前一日	根据飞行计划、VIP 计划及特殊保障和服务要求, 安排、布置本部门的工作
4	工作准备	机场所有保障单位及岗位	上岗前	上岗前工作准备及设备检查
5	机位分配	运行管理中心	预计到达时间 2 小时以前	根据飞行计划和航班预计到达时间, 预先分配航班的停机位
6	发布航班动态信息	运行管理中心	收到航班动态后	根据飞行计划, 及时掌握航班动态信息, 收到航班动态后, 及时通报机场各生产保障部门
7	检查和调整停机位	运行管理中心	航班到达前	根据航班预计到达时间, 检查、调整停机位
8	接收航班动态信息	机场各生产保障部门	收到航班动态后	接收航班动态信息, 安排、布置或及时调整本部门的各项航班保障工作
9	飞行区场道检查	安运部	本场飞行前半小时	完成场道检查工作, 并向运行管理中心报告检查情况
10	航班到达	运行管理中心	航班到达	航班到达, 记录航班落地时间。指令引导车按指定的停机位引导航空器
11	航班到达广播及信息发布	运行管理中心	航班到达	收到航班到达时间, 及时发布航班到达信息和广播
12	行李转盘分配	行李查询	航班到达	根据航班到达信息, 及时分配行李转盘
13	航空器引导和停放	机务	航班到达	根据运行管理中心停机位安排指令以及塔台地面管制指令, 引导、指挥航空器按规定线路滑行和停放指定的停机位, 并放置轮挡和提供电源
14	登机桥或客梯车靠接	地服部	航班到达	为航空器提供登机桥或客梯车
15	旅客下机服务及引导	地服部	航班到达	引导旅客下机按规定的路线至旅客到达出口。若航空器停放远机位, 还应安排和提供旅客摆渡车
16	货物、行李装卸	搬运	航班到达	及时装卸本次航班所载运的货运、邮件、行李, 清点是否与舱单相符。并分别送运、移交货运和行李发放部门
17	行李发放	行李查询	航班到达	按所分配的行李转盘, 及时将旅客行李分拣至指定的行李转盘向旅客发放, 并查验
18	机上清洁及排污	清洁队	旅客下机后	旅客下机后, 为航空器提供机上清洁及排污服务
19	航空器航后维护	机务	由机务自行安排	按航空器航后保障工作程序进行维护工作
20	航空器交接	警卫与机务	航后工作结束	按规定共同检查航空器, 确认航空器外部完好, 并办理相关交接手续

3. 过站航班保障流程

过站航班保障流程如表 5-9 所示。

表 5-9 过站航班保障流程

项次	工作步骤	责任单位或岗位	工作开始及完成时间	工作内容
1	提供飞机计划	运行管理中心	任务前一日 20:00 以前	向各生产保障部门提供次日飞行计划,布置特殊保障要求
2	提供 VIP 计划	运行管理中心	任务前一日 20:00 以前	向相关生产保障部门提供次日 VIP 计划,布置特殊保障要求
3	接受飞行和 VIP 计划	机场各生产保障部门	任务前一日接收飞行计划后	根据飞行计划、VIP 计划及特殊保障和服务要求,安排、布置本部门的工作
4	工作准备	机场各保障单位及岗位	上岗前	上岗前工作准备及设备检查
5	机位分配	运行管理中心	预计起飞前 2 小时	根据飞行计划情况和航班预计到达时间,预先分配航班的停机位
6	候机厅分配及安排	运行管理中心	预计起飞前 2 小时	根据飞行计划和停机位安排情况,分配和安排航班的旅客候机厅及登机口
7	发布航班动态信息	运行管理中心	收到航班动态后	根据飞行计划,及时掌握航班动态信息,收到航班动态后,及时通报机场各生产保障部门
8	检查和调整停机位	运行管理中心	航班到达前	根据航班预计到达时间,检查停机位分配是否有冲突,并按相关规定进行调整
9	接收航班动态信息	机场各生产保障部门	收到航班动态后	接收航班动态信息,安排、布置或及时调整本部门的各项航班保障工作
10	航班预配	结载部门	预计起飞前 2 小时	根据飞行计划航客、货销售情况,根据航空器性能,对航班载运情况进行审核,并将装机单通报货运和搬运部门
11	办理旅客乘机手续	值机	预计起飞前 90 分钟至前 30 分钟	根据飞行计划和航班的旅客候机厅及登机口制作旅客登机牌,办理旅客乘机手续,预计起飞时间前 30 分钟截止办理旅客乘机手续,并将值机数据报结载部门
12	旅客、行李安全检查	安检站	预计起飞前 90 分钟至前 30 分钟	根据飞行计划,按规定对旅客和行李进行安全检查
13	飞行区场道检查	安运部	本场飞行前 30 分钟	完成场道检查工作,并向运行管理中心报告检查情况
14	航班到达	运行管理中心	航班到达	航班到达,记录航班落地时间。指令引导车按指定的停机位引导航空器
15	航班到达广播及信息发布	运行管理中心	航班到达	收到航班到达时间,及时发布航班到达信息和广播
16	行李转盘分配	行李查询	航班到达	根据航班到达信息,及时分配行李转盘
17	航空器引导和停放	机务	航班到达	根据运行管理中心停机位安排指令和塔台地面管制指令,引导、指挥航空器按规定线路滑行和停放指定的停机位,并放置轮挡和提供电源
18	航空器监护	监护	航空器到达停机位至航班滑出	按规定对航空器进行监护

续表

项次	工作步骤	责任单位或岗位	工作开始及完成时间	工作内容
19	登机桥或客梯车靠接	地服部	航空器到达停机位	为航空器提供登机桥或客梯车
20	旅客下机服务及引导	地服部	航空器到达停机位	引导旅客下机，并按规定的路线至旅客到达出口。若航空器停放远机位，还应安排和提供旅客摆渡车
21	货物、行李装卸	搬运	航空器到达停机位后	及时装卸本次航班所载运的货物、邮件、行李，清点是否与舱单相符。并分别运送、移交货运和行李发放部门
22	行李发放	行李查询	航班到达行李送达	按所分配的行李转盘，及时将旅客行李分拣至指定的行李转盘向旅客发放，并查验
23	机上清洁、加清排污作业	清洁队	航空器到达至起飞前30分钟	为航空器提供机上清洁及加清排污服务。作业完成及时报告运行管理中心
24	航空器短停维护	机务	航空器到达至起飞	按航空器短停保障工作程序进行维护工作
25	油料加注	油料	航空器到达至起飞前30分钟	根据飞行计划，为航空器加注油料。作业完成及时报告运行管理中心
26	机供品、餐饮供应	配餐部门	旅客下机后至起飞前30分钟	根据飞行计划，按规定提供本次航班所需的机供品、餐饮
27	结载	结载部门	预计起飞前30分钟至起飞前15分钟	根据值机数据和航空器性能要求，对航班载运情况进行审核、调整，并将调整的装机单通知货运和搬运部门。制作舱单
28	机务放行报告	机务	预计起飞前30分钟	向运行管理中心报告航空器机务维护情况及适航状态
29	上客申请	地服部	预计起飞前30分钟	报告旅客服务保障情况，提出上客申请
30	上客指令	运行管理中心	预计起飞前30分钟	根据各保障单位准备情况以及空管和签派工作情况，下达上客指令
31	登机广播	运行管理中心	预计起飞前30分钟	根据地服部的上客申请和各保障单位准备情况，发布旅客登机广播
32	组织上客	旅客服务部门	预计起飞前30~15分钟	根据运行管理中心下达的上客指令，安排摆渡车，组织旅客登机，并清点旅客人数
33	装卸作业完成报告	搬运队	预计起飞前15分钟	根据装机单和结载舱位调整，完成货物、邮件、行李的装卸工作，及时报告生产调度室，并撤离装卸设备
34	舱单送达	结载部门	预计起飞前15分钟	将制作完成的舱单送交机组，并核对旅客人数和货邮、行李装载情况
35	登机桥或客梯车撤离	客梯队或车队	预计起飞前15分钟	各项保障工作结束及旅客登机完毕，撤离登机桥或客梯车
36	航空器推出及指挥开车	机务	预计起飞前15分钟	确认所有保障设备撤离航空器，在获准后将航空器推出停机位并指挥航空器开车、滑出
37	送机人员撤离	各保障部门	航空器滑出后	航空器滑出后，各保障部门送机人员清理并撤离现场
38	航空器起飞	运行管理中心	航空器起飞	按塔台管制员通报或起飞电报记录起飞时间

4. 公务机及临时性飞机保障流程

公务机及临时性飞机保障流程如表 5-10 所示。

表 5-10　公务机及临时性飞机保障流程

项次	步骤	责任单位或岗位	工作内容
1	接受任务	运行管理中心	运行管理中心接受公务机、急救、调机及临时飞行计划（任务性质、航班号、机型机号、航线、进离港时间）、旅客资料（姓名、身份证号、护照号、回乡证、军官证等有效证件）、机组资料和地面保障要求
2	计划核实	运行管理中心	运行管理中心向空管部门核实飞行计划是否已获得批复
3	任务布置	运行管理中心	运行管理中心根据飞行计划、任务性质、保障要求向相关保障单位布置，并明确具体保障事宜
4	计划、旅客资料和机组资料提交	运行管理中心	运行管理中心提前三小时将公务机、急救、调机及临时性飞行计划、旅客资料和机组资料提交给机场安全检查站和监护。若为国际航班，还应提前一天将飞行计划传真给联检单位
5	保障监控	运行管理中心	运行管理中心协调指挥在保障过程中遇到的不正常事件
6	安全检查	安全检查站	机场安全检查站依据运行管理中心提供的旅客资料、机组资料进行安全检查，在旅客资料上加盖安检章予以确认，登机前由监护依据此名单核对后登机
7	汇总收费单据	机场各保障单位	机场各保障单位依据运行管理中心布置任务保障航班，提供保障服务，将所提供的服务收费单据交运行管理中心或机场财务
8	收费	运行管理中心	运行管理中心或机场财务汇总收费单据，统一向机组或其代理人（公司）收取。如有协议按协议方式收取相关费用
9	放行	运行管理中心	机场地面保障工作完成，通知空管部门或按规定程序放行

5. 不正常航班保障流程

不正常航班保障流程如表 5-11 所示。

表 5-11　不正常航班保障流程

项次	步骤	责任单位或岗位	工作内容
1	了解不正常航班信息	运行管理中心	运行管理中心应及时掌握航班动态信息，了解不正常航班原因，及时向相关部门通报，适时对旅客发布不正常航班信息。必要时通报值班领导，通知有关部门到现场处置
2	组织协调	运行管理中心	当出现航班不正常时，及时了解承运人或代理人意图，组织、协调机场各保障部门及承运人或代理人做好服务保障工作
3	不正常航班服务	地面服务部	地面服务部按照与航空公司签订的地面代理协议，做好旅客引导、解释等服务工作，并联系承运人、代理人协调解决有关事项
4	维护现场秩序	公安局	当出现航班不正常时，公安局及时安排警力赶赴现场，维护现场秩序控制事态，做好现场取证工作，并及时将信息反馈到运行管理中心
		安全检查站	安全检查站要加强安检口值班力量，防止无关人员、无证人员进入控制区，防止旅客冲击安检工作现场，配合公安局做好现场调查取证工作

项次	步骤	责任单位或岗位	工作内容
4	维护现场秩序	航空安全护卫部	航空安全护卫部要及时派出保安人员赶赴现场,配合公安维护现场秩序;加强对机场各道口的巡视力度,防止无关、无证人员进入控制区,配合公安防止旅客进入机坪扰乱机坪秩序,配合公安做好调查取证工作
5	相关保障工作	物业管理部	物业管理部要保证候机楼内设施、设备运行正常
		医疗急救中心	医疗急救中心要做好医疗急救的各项准备工作,在旅客或工作人员需要医疗急救服务时,及时赶赴现场开展医疗救治工作

5.2.3　机场航班运行保障标准介绍

为提高机场运行效率,促进航班正常运行,中国民用航空局于 2013 年制定下发了《机场航班运行保障标准》,对机场航班运行保障各个环节的作业进行了规范。主要包括航空器挡轮挡/摆锥桶→机务给手势→廊桥/客梯车对接操作→货/客舱门开启→卸货邮行李/旅客下机→客舱清洁/航食配送→航油/污水/清水作业→装货邮行李/旅客登机→货/客舱门关闭→撤离廊桥/客梯车→撤前轮挡/锥桶→航空器牵引车对接→撤后轮挡/锥桶→航空器推出。

《机场航班运行保障标准》共 10 个章节,内容涵盖航班信息、航空器始发、航空器过站、旅客流程、不正常航班保障、除冰雪等。进一步明确了航班运行保障单位的作业时间基准节点,量化、压缩了部分保障环节的作业时间,优化了现有保障作业流程。仅举例说明,现行规章要求"在航空器处于安全停泊状态后,廊桥或客梯车与航空器对接完成前,除电源车外,其他保障车辆、设备不得实施保障作业"。《机场航班运行保障标准》在充分考虑保障作业安全的前提下,将相关流程调整为在航空器处于安全停泊状态后,机务应立即给出允许作业指令,允许行李装卸与廊桥或客梯车对接同步作业,以提前首、末件行李的交付时间。航班保障作业时间均小于最少过站时间,各机场和相关保障单位严格执行《机场航班运行保障标准》,就不会发生因保障作业引起的航班延误。此外,还对发生大面积航班延误时机场服务保障资源的统一调配做出了明确规定。

机场在实施该标准时应会同航空公司及各保障作业单位,根据《机场航班运行保障标准》细化完善本机场航班运行保障标准,并制定切实可行的实施细则;与当地省、市人民政府建立大面积航班延误应急处置联动保障机制,将民航大面积航班延误应急处置纳入地方应急保障体系,形成行业与地方的整体联动;设立大面积航班延误应急处置办公室,统一协调大面积航班延误时驻场单位的各类资源整合和应急处置。

5.3　延误下航班保障与管理

5.3.1　航班不正常统计

依据《民航航班正常统计办法》的规定,各机场空管部门和机场当局必须每天进行航班正常统计和机场放行正常统计，一般每个月向民航局报告一次航班正常统计和机场放行正常统计报告表。根据各种保障流程图，对航班保障质量进行监督和考核，提高本场运行效率。

近几年颁布了几版《民航航班正常性统计办法》，对正常航班及不正常航班的界定略有不同。

2012 年版《民航航班正常统计办法》以航班的起飞、落地时间作为航班正常的判定标准，符合下列条件之一的航班即判定为正常。

（1）在航班时刻管理部门批准的离港时间后规定的机场地面滑行时间之内起飞，且不发生返航、备降等不正常情况（根据机场繁忙程度不同，规定的机场滑行时间从 15 分钟到 30 分钟不等）；

（2）不晚于航班时刻管理部门批准的到港时间后 10 分钟落地。

不正常原因方面，各类航班不正常原因分为天气、航空公司、流量、军事活动、空管、机场、联检、油料、离港系统、旅客、公共安全共 11 大类。

不正常原因填报遵从“一通到底”原则，即一架飞机执行多段任务，当出现首次延误并导致后续航段全部延误时，后续原因均按首次延误时原因填写，如后续某航段转为正常，但其后续航段又再次延误，则后续延误原因按正常航段后发生的首次延误原因填写。

2013 年中国民用航空局开展航班延误专项治理，并在行业内发布了 2013 年版《民航航班正常统计办法》。新办法的正常统计标准相比 2012 年变化较大，不再以航班的起飞、落地时间作为航班正常的判定标准，而是以航班的挡/撤轮挡时间作为判定标准。符合以下条件之一的航班即判定为正常航班。

（1）航班时刻管理部门批准的离港时间前后 5 分钟之内撤轮挡，且按航班运行正向进程起飞，不发生滑回、中断起飞、返航、备降等特殊情况。

（2）不晚于航班时刻管理部门批准的到港时间挡轮挡。

不正常原因方面，各类航班不正常原因分为天气、航空公司、航班时刻安排、军事活动、空管、机场、联检、油料、离港系统、旅客、公共安全共 11 大类。相比 2012 年版的方法，不正常原因删除了流量大类，增加了航班时刻安排大类，类别总数维持不变。新增航班时刻安排大类考虑到我国日益紧张的机场时刻资源对航班正常性的影响，总体上能够反映客观的运行情况。不正常原因填报方面，继续遵从 2012 年版的“一通到底”原则。

近两年，随着我国民航事业的不断发展，民航运输飞行量快速增长，航班准点率更是每位出行旅客最关注的。为巩固航班正常工作成果，进一步提高航班正常水平，民航局于 2016 年下发了新版《民航航班正常统计办法（征求意见稿）》。

新版《民航航班正常统计办法》以航班的落地时间作为航班正常的判定标准，指不晚于计划到港时间后 15 分钟（含）到港的航班即判定为正常。

不正常原因方面，各类航班不正常原因分为天气、航空公司、流量、航班时刻安排、军事活动、空管、机场、联检、油料、离港系统、旅客、公共安全共 12 大类。不正常原因填报继续遵从“一通到底”原则。

此次改版，航班统计范围从客货运的正班、加班和包机扩大到客货运的定期航班和不定期航班，首次将不定期航班纳入航班正常性统计范围；新办法又把由原来的航空器开关舱时间变更为航空器收松刹车时间；并根据机场跑道数量以及旅客吞吐量修订了机场地面滑行时间以及机型最少过站时间；此外，新办法还对早出港航班正常性统计时间、正常性统计表格等进行了明确、完善。新旧标准主要变化如表 5-12 所示。

表 5-12 《民航航班正常统计办法》标准比较

项目	新标准	老标准
航班正常统计标准	国内外运输航空公司执行的客货航班，包括定期航班和不定期航班	国内外运输航空公司执行的客货航班，包括正班、加班、包机。港澳台地区及国际航班的国内段，按地区航班或国际航班统计
正常航班统计指标	不晚于计划到港时间后 15 分钟（含）到港的航班。[到港时间以航班入位后机组收起停留刹车时航空器自动拍发 ACARS 电报（或民航局认可的其他方式）报告时间为准]	在计划离港时间前后 5 分钟之内撤轮挡；不晚于计划到港时间挡轮挡；没有滑回、中断起飞、返航、备降
航班正常率	航班正常率＝正常航段班次/计划航段班次×100%	航班正常率＝正常航段班次/计划航段班次
航班延误时间	航班实际到港时间晚于计划到港时间 15 分钟（含）之后的时间长度	实际离港时间晚于计划离港时间 5 分钟之后的时间长度

2014 年民航局以"撤轮挡"代替"关舱门"作为考察航班正常的指标，以改变旅客在飞机上长时间等待的状况。民航局表示，2016 年要通过进一步落实航班正常工作责任、完善管理规范和正常性管理措施，对关舱门后延误和长时间延误等关键问题实施严格管控，加强督查问责，努力提高航班正常水平。

5.3.2 航班延误处置：以首都机场应对大面积航班延误为例

首都机场应对大面积航班延误指挥协调、信息传递、新闻、旅客疏散、退改签服务、行李货物邮件保障、恢复放行后的航班管控和旅客组织等工作。

1. 首都机场运行的基本模式

首都机场的运行采用区域化管理模式，提出了"超越组织边界"的管理理念，形成"4-4-3"管控模式，即：4 个平台（运行协调管理委员会、旅客服务促进委员会、新闻宣传协调委员会、安全管理委员会）、4 套标准（安全标准、服务标准、运行标准、新宣标准）、3 个杠杆（经济杠杆、资源杠杆、信誉杠杆）。在公司管理结构方面采取区域模块化管理，即 4 个区域管理部门，15 个技术支持部门，各部门采取业务模块化方式开展工作，落实安全、服务、运行标准，打造一个协调联动的公共关系平台。通过这个平台，一是全面开展航班运行监控工作。在运行控制中心设立专人专岗的运行监控席位，通过运行管理系统实现对旅客值机、安检、登机、航空器关舱门和航班放行等关键环节的实时监控。二是提升航班日常运行保障效率。梳理识别涉及安检、离港、行李系统的 6 类 20 条可能因设备造成航班延误风险，加强各部门设施设备完好率的检查，将机场责任原因造成的航班延误纳入 KPI（key performance indicator，关键绩效指标）进行重点考核。三是提升航班特殊天气保障效率。进一步扩大慢车除冰范围，实现所有 C 类和 D 类航空器慢车除冰。实现冰雪条件下 A-CDM（airport collaborative decision making，机场协同决策）与 CDM （collaborative decision making，协同决策）系统协同运行，提高航班放行精准度。四是提升大面积航班延误处置能力。运行协调管理委员会等四大平台联动，协同做好航班运行、旅客服务、信息发布工作。五是推进统一信息平台建设。与空管、航空公司等驻场运行保障单位建立系统互联，实现运行保障关键环节数据信息的共享。

运行协调管理委员会、新闻宣传协调委员会、旅客服务促进委员会和除冰委员会在大面积航班延误处置中，发挥了非常突出的作用。具体职责如下。

（1）运行协调管理委员会：成员包括华北空管、首都机场、国航、南航、东航、海航、AOC、北京空港航空地面服务有限公司（Beijing Aviation Ground Services Co. Ltd.，BGS），成立宗旨是"空地联动、信息共享、协同决策、统一指挥"，有效提升运行效率。运行协调管理委员会下设领导小组和秘书处，领导小组的轮值主席由空管的领导担任，秘书处设路在首都机场运行控制中心，秘书处秘书长由机场运控部门领导担任。

（2）新闻宣传协调委员会：成员单位包括机场股份公司、华北空管局、"一关两检"、机场公安局、国航、南航、东航、海航等10家单位。首都机场集团驻京的各控股企业作为支持单位，同时邀请部分媒体作为特邀成员。其工作方针是"整合资源、协调联动、归口管理、统一发布"。在应急情况下，遵循"第一时间、真诚沟通、承担责任、系统运作、权威证实"的原则，启动联席值班，整合资源，拟定口径，重视舆情研判，完善预警机制，及时发现各驻场单位的负面舆情，统一口径、加强引导、共同应对。

（3）旅客服务促进委员会：成员包括民航华北局、首都机场公安分局、安保公司、机场医院急救中心、各航空公司、联检单位等13家单位。在首都机场大面积航班延误情况下启动候机楼内旅客服务机构及联动机制，发挥其服务协调作用，统一大面积航班延误服务和赔偿标准，统一口径向旅客做好延误解释工作，有效分配酒店等综合保障资源，协调公安维护现场秩序，为旅客提供更好的服务保障。该机制在冰雪、雷雨、大风、大雾等特殊天气、设备系统故障、重大活动保障等及其他突发事件造成首都机场大面积航班延误导致的大量旅客滞留，旅客服务资源紧张，旅客服务保障面临巨大压力的情况下启动，明确各成员单位工作职责，制定实施细则，根据延误1小时以上航班量和滞留旅客人数，分为预警、运作、升级三个阶段，规定了每个阶段的启动标准、工作程序等内容。

（4）除冰委员会：由空管、机场、航空公司、机务、地服等单位组成，是在机场安全管理委员会领导下的一个机构，主要针对首都机场冬季雨雪天气频繁、除冰任务繁重的特点而成立。首都机场整合了机场除冰资源，成立除冰指挥小组，制定冰雪处置预案，统一指挥除冰工作。在出现冰雪天气时，机场提供单位时间的除冰能力，空管提供单位时间的放行能力，根据机场综合保障能力确定放行顺序，各航空公司根据放行顺序组织航班保障。同时根据除冰效率和航班放行顺序，预测航班延误的时间，提供给地面业务代理人做好旅客的服务工作。首都机场目前拥有两家除冰单位，分别是北京空港航空地面服务有限公司（BGS）和北京飞机维修工程有限公司（Ameco），两家公司均与在首都机场运行的航空公司签有除冰协议，为开展大面积除冰工作明确了责任主体。

2. 首都机场大面积航班延误的处置

首都机场在大面积航班延误处置工作中，以运行协调管理委员会为基础的延误航班恢复和放行协调机制、以新闻宣传协调委员会为主体的信息发布机制、在冰雪天气下的除冰委员会等多个航班延误协调指挥机构，在各自职责范围内发挥着积极有效的作用，具体采取了以下行之有效的工作措施。

（1）应急会商决策机制运作。当出现极端天气造成航班延误时，首都机场运行协调管理委员会启动相应级别的应急机制，各单位根据要求到运行协调管理委员会开会，四大平台及时联动，共同协调处置。应急机制运作的规则是基于运行协调管理委员会冰雪处置预案、运行协调管理委员会大雾处置预案和运行协调管理委员会雷雨处置预案的支撑，目的是有效应对冰雪、大雾、雷雨造成的航班延误以及大面积航班延误情况。首都机场的大面积航班延误处置主要强调积极主动应对，在总量控制方面注重预判和事前调减航班，使得后续处置工作从容不迫。当收到气象预警信息并且天气将对机场运行产生影响时，首都机场运行协调管理委员会立即启动，各成员单位到达会议现场对天气进行评估，明确影响范围、影响程度，根据评估情况决定处置办法以及航班放行顺序。各航空公司、空管以及保障单位根据运行协调管理委员会决策开展工作，包括航班合并、取消、旅客疏散等工作。在处置过程中运行协调管理委员会根据机场运行实际情况，及时调整、协调、解决运行中出现的问题，确保机场运行正常。天气转好处置结束时，机场恢复正常运行，机场各保障单位按照工作职责开展航班保障。

（2）指挥体系和信息传递。首都机场大面积航班延误总体指挥由运行协调管理委员会组织实施。首都机场运行控制中心实行联合办公机制，主要依靠三个系统开展工作，包括空管 CDM 系统、机场 A-CDM 系统、航空公司生产系统，每一个席位都要兼顾四台以上的计算机，每个信息都可以在机场的公用平台上流转，由各个运行主体单位派员到其席位联合办公，强化指挥协调的有效性，提高执行效率。首都机场 A-CDM 系统架构如图 5-14所示。

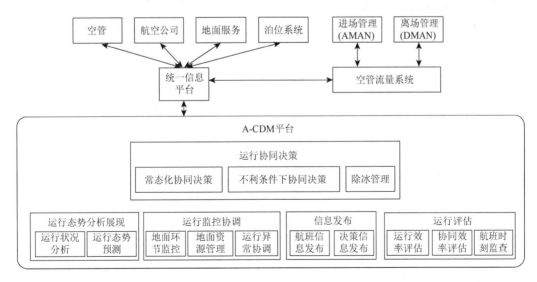

图 5-14 首都机场 A-CDM 系统构架

首都机场大面积航班延误处置过程分为事前、事中和事后三个阶段。其中，积极开展事前处置是首都机场应对大面积航班延误的主要成功经验。在预判出现大面积航班延误前，运行协调管理委员会对天气进行评估，按照各航空公司所占比例科学合理调减航班。旅客服务促进委员会、新闻宣传协调委员会和除冰委员会按照运行协调管理委员会发布的航班调减计划，分别开展处置工作。旅客服务促进委员会督促各航空公司做好旅客信息呼叫，并联合各航空公司会商航班合并，做好旅客退改签服务；新闻宣传协调委员会协调各成员单位统一口径、联合宣传，迅速发布权威信息，使负面影响降到最低；除冰委员会根据运行协调管理委员会确定的放飞顺序，整合资源高效开展除冰工作。

（3）旅客服务和行李货邮保障。首都机场地面保障由北京空港航空地面服务有限公司（BGS）和国航两家地服公司保障。两家地服公司均制定有相应的大面积航班延误的指挥体系和操作流程，在做好服务规范、主动服务、危机处置和应急团队培训等方面拥有丰富的实践经验。

（4）退改签服务。首都机场大面积航班延误时旅客的退改签业务均由各航空公司独立完成，在大面积航班延误时，机场航站区将根据 1 小时内取消的航班量，要求各航空公司加开退改签柜台。同时，在旅客到达区有 30 多台自助值机系统可以为旅客提供自助改签，在延误旅客较多的情况下，还可以调出 10 个值机柜台进行客票的退改签工作，极大地满足旅客的退改签需求。

综上所述，首都机场在大面积航班延误处置的事前、事中和事后，均体现了空地联动、协同决策、统一部署和统一指挥的思想，形成了以下行之有效的理念和原则。

（1）"充分准备"原则。强调在准确的天气预判条件下的先期准备工作。由航空公司根据天气预警提前做出航班调减或合并的计划。

（2）"早决策"原则。在大面积航班延误响应启动后，由航空公司通过呼叫中心第一时间通知旅客航班延误或取消的信息，让旅客不要汇集到机场，减轻机场的现场保障压力。对于不可控的大雾天气，航空公司可能陆续取消中午之后的航班，并将信息通知旅客。

（3）信息"透明化"原则。机场新闻宣传协调委员会的作用也非常重要，在极端天气到来前几天，机场新闻宣传协调委员会提前通过报纸、电视、微博发布天气预警的相关信息，提示旅客关注航班信息。在大面积延误的情况下，机场新闻宣传协调委员会尽量把现场画面传给航站楼内的旅客，并通过电视台、微博等方式传递给公众媒体。

（4）延误航班"清空"原则。在制定延误航班的放行顺序上，原则上将延误航班先执行完毕，正常航班采取顺延的方式安排，尽量避免同一目的地、同一航空公司的正常航班先于延误航班的情况发生，避免旅客矛盾激化。

思考题

1. 查找不同版本的《民航航班正常统计办法》，对比分析。
2. 应对机场大面积航班延误，如何疏散滞留航站楼内的旅客？

第6章 机场组织及人力资源优化配置

机场的业务庞杂，涉及的岗位人员也很多，包括经营管理人员、技术保障人员、服务人员等；人工成本是机场最重要的变动成本，人工成本使用效率的高低直接影响机场盈利高低。通过对国内不同量级机场的分析发现，国内大部分机场人工成本占总营业成本的比例在 35%～50%，更有部分机场人工成本占总营业成本的比例超过了 50%。提升人工成本使用效率已经成为机场管理者的焦点。而提升劳动生产率的常见措施中，关于人员排班、定岗定编是重要的改善措施，因此本章就以此作为重点内容，并结合实际项目以案例方式分析人员配置问题。

6.1 机场组织结构及优化

组织结构是制定岗位的基础，也是人员配备的基础，因此本节阐述机场的组织结构及其优化。

6.1.1 机场组织结构

机场管理机构可以分为职能（行政）部门和业务部门两部分。职能部门是提供直接管理保障的部门，工作人员相对比较少，他们对影响全局的主要问题做出决定；业务部门是日常操作设备的部门，与职能部门相比，业务部门通常要求配备人员较多。职能部门和业务部门的安排在机场之间有很大差异，图 6-1 所示为三种可供选择的结构方案。

方案 A 表示职能（行政）部门直接向机场总裁报告工作，这种结构在大型组织中被认为是理想的，因为这种结构能使总裁部分摆脱日常事务性决定，腾出精力来对重大的行政事宜做出决策。方案 B 是各职能部门不受机场总裁的直接控制，处理行政和运营事务，总裁办公室取消行政职能的目的是鼓励总裁投入到运营事务的实际工作中。方案 C 是职能和业务部门直接向总裁汇报，这在小机场属于正常情况，那里的行政职能的事情并不很多，机场总裁理所应当要深入日常工作中。

美国的机场在职能安排上就有所不同，将行政和业务部门分开管理，而且更多地执行行政职能。因为在美国，航空公司在机场要求提供和配备更多自己的设施设备，指定更多的区域供自己使用，机场当局则另外配备少量的公共区域和公共设施。如圣克里门托机场（结构图见图 6-2）是加利福尼亚州北部的一个比较小的城市机场，20 世纪 70 年代后期机场当局的工作人员只有 100 多人，组织结构很简单，世界上比较小的机场往往采用这种结构。机场经理的日常工作就是对经营机场做出日常性决定，各部门的技术问题并不复杂，只需要两个基本的业务部门（规划和开发、运营）和一个行政机关部门（财务和行政）就可以运转自如了。但随着机场运营复杂度的增长，这种结构会被打破。

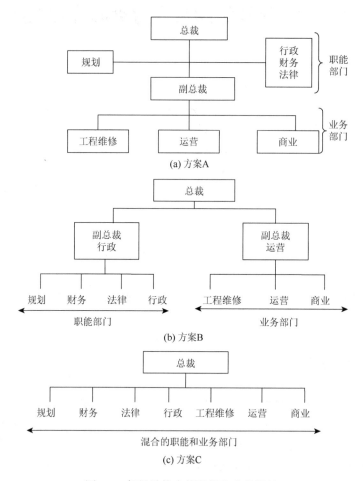

图 6-1 机场结构中的职能和业务部门

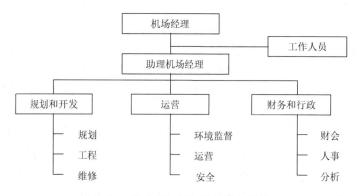

图 6-2 圣克里门托机场的组织结构

任何合理规模的现代商业机场的运营机构，必须或多或少包含以下几个部门：财务部、法律部、公关部、企划部、人力资源部、行政部、工程技术部、环保部、运营部、商业部。即使是二线机场，其组织结构也必须要在一定程度上反映当地的社会活动情况。图 6-3 所示的是一般机场的单层组织结构图，正如前面提到的方案 C。其中政策来源（政策制定者）就是当局的董事会。

图 6-3　一般机场的单层组织结构图

在机场的管理中，职能部门支持 CEO。与之相比，业务部门执行的是机场设施日常运行的任务。职能部门通常可能很小，但是他们在机场的经济、运营表现及机场未来的规划方面具有很大影响力。与之相比，尤其当机场地面业务繁重时，业务部门可能雇佣数百名甚至数千名员工。图 6-3 中左边的六个部门清楚地显示出了职能的主要角色，而商业部和运营部则是业务部门的主要角色。

在更大的机场机构中，职能部门和业务部门之间经常存在显著的差异，如图 6-4 的金字塔形结构，清晰地区分了职能和业务部门的责任。组织结构中所设的副职就是这种机场组织结构的典型特征。副职的设立是为了让正职从日常的机场运营中摆脱出来，以使其有更多的时间思考战略方面的问题。正如前面提到的方案 A 更适合较大一些的机场。

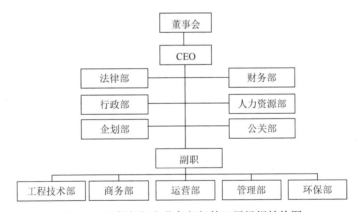

图 6-4　职能部门和业务部门的双层组织结构图

图 6-5 则可能适合于同时运营几个主要机场的管理当局，显示了管理当局运营的各个机场都必须要有其自己的直属部门，而总部为其所管机场提供共同的职能支持。

6.1.2　机场组织结构影响因素分析

机场的组织结构随着机场规模的扩大而不断演变。机场的组织结构必须反映所有权、管理模式以及规模（吞吐量）的不同，这是世界机场的共同特征。

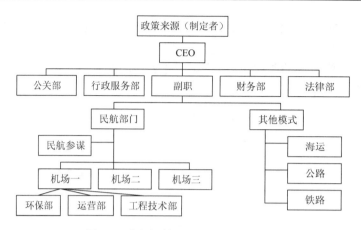

图 6-5　多机场管理当局的组织结构图

1. 机场的所有权及管理模式

在世界范围内,机场的制度、组织以及财务特征正在飞速变化,这很大程度上是由于机场私有化和航空公司的放松管制。主要商业运营机场的多数私有化并不能包括实际出售机场的资产,而是 20 年或者限期更长的租赁。

第 2 章提到机场所有权可以包括如下几个主体的组合:①国家政府;②当地/州/地区政府;③公司实体;④私人投资者。机场的运营人还可能是下列任何实体类型的一种:①国家政府的一个部门;②当地或州/地区政府的一个部门;③机场局或者类似的公司实体;④机场管理承包商。以上所有权及运营人的类型进行组合,形成不同的模式,以及机场管理模式,从完全国家政府拥有、管理逐渐过渡到完全私有,并且股票公开交易,可以细分为八种模式。

机场所有权对组织的影响很明显:①投资主体的不一样可能会导致机场政策制定源不一样,机场的战略和目标不同。如图 6-5 所示,当政策制定源是政府或者地区政府时,机场的地位只是多种交通方式中的一种,整个组织处于职能部门之下。②私人投资和政府投资对组织机构的设计差别很大,私人投资注重经济效益,机场的机构和编制少,政府投资机场更多地体现机场正外部性的特征。③管理模式不同,还会影响企业员工的性质,到底是政府机构人员来管理,还是核心部门由政府管理,业务部门外包等。

2. 机场规模和吞吐量

机场规模对组织的具体影响将在下面结合国内机场组织结构模式详细分析。

6.1.3　国内机场组织结构模式

国内机场组织结构随着机场规模和吞吐量的变化有所不同。

旅客吞吐量在 50 万人以下的小型机场,通常采用扁平结构,所有的职能部门和业务部门在同一层级上,由总经理直接负责管理。在职能部门和业务部门设置方面,以上各机场设置部门在 10～15 个；各实业公司与职能部门和业务部门并列在同一级别上。总之，小机场一般采取扁平化结构，部门少，结构简单明了。部门内部的职能划分模糊，充分发挥员工工作潜力。

旅客吞吐量大于 100 万人而小于 1000 万人的机场，有的采用类似小机场的组织结构，有的规模大一些的机场组织结构略微复杂，在层级上比小机场多。部门设置上也多一些，通常要包含近 20 个职能部门和业务部门，下属公司与各职能部门、业务部门并列。

对于大型机场来说，也基本遵循职能部门和业务部门的设置，有些大型机场在业务部门的设置中还考虑了不同的区划。在大型机场中，商业部门占有重要地位。

不论机场规模大小，在我国的机场当中，更多采用的是总经理负责制，众多业务部门直接由总经理管理，副总经理分别对一些部门负责，从组织结构图中很少能够表现出来。而不论机构多少，都包含一些主要的职能部门，如发展规划、财务、人事等；关键的业务部门主要包括安检、地面服务、机场保障、航务等，客货运业务在很多机场独立成立了客货运公司，有的作为一级公司，有的则作为二级公司存在。

国内机场的组织结构随着机场的业务量增加呈现由简单到复杂再趋于简单的规律。从以上列举的例子可以看出，小机场人员少，航班少，人员配置同样很少。往往一人多岗，一专多能。机场的效率较高。稍大点的机场，随着安全要求的提高和保障能力的增加，组织变得复杂，部门相应增多，航班不管是否密集，要求的机场人员的数量并没有减少，此时人员和组织配备能够适应吞吐量由几十万人到几百万人的变化，突显机场"麻雀虽小、五脏俱全"的特征。大机场的组织从复杂又逐渐走向简单，因为大机场往往成立机场集团，管理众多子公司，机场的管理层将目光集中到核心业务上，外包出去很多业务，组织机构反而层次较少。

6.1.4　机场组织结构优化设计

本节以 LY 机场组织结构优化设计（2009 年）案例说明机场组织结构的优化，并在此基础上进行定岗定编的工作。

【案例 6.1】　LY 机场开航 10 年，最初由山东航空公司（简称山航）托管，作为山航下属的一个备用机场，LY 机场的管理模式以及公司制度沿用山航的组织结构。总经理由山航派人担任，同时山航还委派一名财务科长统一行使机场的财权；其他业务部门都由机场人员担任，很多职位的人员延续到优化前的组织。山航管理体制是一种企业化的管理方式，比较符合公司法人治理结构，管理层级少，组织结构清晰、灵活，运转顺畅，而且山航管理期间，机场人员最多不到 170 人，人尽其责，每个岗位的劳动量与人员配置合理，基本上满足公司运转需要，冗余人员少，企业运作效率高。不过山航本身是企业，而 LY 机场则是公共基础设施，完全用企业的管理模式去管理机场，必然会有与机场实际情况不相符合的情况。最为重要的一点就是：山航战略决定机场组织结构，LY 机场被定义为山航的备用机场，它的主要功能就是负责飞机备降，没有从机场的长远发展角度来架构组织，缺少很多关键的职能部门，如规划发展，涉及三产的一些部门，以及提高机场服务能力和安全保障能力的部门等，因此机场航线增加缓慢，客货量增长缓慢，组织结构不能满足机场持续发展的需要。

2002 年全国机场属地化改革，当地政府于 2007 年解除和山航的托管关系，由自己来进行管理，因此成立了民航局，与机场公司一起来管理机场，即"两块牌子，一套人马"的管理模式，形成目前的组织架构，如图 6-6 所示。不到一年的时间，机场增加不少冗员，运输量并没有得到快速增加，政府行政人员对机场管理并不熟悉，因此借助外部咨询，针对机场组织结构、人员配置等问题进行优化改进。

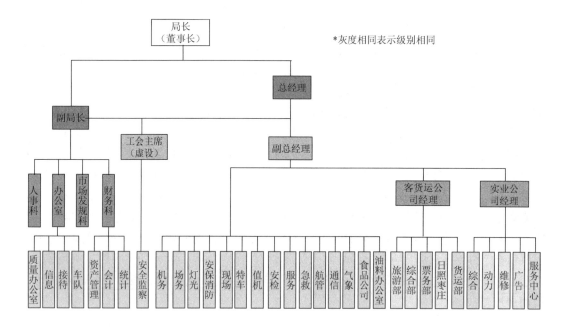

图 6-6　目前 LY 机场的组织结构图

1. LY 机场组织结构优化设计的目标

机场属地化以后，机场的管理体制应该进行相应的改革。组织优化是管理体制改革的组织基础，也是公司人力资源管理体系重建的基础性工作。通过组织结构的调整，建立承载机场发展战略目标的高效运营体系，建立一个适应公司经营管理和战略发展需要的管理平台。

本次 LY 机场组织结构的优化设计以机场运营、改造提升、航线开拓、安全生产为重点，以体制完善、制度建设为保障，实现 LY 民航事业又好又快发展。围绕上述目标需在这次调整中做到：①建立和完善机场的治理结构，保障 LY 机场高层决策体系的运行效率；②减少机场管理层次，达到 4 级为主的层级设置，建立三级扁平化的组织结构；③科学设置组织机构和部门，规范部门管理人员称谓，实施机构精简，管理岗位精简；④部门内部岗位设置按满负荷工作的要求，尽量减少岗位设置，杜绝因人设岗；⑤在最大限度地保证组织稳定的基础上合理优化，并考虑机场未来的可持续发展。

2. LY 机场组织结构优化方案设计

1）LY 机场当前组织结构的影响因素

LY 机场组织结构形式的选择应综合考虑公司面临的外部环境、内部现状等影响因素。

从外部环境来看，LY 机场需要充分利用政府的资源，所以短时间内在组织结构上必须能够体现出局方对机场的监督和管理，而不是简单地为机场服务。

从内部现状来看，目前 LY 机场的现状对组织结构选择有显著影响的有以下几个方面：①机场目前的组织结构形式类似直线职能式，基本符合目前机场发展形势，而且，从山航管理开始，机场就一直采用类似的组织结构，组织影响根深蒂固；②民航局统一对职能部门管理。从民航局的初衷是想通过对职能部门的统一管理达到为机场提供资金、人才和政治资源的支持，目前来看为机场营造良好外围环境。③机场规模较小，尚不能成立具有较强竞争实力的二级公司，从而不能考虑采用母子公司组织结构。目前采用直线职能结构便于管理和协调。

2）组织结构优化后的近、远期方案设计以及比选

本次对组织结构的优化以"理顺关系，提高组织效率"为根本出发点和设计理念，以"渐进式、温和式"的改革为主。在综合参考国内外机场组织结构、考虑 LY 机场管理体制现状、综合 LY 机场未来发展目标等得出以下三个方案。其中前两个方案提出机场近期的调整与变革方向，并以此为基础，围绕设置的岗位进一步配置人员、编写岗位说明。

近期方案一如图 6-7 所示。

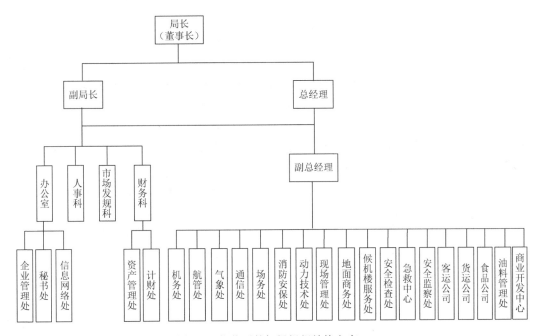

图 6-7　优化后的机场组织结构方案一

方案一的原则是"明晰结构、理顺关系"，此方案是以现有的组织结构为基础，通过部门的整合、归并得出，可以最大限度地保证组织稳定，同时将复杂的上下级关系理清。从长远来看，此组织结构具有一定的调整转化余地；如果机场进行市场化运作后，需要调整的部门很少，将四个职能部门与业务部门在同一层级上。这样的组织结构最大的缺点就是部门设置比较复杂，不能充分发挥现有人员的潜力，部门越多需要的岗位也就越多，部门之间的联系变得复杂，增加了高层的管理幅度和难度。

近期方案二如图 6-8 所示。

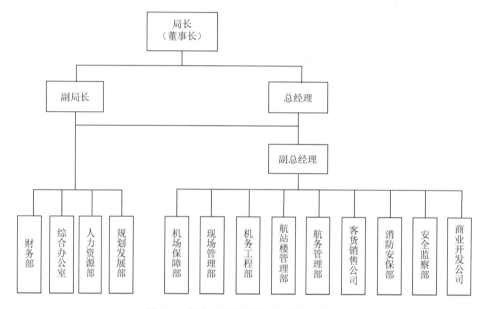

图 6-8　优化后的机场组织结构方案二

方案二在总结国内外小机场的组织结构以及特点的基础上，提出了以弱化部门内部分工为依据，形成大部制管理模式，整个组织结构层次为三层，符合机场的现状和特征。组织结构简洁明晰，同时充分考虑了机场现有的情况，精简了结构，办事效率将会极大地提高。从长远来看，这种组织能够很快做出适应机场的市场化调整，民航局不再直接对机场公司进行管理。方案二的缺点一是与机场现有情况有一定差别，调整起来员工接受需要一个过程；二是精简了机构，有很大部分的中层干部将失去领导岗位，方案施行起来难度更大。

远期方案：从长期考虑，机场完全以市场化的企业运作以后，随着预测吞吐量在 5～10 年左右超过 100 万人次，可以考虑采用金字塔形组织结构，如图 6-4 所示。

经过分析和比较，充分考虑机场现有状况和员工的心理接受能力，并和机场中层管理者以及部分员工沟通，决定采用近期方案一，有利于机场的稳定和发展，符合机场组织变革的初衷和目标。此方案的优化设计以业务、职能分工为主导，充分考虑"组织扁平、机构精简、职能多元化、分工专业化"的设计要求，主要作了三方面重大调整：撤销部分科级机构；撤销部分部级机构；变更部分职能部门的隶属关系。

3. LY 机场组织结构优化方案实施建议

如果机场采用近期方案一并付诸实施,建议采取以下措施来保证组织结构优化工作顺利进行。

(1)营造有利于组织结构变革的环境:机场的决策层有坚定的改革决心;教育、培训中层管理人员,统一认识,积极参与到方案实施中;开展形式多样的活动,营造气氛,鼓励全员参与组织结构优化变革。

(2)打造较强执行力的变革团队,制订缜密的实施计划:决策层要选拔一批具有开拓精神、声誉威信和能力较高的人员组成变革团队,来推动组织结构优化以及其他人力资源方案的实施,这是方案成功的组织保证。为降低整个方案执行过程中的风险,就要制订方案实施计划,制订缜密的行动计划,从局方到机场的各个部门的调整、人员调整、相应的配套制度的完善都要做出安排,明确责任和目标,确定责任单位、责任人、任务完成时间等,做到层层推进,保证方案实施工作能有计划、按步骤执行。

(3)制定完善的配套政策:新的组织方案会使公司很多中层管理人员离开现有的管理岗位,因此高层领导要做好职工的安置工作及必要的心理疏导和教育。建立对机场各部门的责任目标的考核制度,建立新的组织机构的岗位职责、业务流程、工作标准等,建立有效的激励制度,并严格按照绩效考核结果进行赏罚和奖惩。公司内部应建立正式的沟通渠道和媒介,培养双向公开的沟通方式和习惯,使员工及时准确了解组织结构改革的信息,并将其意见建议通过正式渠道发表出来,同时还要建立完善的机制加强公司横向的信息沟通与协调。

6.2　机场人员配置

目前机场高速发展,业务量增长迅猛,人力资源配置工作压力较大。究竟一线岗位上需要多少人员才能满足机场的运行需求?业务部门还在以安全和服务为由不断地向人力资源部要人,到底给多少?会不会继续造成人力资源的浪费?这些问题是目前机场人力资源部的困惑,实际上定岗定编是世界各地各种组织中存在的一个共同的问题,没有一个固定的模式,只是各企业根据自己的情况在不同的时期运用不同的方法。所以定岗定编一直也是一个动态调整的过程。

6.2.1　机场人员定编方法

1. 常用的人员定编方法

科学、合理的定编,有赖于科学、合理地对定编工具的选择和对定编数据的选择。下面对目前人力资源定编定员的方法进行简单介绍。

(1)按劳动效率定员。根据生产任务和员工劳动效率,以及出勤率来计算定员人数。

这种定员方法，实际上就是根据工作量和劳动定额来计算定员人数。适用于实行劳动定额（工时定额和产量定额）、以手工操作为主、不受机器设备数量因素影响的岗位。

（2）按设备定员。根据机械设备需要开动或照管操纵的数量和开动的班次，工人设备看管定额以及出勤率来计算定员人数。这种定员方法，适用于以机械操作为主，使用同类型设备，采用固定或巡回照管的工作岗位。因为这类岗位的定员人数主要取决于机械设备的数量和员工在同一时间内能够看管的机械设备的台数，或者多少人能同时照管一台设备。

（3）按岗位定员。设备岗位定员：适用于在设备或装置开动的时间内，必须由单人看管（操纵）或多岗位多人共同看管（操纵）的场合。工作岗位定员：适用于有一定工作岗位，而没有设备，又不能实行定额的人员，如检修工、检验工、值班电工，以及茶炉工、警卫、消防、文件收发、信访人员等。工作岗位定员和单人操纵的设备岗位定员基本相似，主要根据工作任务、岗位区域、工作量，并考虑实行兼职作业的可能性等因素，来确定定员人数。

（4）按比例定员。按照与企业员工总数或某一类人员总数的比例，来计算某种人员的定员人数。企业对这些人员定员时，应依据国家或主管部门确定的标准比例或通过科学测算得到适当的比例。这种方法主要适用于企业管理人员和工程技术人员的定员。

（5）按组织机构、职责范围和业务分工定员。一般是先定组织机构，定各职能科室并明确各项业务分工、职责范围，根据各项业务工作量大小、复杂程度，结合管理人员或工程技术人员的工作能力、技术水平来确定定员。

2. 机场行业定员定编方法

与其他行业相比，机场行业在人员结构、人员构成上有许多重要区别，因此机场行业的特点也决定了机场定员定编与其他行业的区别，具体如图 6-9 所示。

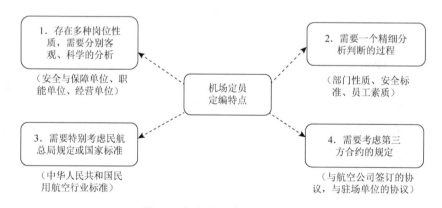

图 6-9　机场行业定员定编特点

考虑到民航相关行业标准、不同部门在安全方面的要求，在定员定编时要遵循行业标准对不同岗位人员的规定。例如，1994 年由中国民用航空局组织制定的《民航运输航空空勤人员定额定员》等行业标准及 2002 年发布实施的行业性定额定员指导文件，是主要的参考。

借鉴开锐咨询针对不同岗位性质采取不同定编方法。机场岗位可分为生产保障类业务岗位和职能性质类岗位。生产保障部门的业务岗位根据工作性质可以分为四大类，分别采用不同的定编方法予以科学定编，见表 6-1。

表 6-1　生产保障类业务岗位定编方法

岗位性质	典型相关岗位	定编方法
工作与航班直接相关	勤务员、放行员	流程定编
工作内容相对确定，但工作频率不定	水电维修工	工作量定编
需要同时服务大批量旅客	值机员、安检员	排队理论定编
需要长时间在岗位上值守	消防驾驶员、消防战斗员	值守定编

职能部门采用岗位职责和标杆比对等定编法，受公司战略、管理模式、人员素质影响较大。公司战略决定了组织架构与岗位设置类型，管理模式决定了具体部门管理层级或权限，人员素质决定了岗位编制数量。因职能岗位工作量无法准确衡量，取决于岗位员工的个人能力与素质，因此除业务倒班、行业限制要求、专业性较强的岗位，其他岗位原则上建议一岗一人。

最后需要说明的是在进行定员时，从微观、宏观两个方面考虑，要平衡人员编制与人工成本，也要考虑长期人员的需求。

6.2.2　机场人员优化配置方法

这里以国内外中小机场人员配置为例，说明在人员配置方面可以采取的优化方法。

对于中小型机场，由于每天只有一个高峰时段，在大部分的非繁忙时段，人员大量闲置，造成人员利用浪费。在 1~2 小时的航班高峰时段内，机场人员又紧缺。如何解决中小机场人员配置问题是提高运营流程效率以及控制成本的重要因素。

1. 机场部分业务外包

运用外包服务可以解决运营中员工和设置设备资源的紧缺问题，同时仍然满足机场运营、维护和管理方面的需求，以增加机场的生产率。外包服务的主要好处：节省人力资源，以关注机场核心运营活动；选取最佳的服务提供商，以获取更高的运营效率。机场常见的外包服务：①机场冬季维护（专业除冰除雪设备）；②机场环境绿化；③场道维护；④电力系统维护；⑤安检；⑥机场内场清洁工作等。

2. 增加人员培训投入，整合岗位

目前越来越多的中小型机场着重于通过整合岗位人员以提高运营效率。相同技能的工作可以整合，如服务类的工作，更多的要求是员工具有服务意识，该类岗位可以考虑整合在一起；工作技能相对有特殊要求的，如仪器设备维护和航站楼维护；工作相对无特殊技

能需求的, 如搬运工与场道巡视、驱鸟等岗位, 目前中小型机场消防员兼任行李、货运搬运工, 机场护卫队兼任驱鸟工作, 值机人员兼顾登机服务, 商务调度与现场指挥人员合并, 问讯、机场建设费柜台合并等, 以实现人员的充分利用, 提高劳动生产率。表 6-2 是德国中小型机场的案例。

表 6-2　岗位人员整合国际案例——德国中小型机场

	机场	旅客吞吐量/人次	货邮吞吐量/件	航班起降量/架次	员工/人	员工岗位整合情况
小型机场	RostockLaage	135000	3300	4000	60	一定程度上推行一人多岗
	Kiel	163000	0	27200	42	所有运营部门的岗位共享
	Lubeck	200000	0	—	40 +	大量的工作共享, 尤其是在运营层面部分行政工作由政府部门人员兼任
	KarlsruheBaden	210000	0	—	<50	1.运营部门大量岗位共享 2.飞机如在非繁忙时段到达享受较大的收费折扣, 很大程度上缓解了机场的运营压力, 使得机场能保持最少的运营人数
中型机场	MunsterOsnabruck	1500000	10000	50000	441	职能性组织结构, 没有进行岗位共享
	Bremen	1700000	22200	45000	260	运营部门有一定的一人多岗的安排
	Siegerland	—	—	43000	150	大量的工作共享, 如消防与应急救援、机场维护人员与设备维护人员等

国内不少小型机场也采取兼职的方式, 如秦皇岛山海关机场公司以部门为单位确定兼岗岗位, 利用航班间隙对兼岗工作人员进行相应岗位培训。在航班集中或者航班量较大时, 安排行政管理人员到一线岗位兼岗, 缓解一线岗位人员短缺的问题。同时, 一人多岗意味着将有更多的员工培训投入, 特别是某些需要上岗证、岗位证书的岗位, 也对机场的管理人员提出了更高的管理要求。还有一些机场岗位的设置有行业标准的规定, 如应急救援指挥中心的岗位, 需要通过培训使得员工具有岗位的技能要求, 才可以兼职。

3. 雇用临时员工解决旅客高峰时段人员需求

中小型机场必须满足民航局人员配备的要求, 因此部分机场在旅客高峰段对某些没有较高技术要求的岗位, 雇用临时员工担任。如检票员、秩序维护、服务人员等。通过在高峰时段雇用临时员工, 直接减少了员工人数和运营成本, 由于雇用了临时工, 高峰时段的服务得到了保证。但这对于管理层在排班时的要求有所提高, 可能会增加一些相应的管理成本。

4. 优化工作流程, 实现减员增效

业务流程中不同步骤但性质相同的工作, 可以整合, 简化流程。例如, 值机服务、登机服务, 属于流程中不同步骤, 时间上有先后, 因此工作人员可以先完成值机服务再去登机口服务, 那么这两项工作就可以整合在一起。还有一些岗位, 比较特殊, 如消防员, 员工平时利用率较低, 如能利用这部分员工的时间, 去做机场地面保障或服务代理业务，对提升机场运营效率、节约人力资源有很大帮助。还有一些规模较小的机场，有些地面服务如配餐、垃圾车、加油等可以不用提供，因而运营流程相对简化，也可以做到减员增效。

5. 安检工作部分岗位优化

对于小机场来说，在安检人员配置方面应综合考虑《民用航空安全检查人员定员定额》政策的要求及机场实际航班量、旅客吞吐量等因素，在确保航空安全的前提下尽量提高人员利用率，手工人身检查对女性乘客的同性检查规定较严格，目前很多中小机场只设 1 名女性人身检查员，实现中小型机场的精简高效。

6. 人力资源的交流合作

有些支线机场季节性很强，淡旺季客流反差巨大，旺季时人员严重不足。例如，呼伦贝尔东山国际机场 7、8 月机场单日最高客流量达到 1.8 万人次，其他时间机场平均客流仅为 3000 人次。机场不能按照旺季保障需求招聘人员，又很难以平常的工作人员去保障旺季的客流进出港。于是机场通过人力资源合作，全国不同机场的地面服务人员增援呼伦贝尔东山国际机场保障，解决了旺季时期对地服工作人员的需求。同时，利用南北机场旺季时间差，互派人员，解决人员紧张问题。如呼伦贝尔东山国际机场公司与腾冲机场公司合作，互派 10 余名安检、地服人员支援旺季保障。7、8 月腾冲机场员工来到呼伦贝尔东山国际机场，10 月呼伦贝尔东山国际机场员工到达腾冲机场。两个机场实现了人力资源的合理配置。

6.2.3　机场定员定编方法应用

1. 小机场定岗定员案例

机场定员方面一般要根据机场规模及未来发展，也需要考虑民航的行业标准、不同部门的安全方面的要求。案例数据取自 2009 年 LY 机场组织机构优化及定岗定编项目。

1）人员定员的说明

（1）机场部门划分。机场工作人员按与员工工作内容以及与飞行器、停机坪工作的密切程度以及程度安全责任大小，将机场各部门主要分为五大类，如表 6-3 所示。

表 6-3　机场人员划分

划分类别	划分依据	包括职能部门
职能管理部门	主要负责机场日常经营管理、财务、文秘、规划等工作	高层领导、财务科、办公室、规划发展科、人事科
技术服务部门 （直接生产部门）	直接负责机场停机坪、飞行器安全起落以及在机场内直接服务旅客等工作的生产人员	机务处、航管处、气象处、安全检查站、通信处、地面商务处、现场管理处、候机楼服务处、机场消防安保处、客运公司、货运公司、食品公司
运营保障服务部门 （间接生产部门）	主要提供保障服务部门的间接人员	场务处、动力技术处、急救中心、安全监察处
其他部门	其他四类人员以外的人员	机场油库管理处、机场车队人员、机场商业开发公司

（2）机场人员配置参考数据。主要参考的是 1994 年由中国民用航空局组织制定的《民航运输航空空勤人员定额定员》等 10 项推荐性系列行业标准及 2002 年发布实施的行业性定额定员指导文件。

（3）其他中小型机场人员乘客/员工比例情况。选择丽江三义国际机场作为一个标杆，因为丽江三义国际机场与 LY 机场现状有许多共同点，同样都以客运量为主，货运比重较小；公路交通较为发达，省内高速公路与各旅游景点连接；组织结构也实行扁平化管理。

丽江三义国际机场在 2002 年吞吐量 75 万人次，货运量 1150 吨，飞机起降 9021 架次；丽江三义国际机场员工人数为 153 人（包括正式工、招聘工和临时工）；机场生产率高，员工生产率达 4900 乘客/员工。在机场旁边为员工提供了员工宿舍，员工在无航班时可以回宿舍休息，这样员工每日的工作量不致太大。员工一班倒，采取轮休制，不必浪费大量的倒班人员。机场充分利用了一人多岗的方法优化人员配置：消防员兼任行李、货运搬运工，极大提高了消防队员的利用率；机场护卫队兼任驱鸟工作；值机人员兼顾登机服务；商务调度与现场指挥人员合并；问讯、机场建设费柜台合并。

2）机场各部门定岗定员

在定员中主要参考行业标准，并在其基础上进行估算，进一步调整。

（1）技术服务部门定岗定员（直接生产人员）（安检站为例）。依据《民用航空安全检查人员定额定员》标准（LD/T74.10—2002）对民用机场等级的划分，LY 机场目前旅客年吞吐量低于 50 万人次属于五级机场。行业标准规定年吞吐量 20 万人次以上五级机场安全检查站的直接生产人员定员如表 6-4 所示。

表 6-4　五级机场民用航空安全检查人员定员

工种	岗位		定员	说明
安全检查员	国内旅客安全检查通道	验证检查	1	
		前传引导检查	1	
		X 射线机操作	1	
		人身检查	2	
		开箱检查	1	1h 内开箱检查＜30 件时不设专人，由人身检查岗位人员兼岗
				1h 内开箱检查 30～50 件时 1 人
				1h 内开箱检查 50～100 件时 2 人
				1h 内开箱检查 100～150 件时 3 人
	工作人员安全检查通道	X 射线机操作	1	适用于设有工作人员安全检查通道的机场
		人身检查	1	
	国内交运行李安全检查	前传检查	1	
		X 射线机操作	1	
		开箱检查	1	
	国内行李交运与值机同步的安全检查	X 射线机操作	1	
		开箱检查	1	1 人负责 3～5 条单（双）通道的开箱检查

续表

工种	岗位		定员	说明
安全检查员	货运快件安全检查通道	X 射线机操作	1	不设专职人员
		开箱检查	1	不设专职人员
	隔离区	隔离区巡视		由隔离区通道口监护兼职
飞机监护员	靠廊桥的飞机	——	—	
	停留客机坪的飞机	舷梯口监护	1～2	100 座机以上飞机 2 人 100 座机以下飞机 1 人
	隔离区通道口监护		1	每通道口设 1 个岗位

经过核算，LY 机场安全检查站定岗 6 个，定员 27 人，如表 6-5 所示。

表 6-5　LY 机场安全检查站编制定员表

部门	安全检查站						
岗位名称	站长	技培主管	安全检查员	旅检队长	行货检队长	护卫队长	合计
定员	1			26			27
备注	1. 按照《民用航空安全检查人员定额定员》（LD/T 74.10—2002）划分安全检查为五级标准； 2. 每条通道按照五级标准定员 6 人，3 套人员共 18 人； 3. 在旅客吞吐量高峰时期如五一、十一期间开放 2 条旅客安检通道，运输淡季开放一条通道，旅客行检兼货检； 4. 大厅内旅客安检通道人员兼大厅内工作人员通道； 5. 国内行李交运与值机同步的安全检查按五级人员配置标准定员 2×1.5＝3 人； 6. 货运安检不设专职人员； 7. 工作人员安全检查通道（机坪南门安检人员）按照五级定员标准设 2×1.5＝3 人； 8. 护卫 3 人							

（2）运营保障服务部门定岗定员（间接生产人员）。定员总数运用比例法确定。说明如下：在民航劳动定额定员行业标准合订本中，如《民用航空通信雷达导航人员定员》（12%～18%）、《民用航空器维修人员定员》（低于 20%）、《民用航空运输服务人员定额定员》（8%）等行业指导性文件规定中可以查阅到：间接生产人员占直接生产人员的比例范围为 8%～20%，即运营保障服务生产人员占直接技术服务生产人员比例范围为 8%～20%。考虑间接生产人员占生产人员的比例应该大于行政管理人员在机场人员中的比例 12%～18%。本机场运营保障部门人员占生产人员的比例选择在 12%～20%，取 16%左右即建议人员总数在 20 人左右。

（3）职能管理部门。定员总数也是运用比例法确定。说明：依据《民用航空空中交通管制、航行情报人员定员》《民用航空油料人员定员》《民用航空机场保障设施人员定额定员》中规定管理人员占直接和间接生产人员的比例为 12%～18%，考虑机场人员数量增多，因此机场行政管理部门不大于 18%的比例。参考国外高效机场北加利福尼亚萨克拉门托机场人员配置比例。在 20 世纪 90 年代中期，北加利福尼亚萨克拉门托机场与 LY 机场目前人员情况类似，机场雇员刚刚超过 250 名，人员结构为运行和维修人员 214 人，规划和发展 9 人，财务和行政 26 人，机场专门策划 6 人。建议机场财务和行政人员（财务科、高层领导、办公室人员）设置原则不超过 28 人（驾驶员不计算在内）、规划发展科低于 9 人。建议职能管理部门定员总数控制在 35 人左右，目前人员总数 43 人，应减少 7 人，实际定员总数 36 人。

3）机场各部门定岗定员调整后结构分析

（1）机场人员总数下降。根据民航运输业定岗定员的行业性指导文件及现场观察、相关专家的意见，在保障安全生产的前提条件下，实现 LY 机场人员总数的下降，下降人数 42 人，精简人员占目前在岗人员比例的 16.0%。各类人员调整前后对比如图 6-10 所示。

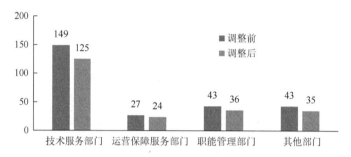

图 6-10　调整前后人员各部门比较

（2）关键技术服务部门人员得到优化。在机场运营中安全责任比较重的关键技术部门人员得到改善，其中航管处、消防安保人员增加；机务处部门人员总数扩大，内部兼岗也同时为该部门人员减少部分工作负担。约 66% 的技术服务生产部门人员结构得到调整，在保障安全生产的前提条件下，精简人数在 1～8 人；航管处、消防安保增加 1～4 人，总共约 16% 的部门人员数量增加。具体技术服务部门人员变化如图 6-11 所示。

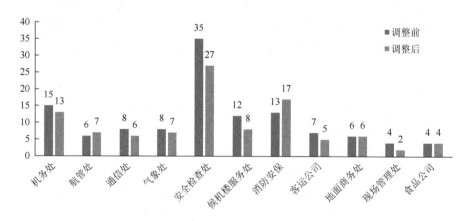

图 6-11　调整前后关键技术服务部门人员对比

（3）运营保障服务部门通过部门合并人员得到优化。在保障机场运营保障服务部门正常运营的前提条件下，运营保障服务部门通过部分合并人员得到优化，将灯光站合并到动力技术处，增加动力技术处部门人员数量，有利于各部门进行正常的排班，运营保障服务部门人员共减少 3 人，占原来人员比例的 11.1%。

（4）职能管理部门管理人员大幅度减少。行政管理等相关部门通过部门合并、职能合并等形式实现人员精简，共计精简 7 人，精简比例达到 16.3%。

4）机场人员中远期动态配置

通过机场运量预测，LY 机场未来发展及其定位，对人员的需求，提出各个岗位在未来不同阶段的配置计划。当时主要针对 2015 年、2020 年的机场旅客吞吐量预测人员需求配置。

按照前面部门划分技术服务部门、运营保障服务部门、职能管理部门、其他部门定各个类别的总人数。

（1）依照机场旅客吞吐量与技术服务部门正比增长关系。

（2）运营保障服务部门占技术服务部门 12%～20% 的比例关系。

（3）职能管理部门人员占生产人员的比例在 12%～18%。

（4）参照 2009 年人员调整后各部门人员比例。

依据前面的分析最终确定 LY 机场 2015 年、2020 年各类别人员配置，具体如表 6-6 所示。

表 6-6　LY 机场 2015 年、2020 年人员配置表

划分类别	部门说明	2015 年比例关系说明		2015 年	2020 年
		比例	依据		
技术服务部门	机务、航管等部门	8%（人员需求平均年增长率）	依照旅客吞吐量 28 万～80 万人次的平均增长率 30.9% 的一半即 15%，按照向下取的原则，取 8% 为该部门类别人员增长率	195	286
运营保障服务部门	场务、动力技术处等部门	16%（占技术服务部门人员比例）	LY 机场运营保障部门人员占生产人员的比例在 12%～20%，取 16% 左右	33	45
职能管理部门	高层领导、财务科、办公室等部门	14%（占人员总数的比例）	行政管理部门人员占生产人员的比例在 12%～18%。取总数的平均值 16% 以下即 14%	44	60
其他部门	油库管理、车队等部门	15%（占人员总数的比例）	按照 2009 年公司化运行部门占人员总数的比例 18%，按照稍微向下取原则，选取 15%	48	59
备注	①2020 年的技术服务部门在 2015 年 195 基础上按照 8% 的复合增长率计算；②2020 年职能管理部门按照稍低于 2015 年的比例 14% 计算；③2015 年按照 320 人、2020 年按照 450 人配置。				

2. 中型机场服务部门定岗定员案例

以下以某中型机场旅客服务部门来说明定员定编方法的应用。

1）旅客服务公司情况概述及岗位分类

旅客服务公司是为所有乘坐机场代理的国际、国内航班的旅客提供进出港服务的业务部门，其主要工作包括办理乘机手续、行李运输、引导问询广播、要客贵宾接待、特殊旅客服务等，同时为代理航班进行载重配平工作，以保证航班的正常运行。基本工作分为四大部分：旅客运输、旅客服务、贵宾接待和载重配载。这些日常安检工作分别由客运室、服务室、贵宾室和调度配载室四个部门承担。根据岗位性质，分为四类。

（1）行政支持类岗位：主要包括旅客服务公司机关和综合业务部设置的岗位，以及各业务部门设置的管理岗位。

（2）操作类岗位：指需要一定操作性的、保障航班正常运行的岗位，如贵宾室服务员、登机口服务员。

（3）监控值守类岗位：一般指工作地点比较固定，如国内值机员、监装监卸员等岗位。

（4）其他类岗位。

行政支持类岗位使用按组织机构、职责范围和业务分工定员法。下面主要介绍操作类岗位和监控值守类岗位，这些岗位定员最主要的影响因素是航班量和进出港旅客人数、行李。

2）主要操作类岗位的定员（以登机口服务员为例）

操作类岗位采用按工作岗位定员的方法。岗位定员的计算公式：

$$定员人数 = 岗位基本定员标准 \times 人员配置系数 \qquad (6\text{-}1)$$

其中，岗位基本定员标准是根据一个工作班制内的工作量、工作频率、工作类型、工作对象等因素确定的基本人工用量。人员配置系数是指本岗位人员的工作时间一般从首航开始到夜航结束，实际工作日长度约为 18 小时（包括工间休息、吃饭时间），编制定员时考虑的人员配置系数为

$$人员配置系数 = \frac{365天/年 \times 18小时/天}{1900小时/年} = 3.46 \approx 3.5$$

对于登机口服务员来说，

（1）计算方法和公式

$$D_y = N/n \times R \qquad (6\text{-}2)$$

式中，D_y 为编制定员总人数；N 为高峰日远近机位停靠架次；n 为平均每人每天服务的架次；R 为人员配置系数。

（2）数据采集。

①高峰日远近机位停靠架次 N。根据该部门提供的"某年 5.16～6.26 服务室值班日记"统计出这段时间每天的值班人数和服务的航班架次，并作出统计分析图，见图 6-12。可以看出，这段时间内的航班高峰值为 57 次，值班人数最多为 26 人，航班平均值为51 架次，值班人数平均为 21 人。因此取高峰日远近机位停靠架次为 57，即 $N = 57$。

②平均每人每天服务的架次 n。由于每架航班需要 2 个人服务，所以

平均每人每天服务的架次 = 平均每天远近机位停靠架次/(每天值班的平均人数/2)

根据上面的统计数据，即

$$n = 51架/(21/2) = 4.86架/人$$

因此

$$D_y = 57架 / (4.86架 / 人) \times 3.5 = 41人$$

所以登机口服务员岗位应配置 41 人。

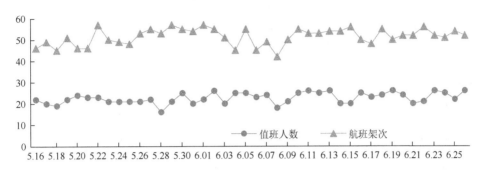

图 6-12　5.16～6.26 服务室航班服务情况统计图

3）监控值守类岗位的定员方法（以值机员为例）

因为每开放一个值机柜台就需要配备一个值机员，所以值机员的定员可以根据值机柜台的开放数确定。

（1）计算方法和公式

$$D_y = N \times R = \left(M \times \frac{t}{T} \right) \times R \tag{6-3}$$

式中，D_y 为编制定员总人数；N 为高峰小时值机柜台开放数；M 为高峰小时出港旅客人数；T 为每个值机柜台的开放时间；t 为人均办理值机手续时间；R 为值机员岗位人员配置系数。（注：由于式中采用高峰小时柜台开放数，在非高峰时段会有很多等待时间，因此降低人员配置系数，取值 3。）

（2）数据采集。

①高峰小时值机柜台开放数 N。值机柜台的开放数量取决于高峰小时办理值机手续的旅客人数、值机人员业务的熟练程度（人均办理值机手续的时间）以及每个柜台的开放时间。

②高峰小时出港旅客人数 M。选用近期的数据反映机场的高峰客流量。该机场每周的国内旅客高峰日集中在周四、周五、周六三天，国际旅客高峰日在周六出现，因此数据的采集以这几日为主。

根据出港旅客记录，绘制国内、国际出港旅客波峰图如图 6-13、图 6-14 所示，取其中最高出港人数 709 人、250 人作为高峰小时国内、国际旅客的出港人数。

③人均办理值机手续时间 t。通过对国内和国际办理值机手续的随机测量，得出单位办理值机手续的平均时间为国内 53 秒，国际 62 秒。

④每个值机柜台的开放时间 T。国内航班提前 90 分钟办理值机，提前 30 分钟结机，办理值机手续的有效时间为 60 分钟（即 3600 秒）；国际航班提前 180 分钟办理值机，提前 30 分钟结机，办理值机手续的有效时间为 150 分钟（即 9000 秒）。

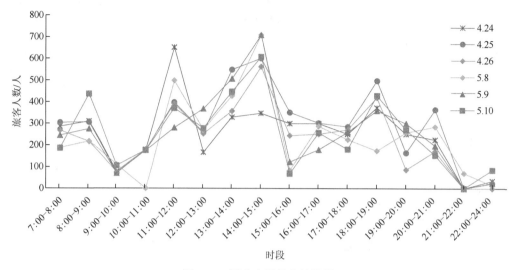

图 6-13　国内出港旅客波峰图

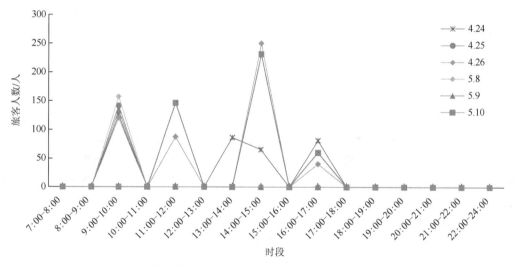

图 6-14　国际出港旅客波峰图

（3）编制定员人数计算表。通过以上过程，计算值机员定员人数所需数据均已采集完毕，如表 6-7 所示。值机员的岗位应配备国内值机员 32 人，国际值机员 6 人。

表 6-7　值机员定员人数计算表

项目	国内值机	国际值机
M/人	709	250
t/秒	53	62
T/秒	3600	9000
N/个	10.43	1.7
D_y/人	32	6

3. 大型机场地面服务部门定员

目前民航定员的方法多是工时效率定员法，或者排班优化定员法等，这些方法常常忽略的一点就是监管方的规定，虽然民航局的行业标准是定员的基础，但是地方国资管理部门对地方国企薪酬总额及人员编制进行严格控制，从而影响机场定员人数。因此在研究机场定员问题时除了运用工时效率法，还应统筹考虑地方国资委及民航局的一些影响，核算人工总成本，符合国资委的要求，也能满足民航局对机场服务要求。

1）民航地面服务部门定员模型构建

首先构建劳动定员模型，核算出人员数量，再考虑国资委薪酬方面的要求进行人工成本核算。民航机场地勤部门操作岗位定员模型如图 6-15 所示。

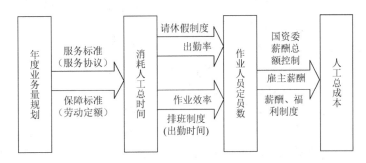

图 6-15　民航机场地勤部门操作岗位定员模型

（1）定员人数计算。模型基本计算公式如下：

$$定员人数 = 计划期生产任务总量(小时/年) \div 人均效率工时(小时/年) \qquad (6-4)$$
$$计划期生产任务总量 = 计划期内业务量 \times 保障标准 \qquad (6-5)$$
$$人均效率工时(小时/年) = 制度工时(小时/年) \times 作业效率 \times 出勤率 \qquad (6-6)$$
$$作业效率 = 年度消耗总工时 \div 在岗人数 \div (年度制度工时 \times 出勤率) \qquad (6-7)$$

公式中变量解释如下。

①年度业务总量。民航运输三大指标旅客吞吐量、货邮吞吐量及航班起降架次，机场地面服务岗位定员人数与三大业务指标直接相关，需要根据指标估算地勤各岗位服务人员年度保障业务总量。

②保障标准。民航机场劳动保障标准，是指时间定额"生产单位合格产品或完成一定工作量劳动时间消耗的限额"，是劳动定额最基本、最普遍、最主要的表现形式和岗位设置要求（即各岗位人员配置要求）。保障标准主要来自三个方面：监管方法律法规及文件；非基地航空公司与民航机场签订的服务协议；民航机场对社会大众的服务承诺。

③制度工时。根据《中华人民共和国劳动法》第三十九条、《关于企业实行不定时工作制和综合计算工时工作制的审批办法》以及《关于实行不定时工作制和综合计算工时工作制暂行办法》的规定，机场行业地服岗位实行综合计算工时。制度工时为 2000 小时/年，在实际运作当中，各机场往往使用加班的方式来提高人员利用效率；实际制度工时会低于 2360 小时/年，各机场排班规划会接近这个数字。

④出勤率。出勤率是指实际出勤工时数除以应出勤工时数。为了提高出勤率，各民航机场公司都会采取措施将其控制在合理水平，一般为95%~98%。

⑤作业效率。作业效率又称为劳动率，是指标准时间除以在岗时间。由于民航机场飞机起降存在作业间隙，各机场的作业效率差别比较大，且其还受到民航机场后勤管理保障制度、人力资源排班制度及现场调度水平等因素的影响。

（2）修正调整。在实际运行当中，下属公司与集团人力资源部门，集团人力资源部门与地方国资委部门、民航局之间，都存在博弈。这种博弈会影响定员人数，定员人数成为民航机场人力资源部门平衡内外压力的结果，而不是仅仅考虑业务数据。一般在完成业务测算后，机场公司会考虑一系列内外因素后对总额及各岗位人员配置进行修正，实现现场保障安全、保证服务质量及公司经济效益三者之间的平衡。

要考虑的因素，一方面来自机场内部，现有的机场公司配置基本是以现有在岗人数为基准，考虑业务量增长的比例而相应增加。出于部门利益的考虑，每年年底预算制定时各部门均向集团公司人力部门要求，增加尽可能多的人员编制。由于民航行业特点，安全成为重中之重，由于缺少准确数据可参，受到民航监管部门及集团内部安全相关部门的压力，决策层往往会在人员配置上向安保部门倾斜，进一步加剧民航机场企业内部各部门人员配置的不均衡。另一方面来自机场外部，一是各地方国资管理部门对地方国企薪酬总额及人员编制进行严格控制，从而影响机场定员人数。二是行业监管方民航局则有促使民航机场增加人员配置的倾向，为提高民航服务水平，需要增加相关操作岗位配置人数。

2）定员模型应用——以A机场为例

定员模型可以在计划管理、效率管理和成本管理三个方面发挥积极作用。

（1）计划管理。劳动定额定员是企业人力资源规划的基本依据，企业按照合理且科学的定额定员标准建立定员模型，可以预测每个月的需要人员数量，结合各个岗位人员培训周期与人才市场供给情况，明确人员配置到位时间节点。在年初制订覆盖地服公司所有岗位详细的年度招聘方案与实施计划，合理安排招聘节点，保证民航企业生产保障单位人才供给制订短中长期人员配置方案，有计划、分期分批地按需招聘与配备各类人员。

（2）效率管理。监测业务部门人员工作效率、工作饱和度及流程优化程度。

①测算作业效率。作业效率主要受到公司层面后勤保障水平、一线管理人员的排班管理水平及现场调度作业人员调度水平等三个因素影响。因此，通过作业效率测算，可以有效提升机场整个人力资源管控效果。利用已有的定额定员标准体系，根据当期地勤部门的业务量数据，可以倒算出当期地勤部门保障科室作业人员作业效率，计算如公式（6-7）。结果如表6-8所示。

表6-8　A机场地勤服务各部门作业效率汇总表

部门	年度总工时/小时	可贡献工时（制度工时×出勤率）/小时	当期在岗人数/人	作业效率/%
1	104 719.85	2310.40	99	46.00
2	232 948.83	2310.40	146	69.06
3	275 117.61	2311.40	171	69.61

续表

部门	年度总工时/小时	可贡献工时（制度工时×出勤率）/小时	当期在岗人数/人	作业效率/%
4	426 049.10	2312.40	290	63.53
5	232 422.32	2313.40	142	70.75
6	115 600.26	2314.40	87	57.41
7	115 011.14	2315.40	72	68.99
8	110 777.50	2316.40	68	70.33

　　通过实际数据测算，得到 A 机场公司地服部门当期各个科室员工作业效率情况；从而准确判断岗位人数配置合理性，制定作业效率标准，为提高作业效率找到根据。

　　②设定效率目标。在目标值提出后，可以在企业劳动定额定员情况下内部对标，对劳动定额定员等指标进行纵向、横向的对比分析，发现差距和问题，促进企业内部单位重视劳动定额定员管理工作，形成定额定员工作的良好机制。提升企业劳动定额定员的管理水平，提高企业劳动工效。外部对标，缩小与标杆企业的差距，提升管理水平。

　　（3）成本管理。科学的工作标准和劳动定额标准，不仅可以为企业生产、劳动、计划等提供依据，还可以为企业内部实行经济核算制提供重要依据。以劳动定额定员标准确定生产单位定员，在此定员的基础上确定单位定额工资，再将此定额工资作为总成本中的工资成本，同时将其他成本费用如材料、设备、各种劳务等项目纳入总成本中，形成总成本费用，与衔接产量或其他生产任务量之比，确定出各单位保障航班的综合单价。

　　根据测算，不同航班保障标准不同，人工成本会存在差异；以定员定额数为依据测算的人工成本，可以作为机场公司与航空公司谈判合作协议定价基础；目前各大机场为了提高作业效率，纷纷进行地勤服务装卸、客舱清洁等非核心业务外包，机场公司可以以此为思路，测算出合理的公司相应业务板块的外包成本，成为选择与管控外包合作商的依据。

6.3　机场人员排班

6.3.1　人员排班方法

　　机场岗位多，且每种岗位上班的班制也有所不同。就是在同一个部门，也会因为工作种类不同而有不同的上班模式。与航班保障有关的岗位更是如此，工作时间具有特殊性，需要依据航班时刻高峰低谷，安排相关人员上班。

　　航班计划的波动性和周期性，一线工作人员有时需要多，有时需要少；在进行排班时，就需要考虑排班日的航班时刻计划，此外还应考虑到相关人员工作的各种限制条件因素，如法定工作小时数，班次之间所要求的休息时间间隔，人员拟定的假期、病休以及学习和训练时间等。为此机场公司考虑尽量将人员成本减到最少，也可以尽最大量提高人员使用效率，将富余人员减到最少。

员工排班大致可以分为以下几个流程：员工需求预测，确定排班规则，计划排班，动态调整，如图 6-16 所示。

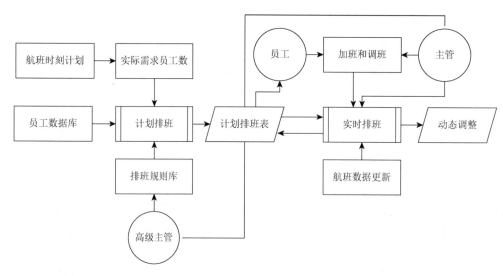

图 6-16 排班流程

1. 员工需求预测

员工需求预测是根据服务对象的流量和到达规律，从而预测某个时段需要员工的数量。员工需求预测的方法主要有排队论和时间序列两种。以下以机场值机员工为例介绍运用经典排队论的方法进行员工需求预测。

以公用式柜台为前提，从旅客开始进入值机队列，到旅客接受完值机服务，离开值机柜台，实质上可以用排队论中的排队模型 $M/M/C$ 表示。

根据机场自身的服务水平和服务能力，可以自由设置 W_q 的大小，旅客排队时间一般不能超过 20 分钟，理想排队时间应在 12 分钟以内。以 W' 表示旅客等待时间上限，则有 $W_q < W'$，在此基础上求解出值机员的数量 c，由于 c 必须是整数，因此使用解析方法难以求解，故可以采用如下推导方法进行计算。

（1）设排队过长可以达到稳态，则有 $c = \dfrac{\lambda}{\mu + 1}$。

（2）将 c 的值代入上式，计算 W_q，如果 $W_q < W'$，则结束运算，c 就是所求最小值机员人数，如果 $W_q > W'$，则继续下一步。

（3）$c = c + 1$，转入第 2 步，继续运算。

通过以上步骤，依据航班时刻表，便可以预测出各个时段所需员工数量。

2. 计划排班及排班模型

当获得了各个时段所需员工数量、员工资料和员工排班规则等信息后，便可以进入计划排班阶段。确定排班规则和计划排班主要是排班模型的建立和算法求解两个阶段。人员排班模型主要有单目标整数规划和多目标规划两种模型。在排班模型的求解算法中，应用较多的有遗传算法和模拟退火算法两种。

1）参数

P：一个排班周期的时间跨度，以星期为单位。

D：一个排班周期排班日的集合，如 $D = 1, 2, \cdots, 7P$。

D_p：一个排班周期中 $p \in P$ 个星期排班日的集合，如 $D_1 = (1, 2, \cdots, 7)$。

k：一个排班日所划分的时间段的个数。

M：一个排班周期所划分的时间段的个数。

R_t：时间段 t 内，最少所需员工的数量，其中 $t = 1, 2, \cdots, M$。

N：员工的总数。

D：松弛参数，员工计划排班与员工实际需求之间的最大偏移量。

2）变量

$W_i \subset D$：员工 i 在一个排班周期中工作日的集合。

$O_i = \dfrac{D}{W_i}$：员工 i 在一个排班周期中休息日的集合。

S_{iW}：员工 i 在排班周期中某个工作日 w 的上班开始时间。

f_{iW}：员工 i 在排班周期中某个工作日 w 的上班结束时间。

$x_{it} \in [0,1]$：在时间段 t，员工 i 是否上班，其中 $t = 1, 2, \cdots, M$。

a_t：在时间段 t，实际在岗员工数量，其中 $t = 1, 2, \cdots, M$。

$\bar{a}$：员工在一个排班周期的平均工作时间。

3）目标函数

$$\min \sum_{i=1}^{N} \left(\sum_{i=1}^{M} x_{it} - \bar{a} \right)^2 \tag{6-8}$$

4）约束条件

$$a_{it} = \sum_{i=1}^{N} x_{it} \tag{6-9}$$

$$x_{it} = \begin{cases} 1, & s_{iw} < t < f_{iw}, \\ 0, & \text{其他}, \end{cases} \quad w \in W_i, \ t = 1, 2, \cdots, M, \ i = 1, 2, \cdots, N \tag{6-10}$$

$$\left| W_i \bigcap D_p \right| = 5, \ p \in P, \ i = 1, 2, \cdots, N \tag{6-11}$$

$$\left| O_{i+1} - O_i \right| \leqslant 4, \ O_j, O_{j+1} \in D, \ i = 1, 2, \cdots, N \tag{6-12}$$

$$5.5 \leqslant (f_{iw} - s_{iw}) \leqslant 9.5, \ w \in W_i, \ i = 1, 2, \cdots, N \tag{6-13}$$

$$\sum_{w \subset W_i \bigcap D_p} (f_{iw} - s_{iw}) \geqslant 42, \ p \in P, w \in W_i, \ i = 1, 2, \cdots, N \tag{6-14}$$

$$|s_{iw} - f_{iw}| \geqslant 12, \ w' \neq w \in W_i, \ i = 1, 2, \cdots, N \tag{6-15}$$

$$24(w-1) \ s_{iw}, \ w \in W_i, \ i = 1, 2, \cdots, N \tag{6-16}$$

$$f_{iw} \leqslant 24w, \ i = 1, 2, \cdots, N \tag{6-17}$$

$$R_t \leqslant a_t \leqslant R_t + D, \ t = 1, 2, \cdots, M \tag{6-18}$$

目标函数式（6-8）表示排班结果要尽量均衡每名员工的负荷；约束式（6-9）和约束式（6-10）表示在时间段 t 中，实际安排的员工数量；约束式（6-11）表示每名员工每个星期休息两天；约束式（6-12）表示员工在两个休息日间连续工作不超过 4 天；约束式（6-13）表示每个班次工作时长在 5.5～9.5 小时；约束式（6-14）表示每名员工每周至少工作 42 小时；约束式（6-15）表示每名员工的连续两个班次之间至少间隔 12 小时；约束式（6-16）和约束式（6-17）表示所有班次都不得跨日期，即班次的开始时间和结束时间都在同一天；约束式（6-18）表示每个时段在岗员工人数需满足一定范围。因为是非线性模型，很难用解析法来求解，需要运用启发式算法来求解。

3. 实时排班

航班往往受突发状况的影响比较大，因此提前制订好计划排班表之后，在机场实际运行过程中，决策者往往需要对排班情况进行动态调整，也就是实时排班过程。实时排班的过程很难使用数学模型来描述，其排班结果通常依赖于决策者的从业经验。

6.3.2 机场地服人员排班计划方法应用

1. 以某机场机舱清洁服务人员排班为例

1）机舱清洁队最佳值班计划问题

在清洁队员工资源有限的条件下，如何合理安排工人的上班时间，使得既能有效地利用清洁队人力资源，均衡工人工作，又能满足航班起降高峰时间对清洁队的需求，有利于提高航班正点率，改善清洁服务的质量。目前大多机场清洁队的编组排班，基本上是根据经验编排。由于航空运输市场变化加快，人工经验式的计划方法难免不能适应市场变化，科学动态地编排和调整人力资源调度计划，能够最优利用宝贵的人力资源。

对于有限的清洁队人力资源，如何安排工人的上班时间（假设按现在的六小时工作制），能够保证航班清洁作业的需要，同时使得劳动力资源能够"均衡地"安排在所需要的时间段内（航班繁忙时候上班的人也多，空闲时候在班的人数相对少），以最少最高效利用的人力资源，满足航班生产对机舱清洁的要求。

2）排班模型

假设机舱清洁队可以分成若干作业小组（每个人视为一组）。设机舱清洁工人可能的上班方式有 n 种，见表 6-9。

表 6-9　机舱清洁工人可能的上班方式

方式	工作时间段	工作小时数
1	6:00~12:00	6
2	7:00~13:00	6
3	8:00~14:00	6
4	10:00~16:00	6
5	12:00~18:00	6
6	16:00~22:00	6
...		
n	20:00~24:00	4

接下来，可以通过统计分析，得到给定每小时所需要的机舱清洁工人人数，按照每小时起降航班数和飞机类型，估计出为满足这些航班清洁作业所需要的定额数，见表 6-10。

表 6-10　每小时所需清洁工人数

小时单位	6:00~7:00	7:00~8:00	8:00~9:00	9:00~10:00	10:00~11:00	11:00~12:00	...	23:00~24:00
所需作业人数	46	38	116	145	92	64		27

从早上 6 点一直到机场关闭，假设共有 m 个小时时段。则基本的最优安排倒班人数的优化问题为

$$\min c_1x_1 + c_2x_2 + \cdots + c_nx_n \tag{6-19}$$

$$\text{s.t.} \begin{array}{l} a_{11}x_1 + a_{12}x_2 + \cdots + a_{1n} \geqslant b_1 \\ a_{21}x_1 + a_{22}x_2 + \cdots + a_{2n} \geqslant b_2 \\ \cdots \\ a_{m1}x_1 + a_{m2}x_2 + \cdots + a_{mn} \geqslant b_m \end{array} \tag{6-20}$$

其中，$a_{i,j} = \begin{cases} 1, & \text{当} j \text{方式排班下} i \text{时间段为工作时间} \\ 0, & \text{否则} \end{cases}$；$b_i$ 为 i 小时段所需要的清洁人员数量；x_j 为决策变量，表示 j 班下安排的清洁人员数量；c_j 为 j 班下的工资标准，在上述问题中均取 1，目标为求满足需求的最少清洁工人数。

该线性整数规划问题可松弛为一般的线性规划问题，所得到的解就是整数解。这样，整个清洁队优化排班和调度问题可以分解为两个步骤：①在一定的约束条件下，求得最优的排班方案；②对每个时段已知清洁队人数确定的情况下，做出最优的调度安排。

3）数据准备和分析

按每小时作为一个时间区间，根据航班数量和飞机类型（决定清洁作业的额定人数），需要多少个清洁工人，能够满足作业需求。

具体方法：分析某一天的典型数据。根据有代表性的一天的航班数量、航班性质、飞机类型、过站时间等，计算出每架飞机所需的作业人数，将这些人数加起来，再分析确定

每个清洁工人在这一小时能完成的飞机数（即作业效率指数），两者相乘，可以得到每小时的需求人数的估计。

将某年某一天航班数据作为代表性数据。图 6-17 是该日清洁工需求的曲线，其中作业效率指数取 0.4（相当于每个清洁工人每小时可以清洁 2.5 架飞机），各种机型清洁工作人数按照表 6-11 来确定。

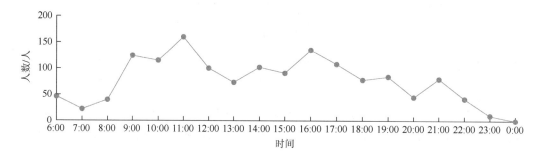

图 6-17　清洁工需求曲线

表 6-11　机型分类和人数需求

机型	出港航班/人	过站航班/人	进港航班/人
BAE-146 及以下	3	6	6
737-800 以下机型（所有清洁项目全选）	3	8	8
762、763、765	5	16	16
777-200、777-300	8	20	20
747、A340、DC-10	8	20	20

图 6-17 给出了每个时段的需求数量。而且可以看出上午和下午的两个航班的高峰，以及出现在晚间的高峰，相应地也反映出人员需求的低谷时段。根据这一需求数据，用线性规划模型可以计算出优化的排班方案。

4）方案计算和比较

首先，假定一天中每小时都可能安排清洁工开始上班，按照六小时工作制，计算得出每个上班方式的人数；满足每小时在班的工人数必须大于或等于作业确定的需求数，同时空闲人数不应超过某个给定的阈值，如 40 人。计算结果如图 6-18 所示。图表中折线表示每小时在班的清洁人员数目。图表还反映了该方案与需求的匹配程度，高峰阶段人员满负荷运作；折线与柱形图的形状拟合程度越好，说明方案越紧凑，资源利用效率越高。

方案所需总人数为 307 人，但计算结果的排班安排比较零散，因此可以对此方案进行调整，使其符合现在管理上的"班组"建制，如可以设置 22 人为一个班。调整后的方案实际人数可能有些增加，但仍在总人数的限制之内即可。

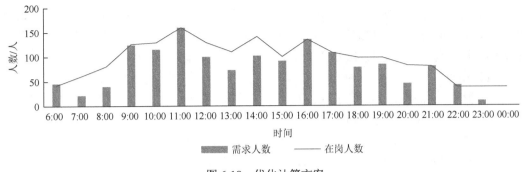

图 6-18　优化计算方案

2. 以值机人员排班为例

不同机场或航空公司的值机人员上班模式不同,目前值机人员排班存在的上班模式主要有以下几种:上一休一、上一休二、上二休二。不同上班模式下员工班次的划分和工作时长不同。为了方便对机场一线人员的管理,目前航空公司或机场对值机人员通常根据上班模式实行均衡小组排班制度。这种排班方式下每个班次人员数量均衡,但航班的数量在不同时段是不均等的,人员需求也是不均等的,这就容易出现高峰时段人员不足或者空闲时段人员剩余的情况,导致人员工时有效率不高,造成人力资源浪费,员工满意度不高。

对值机人员进行排班时必须考虑的三个问题是:①如何确定员工需求量;②如何排班既能满足人员需求又能保障较高的员工利用率;③如何进行排班调整。这里重点分析后面两点。

关于确定员工数量,可以用排队论解决,求出柜台数量,即可得到不同时段值机人员需求数量。因为要按班组上班,基于排队论的方法对人员需求量的预测,求出每个班次的人员需求,然后再进行排班。利用简单线性规划计算出早、中、晚三个班次所需人员数量,见表 6-12。

表 6-12　某机场每班次需求人数

班次	星期一	星期二	星期三	星期四	星期五	星期六	星期日
早班(06:00-14:00)	8	8	8	8	10	10	6
中班(10:00-18:00)	7	4	4	4	8	8	4
晚班(14:00-22:00)	9	8	8	8	12	12	4

1)动态排班模型构建

班组制更方便机场或航空公司对一线人员的管理,但是从员工利用率方面来说,如果能细化到以个人为单位进行排班,每天工作时间根据航班变化灵活安排,能够使人力资源充分利用。因此这里在综合考虑方便管理和提高员工利用率的基础上,根据上班模式划分班组,提出组内动态排班模型。

模型假设:①模型以三班倒、上一休一上班模式为基础。②公平性原则:在满足不同时段的人员需求基础上,考虑工作时间的均衡性问题,即让每个员工在一个排班周期中的工作时间是公平的；③劳动强度问题：每个员工只能在一天上一个班，不允许一天之内连续上班。④允许员工加班和请假，但一周的工作时间不得低于规定的时间下限。考虑劳动法规定一周工作时间不超过 42 小时为上限，以一周期内请假一个班次为下限。

（1）参数

I：地服人员的集合 $I = \{1, 2, \cdots, n\}$。

J：一个排班周期内排班日的集合。

K：排班日内排班班次的集合 $K = \{1(早), 2(中), 3(晚)\}$。

T：在一个排班周期内，地服人员最长工作时间。

L：在一个排班周期内，地服人员最短工作时间。

d_{kj}：第 k 个班次员工需求数量。

a_{kj}：第 k 个班次实际在岗人数。

（2）变量

$$x_{ijk} = \begin{cases} 1, & \text{表示员工} i \text{在第} j \text{天上} k \text{班次} \\ 0, & \text{否则} \end{cases}$$

$\overline{t}$：地服人员在一个周期内的平均工作时间。

t_k：第 k 个班次的时间长度。

（3）目标函数

$$\min \sum_{i=1}^{n} \left(\sum_{j=1}^{m} \sum_{k=1}^{3} x_{ijk} \cdot t_k - \overline{t} \right)^2 \tag{6-21}$$

（4）约束条件

$$a_{jk} = \sum_{i=1}^{n} x_{ijk}, \quad \forall j \in J, \ \forall k \in K \tag{6-22}$$

$$a_{jk} \geqslant d_{jk} \tag{6-23}$$

$$\sum_{k=1}^{3} x_{ijk} = 1, \quad \forall i \in I, \ \forall j \in J \tag{6-24}$$

$$x_{ijk} + x_{i(j+1)k} \leqslant 1, \quad \forall i \in I, \ \forall j \in J, \ \forall k \in K \tag{6-25}$$

$$\sum_{j=1}^{m} \sum_{k=1}^{3} x_{ijk} \cdot t_k \leqslant T, \quad \forall i \in I \tag{6-26}$$

$$\sum_{j=1}^{m} \sum_{k=1}^{3} x_{ijk} \cdot t_k \geqslant L, \quad \forall i \in I \tag{6-27}$$

目标函数（6-21）表示每个员工在一个周期内的工作总时间的方差最小，即每名员工的上班时间公平；约束条件（6-22）表示实际在岗人数，约束条件（6-23）表示在岗人员数量要满足每个班次的需求量；约束条件（6-24）表示一名值机人员在一天只能被安排一个班次；约束条件（6-25）表示相邻两个工作日不能被安排同一个班次；约束条件（6-26）表示员工工作时间不超过规定时间上限；约束条件（6-27）表示员工工作时间不低于规定时间下限。

2）模型求解

根据表 6-12 求出的每个班次的需求人数，将 60 名值机人员分成 A、B 两个组，每组 30 人。以 A 组为例，对该机场排班模型进行求解，动态模型下 A 组排班结果如表 6-13 所示。

表 6-13　动态模型下 A 组排班结果

	星期一			星期三			星期五			星期日		
	早班	中班	晚班	早班	中班	晚班	早班	中班	晚班	早班	中班	晚班
模型求解在岗人数	13	8	9	10	10	10	10	8	12	6	12	12
需求人数	8	7	9	8	4	8	10	8	12	6	4	4
差额	5	1	0	2	6	2	0	0	0	0	8	8
工时有效率	0.62	0.88	1.00	0.80	0.40	0.80	1.00	1.00	1.00	1.00	0.33	0.33
平均工时有效率	0.76											

在实际排班中，为了方便人员管理和员工排班，该机场将每个大组分成三个小组，在这里 A 组被分成三个小组，每个小组人数均等，为 10 人。均衡班制下 A 组排班结果如表 6-14 所示。

表 6-14　均衡班制下 A 组排班结果

	星期一			星期三			星期五			星期日		
	早班	中班	晚班	早班	中班	晚班	早班	中班	晚班	早班	中班	晚班
模型求解在岗人数	10	10	10	10	10	10	10	10	10	10	10	10
需求人数	8	7	9	8	4	8	10	8	12	6	4	4
差额	2	3	1	2	6	2	0	2	−2	4	6	6
工时有效率	0.80	0.70	0.90	0.80	0.40	0.80	1.00	0.80	—	0.60	0.40	0.40
平均工时有效率	0.69											

对比两种排班模式的员工工时有效率：工时有效率 = 人员需求量/实际在岗人数。工时有效率反映的是员工工作的饱满程度，是衡量人力资源利用程度的指标。工时有效率越高说明人力资源的利用程度越高，反之，说明人力资源浪费情况严重。动态模型下员工工时有效率为 76%，均衡班制下仅为 69%。从而可知，利用动态模型排班工时有效率优化了 7%，因此动态模型的人力资源利用更充分，排班效果要优于现行的均衡班制。

思考题

1. 查找不同类型机场的组织结构，对比分析部门岗位设置的变化规律。
2. 分析 6.3.2 节中两个案例中的排班结果，还存在什么问题？如何优化？

第7章 机场运营效率评价

7.1 机场运营效率概念及影响因素

7.1.1 机场运营效率相关概念

1. 主要概念

1）效率

效率即投入产出的比率，包括两大方面：生产的效率和制度的效率，是用于评价经济活动和经济制度有效程度的指标。生产的效率是指一个经济、行业或企业在既定的条件下达到成本最小化或收益最大化。制度的效率是指一个经济、行业或企业内部的资源配置达到了最优。效率概念针对某个企业时，有效率是指在收益既定时企业实现了成本的最小化，或者成本既定时实现了收益的最大化。效率概念针对一个经济体时，有效率是指各种资源在不同行业或生产目的之间得到了合理有效配置，能够最大限度地满足社会和人们的各种需求。可见，在不同的角度和不同的场合，效率有不同的含义，但通常可划分为生产效率和制度效率、纯技术效率、规模效率和配置效率等。

2）绩效

绩效在经济管理活动中是指社会经济管理活动的结果和成效。从管理学角度看，绩效是组织期望的结果，是组织为实现其目标而展现在不同层面上的有效输出，包括个人绩效和组织绩效两个方面；绩效与薪酬是员工和组织之间的对等承诺关系，绩效是员工对组织的承诺，薪酬是组织对员工的承诺。从组织角度讲，绩效是对企业生产经营活动的总结，是一个价值概念，专指企业在涉及财务方面的种种表现，涵盖企业财务指标、资产经营状况、偿债能力和发展能力等方面，其度量离不开价格。人们常常使用与其相近的概念：经济效益。经济效益是对经济活动结果的总结和描述，主要比较用货币表示的投入产出关系，当货币收益大于货币投入时称为有效益，当货币收益小于货币投入时称为无效益，比较经济效益的时候有大小之分，但是一般不用百分数。因此经济效益专指以货币度量的产出价值与投入价值之差，在内涵方面不如绩效概念包含的内容深刻，在外延方面也不如绩效概念宽泛。

3）生产率

生产率的实质含义是对生产能力利用的考核，是对资源利用程度的考核。可用来衡量生产组织企业、政府，也可用来衡量各种产业、部门或整个经济体。生产率的增长反映科技与组织的进步。从生产率角度看，管理者必须考虑所有投入以寻求最优的成本组合或资源配置。

生产率是当代经济学中的一个重要概念，从经济学的层面来看，生产率所反映的是各种生产要素的有效利用程度。一般意义上的生产率是指要素资源（包括人力、物力、财力资源）的开发利用效率，即生产过程中投入要素转变为实际产出的效率。如果研究的是一个国家或地区的宏观经济，那么此时的生产率就等于某一时间段内，国民经济生产过程中投入的各种资源要素之和与国民经济的总产出的比值。生产率能够反映被考察时间内生产要素的配置状况、生产管理水平和劳动者对生产活动的积极性，反映经济制度与各种社会因素对生产活动的影响程度，是技术进步对经济发展作用的综合反映。

按照测算方式的不同，生产率可分为部分要素生产率（partial factor productivity，PFP）、全要素生产率（total factor productivity，TFP）和总生产率（total productivity，TP）。这三个分类依据是生产投入要素范围、数量。部分要素生产率也可以称为偏要素生产率，反映的是产出量与单一生产要素之间的效率关系，全要素生产率一般是指除掉劳动力和资本等要素之后，其他基本要素的生产率；总生产率是指所有生产要素的生产率，它在一个更广的范围内考察生产率的情况。

全要素生产率，有时候又称为总要素生产率或总和要素生产率，是指除了劳动力和资本这两大物质要素之外，其他所有生产要素所带来的产出增长率。全要素生产率抛弃了生产率分析中的劳动力和资金两大要素，萨缪尔森、诺德豪斯等认为全要素生产率考虑的要素资源包括教育、创新、规模效益、科学进步等。

关于全要素生产率，人们普遍的观点认为，它是生产率增长过程中所无法解释的一部分，也就是说是经济增长核算时候的一个"余值"，应当等于产出增长率与全部投入要素增长率加权和之差。关于全要素生产率，不同学者最大的分歧在于对"全要素"的理解不同，有的人认为全要素生产率应当是指所有投入要素所带来的产出增长率；更多的学者认为，研究全要素生产率时，应当将全要素生产率与劳动、资本这两大生产要素独立开来；还有一部分学者认为，全要素生产率应当是除去资本、劳动、技术进步、教育、管理等投入要素的影响之后，生产率变化中所剩余的部分。

2. 概念辨析

（1）效率与效益。"效率"与"效益"是两个最容易混淆的概念，尽管都是对经济活动投入产出比较结果的描述，但是内涵还是有一定区别的。效益是货币投入和货币价值产出的比较关系，反映的是活动主体的利益大小；效率反映的是经济主体所从事的经济活动的有效程度，不仅包括货币形态的投入和产出因素，还包括劳动、时间的投入以及企业竞争力、品牌、可持续发展力等在内的产出。从本质上讲，它是资源的有效配置、市场竞争能力、投入产出能力和可持续发展能力的总称。效率的含义要比效益的概念更为宽泛，且包含效益的内涵，是一个更为全面、更为高级的评述经济活动运行状态的概念。机场效率与效益既相互区别又相互统一，效率是效益的基础，效益是效率的目标。机场经营活动的核心是效益，而基础是效率。

（2）效率与绩效。绩效的含义比效率和效益两个概念涵盖的内容更为广泛。绩效指的是对特定经营期内的企业的经营效益和经营者的业绩做出的客观而公正的评价。绩效是指经济活动产生的业绩和效果，包括经济活动结果的总量以及反映其质量的效率和效能。绩效既包括企业活动所取得业绩的绝对数量，也包括反映经济活动取得业绩的投入与产出，或成本与收益之间的对比关系即效率的相对大小。绩效是指效益和效率的总和，绩效研究以效益和效率为基础。

对于机场而言，机场绩效主要指机场作为社会物质生产部门对社会、国家、股东等的业绩回报，机场绩效可以从股东角度评价，可以从机场自身财务进行评价，也可以从国家角度进行评价。机场效率主要指机场投入各种要素（人、财、物）实现最大产出的能力，可以从生产效率、财务效率和管理效率进行评价。

总之，效益、绩效和效率都是反映经济活动的结果和效果，但效益和绩效强调经济活动的绝对数量方面的经营效果，效率则强调经济活动的成本与收益、投入与产出的对比关系，效率反映资源配置水平与人类满足程度，表现经济机构的盈利能力、竞争能力和可持续发展能力。效益、绩效和效率又具有一定的联系，高效率可以促使经济机构获得最大的效益和业绩，提升效率是提高经济机构获利能力的手段，能够促使经济机构获取更多的效益和绩效。

3. 不同角度的效率

1）管理效率

管理效率（management efficiency，ME）是一种特殊的劳动效率，是指管理者从事管理活动的效率。由于管理活动集中表现在计划、组织、指挥、控制、协调和决策这几个过程之中，因此管理效率与其他效率的区别主要体现在管理者运用和发挥智力对生产经营所产生的效用上。管理效率的高低与管理的有效性有很大的关系，对一个管理者来说，首先应该考虑的是"把事情处理正确的能力，也就是有效性"，如正确的决策、恰当的指挥等。从定量角度来说，管理效率又可以分解为综合效率和配置效率。

2）配置效率

配置效率（allocative efficiency，AE）是指在给定价格和技术的条件下，生产给定产出的投入的最优组合。它将价格和成本等因素引入效率分析之中，使得对效率的评价更加科学、客观。配置效率可以反映生产过程中要素配置的有效程度，在要素市场完全条件下，有效配置前沿由生产过程要素潜在最佳投入点——成本最小点构成，即引入价格因素，并从成本角度测算效率。换句话说，配置效率反映了被评价对象将成本降至最小可能水平的能力，也就是说，对象在产出相同的前提下，是否使用了最合适的要素投入比例。通过对配置效率的分析可以找出各种要素之间的最佳组合比例。

3）规模技术效率

规模技术效率（scale technical efficiency，STE）又称为综合效率，规模技术效率反映的是技术效率和规模效率的总体状况，其计算公式是：STE = TE × SE，即综合效率等于规模效率和技术效率之积。规模技术效率一般用数据包络分析（data envelopment analysis，DEA）中的 CCR（Charnes，Cooper 和 Rhodes 三位学者名的首字母缩写）模型进行计算。当某被考察对象的综合效率值为 1 时，称该对象是 DEA 有效的，显然只有当被考察单元同时达到技术有效和规模有效时，其综合效率才是有效的。

4）规模效率

规模效率（scale efficiency，SE）是研究生产经营规模与经济效益关系的一个重要指标，它反映的是被评价对象生产规模的有效程度，即它反映了被评价对象是否在最合适的投资规模下进行经营。如果规模效率值为 1，那么表示这种生产经营规模是有效的，也就是说被评价对象在最合适的投资规模下进行经济活动；反之则说明被评价对象的规模效率未达到最佳状态。

5）技术效率

技术效率（technical efficiency，TE）是指在给定一组投入要素不变的情况下，一个企业实际产出同一个假设同样投入情况下的最大产出之比。它反映的是生产过程中现有技术利用的有效程度，即技术效率反映在给定投入情况下各决策单元获取最大产出的能力。

6）纯技术效率

纯技术效率（pure technical efficiency，PTE）在计算技术效率时考虑了要素的利用率问题。

基于总量生产函数引入由生产要素、生产技术和组织管理三大因素构成的广义生产函数。在此基础上引入管理效率的概念，用它来充分研究现实生产中组织管理水平问题。因此可以简单地认为管理效率是由规模效率、技术效率以及资源的配置效率所组成的，它可以表示为：$ME = SE \times TE \times AE$。同时，如果对技术效率进行进一步分解，又可以得到纯技术效率和要素利用效率。总之，前面所提到的几种效率可由下面的效率分解图表示出来，见图 7-1。

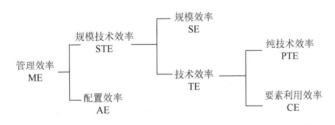

图 7-1　效率分解图

7）不同类型效率的影响因素

将全要素生产率分解为四个角度：前沿技术进步、相对前沿的技术效率变化、规模经济效率、配置效率。为了对影响效率的因素进行全面总结和分析，进行了大量文献的梳理，如表 7-1 所示。

表 7-1　效率影响因素总结

分解效率	影响因素
前沿技术进步	管理技术创新；投入要素增加；体制改革
相对前沿的技术效率变化	学习和模仿；技术创新；企业内部管理；企业治理结构；经济体制转变
规模经济效率	地区经济发展；基础设施建设扩大；资本深化；企业规制
配置效率	市场化程度

投入要素增加、资本深化、学习和模仿、企业内部管理、企业治理结构、企业规制是影响效率的企业内部管理因素，涉及企业管理的各个具体环节，即企业管理模式要素。体制改革、技术创新、经济体制转变、地区经济发展、市场化程度等因素是企业赖以存在的外部环境，以宏观外部机制间接或强制影响企业的效率。因此要提升企业的运行效率，需要在遵循外部机制的前提下着重加强企业内部管理，进而影响和改善外部机制的作用。

7.1.2　影响机场运营效率的因素

1. 机场运营效率影响因素分析模型

根据机场产业的运营特性与生产特点，结合民航运输业和机场系统分析，将影响机场运营效率的因素分成三大类，即内部影响因素（微观）、行业影响因素（中观）、外部宏观影响因素（宏观），如图 7-2 所示。

图 7-2　机场运营效率影响因素分析模型

微观影响因素主要指在机场自身资源和能力，以及机场管理模式，对机场运营效率的影响最直接。机场自身资源主要包括机场人力资源、设备设施资源和财务资源；机场能力主要表现在资源获取能力、资源使用能力、生产运营能力、核心流程设计能力、组织管理能力；机场管理模式主要是机场的所有权结构、治理模式和运营模式。

中观影响因素主要指民航运输产业内和机场行业内，对机场运营效率有影响的各组成要素及其相互关系，这些因素对机场运营效率的影响是间接的，主要通过机场业的市场结构、航空公司战略、空管等民航支持保障部门的配合等影响机场的运营。机场行业状况包括机场行业发展状况、机场布局、机场运营水平；民航运输业内包括航空公司、空管、其他民航支持辅助部门与机场的关系；机场相关利益方主要指与机场运营有关的用户，如旅客、货主。

宏观影响因素指机场所处的外部环境，主要从外部经济环境、政府政策、要素输入等方面进行分析；机场业作为国民经济基础性、先导性行业，一国的民航运输产业政策环境、经济发展与需求状况、生产要素的供给、支撑部门（主要为飞机制造业）等外部环境因素，都将对机场运营效率产生影响。这些外部因素通过影响民航运输业内各单位（航空公司、空管等部门）的行为，进而影响机场的运营，最终对机场运营效率产生影响。

2. 机场运营效率影响因素分析

1）影响机场效率的宏观因素分析

影响机场效率的宏观因素分析可以运用 PEST（politics，economy，society，technology，政治、经济、社会、技术）分析法，如图 7-3 所示。

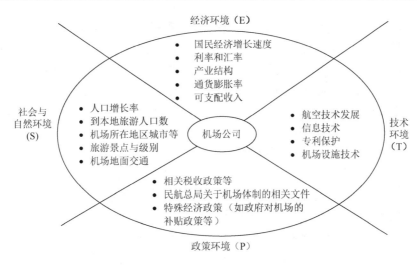

图 7-3　机场运营效率宏观影响因素分析

（1）政府政策。

政府政策是国家对产业发展进行引导、规范、管理和控制的主要方法与手段，因此机场发展也会受到政府政策的影响。影响机场发展的政府政策主要有国家产业政策和行业标准（法规）。国家产业政策和行业标准及法规同样对机场业的市场结构、行为和绩效产生影响，对机场运营效率的提升起到正向或负向作用。国家产业政策是国家以市场经济为基本制度前提、以产业为激励和限制的直接对象，通过引导、规范和调控微观企业生产行为，部分化解市场对企业调节的失效，促进产业结构合理化、高级化，从而实现资源配置的帕累托效率和经济的持续健康发展。产业政策的实施对象是产业，是国家促进经济发展，调整产业结构的有力手段，产业政策在宏观上影响着产业发展的方向和潜力。行业标准及法规是由行业主管部门出台的一系列标准或法规体系以规范产业内各企业的服务活动或产品规格，这些政策在微观上影响着企业的各类经营活动，保证企业可以按照统一、安全的标准向社会提供服务或产品。

国家产业政策对民航业的发展影响较大，对于机场业影响比较大的因素是放松管制和机场商业化。民航运输市场的全球化趋势使许多发展中国家的民航业也被迫进行强制性制度变迁。近十几年来，无论是发达国家还是发展中国家，都在对机场管制进行政策改革。我国机场业的发展也处在国内民航业投资和管理体制变革、世界性的放松航空公司管制环境中，为了使机场能够健康稳定发展，中国民用航空局出台了相应的规章政策，其中对机场发展影响较大的政策有：2002 年，国务院批准的《民航体制改革方案》；2005 年 8 月 15 日正式实施的《国内投资民用航空业规定（试行）》；2008 年 3 月 1 日正式实施的《民用机场收费改革方案》和 2008 年 1 月经国务院批准实施的《全国民用机场布局规划》。

（2）宏观社会经济。

经济的发展对民航运输产业而言是一种促进力，其直接影响运输需求，同时也促进供给。对于机场而言，持续快速增长的经济可以为机场带来机遇，机场所在城市的社会经济状况也会为机场的发展提供动力。我国民航运输与国民经济的发展增速表现出了较强的相关性；国民经济的持续稳定发展为民航运输的持续增长提供了保障，民航运输的高速发展为机场提供了良好的发展机遇。随着居民人均收入水平的不断提高，人均旅游花费也持续提高，人均收入与人均旅游花费有较强的相关性。旅游消费支出的大幅度提高，成为推动民航及机场发展的重要因素。

（3）生产要素供给和支撑产业。

①人力资源：对机场发展和运营影响较大的人力资源要素可以分为社会供给的一般劳动力资源以及民航专业技术劳动力资源。社会一般劳动力资源影响着机场服务产品的价格。民航专业技术劳动力资源的数量及质量是保障机场运营的重要条件。如机务维修、空管指挥、机场建设规划人员等是机场业的核心专业人力资源。

②技术资源：对机场运营影响较大的技术资源有：信息技术、机场内部专业技术和飞机制造技术。信息技术的应用和改进，不仅提高了机场的服务质量，也提高了机场的管理水平。机场业务快速增长推动了机场内部专业技术水平的发展，机场对新技术的引进提高了机场的运作效率和水平，加快了机场的发展步伐。飞机制造技术的发展影响到机场现有设施的更新，为以后机场的改造和扩建提供方向，如新机型（A380）的发展趋势为机场的改扩建提出了新的要求。

③空域资源：空域是一种可以反复无限使用、不需再生的自然资源，每个国家领空就是每个国家的空域资源。机场的发展要受到所在地区空域资源的制约，尤其对于枢纽机场而言，空域资源是制约机场生产的重要因素。空域资源主要包括机场空域大小、航路资源、机场净空条件等。

2）影响机场效率的中观因素分析

（1）机场行业状况。

经过几十年的建设和发展，我国机场总量粗具规模，机场密度逐渐加大，机场服务能力逐步提高，现代化程度不断增强，初步形成了以北京、上海、广州等枢纽机场为中心，以成都、昆明、重庆、西安、乌鲁木齐、深圳、杭州、武汉、沈阳、大连等省会或重点城市机场为骨干以及其他城市支线机场相配合的基本格局，我国民用运输机场体系初步建立。

20世纪80年代末，民航开始市场化改革，尝试将航空公司、机场和民航行政部门独立运行，这为机场业的独立发展创造了有利条件。机场属地化改革发挥了地方政府的积极性，使机场融入当地区域经济，彻底改变机场单一的运输功能，实现机场与区域经济的良性互动，进而推进政企分开，使机场真正成为民航运输的市场主体，实现企业化管理和运作，从而提高了机场的运营效率。

（2）航空公司运营战略。

航空公司作为机场最重要的客户和利益相关方，其运营战略（航线网络布局、基地选择、运力投放、与机场合作、机场航站楼业务流程设计）对机场的运营影响非常大。机场的运营必须有航空公司的大力支持，如在航线网络规划方面；同时高效的机场运营可以更好地为航空公司提供服务，减少航班延误、提高服务质量、减少航空公司运营成本。

以中枢辐射航线网络对机场运营影响为例,航空公司建设中枢航线结构,可以增强机场的辐射能力,改善机场的竞争地位。发挥机场的潜力,扩大机场的运营规模。提高机场的运营效率,促进机场的盈利水平。航空公司构建中枢航线结构和机场建设航空枢纽空港是双方发展的共同要求,是航空公司和机场实现双赢的一种经营策略。

（3）机场运营支持和保障部门。

机场的运营离不开其他民航支持和保障部门的配合,这些部门是民航运输产业链的重要组成部分,这些部门的配合、协调共同完成民航运输服务。这些部门主要有空管部门、油料公司、民航信息部门、地勤、餐饮、第三方 MRO（maintenance，repair and operation）和飞机租赁等业务部门,这些部门与机场的关系、运营水平和效率对机场的运营也会产生较大影响。

作为机场运营的空中保障系统,空管部门在机场主要由航管楼和塔台、助航设施、气象设施及通信导航台站等构成。空管系统是民航行业的重要组成部分,是民航发展的重要基础设施。空管系统的运营效率会影响机场的容量、机场的运营效率；机务维修包括飞机维修、航材供应等,是保障在机场运营的航空公司航空器正常运营的重要部门,其技术水平和运营水平也会影响机场的运行。

3）影响机场效率的微观因素分析

（1）机场管理模式。

机场的私有化和对航空公司的放松管制促使着全世界机场的体制的、组织的和财务的特征发生着飞速的变化。机场所有制和管理模式多种多样。传统的机场由国家政府部门管理的模式已经不能适应一些大型机场的需要。机场管理当局即一个由政府或私人投资者或两者共同所有的公司实体,作为机场经营者越来越普遍。机场管理当局可以适应任何形式的所有权形式：它可以被政府所有、被私人所有或被他们混合所有。独立的机场管理当局是提高机场管理效率的有力保证。

①机场管理模式——效率机制。

产业组织理论对公司机制的研究基于结构—行为—绩效的范式,公司治理理论对公司机制的研究集中于公司治理机制,进而探讨公司治理效率。机制蕴含着实现管理目标的方法和途径,是在管理过程中不断优化和完善的。要厘清机制的作用机理,须梳理企业管理的过程和内容,以及其中包含的互动关系。要实现企业的管理目标——有效运营,须从企业基础着眼,基于企业管理模式,注重企业管理过程。首先构建管理模式这一基本结构,通过管理实践进而影响企业效率,反过来,企业效率的改变促使企业的管理实践活动发生进一步提升,也将进一步影响管理模式结构的变化。同时,管理活动的变化直接反馈于管理模式的形成与变化；效率的改变也会使得管理实践活动发生改变。管理实践活动最终搭建起管理模式与企业效率的纽带,而两个互动的实现就是管理模式与效率之间机制的作用机理,见图7-4。

机场管理模式的效率机制设计的目的是建立机场管理模式与机场效率的联系。机场管理模式的组成要素中最关键的是机场产权结构,体现为机场的所有制。尽管关于机场所有制对效率的影响并没有定论,公有、私有、混合所有权均有效率显著的机场。通过机场管理模式与经营管理的互动形成一个层次的机制,再经由经营管理与机场效率的互动形成另一层次的机制，最终实现机场管理模式——效率机制设计，见图 7-5。目前机场管理模式的改革以厘清产权关系为切入点，通过管理机构治理、业务经营管理、投融资管理、社会环境治理的内外部整合，最终推动机场效率的改善和提升。

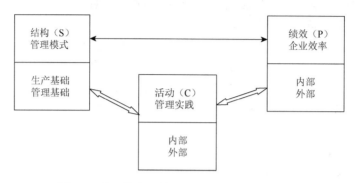

图 7-4　管理模式、管理活动与企业效率的关系

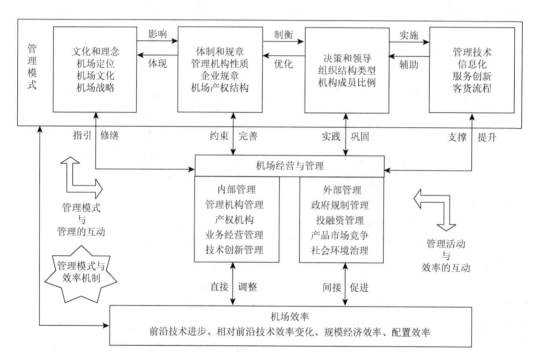

图 7-5　机场管理模式——效率机制设计

②管理模式对效率的影响。

不同管理模式下机场的效率呈现差异，在同一种管理模式下，由于管理者不同，机场效率表现也不尽相同，经初步分析原因如下。

（i）机场所有制的影响。所有制形式对于机场效率的影响不是很明确，从研究的量化结果看，混合所有制机场的平均效率高，整体高于政府拥有机场的效率。然而机场效率的高低不能笼统地说是由所有制形式决定的，应该和机场所处的地理位置、经济发展程度等因素都有很大关系，而且从国内外机场的发展状况来看，无论公有、私有、混合所有，均有效率显著的机场，所以说所有制形式不能完全决定机场的效率。

（ii）机场管理模式的影响。每一种管理模式即所有者与机场管理机构的组合下，机场效率并非均匀，这说明管理模式并不能完全决定机场的效率。因为影响机场效率的因素是多方面的，相对而言管理因素的作用更大一些。对于机场效率不匹配于所属管理模式的平均效率这一特定现象，说明所有者与机场管理机构组合对机场运营产生的合力作用是不同的，即管理模式的作用在机场运营的实际中可能被其他因素左右，要么放大要么缩小，这与机场的自身现状、发展动力等有密切关系。为凸显高效管理模式对机场经营管理的提升作用，需优化管理模式本身的处理关系，着力强化其作用的方向，如优化组织设计、提升执行力、机场战略地位等。管理模式通过深化为机场的管理水平，成为机场效率差异性的决定因素。

（iii）机场管理机构的影响。我国机场管理模式可以划分为四类：中央政府拥有直接管理、地方政府拥有直接管理、地方政府拥有委托管理、混合所有委托管理。混合所有形式下机场集团公司的效率最高，机场管理公司的效率有显著的提升潜力。委托航空运输企业管理的机场效率并没有很低，说明航空运输企业的专业化管理有效提升了这些机场的运行效率。机场集团公司管理的机场高效率，体现了规模化、专业化管理对于机场效率提升的重要意义，不但会被输入专业化管理经验、优秀管理人才，而且受益于集团公司对于整个机场网络的战略规划，有利于机场发展定位的明确、客货需求的开发。

（iv）政府的影响。委托代理关系的管理，政府部门不直接参与机场经营管理的各环节和细节，而是将运营管理权委托给管理水平较高的相关机构，从而更加专注于监管和引导，通过利益的分配、角色的转变、协商机制的建立等方式优化委托代理关系。同时，机场管理机构的权责比较明确，定位清晰，管理实现了专业化、高效率。政府直接管理，无论人员配置还是管理决策，政府都直接介入，可以为机场的经营提供更好的政策支持，但是又存在专业性不强、权限界定不清，机场发展定位不明确问题。

（v）投融资的影响。混合所有管理模式的机场平均效率最高，一方面体现了多元化投资主体对于机场经营决策的合理机制，另一方面多元化投资主体拓宽了机场的融资渠道，因为不同委托对象管理机场过程中势必会输出资本，改善机场的硬件设施、流程优化、信息设备等。资本的注入无论对于大中型机场还是小型机场的发展都将发挥有力的影响，如大中型机场将在流程再造、信息化建设、货站扩建等方面有所提升，小型机场将在开辟航线、补贴航线吸引航空公司、完善地面接入交通方面显著改善，对于发展定位及未来的发展规划都有战略性意义。

（2）机场资源、能力分析。

对于机场而言，要满足基本的运行要求，任何一个机场的各项运行首先应当满足国际民航组织附件 9（关于民航简化手续规定）、附件 14（机场建设、设施规定）中关于机场运行效率的推荐措施和指南，同时可以参考《机场勤务手册》中的相关内容；我国民用航空规章 139 部是机场使用许可制度的基本框架。机场资源是投入到机场经营过程中的和经营过程中产生的各种要素的组合；能够为机场创造价值，也就是说机场资源应该是对机场发展有用的。

依据资源的形态，机场资源可以划分为四种类型，即人力资源、物力资源、财力资源和组织资源。现分别阐述如下。

①人力资源包括机场高层管理人员与一般员工个人的知识技术水平、整体素质与知识技能、结构等。它是机场能力得以形成的基础和重要载体。人力资源是机场成长与发展最基本的资源，它是有意识、有价值观的资源，不但能转移价值而且能创造价值。人力资源是最具有能动性的资源，是形成机场能力的主要力量。

②物力资源是指机场在创立和经营过程中所具有的资源，这些资源是机场成立及正常运转的最基本条件，包括航空性运输保障资源和机场商业性资源。航空性运输保障资源主要是指保障机场正常运营的各项资源，包括飞行区运行资源、航站区运行资源和公共区运行资源。航空性运输保障资源是机场运行管理的基础，不仅决定了机场运行管理的效率，也在很大程度上影响了机场经营的收益；机场商业性资源主要是指由机场土地资源和航空性运输保障资源衍生的各种资源，包括航站区商业资源和公共区商业资源。机场商业性资源是机场运营管理的配套资源，可以影响机场的服务质量和机场运营收入。

③财力资源指机场经营与发展必需的资金保证程度有关的资源，包括货币资金的数量、来源渠道等；机场财力资源主要来自机场运营收入和政府补贴。

④组织资源包括机场的组织结构、正式与非正式计划、控制、协调体系以及机场内部产权结构等。机场资源作为机场运营的基础要素，本身并不能自动创造价值，它只有通过机场的特定行为才能发生转化，而这一行为过程就是能力的产生与运用过程。机场资源对机场运营效率的影响主要取决于机场资源的数量以及对资源的使用能力和效率。机场所拥有的能力体现在机场的各种生产经营活动中，是机场有效使用资源，并使其相互作用，从而产生新的能力与资源的能力。机场所拥有的各种能力具有不同的属性，可以分为资源获取能力、资源使用能力和环境适应能力。

7.2　运营效率评价方法及实例

7.2.1　评价方法

1. 主要评价方法

在分析企业生产率的来源时，全要素生产率所能够提供的信息有些过于笼统，所测算出来的全要素生产率包含了数据误差的因素。20 世纪 70 年代末和 80 年代初发展起来的边界生产函数的研究方法在某种程度上克服了以上所提到的全要素生产率研究方法的两类缺陷。一类是确定的生产边界研究方法；另一类是随机的生产边界研究方法。确定的生产边界的研究大多使用的是线性规划法，随机的生产边界的研究依靠的是计量经济学的估计方法。效率评价的方法有非参数估计方法、参数估计方法和综合评价方法。

参数估计方法主要包括索洛余值法和随机边界法，它们都涉及参数函数的估计，能够解释随机噪声。参数前沿面方法主要有三种,随机前沿面方法(stochastic frontier approach, SFA)、自由分布方法和后前沿方法。其中应用得最广泛的是随机前沿面方法。非参数估计方法主要是数据包络分析法和指数法。综合评价方法主要包括定性评价方法(德尔菲法、因素分析法、内含解析法)、统计分析方法(主成分分析法、因子分析法、聚类分析法)、系统工程法(层次分析法)、模糊数学方法(模糊综合评价法)、智能化评价方法(人工神经网络法)、其他评价方法(灰色系统法、物元分析法、基于粗糙集理论的评价方法)、组合评价方法。

梳理参数和非参数估计方法,为选择评价方法提供相关参考。

(1)数据包络分析(DEA)法是用数学规划模型来评价相同类型的多投入、多产出的决策单元是否技术有效的一种非参数估计方法。DEA 方法具有以下优点:无须知道生产函数的具体形式;可自如处理多投入和多产出情况;可直接指明与最佳机构相比,被评价机构在哪些投入产出项目上有差距,找出改进的最佳途径。DEA 模型无法对有效单元(效率值为1)继续进行评价;没有考虑不确定性因素和测量误差;在运用时要求各个决策单元具有可比性,否则评价结果将失去意义。DEA 方法得到广泛应用,因此也得到不断的修正,发展出来二阶段、三阶段模型。

(2)指数法包括帕氏(Paasche)指数、拉氏(Laspeyres)指数、费希尔(Fisher)理想指数和生产力 Malmquist 指数等。可以应用指数产生特殊的数据序列与数据包络分析和随机前沿生产函数结合,如 DEA-Malmquist 指数或 SFA-Malmquist 指数。Malmquist 指数法基于数据包络分析提出,最大的优点就是不需要有关投入产出的价格信息,在投入要素的数量和价格等信息不充分的条件下,其优越性尤为明显。不足就是将全要素生产率都归结于技术进步的贡献,没有考虑生产者技术上与前沿面的效率差距。

(3)索洛余值法通常是先估算出总量生产函数后,采用产出增长率扣除各投入要素的余值来估算生产率的增长。将产出增长率扣除投入要素增长后的剩余称为技术进步率。它最大的优点是简单易行,对于时间序列数据较为适用。但存在明显的缺陷,假设技术变动是中性的,只随时间变动,但现实经济生活表明技术进步也与其他因素如政策、制度等有关。

(4)随机前沿面生产函数法通常先假设一个生产函数,根据生产函数中误差项的分布假设的不同,采用不同的技术方法来估计生产函数中的参数,进而求得生产效率的增长。它将误差项分为两类:管理误差项反映技术非效率,随机误差项表示任何可能出现的不可控因素带来的影响。这种对生产函数误差项的深入分析是具有重要意义的,因为在此之前人们只是将回归过程中非变量导致的因素全部列入随机误差项,而不去理会它们蕴涵的经济治理价值。该方法的特点是通过估计生产函数对个体的生产过程进行描述,同时能较好地处理测度误差,适用于单投入单产出或多投入单产出的情形。该方法最大的优势在于:估计的前沿面是随机的,包含了噪声、测量误差和外生干扰;这是其他方法都不具有的;把误差项进行区分,能准确地反映实际的技术效率水平。虽然测量误差和统计干扰在处理上具有概念优势,但它同样要求一个严格的函数形式和分布假设,而且统计计算比较复杂。

2. SFA 及 DEA 方法

1）随机前沿面方法

随机前沿面生产理论是计量经济学一个重要分支，是目前研究生产效率的有力工具。随机前沿生产模型假定，企业由于各种组织、管理及制度等非价格性因素导致生产过程中效率的损耗，而达不到最佳的前沿技术水平。模型将误差项分为两类：管理误差项 u_i 和随机误差项 v_i，管理误差项主要用来反映这样一个事实：每个生产单元的产出不可能位于其前沿生产函数的上方。这样的偏差是由于企业控制因素造成的，如技术无效、职工的努力程度等，统一归为技术非效率。随机误差项表示任何可能出现的不可控因素带来的影响（有利或不利的），如运气、气候、地理、机器的表现以及可能出现的误差统计等，所以它是一个双边误差项。考虑到生产前沿面本身在不同生产单元中是随机变化的，即使对同一经济单元随时间不同也会不同，所以前沿面是随机的。

随机前沿模型的一般形式为

$$Y_{it} = F(X_{it}, \beta) \exp(v_{it} - u_{it}) \tag{7-1}$$

$$\mathrm{TE}_{it} = \exp(-u_{it}) \tag{7-2}$$

其中，$F(\cdot)$ 为随机前沿生产函数中的确定性前沿产出部分；t 为测量技术变化的时间趋势变量；Y_{it} 为第 i 个研究对象第 t 年的实际产出；X_{it} 为第 i 个研究对象第 t 年的要素投入；β 为待估参数；v_{it} 为统计上的误差，是生产组织无法掌控的随机因素；u_{it} 大于或等于零，且独立于统计误差 v_{it}，代表个体的技术无效率，衡量相对前沿的技术效率水平。假定 $v_{it} \in N(0, \sigma_v^2)$，$u_{it} \in N(0, \sigma_u^2)$。

随机前沿模型的最大特点就是可以将个体的特征反映在模型中，即可以考虑一些只对特定个体产生影响的因素，不要求所有样本具有相同的统计特征。这些只影响特定个体的因素称为随机噪声，如制度、规模、能源消耗状况、人力资本以及研发力度等。可以依据数据的可得性，将 u_{it} 设定为某些因素的线性函数，如 $u_{it} = \delta_0 + \delta_1 t + \sum \delta_j m_{it}$。正由于随机前沿理论可以将随机因素考虑在模型中，使评价定性因素对效率的影响成为可能。

若数据观察期跨度较长，随着市场竞争日趋激烈，技术效率不仅要随不同生产单元而变化，还要随时间变化，就涉及面板数据。面板数据是时间序列数据与截面数据的综合，既包括单个样本变化的动态信息，又包括个体间差异的信息。以面板数据为研究对象，运用时变技术效率的随机前沿生产模型，其表达式为

$$\ln y_{it} = \alpha_0 + \sum_j \alpha_j \ln x_{jt} + \alpha_T t + \frac{1}{2} \sum_j \sum_l \beta_{jl} \ln x_{lit} \ln x_{jit} + \frac{1}{2} \beta_{TT} t^2 + \sum_j \beta_{Tj} t \ln x_{jit} + v_{it} - u_{it} \tag{7-3}$$

$$u_{it} = \left\{ \exp\left[-\eta(t - T) \right] \right\} u_i \tag{7-4}$$

式（7-4）描述时间因素对技术非效率 u_{it} 的影响，η 是一未知的待估参数，当 $\eta > 0$ 时，$\exp\left[-\eta(t - T) \right]$ 将以递增的速率下降，即技术效率随时间的推移会以递增的速率降低；当 $\eta < 0$ 时，$\exp\left[-\eta(t - T) \right]$ 将以递增的速率增加，即技术效率随时间的推移会以递增的速率增大；当 $\eta = 0$ 时，$\exp\left[-\eta(t - T) \right]$ 保持不变，各技术效率不随时间而变化。

$\gamma = \sigma_u^2 / (\sigma_v^2 + \sigma_u^2), (0 \leqslant \gamma \leqslant 1, 可令 \sigma^2 = \sigma_v^2 + \sigma_u^2)$，$\gamma$ 表示随机扰动项中技术无效所占的

比例，γ 接近 1 说明模型误差主要来源于 u_{it}，即生产单元的实际产出与前沿产出之间的差距主要来源于技术无效引起的损失；γ 接近 0 说明模型误差主要来源于 v_{it}，即生产单元的实际产出与前沿产出之间的差距主要来自统计误差等外部影响因素。当 $\gamma > 0$ 且较趋近于 1 时，就有必要进一步分析技术效率发挥的影响因素，即需要分析影响 u_{it} 值的具体原因。

2）数据包络分析法

解决多投入多产出的效率衡量转换问题，以线性规划求解有效前沿，计算决策单元在固定规模下的相对效率，该模型被称为 CCR 模型。CCR 模型是数据包络分析法的第一个模型。

CCR 模型可以延伸出四种形式，投入型和产出型以及它们的对偶形式。对偶形式比原模型能进一步提供非有效单元的改善值，即要成为有效单元需增加的产出值或减少的投入值。实际应用投入型和产出型的 CCR 模型时，在计算效率值是没有区别的，但因为 CCR 模型假设固定规模报酬，故计算非有效单元的改善值会有所不同。之后提出的 BCC 模型，允许变动规模报酬，得出衡量技术效率、规模效率为递增、递减或不变的情况。因考虑到 DEA 模型过分依赖自我评价体系，后来学者在 CCR 模型的基础上提出了交叉效率模型，将自评与他评结合，可以弱化传统 DEA 模型因自评体系引起的"不公平"，进而对决策单元予以更符合实际的效率评价和排序。

此外，其他学者纷纷从不同角度对 DEA 原始模型进行了改良，如 Log 型的 DEA 模型、加法型 C^2GS^2 模型、具有无穷多个决策单元的半无限规划的 C^2W 模型和 C^2WY 模型等，使得 DEA 模型日益完善。国内学者也将 DEA 方法引入到项目的决策中，并且在应用中不断加以完善，先后提出了基于只有输出（入）的 DEA 模型、确定动态前沿生产函数的 DEA 模型、基于多目标规划的 DEA 模型、仅有产出的多目标 DEA 模型、评价相对效率的投入产出型 DEA 等。

（1）DEA 模型。

假设有 n 个决策单元，这 n 个决策单元（decision making units，DMU）都是具有可比性的。每个决策单元有 m 种类型的输入和 s 种类型的输出，各决策单元的输入和输出如表 7-2 所示。

表 7-2　各决策单元输入与输出表

权系数		DMU 决策单元						
		1	2	3	...	j	...	n
V_1	1	X_{11}	X_{12}	X_{13}	...	X_{1j}	...	X_{1n}
V_2	2	X_{21}	X_{22}	X_{23}	...	X_{2j}	...	X_{2n}
V_m	m	X_{m1}	X_{m2}	X_{m3}	...	X_{mj}	...	X_{mn}
U_1	1	Y_{11}	Y_{12}	Y_{13}	...	Y_{1j}	...	Y_{1n}
U_2	2	Y_{21}	Y_{22}	Y_{23}	...	Y_{2j}	...	Y_{2n}
U_s	s	Y_{s1}	Y_{s2}	Y_{s3}	...	Y_{sj}	...	Y_{sn}

各字母定义如下：

X_{ij}：第 j 个决策单元对第 i 种类型输入的投入总量，$X_{ij} > 0$。

Y_{rj}：第 j 个决策单元对第 r 种类型输出的产出总量，$Y_{rj} > 0$。

V_i：对第 i 种类型输入的一种度量，权系数。

U_r：对第 r 种类型输出的一种度量，权系数。

对于每个决策单元都有对应的效率评价指数：

$$h_j = \frac{U^{\mathrm{T}} Y_j}{V^{\mathrm{T}} X_j} = \frac{\sum\limits_{r=1}^{s} U_r Y_{rj}}{\sum\limits_{r=1}^{s} V_i X_{ij}}, \quad j = 1, 2, \cdots, n \tag{7-5}$$

可以适当取权系数 U 和 V，使得 $h_j \leqslant 1$（$j = 1, 2, \cdots, n$）。对第 j_0 个决策单元进行效率评价，一般说来，h_{j_0} 越大表明 DMU_{j_0} 能够用相对较少的输入而取得相对较多的输出。

（2）规模效率不变 DEA 模型——CRS 模型。

CRS 的提出是为了评价多投入多产出决策单元 DMU 的投入产出效率，利用产出/投入的比例方式来评估效率，借用"包络"的概念将所有的决策单元的投入和产出投射到超平面中，寻找产出最高或者投入最少的"有效前沿面"。凡是落在有效前沿面的 DMU 成为 DEA 有效，落在有效前沿面以内的 DMU 成为非 DEA 有效。这也是称为"数据包络分析"的原因所在。决策单元为 DEA 有效，即相应于生产可能集而言，以投入最小、产出最大为目标的帕累托最优。因此，生产前沿面即为帕累托面（帕累托最优点构成的面）。技术有效，即输出相对输入而言已达最大，该决策单元位于生产函数的曲线上。规模有效，即指投入量既不偏大，也不过小，是介于规模收入收益由递增到递减之间的状态，即处于规模收益不变的状态，如图 7-6 所示。

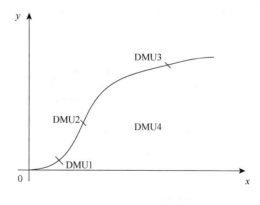

图 7-6　生产前沿面

DMU1、DMU2、DMU3 都处于技术有效状态；DMU1 为规模有效，实际上它处于规模收益递增状态；DMU3 不为规模有效，实际上它处于规模收益递减状态；DMU2 是规模有效的。如果用 DEA 模型来判断 DEA 有效性，只有 DMU2 对应的技术和规模都有效。可见，在 CCR 模型下的 DEA 有效，其含义是：既技术有效，又规模有效。

用 θ 表示决策单元 DMU$_0$ 的相对效率值（$0 \leqslant \theta \leqslant 1$），即投入相对于产出的有效利用的程度。$\theta$ 反映了 DMU$_0$ 资源配置的合理程度，θ 越大，资源配置越合理。

（3）规模效率可变 DEA 模型——VRS 模型。

VRS 模型考虑到规模报酬可变的情况，将技术效率和规模效率分别计算（亦称 BCC 模型或 C^{2}GS^2 模型）。规模报酬可变的假设使得计算技术效率时可以去除规模效率的影响，由此得到的效率就是纯技术效率（PTE）。

$$技术效率 = 纯技术效率 \times 规模效率，即 \mathrm{TE_{CRS}} = \mathrm{TE_{VRS}} \times \mathrm{SE} \qquad (7\text{-}6)$$

纯技术有效是指生产处于最理想的状态，相对于现有的输入量可以获得最大的输出量。规模有效是指生产处于规模效益不变的阶段，即如果输入量扩大 k 倍，相应的输出量也扩大 k 倍。

利用 CRS 和 VRS 模型可以分别计算 DMU 的技术效率和纯技术效率，由此得出该 DMU 的规模效率。

（4）生产力指数模型——Malmquist 指数模型。

生产力指数模型是对决策单元（DMU）在一段时期内运营效率变化情况进行分析评估的模型，它通过对同一 DMU 在不同时期输入、输出结果集进行分析，从而得出 DMU 运营效率的变化情况，并可以从生产和管理技术进步、单元生产规模效率、技术效率变化等方面对这种变化发生的原因做出分析。

最后对 SFA 法和 DEA 法的优缺点进行比较，如表 7-3 所示。

表 7-3　SFA 法与 DEA 法优缺点比较

方法	优点	缺点
SFA 法	1. 考虑运气成分和随机误差。 2. 可以检验结果的显著性。 3. 对效率值估计的离散程度比较小	1. 需要确定的函数形式。 2. 对样本数量要求严格，需要较多的数据。 3. 不能处理多投入与多产出问题
DEA 法	1. 无须知道函数的具体形式，避免认定函数形式引起的错误以及相应的约束。 2. 可以自如处理多投入和多产出问题。 3. 根据技术效率结果，可以分析出决策单元投入产出间的差异，并找出改进效率的最佳方法。 4. 对样本数量要求较低	1. 忽略了价格因素，只能分析过多投入或较少产出的无效率。 2. 没有考虑运气成分以及数量问题或计量问题引起的随机误差，将决策单元对生产边界或成本边界的偏离全部归因于无效率

在机场效率的研究中，国内运用 DEA 法较多，并在基础模型上进行二阶段、三阶段的改进，以及与其他方法的组合，以克服方法本身的缺陷。总之每种方法各有利弊，在研究中结合问题的目标，选择适合的方法。

7.2.2　机场运营效率评价指标

在机场运营效率评价中，如果只从某一方面或某几个方面去研究机场的运营活动，是无法全面、正确、科学地评价其运行状态的。因此不少研究机构通过构建更全面的指标体系来对机场进行评价。这里的效率范围已经拓展，成为机场绩效评价（performance measurement，PM）。机场绩效研究发展路线图见图7-7。

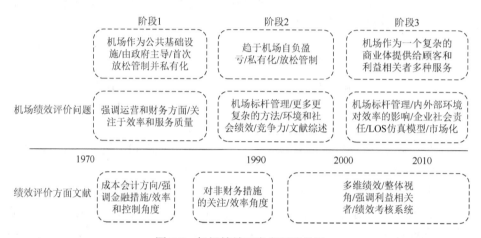

图 7-7　机场绩效研究发展路线图

1）ACI 机场绩效评价指标

ACI 对机场绩效评价指标主要集中于六个关键绩效方面，如表7-4所示。

表 7-4　ACI 机场绩效评价指标

指标	指标名称
核心	1.旅客量　2.始发终到（O-D）旅客量　3.飞机起降架次　4.装/卸货物邮件量　5.目的站-非经停数量
安全保安	1.跑道事件　2.跑道入侵　3.鸟击　4.公共伤害　5.职业伤害　6.员工事故和伤害造成误工时间
服务质量	1.每小时容量　2.登机门出发延误　3.滑行延误　4.顾客满意度　5.行李运输时间　6.安全检查空闲时间　7.边检空闲时间　8.值机到登机口时间
生产率/成本有效性	1.每个员工对应的旅客量　2.每个员工对应起降架次　3.每个登机门对应的起降架次　4.每个旅客对应的总成本　5.每个起降架次对应的总成本　6.每个WLU对应的总成本　7.每个旅客对应的运营成本　8.每个起降架次对应的运营成本　9.每个WLU对应的运营成本
财务/商业	1.每个旅客的航空性收入　2.每个起降架次的航空性收入　3.非航空性收入占总运营收入的比重　4.每个旅客对应的非航空性收入　5.债务服务占总运营收入的比重　6.每个旅客对应的长期债务　7.债务与税息折旧及摊销前利润比率　8.每个旅客对应的税息折旧及摊销前利润
环境	1.碳排放量　2.废物循环再利用　3.废物减排的占比　4.再生能源购买（百分比）　5.航站楼每平方米设备/能源利用率　6.每个旅客的废物消耗量

注：WLU（work load unit）（换算吞吐量）=1个旅客或100kg货物

2）国际民航组织（ICAO）与国际机场协会（ACI）评价指标

国际民航组织（ICAO）在《机场经济手册》中也提供了一些衡量机场投资后的运营业绩的指标，其目的是便于反映机场投资后的运营状况。ICAO 对机场运营效率评价的指标主要是安全、服务质量、生产率、成本有效性这四个方面。国际机场协会（ACI）对机场运营效率的评价指标主要是核心、安全与保安、服务质量、生产率/效率、财务/商业、环境这六个方面。

3）欧洲的有关组织、机构

在欧洲，运输研究实验室（the transport research laboratory，TRL）自从 1999 年开始每年发布研究报告，研究欧洲的机场或机场集团的运营绩效。通过公布一些衡量机场运作的指标来帮助机场管理者、财务分析者和法规制定者评价机场的业绩，以便进行投资和评价。最通用的指标包含成本效率、员工生产率、资产生产率、收入、商业、利润等几方面。

业绩指标分析的是机场投入和产出的相关性。这种联系可以明确地由财务和运营指标表示。财务上的机场产出衡量较为直接，通常是指机场的总收入。理论上讲，衡量机场产出可以有三种方法：飞机起降架次、旅客吞吐量及货邮吞吐量。但这些指标还不能覆盖机场全部，如商品零售就可以影响机场的产出值。由于飞机大小、类型的差异性，使用飞机起降架次指标并不是很全面科学。换算吞吐量（WLU）是目前结合旅客和货运业务最好的总体产出指标，已被广泛采用。

绩效指标都涉及机场的一项或多项产出、一项或多项投入。机场可以通过不同角度的指标来检验自身的强项和弱项。这些指标也可以被组合起来形成指标类，如效率-成本、员工和资本生产率、收入来源和商业指标、利润等。

英国的里格斯·道格尼斯在其《机场经济》（1992 年）一书中认为机场绩效评价指标如表 7-5 所示，大都也是从财务指标的角度考虑的。

表 7-5　机场绩效评价指标

指标	具体内容
总成本状况的指标	单位换算旅客的总成本、单位换算旅客的营运成本、单位换算旅客的劳动力成本、单位换算旅客的资金成本、劳动力成本在总成本中的百分比、资金成本在总成本中的百分比
劳动生产率的指标	单位职工对应的换算吞吐量、单位职工对应的总收入、单位职工创利、单位资产和劳动力成本创利、单位劳动力成本创利
资产利用状况的指标	单位资产成本创利、千元净资产对应的换算旅客吞吐量、千元资产价值创收
收入状况的指标	单位换算旅客对应的总收入、单位换算旅客的调整后收入、航空收入在总收入中的百分比、单位换算旅客的航空收入、单位换算旅客的非航空收入
商业活动的指标	单位旅客对应的商业及租赁收入、单位旅客产生的租赁收入、单位面积的商业收入、单位面积的租赁收入、机场商业收入占经营者总收入的百分比
利润指标	单位换算旅客的盈亏、收入支出比

4）ATRS 民航机场运营效率评价指标

航空运输研究协会（Air Transport Research Society，ATRS）每年都进行机场标杆

管理，针对全球不同区域的机场及机场集团的绩效进行全面而公正的比较研究，主要关注生产率和运营效率、单位成本竞争力和机场收费方面的比较。ATRS 民航机场运营效率评价指标见表 7-6。

表 7-6　ATRS 民航机场运营效率评价指标

一级指标	二级指标	指标含义
1.民航机场容量及交通容量	1.1 空中容量	评价民航机场设施及周边交通情况
	1.2 航站楼容量	
	1.3 雇员数量	
	1.4 交通容量	
	1.5 民航机场连接性	
2.民航机场生产率及效率绩效	2.1 产出及投入	反映民航机场各项资源生产率
	2.2 部分生产率测评	
	2.3 变动因素及全要素生产率	
	2.4 影响生产率因素	
	2.5 变动因素和全要素生产率分解及生产效率	
3.民航机场成本绩效	3.1 民航机场成本结构	评价民航机场的成本水平
	3.2 单位成本	
	3.3 影响单位成本的因素	
	3.4 成本竞争力	
4.民航机场财务绩效	4.1 收入份额	反映民航机场的财务状况和水平
	4.2 收入产生	
	4.3 财政利润指标	
5.航空旅行安全责任		

在评价中，对机场生产率的评价主要是通过对机场可变要素生产率（variable factor productivity，VFP）指数进行计算并比较，考虑到全要素生产率（TFP）由于资本投入成本核算问题而不可能实现，因此采用可变要素生产率，总可变投入变量指数除以总产出指数。

7.2.3　机场运营效率评价实例

本节主要介绍效率评价方法的应用，因此使用之前项目的数据，旨在说明如何运用方法进行机场效率评价。

1. 基于 SFA 方法的我国机场业管理模式-运营效率评价

【案例 7.1】　2002 年属地化改革以后，我国民航业步入快速发展期，在航空客货运量持续增长的推动下，机场业迎来了新一轮的建设高潮。民航客货总量的持续增长，是由于投入增加引致的粗放式增长，还是技术进步、效率提高引起的集约式增长？这里基于随机前沿生产理论，构建机场管理模式-效率模型，量化比较各种管理模式，探究影响我国机场业运营效率提升的深层原因，也为机场完善优化自身管理模式指引方向。

1）我国机场管理模式的归类

机场属地化改革完成后，机场的所有者为地方政府，但是并不是所有机场都由地方政府直接管理。目前我国的机场管理机构有省机场集团公司、跨地区机场集团、机场管理公司、航空运输企业，其中跨地区机场集团通过参股、收购、托管形式管理旗下机场，实际上还属于机场集团公司管理形式，因此按照所有者将这些机场重新归类。根据第 2 章的分析，我国机场管理模式划分为四类：中央政府拥有直接管理、地方政府拥有直接管理、地方政府拥有委托管理、混合所有委托管理。这也是进行评价的四种类型。

2）机场管理模式-效率评价模型构建

建立随机前沿生产模型的关键是生产函数的确定，不同生产函数的选择将直接影响估计结果，通常有柯布-道格拉斯（C-D）生产函数和超越对数（Translog）生产函数。为使模型的形式更加直观，选用 C-D 生产函数。

我国机场整体发展规模参差不齐，机场运营数据不透明，考虑到统计口径的差异，需要对数据进行筛选。以当时掌握的 2001～2005 年机场财务数据为数据来源，并结合机场管理模式统计表，最终选取 77 个机场作为样本，四种管理模式的样本机场分别是：2 个、11 个、47 个、17 个。

机场是一个多投入多产出的生产运营系统，为评价管理模式对机场效率的影响，并考虑样本和数据的可得性，从财务方面选取一些指标来体现机场经营管理现状。投入方面选取两个不同的类型：①劳动力，直接参与机场运营工作的全部员工数量，由于目前用工制度的复杂性，采用以工资、津贴、奖金一项为指标；②固定资产，包括生产性固定资产和非生产性固定资产，采用固定资产净值一项为指标。随机前沿模型适用于多投入单产出系统，机场的产出有多种指标，因此需要将产出进行归一处理。产出方面，选取机场服务收入合计一项为指标，既可以反映机场起降收入、旅客服务收入，又可以反映机场的非航收入。另外考虑到时间因素，为提高建模的精度，我们将数据进行平减和调整。

选用 2001～2005 年的消费价格指数、固定资产投资价格指数、第三产业增加值指数，以 2001 年为基年对各年机场的工资支出、固定资产净值、机场服务收入进行平减。生产函数的确定和模型的设定都要经过前期检验，在此不一一赘述。选取 C-D 生产函数，建立机场管理模式-效率随机前沿模型如下：

$$\ln(Y_{it}) = \beta_0 + \beta_1 \ln(L_{it}) + \beta_2 \ln(K_{it}) + \sum_{k=1}^{4} \delta_k \text{DUMMOD}_{ik}$$

$$\text{TE}_{it} = \exp(-u_{it}), \quad u_{it} = \left\{ \exp\left[-\eta(t-T)\right] \right\} u_i \qquad (7\text{-}7)$$

其中，Y_{it} 为机场服务收入；L_{it} 为机场员工工资；K_{it} 为机场年固定资产净值；β_0 为截距项；β_1 为劳动力对技术效率的影响程度，即劳动力的产出弹性；β_2 为考察资本对技术效率的影响程度，即资本产出弹性。其中 $i = 77, t = 4$。DUMMOD_{ik} 为机场管理模式的虚拟变量，$k = 1, 2, 3, 4$（1 代表中央政府拥有直接管理，2 代表地方政府拥有直接管理，3 代表地方政府拥有委托管理，4 代表混合所有委托管理）。$\text{DUMMOD}_{i1} = 1$，表示机场 i 的管理模式是跨省机场集团，否则 $\text{DUMMOD}_{i1} = 0$。经由 Frontier 4.1 软件运行，结果及分析如下。

3）我国机场管理模式对机场运行效率的影响分析

（1）系数分析。

由表 7-7 数据可得，各参数估计效果显著，$\gamma = 0.9864$ 说明，在随机误差项中有 98.64% 来自技术非效率的影响，即管理方面的因素，只有 1.36% 的影响来自统计误差等外部因素。较高的 γ 估计值，也说明模型选择正确，有必要进一步分析是什么原因影响技术效率的充分发挥，即需分析影响 u_{it} 值的具体原因。β_1 值为 1.1703 表明劳动力的产出弹性是 1.1703，即劳动投入每增加一个百分点，产出相应增加 117 个百分点，说明劳动力的投入对我国机场产出增加有显著的作用，不论是劳动力数量的增加、素质的提高、福利待遇的提高。β_2 值为 0.3610 表明资本的产出弹性是 0.3610，即资本投入每增加一个百分点，产出相应增加 36 个百分点。劳动力、资本较高的产出弹性，也反映了投入对我国机场产出的增加有明显的推动作用。δ_k 系数的正负与技术效率的高低成反比，由 $TE_{it} = \exp(-u_{it})$ 决定。

表 7-7　模型最大似然估计结果表

变量	参数	系数	t 值
常数项	β_0	−7.9761	−16.4700
$\ln L$	β_1	1.1703	20.7783
$\ln K$	β_2	0.3610	8.7951
常数项	δ_0	−19.4724	−2.0172
DUMMOD_{it1}	δ_1	6.6213	2.8289
DUMMOD_{it2}	δ_2	0.1531	0.2061
DUMMOD_{it3}	δ_3	−10.8852	−2.2406
DUMMOD_{it4}	δ_4	−15.3618	−2.1105
γ		0.9864	187.1625
log likelihood function = −435.8852			
LR test of the one-sided error = 129.2904			

（2）效率结果分析。

估计 2001～2005 年全国机场的技术效率值，并计算出各年及各种模式机场的效率平均值，图 7-8 更加直观地反映了各种管理模式下机场效率平均值 5 年来的变化状况。

以图 7-8 反映出的信息，总结反映机场的表现特征如下。

①各管理模式比较来看，模式 1（中央政府拥有直接管理）、模式 2（地方政府拥有直接管理）下机场的技术效率水平，总体低于模式 3（地方政府拥有委托管理）、模式 4（混合所有委托管理）。

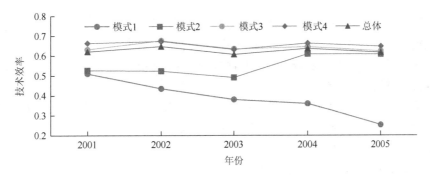

图 7-8　2001~2005 年各管理模式下机场效率值的变化

②管理模式 2、模式 3、模式 4 下机场的效率水平 5 年来变化平稳，模式 1 下机场的效率水平呈现明显的下降趋势。

③有些特别现象不容忽视，并不是每一个机场的效率水平高低都与其所属管理模式的效率水平保持一致。

由此引发一些思考：机场管理模式的效率可以全面反映所有机场的效率水平吗？同一管理模式下机场的效率差异又是什么原因造成的呢？为此，继续对管理模式 3、模式 4 的委托对象进行深入分析。

A. 对管理模式 3 的评价

管理模式 3 共有 47 个样本机场，按照委托管理对象的不同，将机场分为三类，分别有机场集团公司（委托对象 1）、机场管理公司（委托对象 2）、航空运输企业（委托对象 3），三类机场分别有 44 个、2 个、1 个。通过对管理模式 3 下不同委托对象机场效率的分析（图 7-9），有以下表现。

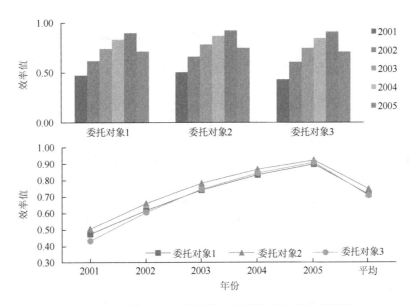

图 7-9　管理模式 3 下不同委托对象机场各年的效率均值

①从整体上看，不同委托对象机场的效率值变化平稳，波动不大，没有呈现明显差异。大部分机场效率表现相似。但每种模式的效率总体是上升的。

②管理模式 3 中大部分机场以机场集团公司的管理模式为主，近几年的效率变化不大。

B. 对管理模式 4 的评价

管理模式 4 共有 17 个样本机场，按照委托管理对象的不同，将机场分为三类，分别有机场集团公司（委托对象 1）、机场管理公司（委托对象 2）、航空运输企业（委托对象 3），三类机场分别有 6 个、6 个、5 个。

通过对管理模式 4 下不同委托对象机场效率的分析（图 7-10），可以看出：

①变化趋势来看，机场集团公司（委托对象 1）效率变化平稳。机场管理公司、航空运输企业效率变化呈平稳上升趋势，但是在 2005 年略有下降。

②不同委托对象的比较来看，机场集团公司（委托对象 1）的效率最高，航空运输企业（委托对象 3）最低。

③整体来看，管理模式 4 下机场各年效率有轻微波动，变化趋势不太明朗。

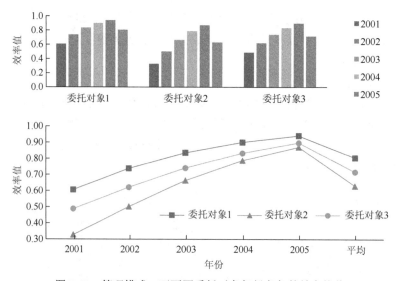

图 7-10　管理模式 4 下不同委托对象机场各年的效率均值

C. 三种委托对象机场效率的比较

在分析了管理模式 3、模式 4 下不同委托对象机场的效率均值以后，这两种管理模式下三种委托对象的效率的对比分析（见图 7-11）结论如下。

①管理模式 4 下机场效率整体高于管理模式 3，两者的重合点大致在委托对象 3 处。

②管理模式 3 下，各种委托对象机场的效率趋势为：机场集团公司＜机场管理公司＜航空运输企业。

③管理模式 4 下，各种委托对象机场的效率趋势为：机场集团公司＞机场管理公司＞航空运输企业。

可以看出，管理模式 3 与委托对象 3 是最佳组合，管理模式 4 与委托对象 1 是最佳组合。

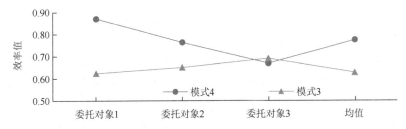

图 7-11　两种管理模式下不同委托对象机场效率的比较

D. 影响机场运营效率提升的因素

不同管理模式下机场的效率呈现差异，在同一种管理模式下，由于管理者不同，机场运营效率表现也不尽相同。①机场管理模式的影响：机场所有者与机场管理机构组合对机场运营产生的合力作用是不同的，管理模式的作用对于不同类型的机场是不同的。管理模式通过深化为机场的管理水平，成为机场效率差异性的决定因素。②政府的影响：从四种管理模式的总体对比——管理模式 3、管理模式 4 的机场效率均值明显高于管理模式 1 和管理模式 2，即政府委托管理效率高于政府直接管理。在委托代理关系下政府部门不直接参与机场经营管理的各环节和细节，机场管理机构的权责比较明确，管理实现了专业化、高效率。③机场管理机构的影响：对管理模式 3、模式 4 不同委托对象机场的平均效率分析，管理模式 3 与委托对象 3 是最佳组合，管理模式 4 与委托对象 1 是最佳组合。说明不同管理模式下，委托对象的选择成为影响机场管理水平发挥的一个重要原因。④机场管理因素的影响：从三次建模的 γ 值都在 0.9 以上，也可以看出机场效率差异的原因是管理方面。管理因素成为机场技术非效率的重要因素，说明改善经营管理对提高机场整体效率水平起着至关重要的作用。

2. 基于 DEA 方法的长三角与珠三角地区机场运营效率对比分析

【案例 7.2】　对于机场效率的研究，有的从不同吞吐量的机场的运营效率对比、有的根据不同的管理方式进行不同机场的效率比较、有的对处于不同环境的机场进行了效率比较分析；也有的将财务分析和效率分析结合起来对机场进行评价。因此对于机场运营效率的评价可以从多个方面进行。这里基于地区机场群优化发展，对比长江三角洲与珠江三角洲地区（现在为粤港澳大湾区）的机场运营效率，为进一步优化发展提出一些建议。

1）机场运营效率指标体系

对于机场运营效率现有研究中，比较常见的投入指标有：候机楼面积、登机门数量、停机坪面积、跑道长度、职工人数等。产出指标有：旅客吞吐量、货邮吞吐量、飞机起降架次和机场收益等。基于以往研究和对数据可得性的考虑，选取的投入指标为候机楼面积、跑道长度、停机位数量；产出指标为旅客吞吐量、货邮吞吐量和起降架次。

2）机场运营效率对比分析

长三角地区是以上海为龙头，由浙江（杭州、宁波、湖州、嘉兴、绍兴、舟山、台州 7 市）和江苏（南京、镇江、扬州、泰州、常州、无锡、苏州、南通 8 市）2 省共 16 个城市所组成的城市带。珠三角城镇群地域范围包括香港、澳门和广州、深圳、珠海、佛山、东莞、中山、江门市的全境，以及惠州市的惠城和惠阳区、惠东的博罗县，肇庆市的端州和鼎湖区、高要和四会市。珠三角地区机场密集、跑道交错、空域狭小、飞行复杂，是世界上空域最复杂的地区之一，其飞行量约占整个中南地区的50%。

基础数据如图7-12和图7-13所示，包括两个地区的2010年旅客吞吐量和货邮吞吐量。从图中可以看出，两地区机场吞吐量有较明显的特点，其中长三角地区机场旅客以上海浦东、上海虹桥为主要吞吐机场，吞吐量占整个长三角地区的66%；货邮吞吐量主要是以上海浦东国际机场为主，占了整个地区的大部分。珠三角地区机场旅客吞吐主要以香港国际机场和广州白云国际机场为主要吞吐机场，两机场旅客吞吐量占珠三角地区的75%；货邮吞吐量主要以香港国际机场为主，占整个地区的大部分。

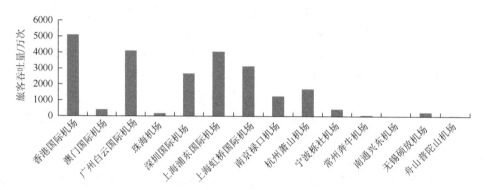

图7-12　2010年长三角和珠三角地区机场旅客吞吐量

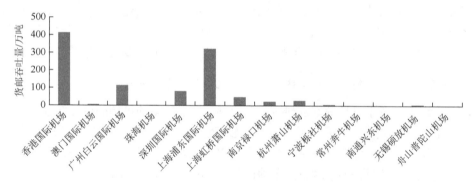

图7-13　2010年长三角和珠三角地区机场货邮吞吐量

研究样本为长三角地区9家机场，即上海浦东国际机场、上海虹桥国际机场、南京禄口机场、杭州萧山机场、宁波栎社机场、常州奔牛机场、南通兴东机场、无锡硕放机场和舟山普陀山机场以及珠江三角洲地区的5家机场，即香港国际机场、澳门国际机场、广州白云国际机场、珠海机场和深圳国际机场。输入和产出数据如表7-8和表7-9所示。（大陆各机场吞吐量数据来自民航局网站，其他数据来自各机场网站。）

表7-8　珠江三角洲地区机场数据

指标	香港国际机场	澳门国际机场	广州白云国际机场	珠海机场	深圳国际机场
候机楼面积/万 m²	71	4.5	46.09	9.16	15.2
跑道长度/m	7600	3360	7400	4000	3400

指标	香港国际机场	澳门国际机场	广州白云国际机场	珠海机场	深圳国际机场
停机位数量/个	120	24	122	26	44
客运量/人次	50 923 000	4 078 836	40 975 673	1 819 051	26 713 610
货运量/吨	4 128 000	52 166	1 144 455.7	17 578.8	809 125.4
起降架次/架次	307 000	37 148	329 214	37 651	216 897

表 7-9 长江三角洲地区机场数据

指标	上海浦东国际机场	上海虹桥国际机场	南京禄口机场	杭州萧山机场	宁波栎社机场	常州奔牛机场	南通兴东机场	无锡硕放机场	舟山普陀山机场
候机楼面积/万 m^2	76.55	44.46	13.2	24.5	4.35	4.05	0.6	4.2	1.06
跑道长度/m	11 200	6 700	3 600	3 600	3 200	2 800	2 400	3 200	2 500
停机位数量/个	218	66	36	30	16	8	8	15	8
客运量/万人次	4 057.9	3 129.9	1 253.1	1 706.9	451.7	65.8	27.1	253.5	35.7
货运量/吨	3 228 081	480 438	234 359	283 427	55 967	6 720	4 654	57 071	377
起降架次/架次	332 126	218 985	116 087	146 289	39 289	6 765	28 435	21 978	7 644

运用 DEA 方法，使用的分析软件为 DEAP2.1 软件。根据 CCR 模型和 BCC 模型测算得到 2010 年两地区机场的技术效率（TE）和纯技术效率（PTE），经计算可以得到规模效率（SE）和规模报酬状态（RTS），其中规模报酬状态分为递增、递减和不变三种。两地区机场的计算结果分别如表 7-10、表 7-11 所示。

表 7-10 长三角地区机场 2010 年运营效率评价结果

DMU	运营效率			
	技术效率（TE）	纯技术效率（PTE）	规模效率（SE）	规模报酬状态（RTS）
上海浦东国际机场	1.000	1.000	1.000	不变
上海虹桥国际机场	0.823	1.000	0.823	递减
南京禄口机场	1.000	1.000	1.000	不变
杭州萧山机场	1.000	1.000	1.000	不变
宁波栎社机场	0.722	0.752	0.961	递减
常州奔牛机场	0.200	1.000	0.200	递增
南通兴东机场	1.000	1.000	1.000	不变
无锡硕放机场	0.507	0.521	0.974	递增
舟山普陀山机场	0.271	1.000	0.271	递增
平均值	0.725	0.919	0.803	

表 7-11　珠三角地区机场 2010 年运营效率评价结果

DMU	运营效率			
	技术效率（TE）	纯技术效率（PTE）	规模效率（SE）	规模报酬状态（RTS）
香港国际机场	0.871	1.000	0.871	递减
澳门国际机场	1.000	1.000	1.000	不变
广州白云国际机场	0.705	1.000	0.705	递减
珠海机场	0.294	0.683	0.430	递增
深圳国际机场	1.000	1.000	1.000	不变
平均值	0.774	0.937	0.801	

由表 7-10 和表 7-11 可见，在当前的技术和管理水平下，长三角地区的上海浦东、南京禄口、杭州萧山、南通兴东机场以及珠三角地区的澳门、深圳机场都处于技术效率前沿面上（TE = 1），说明这些机场的运营不但达到了技术有效，而且达到规模有效（TE = 1，PTE = 1，SE = 1），从而达到 DEA 有效。这些数据说明这 9 个机场的基础设施投入水平、技术水平、管理能力与其运营规模互相匹配，机场的运营效率很高，没有产生对于投入的浪费或者产出不足的情况。从两地区的平均值看，珠三角地区在技术效率、纯技术效率上水平要高于长三角地区，而规模效率两地区相近。由此可见，珠三角地区机场的整体运营效率较长三角地区有一定的优势，长三角地区机场的运营效率有待进一步提高。

进一步分析可发现，长三角地区机场之所以平均效率较低，是因为长三角地区的低效率机场较多，如常州奔牛和舟山普陀山机场的技术效率很低，主要是因为规模效率较低，同时这两个机场的规模报酬处于递增阶段，也就是说这两个机场在运营过程中的需要增加投入，提高管理效率。技术效率较低的几家机场（常州奔牛、无锡硕放、舟山普陀山和珠海机场）的技术无效性有的是来自纯技术无效，有的来自较低的规模效率。纯技术无效说明这些机场技术利用率较低，硬件条件不足，没有充分利用机场的已有资源，需要对资源进行优化配置，提高管理的水平；同时机场的规模效率也不足，说明机场的运营规模与目前的吞吐量的匹配度也较低。较低的纯技术效率和规模效率导致较低的机场运营效率，从而造成了机场生产效率低下。这些机场需要进一步优化资源配置，提高管理能力，从而提高机场的运营效率。

7.3　机场运营效率提升策略

7.3.1　机场主管政府部门

1. 发展地区经济，开发航空需求

机场作为民用航空运输和城市发展的重要基础设施，是国家及区域综合交通运输体系的重要组成部分，具有广泛的社会和经济效应。机场的建设和发展对于改善区域投资环境、加强经贸往来、塑造地方形象具有不可替代的作用。同时机场也依赖于地方经济的发展，

实证表明机场的航空运输需求与地区生产总值直接相关。因为地区经济发展，可以带动人流、货物、资金的多方向流动，直接影响航空运输需求的增加。地区间联系和互动往来的频繁也会间接影响航空运输需求。尤其是一个地区综合交通运输的发展，将促进人财物的集散，在交通运输总量整体提升的同时引致航空运输需求的开发。机场航空运输需求的开发直接影响机场的运营效率，机场的沉没成本较大，设施齐备，如果航空运输需求不能得到有效开发，就意味着投入产出的严重失衡。

2. 政府政策支持，创新机场绩效评价机制

我国民用机场大部分是中小型机场，这些机场主要是为当地社会经济发展服务的，其自身的融资能力、自我生存和发展能力弱，但社会效益显著，更多地体现了公益性的一面，需要政府的投入和扶持。机场的公共基础设施定位明确以后，一方面建议尽快出台配套政策以及更具操作性的管理办法，以规范机场属地化改革后各地政府对机场的管理。另一方面制定完善相关的地方性法规，确保机场能够获得政府的规范管理和资金政策支持。近几年一些地方政府（如上海、深圳、重庆等）相继通过地方立法来规范机场的管理与运行。

考核对机场管理机构的自我定位、发展战略、经营目标以及内部管理机制等方面发挥着指挥棒和调节器的作用。建立科学的绩效评价机制应把握好以下三点：①综合选择评价主体。目前对机场的评价基本是国资委单一部门全权负责，评价主要基于资产的增值保值。实际上有多个部门参与机场的运营和管理，如公安、海关、边防、卫生防疫等，多个部门的局部要求综合反映了政府对机场的总体要求。②国外机场绩效评价一般不由政府负责，而由利益超脱的第三方社会机构来完成，如国际机场运输协会每年出版的机场绩效评价报告。③明确科学的评价目的。不仅要评价经济效益和运营效率，还要评价社会服务功能、投资策略和重大决策的效果。不仅要考虑经济指标，还要设置运力结构、市场覆盖等业务指标，满意度服务类指标，安保类指标，构建机场综合评价指标体系。

3. 两权分离，加强政府引导

要改善机场企业的经营状况，必须将机场的所有权和管理权进行分离，政府只拥有机场的所有权，将机场管理权授予专门的管理机构，强化机场的企业目标，尽可能把机场企业承担的非企业目标分离出去，使企业以自身目标为中心开展生产经营。机场必定会改变过去"等、靠、要"的惰性，自觉地改善效率。

我国目前的法律制度和诚信系统还不够完善，为了保证机场作为公共基础设施的公益性，政府在将机场管理权授予独立的管理机构后，必须加强对机场的引导和监督。①设立专门的机场管制机构承担机场环境保护、机场规划控制、安全管理、口岸协调管理、公共秩序管理、场容环境管理和服务管理等管理活动，不仅有利于彻底实现行政管理主体和业务经营主体分开，而且有利于提高机场与口岸部门、各驻场航空公司协调能力，提高运作效率。②加强对机场公共服务的监督和调查。政府通过调查消费者对机场的投诉监督机场的服务质量，监督机场设施是否符合安全规定，监督机场环境噪声污染状况等。③政府将机场管理权授予专门的管理机构后，要注意建立对代理

人的激励和约束机制，必须打破机场企业经营者的行政级别制，形成一种能上能下的人事任免制度。

4. 提高市场化程度，多元化投资主体

根据产业组织理论的结构-行为-绩效（structure conduct performance，SCP）分析，市场结构是绩效的基础。市场化程度越高，资源流动加速，配置趋于合理，从而带来较高的产出。机场业的市场化程度较低，机场在一定区域具有垄断地位，忽视和淡化了对客户的服务水平和质量。随着高铁等其他交通运输方式的发展，交通运输市场的竞争日趋激烈，机场的地区垄断地位受到威胁。尤其是随着我国区域多机场系统的形成和新建机场的增多，区域内机场的竞争更加严峻，如果不能明确自身的定位、关注服务水平和质量、与航空公司建立良好关系，将会在机场竞争中处于劣势。另外，多元化投资主体也是提高机场业的市场化程度的一项措施。投资主体多元化将拓展机场的投融资渠道，优化管理决策机制，对于机场的发展至关重要。市场化程度越高，资本将流向有竞争力和发展潜力的机场，迫使机场提升自身管理水平和经营效率。

7.3.2　机场效率提升的内部支持

通过对一般企业效率影响因素的总结，结合机场管理模式改革的实践，提出机场效率提升的对策。

1. 四个分解效率提升对策

前沿技术进步：在社会经济持续发展和民航业快速发展的背景下，通过投融资机制的建立，机场高素质劳动力、优质资产、先进设备等投入的增加，将推动机场的技术进步。属地化改革实现了机场所有制结构的改革，政府引导地方探索机场管理模式改革，地方政府通过制定优惠政策鼓励机场创新，势必会加剧机场之间的竞争，在这样的背景下机场将不断改进技术、优化流程以实现效率的改善。

相对前沿的技术效率的变化：在机场集团公司和省机场公司管理模式下，集团通过复制管理经验和理念，打破技术流动的壁垒，实现资源共享，从而缩小机场效率相对前沿的差距。另外，属地化改革以后地方政府过多参与机场管理，机场管理机构冗余、决策效率低下，造成小机场的差距逐渐扩大。地方政府无力对机场进行补贴和管理水平低下，小机场经营管理不善，也会拉大小机场相对前沿的差距。因此小机场应加强经营管理，配置设施设备，缩小与前沿技术效率的差距。

规模经济变化：随着地区经济的发展，航空产业在区域集聚，客货需求不断增加，促进机场规模的扩大。在政府航空产业发展政策的引导下，地区基础设施建设不断完善，便利的综合交通运输发掘了航空运输的潜在需求，促进机场规模经济的实现。另外，政府对机场的价格管制、对垄断行业的规制政策将限制机场的发展。机场人均固定资产可以反映机场生产要素的投入状况，是体现规模效率的一个显著指标。

配置效率变化：市场经济的发展、市场化程度的提高，使生产要素的价格波动明显，

生产要素就会流向利润率高的行业,从而资源的配置不断趋于合理,人力和资本的产出弹性成为机场生产要素投入和类型的参考指标。

2. 探索机场管理模式改革,提升机场管理机构管理水平

机场属地化改革,即当地方政府成了机场的所有者之后,是直接管理还是委托管理,委托给机场集团公司、机场管理公司还是航空运输企业,是机场管理模式改革需首先明确的问题,即哪种管理机构是高效的。因此对机场管理机构的改革探索将是未来机场管理的重心。目前我国大部分机场管理机构是企业法人,机场管理机构不仅可以在机场区域内有经营活动,还可以根据机场用户的需求大力拓展服务产品的供给。

但与竞争性行业不同的是,机场管理机构的目的是通过企业化运作来提高机场的服务质量与效率。机场管理机构的经营活动可以产生经营性收入,但这些收入必须首先弥补公益性亏损并继续投入开拓服务领域与范围,以最大限度地满足社会公众的需要。管理机构脱离了机场经营者的角色,回归机场管理者的本位,不直接从事面对机场用户的经营性业务,而转变为主要为航空公司提供正常运行的资源和环境,创造公平运营的平台。

因此管理机构的职能是机场总体规划、安全监督、服务与运行效率监管、航空市场与服务项目拓展、机场商业开发、机场设施建设、机场国土资源管理等,成为政策的制定者和执行的监督者,成为机场运营的决策中心、资本运营中心和调控中心。政府机构、机场集团公司、机场管理公司、航空运输企业无论谁管理机构,明确管理机构的职能将是提升管理水平的第一步,也是关键步骤。在此基础上,管理机构需通过统筹人力、资本、信息等资源进行实际经营决策,贯彻决策力和执行力,有效保证机场的正常运转。

3. 改善机场基础设施,提高运营效率

机场的基础设施运作方式直接与旅客、货物的流通效率相关,因此,提高机场效率的首要环节就是从基础设施运作方式的改革进行分析。

建立高效的旅客和行李检查程序:随着自助服务的兴起,为越来越多的旅客提供快捷方便的登机体验。机场应进一步完善自助设施设备,值机、安检、边检、登机各个环节逐步实现全面自助。此外,通过科学合理地进行各个检查通道时段的统筹分配,提高通道的利用率。

改善中转和衔接流程,提高中转效率:尤其在大中型机场,当运量快速增长时,在登机门区域国内旅客中转的有限能力将对机场的总体表现造成严重的限制。没有登机门对登机门的中转是造成转机效率不高的关键因素,从而也不会实现真正的"中枢"理念。

优化登机门管理,提高登机门利用率:在机场设施进行规划时,应该注意飞机利用率和登机门利用率,节省航油,并缓解由于远机位运营的增加带来潜在的安全问题。美国的一些机场都有专门的操作委员会进行登机门利用管理,利用最先进的技术和软件来优化登机门使用和保证登机门容量最大化。在枢纽机场,航空公司和机场为了确保波峰结构的营运质量,由航空公司通过租赁的方式控制和使用大量桥位与登机门,提高资源利用效率。

综合改进陆侧交通，提高机场地面衔接效率：随着机场运营规模的增加，机场停车场系统也会成为影响机场运营效率的主要问题之一。机场应当积极收集客户/车辆的停留时间以及进出机场的方式，然后根据这些信息，规划停车场和地面交通；积极引入快速轨道交通，如地铁和机场高速铁路、高速公路等，减少旅客对停车位的需要。

做好飞行区规划，提高空侧运行效率：机场都应该注重全面的飞行区规划，在设计时确保对安全的考虑，并使用最先进的跑道技术。这一地区的机场还应该重视合理的滑行道设计和建设，使用飞行区模拟分析来仿真和检测飞机在滑行道、跑道和机坪滑行区的运行情况。

加快技术引进，提高纯技术效率：提升基础设施应当通过将技术进步应用到新的产品中，改变经营管理方式，提高机场的技术效率。现代通信、精确定位、计算机网络、计算机辅助决策、电子技术、智能技术、信息技术等先进科学技术，综合改进和发展了机场设施，都将使机场的技术效率大大提高。

思考题

1. 对中小型机场绩效评估要考虑哪些因素及指标？与大型机场有何不同？

2. 运用 DEA 方法对京津冀机场群、成渝机场群、长三角机场群、粤港澳大湾区机场群的效率进行评估（5 年的数据）。

参 考 文 献

曹燕. 2005. 民航运输旅客流程的优化研究[D]. 南京：南京航空航天大学.

陈刚. 2008. 我国枢纽机场机坪运作管理研究[D]. 北京：北京交通大学.

陈欣，陆迅，朱金福. 2006. 机场停机位指派模型及算法[J]. 交通运输工程学报，6（4）：88-90.

褚衍昌. 2009. 机场运营效率评价与改善研究[D]. 天津：天津大学.

段哲哲. 2016. 中国民航地勤部门操作岗位劳动定员模型及其应用：基于 A 机场地面服务部门实证研究[J]. 南昌航空大学学报（社会科学版），18（1）：60-67.

冯程，胡明华，赵征. 2012. 一种新的停机位分配优化模型[J]. 交通运输系统工程与信息，12（1）：131-138.

李娟. 2010. 我国枢纽机场行李中转系统流程优化研究[D]. 镇江：江苏大学.

理查德·德·纽弗威尔，阿米第 R.欧都尼. 2009. 机场系统：规划、设计和管理[M]. 高金华，等译. 北京：中国民航出版社.

刘德刚. 2004. 首都机场机舱清洁服务人力资源优化配置与排班计划方法研究[C]//中国运筹学会学术交流会. 中国运筹学会第七届学术交流会论文集（中卷）. 北京：中国运筹学会：602-608.

陆迅. 2008. 机场旅客与行李流程的规划和仿真研究[D]. 南京：南京航空航天大学.

倪桂明，杨东援，2002.机场航站楼客流计算机仿真研究[J]. 系统仿真学报，14(2)：229-233.

任新惠，董晨欣. 2010. 聚焦我国机场管理模式的归类研究[J]. 中国民用航空，（10）：46-48.

任新惠，董晨欣. 2011. 机场管理模式：效率机制设计与分析[J]. 科技管理研究，31（9）：126-128，132.

任新惠，孙启玲. 2011. 机场相关利益者关系梳理[J]. 科技管理研究，31（18）：184-187.

任新惠，唐少勇. 2014. 单通道客机旅客登机策略比较研究[J]. 交通运输系统工程与信息，14(4)：173-179.

任新惠，赵晶. 2010. 我国机场运营效率影响机制及提升策略研究[J]. 交通企业管理，25（11）：6-7.

任新惠，周夕钰. 2017. 登机策略的理论探究与实践[J]. 综合运输，39（4）：49-54.

任新惠. 2012. 让机场联盟发挥真正的合力作用[N]. 中国民航报，07-09（005）.

荣朝和. 2001. 关于运输业规模经济和范围经济问题的探讨[J].中国铁道科学，22（4）：97-104.

孙瑞山，张子全. 2011. 基于 CPM 的停机坪航班保障工作方法研究[J]. 中国民航大学学报，29（5）：23-26.

王迪. 2011. 上海浦东国际机场国际旅客离港系统服务流程优化研究[D]. 上海：上海交通大学.

王志清. 2006. 民航旅客运输便捷工程及其流程优化方法研究[D]. 南京：南京航空航天大学.

卫东选，刘长有. 2009. 机场停机位分配问题研究[J]. 交通运输工程与信息学报，7（1）：57-63.

卫东选. 2010. 基于运行安全的机场停机位分配问题研究[D]. 南京：南京航空航天大学.

吴林漫. 2014. 白云机场 2 号航站楼旅客流程模拟优化研究[D]. 广州：华南理工大学.

夏倩倩. 2009. 机场值机柜台分配仿真与优化[D]. 南京：南京航空航天大学.

于飞. 2007. 机场生产流程仿真研究[D]. 南京：南京航空航天大学.

朱金福，等. 2009. 航空运输规划[M]. 西安：西北工业大学出版社.